Canto Para Leigos®

Folha de Cola

Cantar é uma arte e um ofício, que se torna mais do que arte quando você presta atenção ao ofício. O ofício do canto envolve respirar e se posicionar da maneira correta. Acrescentar uma música ao seu repertório é uma questão de dividi-la em partes. Quer você esteja se preparando para um teste ou para uma performance, uma apresentação bem sucedida de qualquer canção inclui expressar a história por trás da música, assim como as notas musicais.

Lista de Itens para Cantar Melhor

Na próxima vez que vir um cantor profissional, observe sua postura. A postura tem um papel importante em quão bem você canta. Se você se curvar, seus pulmões não conseguirão se inflar plenamente; e se você ficar inquieto, distrairá seu público – e a si próprio. Use a lista a seguir para posicionar-se corretamente para cantar:

- Os pés ficam na mesma distância que os quadris e paralelos.
- Os joelhos ficam soltos, com o peso distribuído igualmente nos três pontos do pé – o tripé.
- A coluna fica alongada e reta, de cima a baixo.
- A cabeça fica centralizada nos ombros; o queixo paralelo ao chão.
- Os ombros ficam para trás, mas abaixados e soltos.
- Os braços ficam soltos nos lados do seu corpo.

Lista de respiração para Aprimorar seu Canto

Respiração é respiração, certo? Nem tanto para cantar. Para os cantores, um bom controle respiratório e pulmões fortes contribuem para performances poderosas. Tudo começa com saber como respirar do fundo de seu corpo – na verdade, de seu diafragma, que é uma membrana de músculos e tendões localizada entre seus pulmões e seu abdômen. Siga esta lista para garantir que sua respiração o ajudará a cantar melhor:

- Cada respiração deve ir até a parte mais baixa de seu tronco.
- Abra a garganta para evitar o arquejo.
- O peito se mantém estável enquanto você inspira.
- O movimento corporal consiste em a região abdominal inferior e as costelas expandindo-se lentamente com a inspiração.
- Com a expiração, a região abdominal se contrai enquanto o ar é lentamente solto.

Para Leigos®: A série de livros para iniciantes que mais vende no mundo.

Canto Para Leigos®

Folha de Cola

Passos para Cantar uma Música Nova

Aprender uma nova música para cantar pode ser intimidador, mas, usando os passos a seguir, você pode integrar uma nova canção ao seu repertório sem muita dificuldade. Assim como em qualquer nova habilidade, aprender uma nova música é um processo, que se torna mais fácil se você o dividi-lo em etapas viáveis:

1. Memorize a letra como uma história – escreva o texto como frases pontuadas.
2. Pegue o ritmo.
3. Cante a melodia – sem a letra – usando apenas uma vogal, como "ah" ou "oh".
4. Cante a melodia com o acompanhamento do piano, sem a letra.
5. Junte tudo: letra, ritmo, melodia e encenação.

Dicas para Lidar com o Medo do Palco ao Cantar

Descobrir o que o amedronta é o primeiro passo para sobrepujar seu medo do palco, ou ansiedade de apresentação. Entre alguns temores comuns estão: a voz falhar, parecer idiota ou recear a rejeição do público. Faça um plano para eliminar o medo seguindo as etapas a seguir:

✔ Faça uma lista de itens para sua prática a fim de garantir que está tecnicamente preparado para sua apresentação. Trabalhe em sua técnica para que saiba que pode contar com sua voz sob pressão.

✔ Esteja ciente de que ficará nervoso e sentirá a adrenalina antes da apresentação.

✔ Tenha pensamentos positivos.

✔ Cante para amigos antes do grande dia, assim trabalhará sua ansiedade.

Dicas para Testes de Cantores

A grande dica para usar ao cantar em testes é conhecer a atitude típica para seu estilo musical. Os testes de pop são muito mais descontraídos do que os de ópera. A forma como você se veste para um teste de ópera é bem diferente de como se veste para o pop. Conhecer essas especificidades aumenta suas chances de ganhar a vaga. Esta lista destaca alguns dicas para ajudá-lo em testes:

✔ Escolhas músicas que destaquem seus pontos fortes.

✔ Pegue histórias que você queira contar.

✔ Prepare sua música em um caderno para que seja fácil localizá-la. Ou leve uma gravação para acompanhar.

✔ Aprimore seu currículo e imprima uma foto de busto para levar ao teste.

✔ Peça para que um músico leia sua música antes do teste.

✔ Escolha seu traje com sabedoria, baseado nas expectativas para seu tipo de teste.

✔ Aprimore suas habilidades cênicas.

Para Leigos®: A série de livros para iniciantes que mais vende no mundo.

Canto

PARA
LEIGOS®

Tradução da 2ª Edição

Canto
dos
LEIGOS

Tradução da 2ª Edição

por Pamelia S. Phillips, DMA

ALTA BOOKS
E D I T O R A

Rio de Janeiro, 2013

Canto Para Leigos, Tradução de 2ª Edição Copyright © 2013 da Starlin Alta Editora e Consultoria Eireli.
ISBN: 978-85-7608-818-9

Translated from original Singing For Dummies © 2011 by Wiley Publishing, Inc. ISBN 978-0-470-64020-3. This translation is published and sold by permission Wiley Publishing, Inc., the owner of all rights to publish and sell the same. PORTUGUESE language edition published by Starlin Alta Editora e Consultoria Eireli, Copyright © 2013 by Starlin Alta Editora e Consultoria Eireli.

Todos os direitos reservados e protegidos por Lei. Nenhuma parte deste livro, sem autorização prévia por escrito da editora, poderá ser reproduzida ou transmitida.

Erratas: No site da editora relatamos, com a devida correção, qualquer erro encontrado em nossos livros.
Procure pelo título do livro.

Marcas Registradas: Todos os termos mencionados e reconhecidos como Marca Registrada e/ou Comercial são de responsabilidade de seus proprietários. A Editora informa não estar associada a nenhum produto e/ou fornecedor apresentado no livro.

Impresso no Brasil — 1ª Edição, 2013

Vedada, nos termos da lei, a reprodução total ou parcial deste livro.

Produção Editorial Editora Alta Books Gerência Editorial Anderson Vieira Editoria Para Leigos Juliana de Paulo	Supervisão Gráfica Angel Cabeza Supervisão de Qualidade Editorial Sergio Luiz de Souza Supervisão de Texto Jaciara Lima	Conselho de Qualidade Editorial Anderson Vieira Angel Cabeza Jaciara Lima Marco Aurélio Silva Natália Gonçalves Sergio Luiz de Souza	Design Editorial Bruna Serrano Iuri Santos	Marketing e Promoção Daniel Schilklaper marketing@altabooks.com.br
Equipe Editorial	Brenda Ramalho Claudia Braga Cristiane Santos Daniel Siqueira	Danilo Moura Evellyn Pacheco Juliana Larissa Xavier Licia Oliveira	Livia Brazil Marcelo Vieira Milena Souza Paulo Camerino	Thiê Alves Vanessa Gomes Vinicius Damasceno
Tradução Joris Bianca	Copidesque Alessandra G. Santos	Revisão Técnica João de Carvalho *Músico e Bacharel em Jornalismo, com Profissionalização em Teatro e Dublagem*	Revisão Gramatical Juliana de Paulo	Diagramação Diego Oliveira

Dados Internacionais de Catalogação na Publicação (CIP)

P558c Phillips, Pamelia S.
         Canto para leigos / por Pamelia S. Phillips. – Rio de Janeiro, RJ :
       Alta Books, 2013.
         360 p. : il. ; 24 cm + 1 disco sonoro : digital estereo ; 4 ¾ pol. –
       (Para leigos)

         Inclui índice e apêndice.
         Tradução de: Singing for Dummies (2. ed.).
         ISBN 978-85-7608-818-9

         1. Canto - Métodos - Autodidatismo. 2. Canto - Instrução e
       estudo. 3. Voz. 4. Música. I. Título. II. Série.

                                                        CDU 78.087.6
                                                        CDD 783.043

Índice para catálogo sistemático:
1. Canto : Métodos   78.087.6

(Bibliotecária responsável: Sabrina Leal Araujo – CRB 10/1507)

Rua Viúva Cláudio, 291 – Bairro Industrial do Jacaré
CEP: 20970-031 – Rio de Janeiro – Tels.: (21) 3278-8069/8419
www.altabooks.com.br – e-mail: altabooks@altabooks.com.br
www.facebook.com/altabooks – www.twitter.com/alta_books

Sobre a Autora

Dra. Pamelia S. Phillips é diretora do curso profissionalizante e cátedra da Voice and Music do CAP21 (*Collaborative Arts Project 21*). Seu doutorado em Artes Musicais e mestrado em Música sobre Performance Vocal foram concedidos pela Arizona State University e seu bacharelado em Educação Musical, pela Arkansas State University. Suas apresentações vão desde estreias de óperas americanas contemporâneas até a apresentação como convidada em grandes sinfônicas.

Dra. Phillips também já lecionou na Wagner College, na Arizona State University, na Scottsdale Community College e na South Mountain Community College.

Entre suas apresentações estão papéis principais em *Carmen, A Tragédia de Carmen, Dido e Eneias* e *Lizzie Borden;* a bruxa de *João e Maria*; Giulietta em *Os Contos de Hoffman;* Dorabella em *Cosi fan tutte;* a Mãe em *Albert Herring;* Constância, na estreia mundial de *She Stoops to Conquer;* a senhora com uma caixa de chapéu em *Postcard from Morocco;* Frau Bauer em *Dora;* Beatrice na estreia em palco de *Garden of Mystery;* Mrs. Cornett em *Tobermory;* a peça *From the Diary of Virginia Woolf;* Gloria Thorpe em *Damn Yankees;* Gymnasia em *A Funny Thing Happened on the Way to the Forum*; a cantora Liebeslieder em *A Little Night Music* e Lady Thiang em *O Rei e Eu*. As apresentações com sinfônicas incluem *Le Mort de Cléopâtra* com a sinfônica do Bronx, a *Quarta Sinfonia* de Mahler com a Sinfônica Centré e *Das Lied von der Erde* e a *Terceira Sinfonia* de Mahler com a New York Simphonic Arts Ensemble. Dra. Phillips também foi artista convidada Phoenix Chamber Symphony, a Scottsdale Fine Arts Orchestra, o Putnam County Chorale e o National Chorale.

Dedicatória

Em memória de minha irmã, Debbie Griggs (falecida em 2003).

Agradecimentos da Autora

Agradeço enormemente à editora do projeto, Sara Faulkner, por sua grande atenção aos detalhes e seu infinito apoio; ao editor de aquisições, Michael Lewis, pelo convite para escrever a segunda edição; ao editor técnico, David Kelso, por compartilhar sua riqueza de conhecimentos, e a editora Krista Hansing, por sempre ter atenção com os leitores. Eu tive muita sorte de trabalhar com essa ótima equipe.

Obrigada aos meus pais, Holmes e Darlene, por todas as aulas pelas quais pagaram, pelas horas que tiveram que me ouvir ensaiado e os muitos quilômetros que percorreram para ir às minhas apresentações.

Obrigada ao George por seu encorajamento e por aguentar todas às vezes em que passei os finais de semana e até altas horas escrevendo.

Agradeço eternamente aos meus alunos (e alguns colegas) que cantaram lindamente no CD e àqueles que ofereceram conselhos e apoio. Vocês me inspiram.

Um agradecimento especial aos meus professores de canto, Julia Lansford, Jerry Doan, Norma Newton e Judith Natalucci.

Sumário Resumido

Introdução *1*

Parte I: Explorando os Fundamentos do Canto *7*

Capítulo 1: Preparando-se para Cantar.. 9
Capítulo 2: Determinando Seu Tipo de Voz 17
Capítulo 3: Alinhando Seu Corpo para um Canto Ótimo.................................... 27
Capítulo 4: Respiração para Canto 39
Capítulo 5: Afinando a Voz.. 57

Parte II: Aprimorando Seu Canto *71*

Capítulo 6: Conseguindo uma Entonação Bonita.. 73
Capítulo 7: Explorando a Ressonância.. 83
Capítulo 8: Modelando as Vogais para Maior Clareza.. 93
Capítulo 9: Exercitando Consoantes para Melhor Articulação 103
Capítulo 10: Criando uma Rotina de Prática 115

Parte III: Técnicas Avançadas para Aprimorar Sua Voz *127*

Capítulo 11: Desenvolvendo as Regiões da Sua Voz 129
Capítulo 12: Ampliando Sua Flexibilidade e Extensão Vocais........................... 153
Capítulo 13: É Moleza: Cantando com Belting 165
Capítulo 14: Treinando para Cantar... 187
Capítulo 15: Encontrando o Professor de Canto Certo....................................... 199

Parte IV: Preparando-se para se Apresentar *209*

Capítulo 16: Selecionando Seu Repertório 211
Capítulo 17: Dominando uma Música Nova... 221
Capítulo 18: Encenando a Música 239
Capítulo 19: Confrontando Seu Medo de se Apresentar 249
Capítulo 20: Apresentando uma Música 259

Parte V: A Parte dos Dez 277

Capítulo 21: Dez Cantores com Boa Técnica 279
Capítulo 22: Dez Perguntas Frequentes sobre Canto 283
Capítulo 23: Dez Dicas para Manter a Saúde Vocal.................................. 289
Capítulo 24: Dez Dicas para se Apresentar como um Profissional 297

Parte VI: Apêndices... 305

Apêndice A: Músicas Sugeridas para Aprimorar Suas Técnicas de Canto...................... 307
Apêndice B: Sobre o CD... 317

Índice... 323

Sumário

Introdução **1**

Sobre Este Livro 1
Convenções Usadas Neste Livro 2
Só de Passagem 3
Penso que... 3
Como Este Livro Está Organizado.. 3
    Parte 1: Explorando os Fundamentos do Canto 4
    Parte II: Aprimorando Seu Canto 4
    Parte III: Técnicas Avançadas para Aprimorar Sua Voz.... 4
    Parte IV: Preparando-se para se Apresentar 5
    Parte V: A Parte dos Dez 5
    Parte VI: Apêndices 5
Ícones Utilizados Neste Livro 6
De Lá para Cá, Daqui para Lá 6

Parte I: Explorando os Fundamentos do Canto **7**

Capítulo 1: Preparando-se para Cantar **9**

O que Você Deve Saber Logo de Cara..................................... 9
    Determinando seu tipo de voz 10
    Localizando as notas na pauta.. 10
    Sobre postura, respiração e entonação 12
Desenvolvendo Sua Voz para o Canto 12
Trabalhando as Diferentes Regiões da Sua Voz 13
Aplicando Sua Técnica 14
Divirta-se 15

Capítulo 2: Determinando Seu Tipo de Voz **17**

Analisando os Ingredientes para Determinar Seu Tipo de Voz 17
Identificando o Quarteto Fantástico 19
    Maior alcance feminino: Soprano 21
    Mais grave feminino: Mezzo 22
    Maior alcance masculino: Tenor 24
    Mais grave masculino: Baixo... 25

xii Canto Para Leigos

Capítulo 3: Alinhando Seu Corpo para um Canto Ótimo 27

Avaliando Sua Postura 27
Criando a Postura Correta 29
    Pés firmes no chão 29
    Ponha as pernas ao trabalho 31
    Soltando os quadris 32
    Alongando a coluna 33
    Equilibrando cabeça e ombros 33
Liberando a Tensão 34
    Liberando a tensão do seu tronco 34
    Abrindo espaço na cabeça 35
    Caminhando com cuidado 36
    Projetando confiança através da postura 37

Capítulo 4: Respiração para Canto 39

Fundamentos da Respiração 39
    Inspirando para cantar 40
    Expirando para cantar 40
    Ajustando a Postura para Respirar 42
Praticando a Inspiração 42
    Expandindo o corpo 43
    Respiração: lenta e regular 47
    Tomando fôlego 48
Praticando a Expiração 49
    Soprando 50
    Vibrando com a expiração 50
    Reconhecendo a resistência e prendendo a respiração 52
Testando Seu Controle da Respiração 53
    Liberando o abdômen e depois as costelas 54
    Cantando lentamente 55

Capítulo 5: Afinando a Voz 57

Definindo Entonação 57
    Criando uma entonação singular 57
    Identificando fatores que afetam a entonação 58
    Considerando entonação, tonalidades e notas 59
Trabalhando os Músculos Envolvidos no Canto 59
    Descobrindo suas cordas vocais 60
    Produzindo o primeiro som 60
    Abertura da mandíbula 61
    Ajustando a laringe 62
Combinando Tonalidades 64
    Subindo e descendo em uma tonalidade 65
    Desenvolvendo a memória muscular 66
    Gravando sua própria voz e cantando junto 67
Liberando a Tensão para uma Entonação Melhor 68
    Procurando tensão no pescoço ou na mandíbula 68
    Movimentando a língua e o maxilar 69

Parte II: Aprimorando Seu Canto 71

Capítulo 6: Conseguindo uma Entonação Bonita 73

Criando a Entonação 73
   Dando início à entonação 74
   Criando espaço posterior (back space) 75
   Coordenando ar e entonação 75
   Suspirando para alcançar a clareza 76
Interrompendo o Som 77
   Inspirando para interromper o som 77
   Liberando a garganta 77
Sustentando o Som 78
   Ligando os pontos com o legato 78
   Vibrando os lábios ou a língua 78
   Exercitando o controle da respiração 79
Encontrando Seu Vibrato 80
   Passando de entonação natural para vibrato 80
   Imitando o vibrato de outro cantor 81

Capítulo 7: Explorando a Ressonância 83

Boas Vibrações 83
   Explorando seus ressonadores 85
   Deixe soar 86
Eliminando a Nasalidade 87
   Sentindo o palato mole 87
   Coordenando o palato mole com a língua 88
   Movendo o ar pelo nariz 89
Desfazendo Enganos Comuns 90
   Engano: O som ressoa em suas fossas nasais 90
   Engano: Todo som é produzido no mesmo lugar 90
   Engano: Você deve sempre manter a língua completamente reta 91
   Engano: Você precisa abrir a boca o máximo possível 91
   Engano: Quanto mais projetado for o som, melhor 92
   Engano: Você deve sorrir para manter a afinação 92

Capítulo 8: Modelando as Vogais para Maior Clareza 93

Deixando a Traseira — Quer dizer, as Vogais Posteriores em Forma 94
   Explorando a forma das vogais posteriores 94
   Trabalhando os lábios para as vogais posteriores 96
   Cantando as vogais posteriores 97
Dominando as Vogais Anteriores 97
   Explorando a forma das vogais anteriores 98
   Falando as vogais anteriores 99
   Cantando as vogais anteriores 100

xiv Canto Para Leigos

Capítulo 9: Exercitando Consoantes para Melhor Articulação 103

Falando Consoantes Sonoras e Surdas 104
Produzindo Consoantes Alveolares 105
Modelando consoantes alveolares 105
Cantando consoantes alveolares 107
Executando Consoantes Palatais 108
Modelando consoantes palatais 108
Cantando as consoantes palatais 109
Trabalhando as Consoantes Labiais 109
Modelando as consoantes labiais 110
Cantando as consoantes labiais 111
Exercitando Encontros Consonantais 112
Modelando encontros consonantais 112
Cantando encontros consonantais 113

Capítulo 10: Criando uma Rotina de Prática 115

Dedicando-se a um Plano de Prática 115
Resposta às Suas Perguntas sobre a Prática 116
Onde eu devo praticar? 116
Qual é a melhor hora para praticar? 117
Por quanto tempo eu devo praticar? 117
Do que eu preciso além da minha voz? 118
Aquecimento 119
Alongando-se para aquecer o seu corpo 119
Aquecendo sua voz 121
Exercitando Sua Voz 122
Escolhendo exercícios que servem para você 122
Esmiuçando o exercício 123
Praticando Corretamente 124
Gravando sua própria voz 125
Aplicando informações e exercícios 125
Usando o CD para praticar os exercícios 126

Parte III: Técnicas Avançadas para Aprimorar Sua Voz 127

Capítulo 11: Desenvolvendo as Regiões da Sua Voz 129

Encontrando Sua Voz Média 130
Observando a extensão da sua voz média 130
Cantando com a voz média 131
Conferindo Sua Voz de Peito 134
Focando na extensão da sua voz de peito 134
Sentindo sua voz de peito 135
Mirando na Voz de Cabeça 136
Encontrando a extensão da sua voz de cabeça 136
Sentindo a voz de cabeça 137
Vamos Ouvir os Garotos: Descobrindo o Falsete 139
Descobrindo o seu falsete 140
Experimentando o seu falsete 141

Fazendo uma Transição Suave 144
    Entrando e saindo da voz de peito 144
    Entrando e saindo da voz de cabeça 146
Misturando Tudo 148
    Aproveite seu mix ao máximo, cara 148
    Entrem no mix, garotas 149

Capítulo 12: Ampliando Sua Flexibilidade e Extensão Vocais 153

Táticas para Encarar a Transição entre Registros 154
Trabalhando Sua Extensão 155
    Aumentando sua extensão para o agudo 155
    Variando as dinâmicas 156
    Transitando entre registros 157
Levando Sua Agilidade a um Novo Patamar 158
    Movimentando-se pela escala 159
    Pegando o ritmo 159
    Pulando intervalos 160
Improvisando para Conseguir um Bom Som em Pop 161
    Dominando modelos de pop 162
    Cantando linhas melódicas de pop com acordes 163

Capítulo 13: É Moleza: Cantando com Belting 165

Brincando com a Tonalidade 166
    Falando para si mesmo 167
    Cantarolando e falando 167
    Encontrando o seu tom de fala ideal 168
    Aumentando sua extensão de fala 169
    Usando a energia do corpo para encontrar clareza na entonação 170
Definindo o Belting Saudável 171
    Comparando belt e voz de peito 172
    Conhecendo seus limites como belter iniciante 173
    Observando as diferenças entre os sexos 173
    Coordenando respiração e energia 175
Preparando-se para o Belting 175
    Falando com mix 175
    Chamando um amigo 176
Projetando a Ressonância 177
    Explorando as vibrações da ressonância 177
    Fazendo travessuras para sentir a ressonância 178
Combinando Ressonância e Registro 178
    Aumentando a extensão do seu belt 179
    Subindo a escala com o belt 180
Avançando em Seu Belt 180
    Sustentando sons de belt 181
    Explorando diferentes vogais 182
Belters e Músicas com Belt que Você Deveria Ouvir 183
    Belters masculinos 183
    Belters femininos 184
    Músicas com belt 184

Canto Para Leigos

Capítulo 14: Treinando para Cantar **187**

Definindo os Requisitos para o Treino 187
Cantando como um cantor de country 187
Dando cara de jazz 188
Deixando sua marca em musicais 189
Apresentação de pop rock 190
Optando por ópera 191
Mostrando sua extensão com R&B 192
Treinando para Cantar em Qualquer Idade 192
Reconhecendo as diferenças entre cantores jovens e adolescentes 193
Desenvolvendo técnicas de longo prazo em adolescentes 194
Entendendo que as vozes mudam com a idade 194
Treinando com um Coro 195
Aproveitando os benefícios de cantar no coro 196
Cantar em coro versus cantar solo 197

Capítulo 15: Encontrando o Professor de Canto Certo **199**

Procurando o Melhor Professor de Canto 199
Encontrando um provável professor de canto 199
Identificando o que você quer 200
Entrevistando um provável professor de canto 201
Descobrindo o que Esperar de Um Professor 205
Sentindo-se bem ao deixar a aula 205
Trabalhando com imagens e outras ferramentas 206
Aplicando métodos de canto testados e aprovados 206
Conhecendo o que Esperar de Si Próprio 207
Desenvolvendo seu próprio processo de prática 207
Evitando trabalhar excessivamente em suas falhas 207
Tornando Sua Primeira Aula um Sucesso 208

Parte IV: Preparando-se para se Apresentar 209

Capítulo 16: Selecionando Seu Repertório **211**

Escolhendo a música 211
Encontrando músicas em seu nível 211
Considerando sua extensão 213
Determinando o tom apropriado para você 216
Encontrando um estilo musical adequado 217
Cantando com seus pontos fortes 217
Comprando Partituras 218
Encontrando lojas 218
Baixando partituras 219
Folheando compilações 220
Conferindo músicas em sua biblioteca local 220

Capítulo 17: Dominando uma Música Nova 221

Pegando uma Música por Etapas 221
  Memorizando a letra como texto 222
  Marcando o ritmo 223
  Cantando a melodia (sem a letra) 226
  Juntando letra e música 227
Usando Técnica Vocal em Sua Música Nova 228
  Dando voz às vogais 228
  Invertendo as frases 229
  Respirando pesadamente: Embaçando as janelas 230
  Mudando a entonação para cada seção 232
Usando Elementos Musicais para Criar Seu Arranjo 233
  Comparando músicas 234
  Articulação 235
  Dinâmica 235
  Andamento 235
  Usando variedade vocal 236
  Estilo 237
  Acompanhante 237

Capítulo 18: Encenando a Música 239

Vendo a Música como uma História 239
  Falando a música antes de cantá-la 239
  Respostas musicais 240
  Contando com interlúdios 241
Explorando um Personagem 241
  Caracterizando seu personagem 242
  Descobrindo a motivação de seu personagem 243
  Planejando ações para concluir algo 244
Usando a Parte Física 244
  Descobrindo onde focar 244
  Gesticulando apropriadamente 245
  Mexendo-se e remexendo-se com sua música 248

Capítulo 19: Confrontando Seu Medo de se Apresentar 249

Encarando os sintomas 249
Aliviando a Ansiedade Por Meio de uma Preparação 250
  Praticando bem 251
  Usando seus pontos fortes 252
  Controlando seus pensamentos 252
  Assumindo o controle dos nervos 253
  Construindo foco de apresentação 253
Apresentando-se para Construir Confiança 255
  Criando um plano de ação 256
  Avaliando sua performance 257

xviii **Canto Para Leigos**

Capítulo 20: Apresentando uma Música **259**
Moldando Seu Teste para Qualquer Ambiente e Estilo Musical 260
Na ópera 260
No palco de um teatro 261
Em um clube 261
Na televisão 262
Escolhendo Músicas para Testes que Destaquem Seus Pontos Fortes 263
Mostrando versatilidade 263
Conectando-se à letra 264
Evitando a música errada para um teste 265
Preparando a Música 266
Escolhendo o tom 267
Fazendo o corte 268
Marcando a música 269
Ensaiando com um acompanhante 270
Levando uma gravação 271
Passando no Teste 272
Fazendo o trabalho de preparação 272
Usando a roupa certa 273
Conhecendo quem vai estar no teste 274
Cumprimentando o acompanhante de teste 274
Representando no teste 275
Preparando-se mentalmente 276

Parte V: A Parte dos Dez **277**

Capítulo 21: Dez Cantores com Boa Técnica **279**
Kristin Chenoweth 279
Linda Eder 280
Renée Fleming 280
Faith Hill 280
Michael Jackson 280
Toby Keith 281
Beyoncé Knowles 281
Elvis Presley 281
Anthony Warlow 282
Stevie Wonder 282

Capítulo 22: Dez Perguntas Frequentes sobre Canto **283**
Fazer Belting É Ruim? 283
O que Eu Devo Fazer se Minha Voz Falhar? 283
Qual É a Diferença entre um Acompanhante, um Treinador
e um Professor de Canto? 284
Se Eu Sentir a Garganta Arranhando, Estou com Calos? 285
Tenho que Ser Grande para Ter uma Grande Voz? 285
Qual É o Melhor Método de Canto? 286
Preciso Saber Italiano para Cantar Bem? 286
Posso Beber Antes de me Apresentar Para me Acalmar? 286

Por Que Não Posso Tomar Sorvete Antes de Cantar? 287
Quanto Tempo Vou Levar para Aprender a Cantar? 287

Capítulo 23: Dez Dicas para Manter a Saúde Vocal 289

Identificando Abusos Cotidianos 289
Incorporando a Fala Saudável ao Canto 290
Sabendo Quando Procurar Ajuda 291
Mantendo-se Hidratado 292
Dormindo o Suficiente 292
Garantindo uma Boa Nutrição 293
Prevenindo Irritação ou Infecção na Garganta 293
Tratando a Garganta Irritada 294
Protegendo a Garganta Irritada 295
Cuidando de Sua Saúde Emocional 296

Capítulo 24: Dez Dicas para se Apresentar
como um Profissional 297

Ensaiando para Dominar a Banda 297
Usando a Roupa Certa 298
Encontrando Seu Lugar 299
Cantando com um Piano, Órgão ou Banda 299
Fazendo Sua Entrada 300
Prendendo Seu Público 300
Ignorando Aquele Mosquito 301
O que Fazer com as Mãos 302
Usando o Microfone 302
Fazendo uma Reverência e Deixando o Palco 303

Parte VI: Apêndices 305

Apêndice A: Músicas Sugeridas para Aprimorar
Suas Técnicas de Canto 307

Clássico: Dez Músicas para Soprano 307
Clássico: Dez Músicas para Mezzo 308
Clássico: Dez Músicas para Tenor 308
Clássico: Dez Músicas para Barítono ou Baixo 309
Musical: Dez Músicas para Soprano 309
Musical: Dez Músicas para Mezzo 310
Musical: Dez Músicas com Belt para Mulheres 311
Musical: Dez Músicas para Tenor 312
Musical: Dez Músicas para Baritenor 312
Musical: Dez Músicas com Belt para Homens 313
Country: Dez Músicas para Mulheres 314
Country: Dez Músicas para Homens 314
Pop rock: Dez Músicas para Mulheres 315
Pop rock: Dez Músicas para Homens 315

Apêndice B: Sobre o CD...**317**

Exigências de Sistema...317

Lista de Faixas...318

Solução de Problemas..322

Índice...*317*

Introdução

*E*stou tão feliz que você tenha escolhido este livro! Quer você seja um cantor de chuveiro ou tenha um desejo secreto de cantar no palco, esta obra é para você. O livro está cheio de informações úteis sobre todos os aspectos do canto, desde a postura e a respiração até a saúde vocal e técnicas para aumentar seu alcance. Não é necessária nenhuma experiência! Mesmo que você não saiba nada sobre canto, você se divertirá muito explorando sua voz.

Você não pode desenvolver sua voz da noite para o dia; isso leva tempo. Algumas pessoas já nascem com a voz pronta para cantar no Hollywood Bowl, mas a maioria das que gosta de cantar precisa preparar sua voz para essa atividade. Qualquer que seja a categoria em que se encaixe, este livro tem informações valiosas para você.

Exercitar a voz é o caminho para melhorar sua técnica. Os exercícios neste livro são semelhantes àqueles que você encontraria em uma aula de canto. Ao fazer esses exercícios, você permite que seu corpo encontre a forma correta de produzir os sons. Após aprender os detalhes técnicos, você pode aplicar as informações às suas músicas e soar ainda melhor.

Pode ser que você não tenha uma pessoa para ouvi-lo durante sua prática, mas encontrará no decorrer do livro sugestões sobre como ouvir sua própria voz e fazer sua própria crítica, para que assim possa se aprimorar a cada vez que praticar.

Sobre Este Livro

Este livro foi elaborado como um guia de referência, não um tutorial, e inclui exercícios que o ajudarão a aprimorar sua voz. Explore-o e encontre as partes que lhe interessam. (Aliás, recomendo que você consulte também as partes que não lhe interessarem — quem sabe o que você poderá descobrir sobre sua própria voz?) O importante a salientar é que você não tem que ler este livro integralmente para melhorar seu canto; procure os tópicos de que você precisa e utilize tanto os exercícios quanto o CD para desenvolver o melhor de sua voz.

O CD é um parceiro importante deste livro. Os exercícios nele focam nas informações técnicas sobre as quais você vai ler. Você ouvirá um modelo que será tocado no piano, um cantor (ou cantora) o demonstrará e então ele será repetido várias vezes para que você cante junto. Apenas cantar músicas é legal, mas é preciso trabalhar na técnica se quiser que elas tenham um som incrível. Se você praticar os exercícios de articulação no CD e depois aplicar aquelas informações e técnicas às músicas, será um cantor habilidoso e será bem compreendido. Se você nunca teve aulas antes, pode não ver os benefícios dos exercícios no começo, ou pode ser que eles lhe pareçam difíceis. Continue tentando fazê-los durante suas sessões de prática e verá o quão rápido eles o ajudarão a cantar.

O Capítulo 10 lhe dará ideias para desenvolver uma rotina de prática para coordenar todas as informações que você leu no livro com o CD. Depois de elaborar sua rotina de prática, mantenha o CD por perto para que você possa escolher que faixas praticar. Você pode também colocá-lo no som do seu carro para praticar enquanto dirige. Isso seria legal, desde que você não descuide da direção.

Como muitas pessoas aprendem melhor com imagens, incluí algumas maneiras de utilizá-las para aprimorar seu canto. Saber os mecanismos funciona melhor para alguns cantores, mas outros preferem saber no que pensar ou o que visualizar enquanto cantam. Se você quiser saber o que ouvir, também darei esta informação. Da mesma forma, explicarei os exercícios dando-lhe algo para fazer fisicamente. Às vezes, só sentir o movimento de seu corpo basta. Qualquer que seja a forma que você preferir, a encontrará neste livro.

Convenções Usadas Neste Livro

Para ajudá-lo a explorar este livro com facilidade, estabeleci as seguintes convenções:

- ✔ Uso **negrito** para destacar palavras-chave em listas com marcações.

- ✔ Quando introduzo um novo termo com o qual você talvez não esteja familiarizado, uso *itálico* e defino o termo no texto.

- ✔ Endereços da internet estarão em `courier new` para que seja fácil encontrá-los na página.

- ✔ Quando este livro foi impresso, alguns links podem ter sido divididos devido a uma quebra de linha do texto. Se isso tiver acontecido, não se preocupe, pois eu não acrescentei nenhum caractere a mais (como hifens) para indicar a quebra. Então, quando utilizar algum endereço da internet, basta digitar exatamente o que você estiver vendo no livro, lembrando que a divisão gerada pela quebra de linha não existe.

- ✔ Eu soletrarei os sons vocálicos para você ou utilizarei símbolos (fonéticos) encontrados no dicionário Michaelis, porque é mais comum para novos cantores ou para quem não é cantor.

- ✔ Através do livro você terá a oportunidade para cantar sons vocálicos específicos. Um deles talvez precise de uma explicação. Eu vou utilizar a vogal "e" para o som da letra como nas palavras pé e café. Para o som da letra a, como nas palavras pá e lata, utilizarei "*ah*". Você pode praticar esses sons no Capítulo 8 para saber o que fazer quando encontrá-los em outras partes do livro.

✔ Os estilos musicais mudam continuamente, assim como também mudam os termos utilizados para defini-los. Se você ler a história do pop ou do rock, encontrará uma longa lista de títulos para descrever cada época. Uso o termo pop rock para músicas que se encaixam em ambos os estilos. É comum encontrar uma música ótima na lista dos diferentes estilos. No Capítulo 14, você poderá ler sobre os sons utilizados nos diferentes estilos, mas se lembre de que pop rock refere-se a uma música que pode se encaixar em qualquer um dos dois estilos.

✔ Utilizo exemplos musicais através do livro para lhe dar uma explicação tangível dos exercícios do CD. Você pode ler uma explicação sobre notação musical no Capítulo 1. Lá você encontrará a informação sobre como as bolinhas na partitura correspondem às notas do piano e às que você irá cantar nas áreas específicas de sua amplitude vocal.

Só de Passagem

Este livro é cheio de informações ótimas sobre canto. Se você for um iniciante, se divertirá explorando todos os detalhes e exercícios desenvolvidos especificamente para você. Sinta-se à vontade para começar por qualquer parte do livro que o interessar, e lembre-se de que o ícone Papo de Especialista é para cantores que estão prontos para informações mais detalhadas. O mesmo vale para as caixas de texto. A informação nessas caixas cinzas é interessante e divertida, mas não crucial para uma primeira leitura. Você pode lê-las se preferir ou voltar a elas depois.

Penso que...

Suponho que, já que está lendo este livro, você tenha interesse em canto e queira descobrir como aprimorar sua voz. Você não precisa de nenhum conhecimento prévio sobre canto. Encontrará informações para iniciantes, e mesmo avançadas para cantores que já têm alguma experiência.

Como Este Livro Está Organizado

Este livro está organizado em seis partes, em que cada uma contém tipos específicos de informações sobre o canto. Você explorará a mecânica do canto antes de trabalhar a técnica. Se você não tiver nenhuma experiência, achará a primeira parte especialmente útil.

Parte I: Explorando os Fundamentos do Canto

Na Parte I abordo os três tópicos principais do canto — postura, respiração e entonação. Esses três pontos devem ficar tinindo. Se você já tiver uma noção desses três aspectos importantes, pode aumentar muito sua capacidade de cantar. Pode ser que você se pegue voltando vez ou outra para esses capítulos a fim de solidificar essas técnicas. Leve o tempo que você achar melhor para trabalhar os quatro primeiros capítulos. Você pode acrescentar os exercícios encontrados nesta parte à sua rotina de práticas. Você verá uma melhora constante ao trabalhar essas técnicas diariamente. Outro tópico interessante nessa parte é os tipos de vozes. Se você sempre quis saber a diferença entre uma soprano e uma mezzo, o Capítulo 2 o aguarda.

Parte II: Aprimorando Seu Canto

Os principais assuntos da Parte II são entonação, ressonância, vogais e consoantes. O Capítulo 6 oferece ainda mais informações sobre como soar muito bem quando cantar. Depois que você entender o que é entonação, aprenderá sobre a ressonância dela no Capítulo 7. Se você não tiver ideia do que é ressonância, pode ler sobre todos os equívocos sobre ela no mesmo capítulo. Essa parte também fará suas vogais e consoantes botarem para quebrar. Quando você articular as vogais e consoantes corretamente (veja os Capítulos 8 e 9), garantirá que o público o entenda facilmente, não importa o estilo de música que você cante. Finalmente, o Capítulo 10 trata da prática e do desenvolvimento de uma rotina para aprimorar sua voz e aplicar todas as informações deste livro.

Parte III: Técnicas Avançadas para Aprimorar Sua Voz

Nesta parte você vai passar para as informações que o ajudarão a aplicar as técnicas de canto. Você já deve ter ouvido falar de voz de peito, mas não ter certeza do que isso significa. Vá até a Parte III para descobrir muito mais do que você já sonhou sobre registros de voz. O Capítulo 11 fala da voz média, voz de peito e voz de cabeça, e o Capítulo 12 trata da amplitude. O Capítulo 13 o ajudará com sua voz falada e com o belting. Embora você possa achar que sua voz falada e sua voz cantada sejam completamente diferentes, ficará surpreso com o quanto sua voz falada pode ajudar ou atrapalhar seu canto. Essa parte também oferece algumas boas sugestões para encontrar o professor de canto certo (veja os Capítulos 14 e 15). Além de tudo, você poderá descobrir mais sobre vários estilos musicais — clássico, country, jazz, musicais, ópera, pop rock e R&B.

Parte IV: Preparando-se para se Apresentar

Quando sua técnica estiver boa, talvez queira testá-la em público. Antes de subir no palco, confira essa parte para ver ótimos conselhos sobre como se preparar para o grande dia. O Capítulo 16 o ajudará a descobrir como encontrar músicas que beneficiem suas habilidades técnicas e onde encontrar essas canções adoráveis. Depois de encontrá-las, você poderá explorar o Capítulo 17 para ter ajuda com a música nova. Tentar esmiuçá-la sozinho pode ser enervante, mas o Capítulo 17 tem algumas dicas para tornar a tarefa mais fácil.

Essa música nova precisa de algum tempero tanto no arranjo quanto nas letras. Somente estar deslumbrante no palco não é o suficiente; você tem que dar ao público algo em que pensar enquanto canta. O Capítulo 18 tratará da interpretação da música enquanto se canta: duas habilidades que é importante que sejam usadas juntas. Se você não tem certeza se deve subir no palco por causa do frio na barriga, confira o Capítulo 19 para saber mais sobre a ansiedade de apresentações. Ficar nervoso é normal, mas você pode explorar maneiras de lidar com a ansiedade para que suas mãos suadas não o incomodem enquanto você canta lindamente. Se você acha que o friozinho no estômago é um sinal de que está animado e pronto para um teste, o Capítulo 20 lhe dará alguns conselhos saudáveis sobre como levar sua música a um teste. Muitas pessoas sonham em fazer um teste para um show, mas não têm ideia de como se preparar. As respostas para suas perguntas e conselhos sobre preparação o aguardam no Capítulo 20.

Parte V: A Parte dos Dez

Se você escutar as músicas na lista das dez mais na sua categoria musical, saberá quais cantores têm uma boa técnica? Visto que a indústria tende a favorecer uma habilidade para fazer grandes fortunas com o talento, descubra quais cantores possuem talento para sustentar sua fama. Você verá algumas surpresas na lista. Saber como se comportar no palco leva algum tempo, se você nunca esteve sob os holofotes. Nessa parte você encontrará dez dicas para se apresentar como um profissional. Você também pode ter algumas perguntas sobre canto e nunca soube a quem perguntar, por isso também fiz uma lista das dez perguntas mais frequentes trazidas para as aulas por meus alunos e uma lista de dez dicas para manter sua voz saudável. Você pode encontrar a resposta para uma pergunta que o tem deixado encafifado.

Parte VI: Apêndices

O Apêndice A tem uma lista de músicas que você pode explorar quando estiver pronto, incluindo clássica, de teatro musical, pop rock e country. Não importa o estilo do qual você goste, você pode praticar suas novas habilidades enquanto estuda o livro. Escolhi essas músicas por causa dos benefícios que elas oferecem à sua técnica. Pode ser que você não encontre as músicas que sejam a tendência do momento, mas encontrará canções que são ótimas para trabalhar sua técnica de canto, independente do estilo. O Apêndice B tem uma tabela para organizar as informações no CD. Use essa tabela para localizar as técnicas que você quer praticar no dia. Praticando lentamente com os exercícios no CD você dá ao seu corpo tempo para descobrir como cantá-los corretamente e aplicar as informações às músicas do Apêndice A.

Ícones Usados Neste Livro

Este ícone indica que há uma faixa no CD que corresponde à informação no capítulo.

Esta informação é tão importante que você deveria guardá-la.

Este ícone destaca explicações detalhadas que você pode achar muito interessantes ou talvez queira pular direto.

O ícone Dica enfatiza um bom conselho de alguém que já cometeu o erro e quer lhe poupar do problema.

Para evitar fazer uma bobagem ou danificar sua voz, preste atenção ao que esses parágrafos têm a dizer.

De Lá para Cá, Daqui para Lá

Se você não tiver nenhuma experiência com canto, deve começar do Capítulo 1 e estudar o livro em sequência. No entanto, este livro foi feito de tal forma que você possa pular para qualquer parte que quiser e começar a "surfar" pelas informações que forem completamente compreensíveis. Se você possuir alguma experiência com canto, escolha qualquer capítulo que o atrair. Você pode consultar outros capítulos ocasionalmente se não souber a definição de algo, mas, por outro lado, você está livre para ir a qualquer capítulo, no seu próprio ritmo e na ordem que quiser. À medida que você fizer os exercícios, poderá querer acessar prontamente os fundamentos da respiração (veja o Capítulo 4) e da entonação (veja os Capítulos 5 e 6). Se estiver encontrando dificuldade, pode ir direto ao Capítulo 3 para garantir que tenha uma postura apropriada para cantar.

Parte I
Explorando os Fundamentos do Canto

A 5ª Onda   Por Rich Tennant

"Você tem uma voz muito boa para clubes e pequenas apresentações, mas nada que possa inspirar um elefante a atacar."

Nesta parte...

Nesta parte você terá uma introdução ao canto. Aprenderá sobre diferentes tipos de vozes e saberá em qual categoria a sua se encaixa. Depois vai conferir informações interessantes sobre três pontos cruciais: postura, respiração e sonoridade. Você precisa de uma postura correta para ter um corpo alinhado e pronto para cantar da melhor forma possível, e precisará deixar o ar entrando e saindo do seu corpo para manter aqueles sons gloriosos. Trabalhar a entonação permite que você aprimore os sons que já consegue fazer ou que você a melhore se sua voz estiver mais para barulho de gato no cio do que para voz de diva.

Leia o livro no ritmo que achar melhor. Você pode até voltar aos exercícios regularmente para manter o motor da sua voz tinindo.

Capítulo 1

Preparando-se para Cantar

Neste Capítulo

▶ Pensando sobre o seu tipo de voz

▶ Começando com o básico: Postura, respiração e entonação

▶ Familiarizando-se com as diferentes regiões da sua voz

▶ Começando a aplicar sua técnica vocal

*E*ntão, você está curioso sobre canto? Qualquer que seja a base ou experiência musical que você tenha, ou não tenha, este livro tem algo para lhe oferecer. O livro contém ótimos exercícios e até um CD, que lhe permitirá ouvi-los e cantar junto. Se você é marinheiro de primeira viagem, bem-vindo a bordo. Você encontrará todo tipo de informação legal sobre canto neste livro. Este capítulo oferece uma visão geral de todas as coisas interessantes que você poderá encontrar nesta obra.

O canto é uma das formas de expressão mais legais que existem. Cantar bem é saber utilizar as partes do corpo envolvidas no canto. Os capítulos que você encontrará no livro destacam o que precisa saber na sequência certa. Você não precisa lê-lo na ordem em que foi escrito para obter o que precisa. Alguns dos últimos capítulos podem ser um pouco difíceis se você não tiver nenhuma experiência em canto. A única forma de saber é mergulhar de cabeça e começar a ler quaisquer tópicos que lhe interessarem.

O que Você Deve Saber Logo de Cara

Antes de escolher a data do seu primeiro grande show ou recital, você precisa saber sobre canto. A primeira parte deste livro lhe dará uma ideia geral.

Determinando seu tipo de voz

Os cantores normalmente ficam ávidos para descobrirem seu tipo de voz, porque querem pertencer a uma categoria. Você já deve ter ouvido falar destas categorias:

- **Soprano:** Voz feminina mais aguda.
- **Mezzo:** Voz feminina mais grave.
- **Tenor:** Voz masculina mais aguda.
- **Baixo:** Voz masculina mais grave.

Se você não tiver certeza de em qual categoria sua voz está, confira o Capítulo 2. Você encontrará explicações sobre a diferença entre uma soprano e uma mezzo, ou entre um tenor e um baixo. Você não precisa descobrir qual é o seu tipo de voz hoje, mas pode explorar o capítulo para descobrir o que ouvir enquanto canta.

Localizando as notas na pauta

Os tipos de voz são provavelmente mais fáceis de descobrir se você souber encontrar as notas em uma pauta ou pentagrama (veja a Figura 1-1 neste capítulo). Os nomes das notas são A (Lá), B (Si), C (Dó), D (Ré), E (Mi), F (Fá) e G (Sol). Essas notas se repetem por todo o piano.

- Os espaços na clave de sol correspondem às notas F (Fá), A (Lá), C (Dó) e E (Mi). Começando da parte de baixo da pauta e subindo, as notas formam a palavra *face*. Você pode usar frases para lembrar as outras notas. Mais uma vez, começando da parte de baixo da pauta e subindo, as notas na linha são E (Mi), G (Sol), B (Si), D (Ré) e F (Fá), que são as iniciais da frase *Ele,gago,balbuciou diferentes fonemas*.

- Na clave de fá, os espaços correspondem a A (Lá), C (Dó), E (Mi) e G (Sol), as iniciais da frase *Assim consigo escrever grego*. As linhas na clave de fá correspondem a G (Sol), B (Si), D (Ré), F (Fá) e A (Lá), que são as iniciais da frase *Garoto bobo de fala arrogante*.

Se eu disser que o alcance de um cantor é de um C (Dó) médio central a um C (Dó) agudo, precisarei usar linhas suplementares para notar essas duas notas, visto que elas não se encontram dentro das cinco linhas da pauta. Linhas suplementares são linhas extras acrescentadas acima ou abaixo das pautas para notas que são mais agudas ou mais graves do que aquelas que se encontram na pauta. Quando você encontrar o C (Dó) central na Figura 1-1, poderá ver a linha extra posta sob a pauta. A forma mais fácil de encontrar o C (Dó) central no piano é olhando o nome da marca na tampa que cobre as teclas. Se você encontrar o nome da marca, o C (Dó) bem no centro dela, ou um pouco à esquerda, é, normalmente, o C central.

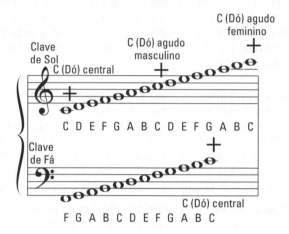

 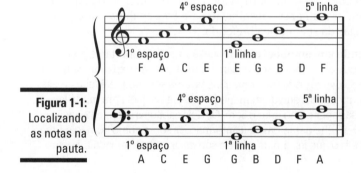

Figura 1-1: Localizando as notas na pauta.

O *Dó central* é assim chamado porque situa-se no centro de um teclado de 88 teclas. O C (Dó) central também é chamado de C4, então, o próximo acima dele é o C5, e assim sucessivamente. O C (Dó) é a nota que se encontra à esquerda do par de teclas pretas. A distância entre os dois Dós chama-se *oitava*. Se você começar a partir do primeiro C (Dó) e contar oito notas brancas, encontrará outro C. Isso significa que o E (Mi) logo acima do C (Dó) central (C4) é o E4. É bem fácil, mas nem todo mundo que encontro conhece esse sistema, então, eu me atenho ao que funciona: C (Dó) central.

Você também encontrará as palavras *bemol* e *sustenido* neste livro. *Bemóis* abaixam um som em meio tom e um *sustenido* o aumenta em meio tom. Fá sustenido é a tecla preta entre o F (Fá) e o G (Sol) no piano. A mesma tecla preta entre o F e o G pode ser chamada de Sol bemol.

Sobre postura, respiração e entonação

Primeiro, você precisa se alinhar — isto é, alinhe todas as partes do seu corpo ao se preparar para cantar — e então explorar sua respiração. Respirar enquanto canta é normalmente diferente, porque você tem que inspirar mais ar em um período menor de tempo. Quando você mantém o ar fluindo, pode explorar a sonoridade da sua voz.

- **Corrigindo a postura para uma sonoridade melhor:** A postura é importante para cantar bem. Se todas as partes envolvidas no ato de cantar estiverem alinhadas corretamente, você terá grandes chances de produzir sons maravilhosos. Saber como ficar de pé não é nenhum mistério, mas pode ser que você precise fazer alguns ajustes. Se você não está acostumado a ficar em pé o tempo todo, pode se sentir esquisito no começo. O Capítulo 3 explora a postura para o canto.

- **Conhecendo as chaves para uma respiração apropriada:** O grande segredo para cantar é saber como usar sua respiração para produzir os sons. Você pode não saber como conseguir muito fôlego e depois fazê-lo durar através de uma frase longa inteira. Se você conferir o Capítulo 4, encontrará todo tipo de exercícios e explicações sobre como trabalhar sua respiração para conseguir cantar aquelas frases longas da sua música preferida.

- **Encontrando sua entonação:** A entonação vocal é importante porque você quer que os melhores sons saiam da sua boca. Ao explorar exercícios de entonação, você pode trazer mudanças à sua sonoridade. Muitas vezes as pessoas me dizem que querem mudar sua entonação. Para mudá-la, você precisa saber como criar o som. Os dois capítulos sobre entonação, Capítulos 5 e 6, lhe darão bastante informações sobre como começar uma nota e depois o que fazer para que ela soe de uma determinada maneira.

Desenvolvendo Sua Voz para o Canto

Quando você já tiver a informação básica passeando pela sua cabeça, pode começar a trabalhar na sua voz para o canto. Dos Capítulos 6 a 9 você terá informações mais específicas sobre criar sons que serão exclusividade sua. Às vezes as pessoas tentam imitar os seus cantores preferidos. Uma ideia melhor é cantar como você mesmo. Sua voz pode ser tão incrível quanto a daquele cantor famoso. Você só precisa praticar para desenvolvê-la.

A seguir você tem alguns pontos sobre os quais trabalhar:

- **Encher o auditório com ressonância:** A ressonância é o eco do som. No Capítulo 7 você descobrirá como usar a ressonância para projetar sua voz. Cantar alto faz muito barulho, mas usar a ressonância permite que você projete sua voz sobre a orquestra até a parte posterior da sala de concerto. Descubra como fazer sua voz ressoar para que aquele senhorzinho sentado lá no fundo consiga ouvi-lo.

Capítulo 1: Preparando-se para Cantar *13*

✔ **Fazendo um ajuste fino de vogais e consoantes:** Um tempão atrás, você teve que trabalhar com vogais e consoantes. Bem, você vai refrescar a memória nos Capítulos 8 e 9. Ao fazer suas vogais e consoantes precisas, pode se fazer entender facilmente quando cantar. Você provavelmente já ouviu alguém cantando e não conseguiu entender uma só palavra do que ela dizia. É pior ainda quando a música é em inglês ou uma língua que você não fala. Sabendo como articular vogais e consoantes você pode criar sons específicos que seu público pode compreender.

✔ **Aquecendo a voz:** A prática leva à perfeição! Depois que você descobrir todas as ótimas informações sobre canto, precisará desenvolver um plano para praticá-las regularmente. Mas, se prática for coisa de outro mundo, confira o Capítulo 10. O capítulo inteiro dedica-se a ajudá-lo a descobrir o que fazer durante o aquecimento e como aplicar os exercícios que você leu no livro à sua rotina diária de prática. Visto que você pode explorar tantas coisas, faça uma lista do que vai querer alcançar no dia e depois vá acrescentando mais àquela lista cada vez que praticar.

Trabalhando as Diferentes Regiões da Sua Voz

O seu objetivo é fazer sua voz soar como uma linha suave do agudo ao grave. Pode ser que você tropece ou deslize enquanto sobe e desce no tom. Isso é perfeitamente normal, mas a ajuda está chegando. Os Capítulos 11 e 12 trabalham com regiões específicas da voz, chamadas de *registros* — voz de peito, voz de cabeça, voz média e falsete. Nesses capítulos você poderá descobrir como é a sensação de cada região e o que fazer com ela. Quando estiver pronto, tente estas dicas:

✔ **Fortalecer sua voz média, a de peito e a de cabeça para ter um trabalho vocal completo:** O primeiro passo no exercício para a voz é encontrar diferentes registros e sentir cada um. Após encontrá-los, poderá tentar uma passagem suave entre eles. Pode ser que você sinta que sua voz de peito e a voz de cabeça estão a quilômetros de distância uma da outra. Os exercícios nos Capítulos 11 e 12 destinam-se a ajudá-lo a amenizar os tropeços. Você pode achar que os exercícios não são fáceis no começo, o que é bom, eu não quero que você fique entediado. Mesmo que você nunca tenha explorado nenhum som vocal, pode explorar esses exercícios e deixar sua voz em ordem — só é preciso prática e paciência.

O Capítulo 12 o ajudará a refinar suas transições entre registros e ampliar seu alcance. Algumas músicas exigem flexibilidade, e os exercícios no capítulo o ajudarão a desenvolver agilidade e mesmo experimentá-la em algumas linhas melódicas de pop.

Parte I: Explorando os Fundamentos do Canto

✔ **Acrescentar a técnica do belting à sua lista de habilidades:** Você precisa trabalhar sua voz falada para começar a fazer o belting. O belting é o som que você usará para cantar canções de musicais ou pop rock. Os exercícios começam do básico, então, você não precisa saber nada sobre belting para apreender a informação no Capítulo 13.

Aplicando Sua Técnica

Após explorar sua técnica com os exercícios propostos, você precisará dar o próximo passo. Dos Capítulos 14 a 18 você verá como aplicar sua técnica. Em algum momento você terá que aplicar técnicas saudáveis às músicas. Você também precisa manter uma voz e uma técnica saudáveis o tempo todo. Quando ela estiver tinindo mesmo, você pode explorar os Capítulos 19 e 20, sobre como usar sua técnica em apresentações. As apresentações podem ser grandes ou pequenas. Seja qual for o tamanho do público, você deve parecer profissional e se sentir confortável com o que está fazendo no palco.

Quando começar a aplicar sua técnica ao cantar sozinho ou para outras pessoas, considere o seguinte:

✔ **Treino para cantar:** Encontrar um professor de canto pode ser desafiador. Quando encontrar o professor certo, a experiência pode ser recompensadora. Se você não sabe o que fazer para encontrar um, explore as dicas e sugestões no Capítulo 15. Encontrar um professor pode ser a parte mais difícil. Após responder às perguntas no Capítulo 15, você terá uma ideia melhor do que deseja em uma aula de canto. Quer contrate ou não um professor, você pode conferir as informações no Capítulo 14, sobre como treinar para cantar diferentes estilos musicais. Saber o que é exigido de sua voz permitirá que você vá direto aos capítulos certos.

✔ **Encontrando o material apropriado para cantar:** Encontrar novas músicas para cantar pode ser enervante. Você tem tantas opções, mas como saber o que serve para você? As pistas estão no Capítulo 16. A lista que está lá oferece sugestões sobre o que procurar e o que evitar quando estiver escolhendo músicas. Quer você queira um música para cantar por prazer ou para outra função específica, deverá escolher aquela que acentue seus pontos fortes.

Para mais sugestões de músicas, você pode explorar o Apêndice A, com uma lista de canções que podem aprimorar suas técnicas de canto. Diferentes estilos musicais estão contemplados na lista, de clássica ao country. Após escolher a música que quer cantar, confira o Capítulo 17 para ver mais dicas de como dominá-la em pouco tempo.

Capítulo 1: Preparando-se para Cantar *15*

✔ **Sentindo-se confortável com a música e a letra:** No Capítulo 18 você pode explorar como combinar representação com o canto. Soar bem quando está cantando é ótimo, mas além disso, você precisa entender a história por trás da música. Você não precisa saber nada sobre encenação para explorar esse capítulo; tudo de que você precisará está lá.

✔ **Superando a ansiedade de apresentação:** Se você sonha acordado e sente ansiedade em cantar para um público, o Capítulo 19 foi feito para você. Ao confrontar seu medo e se assumir, você pode progredir e se livrar da ansiedade. Você só vai acrescentar pressão à sua apresentação se achar que deve ficar completamente calmo. Muitos intérpretes famosos ficam nervosos antes das apresentações. Após explorar o Capítulo 19, você entenderá que ficar nervoso é natural, mas que ainda pode cantar enquanto se sente assim.

✔ **Passando em um teste:** Tantos cantores sonham em fazer um teste para um espetáculo da Broadway ou em entrar em uma competição de cantores que eu escrevi um capítulo inteiro sobre como apresentar sua música nestes casos. O Capítulo 20 tem informações sobre o que esperar de um teste, quem poderá estar lá, o que você poderá ter que cantar ou fazer e como se preparar para ele. Uma vez que um teste para um musical é diferente de um teste para uma ópera, você deve saber o que é permitido e o que não é.

Divirta-se

Cantar está muito além de postura e técnica — embora, é claro, esses aspectos sejam importantes. Se você se concentrar somente nos aspectos técnicos do canto, pode acabar cantando só de boca e não de coração. Lembre-se de se soltar de vez em quando e divirta-se com isso!

Alguns intérpretes são realmente incríveis no palco — obviamente, se divertindo —, e eles também têm uma excelente técnica. Confira o Capítulo 21 para ver se algum dos seus cantores favoritos encontra-se na minha lista de intérpretes com ótima técnica. E se você quiser que sua apresentação seja espetacular, o Capítulo 24 tem algumas dicas excelentes sobre como se apresentar como um profissional. Antes de sua grande apresentação, confira o Capítulo 22 para ver as respostas às perguntas mais frequentes sobre canto e o Capítulo 23 para ver informações sobre como manter sua voz saudável. Manter uma voz saudável é muito importante. Suas cordas vocais são bem pequenas, e você deve cuidar muito bem delas. Você também pode ler sobre medicamentos e outros fatores que influenciam sua voz. Uma voz saudável e uma técnica sólida o manterão cantando por muitos anos.

Capítulo 2

Determinando Seu Tipo de Voz

Neste Capítulo

▶ Entendendo os agudos e graves dos tipos de vozes

▶ Descobrindo as categorias dos tipos de vozes

▶ Descobrindo em qual categoria você se encaixa

*E*ncontrar o seu tipo de voz é um desafio, porque muitos ingredientes se combinam para criar uma voz específica. Você não precisa saber qual é o seu tipo, se estiver cantando somente por diversão. Mas pode ser que esteja curioso para descobrir. Se você almeja cantar profissionalmente ou fazer algumas audições profissionais, definitivamente precisa saber qual é o seu tipo de voz. Isso será perguntado no teste, então, é melhor saber a resposta antes que alguém pergunte. O Capítulo 20 tem mais informações sobre testes. Determinar seu *tipo de voz* — soprano ou mezzo-soprano para mulheres, tenor ou baixo para homens — lhe permite escolher músicas que se adequam melhor à sua. Após descobrir em que categoria você se encaixa, confira o Apêndice A para ver uma lista de músicas adequadas para seu tipo de voz. Continue lendo para saber como é o som de cada tipo de voz e como determinar a categoria da sua.

Analisando os Ingredientes para Determinar Seu Tipo de Voz

Pense no tipo de voz como vários ingredientes misturados para criar uma sobremesa de sabor singular. Para cantar, os ingredientes se combinam, criando uma voz com uma sonoridade única. Os quatro tipos de vozes comuns são *soprano*, *mezzo-soprano* (normalmente chamado de *mezzo*), *tenor* e *baixo* (a próxima seção, "Identificando o Quarteto Fantástico", contará tudo sobre todos esses tipos de vozes). Os cinco ingredientes a seguir determinam um tipo de voz:

✔ **Idade:** Muitos cantores têm seu tipo de voz definido quando ainda jovens, mas ela muda com a idade. No Capítulo 11 você lerá sobre o desenvolvimento dos músculos vocais masculinos até os 20 anos. Todas as vozes continuam evoluindo e se desenvolvendo com a idade. Pense na última vez que você fez uma ligação telefônica e ouviu a voz de um estranho. Mesmo sem conhecer a pessoa do outro lado da linha, poderia adivinhar sua idade pelo som de sua voz falada. Uma vez que a voz falada e a voz de canto mudam com a idade, espere até que seu corpo pare de crescer para determinar o seu tipo.

✔ **Extensão:** Extensão são todas as notas que um cantor pode atingir — como a nota mais aguda, a mais grave e todas entre essas duas. Cantores iniciantes normalmente têm uma extensão menor do que os mais avançados, pois as notas agudas e as graves se fortalecem com a prática. À medida que você for praticando os exercícios deste livro e acompanhando o CD, sua extensão irá aumentar, quer você seja um cantor iniciante ou avançado. Conhecer sua extensão ajuda a descobrir seu tipo de voz, pois um baixo consegue cantar mais grave do que um tenor e uma soprano consegue cantar mais agudo que uma mezzo. Os fatores que mais afetam como você determina seu tipo de voz são a extensão, a região em que você se sente mais confortável cantando e a transição entre registros.

✔ **Registro:** Uma série de notas próximas que soam familiares são produzidas de forma parecida e possuem uma qualidade tonal semelhante. Elas parecem semelhantes, porque são produzidas pelos mesmos músculos e frequentemente vibram em locais parecidos do corpo do cantor. As transições entre registros podem ajudá-lo a determinar seu tipo de voz. Continue lendo este capítulo para saber onde cada tipo de voz sente as transições a fim de decidir se a sua faz algo similar. As transições em sua voz podem mudar, à medida que ela se desenvolve (o Capítulo 11 fala mais sobre transições).

A região mais confortável em que se sente a voz é chamada de *tessitura*. Se você ouvir a palavra *tessitura* em uma conversa sobre uma música, neste caso, ela refere-se à região onde se encontra a maioria de suas notas. A tessitura em uma música de Stevie Wonder é bem alta, porque ele fica confortável cantando muitas notas agudas. A tessitura de "God Bless America" e a maioria das músicas folk é mais baixa. Saber onde sua voz fica mais confortável, bem como onde fica desconfortável, é um fator determinante quando se trata do tipo de voz.

✔ **Sonoridade da voz:** Cada voz tem uma qualidade, ou cor tonal específica. Cor tonal também é chamado de *timbre*. As palavras que descrevem a sonoridade da voz incluem *estridente*, *escura*, *clara*, *metálica*, *sonante* e *esganiçada*. Quando determinar o tipo de voz, a sonoridade dela vai determinar sua categoria. A sonoridade da voz de um tenor é frequentemente muito mais clara do que a de um baixo.

✔ **Força da voz:** Conhecer a força da sua voz também ajuda a determinar seu tipo vocal. Sopranos e tenores têm uma voz de cabeça mais forte do que mezzos e baixos. Da mesma maneira, mezzos e baixos têm uma voz média mais forte, mais encorpada, que as sopranos e os tenores (o Capítulo 11 lhe dará detalhes sobre voz de cabeça e voz média).

Subdivisões vocais

Na música clássica ou no mundo da ópera, os tipos de vozes podem ser subdivididos em categorias baseadas no tamanho e na agilidade delas. Os primeiros quatro itens estão em ordem, como os tamanhos dos refrigerantes em um fast-food. Ligeira é a pequena, o copo menor; e a dramática é o copo tão grande que não caberia no porta-copos do seu carro.

- **Ligeira:** Uma voz brilhante, jovial e ágil.
- **Lírica:** Uma voz de tamanho médio, com um timbre morno que é confortável para trechos longos, inclusive frases. A lírica é apropriada para uma personagem romântica.
- **Spinto:** Uma voz mais alta (em volume) e forte, que não necessariamente canta linhas rápidas com a mesma facilidade que a ligeira.
- **Dramática:** É ainda mais alta que a spinto e canta um repertório mais pesado, como Wagner. As vozes dramáticas seriam capazes de arrancar a tinta de uma parede à distância. Elas são maiores e mais pesadas do que as líricas; não são conhecidas pela sutileza — resumem-se a poder e força.
- **Coloratura:** Uma voz flexível que se movimenta facilmente através de linhas rápidas na música.

Um cantor pode ser um misto de todos os termos apresentados na lista acima. Por exemplo, soprano lírico-coloratura refere-se a uma voz de tamanho médio-ligeira que se movimenta facilmente. Ver as palavras combinadas para descrever um tipo de voz não é tão confuso se você entender a definição de cada descrição. No entanto, apenas no mundo clássico é importante saber em que categoria sua voz se encaixa. Não se preocupe com o tipo específico de categoria em que você está até ter algum treino. Confira a seção a seguir, "Identificando o Quarteto Fantástico", para mais informações sobre tipos de vozes e suas subdivisões.

Não se precipite em se classificar baseado nos fatores acima. Para os propósitos gerais do canto, foque em construir uma técnica excelente e veja como sua voz responde. Sua própria voz lhe dirá que tipo ela é; você só precisa saber como procurar e ouvir.

Identificando o Quarteto Fantástico

Os quatro tipos de vozes são *soprano*, *mezzo*, *tenor* e *baixo*. Embora esses nomes lembrem personagens de um filme de mafiosos, eu juro que você não precisa ter medo deles. Nas seções a seguir você descobrirá traços específicos de cada tipo de voz: extensão, transição entre registros, sonoridade e quaisquer de suas subdivisões, assim como os nomes de alguns cantores famosos para ajudá-lo a cantar de acordo.

Observe que quando falo de transições de registros, elas não ocorrem em apenas uma nota. Isto acontece porque nem todas as sopranos (ou mezzos, tenores ou baixos) são iguais.

Se você estiver confuso após ler sobre todos os tipos de vozes, lembre-se de que definir qual é o seu, neste momento, não é nem um pouco necessário. Após ler as descrições dos tipos de vozes neste capítulo você poderá estar pronto para se decidir entre soprano e mezzo ou baixo e tenor. Experimente a extensão escolhida por um tempo e veja se se adapta bem.

Ouça as gravações de cantores e descubra o que eles cantaram durante suas carreiras. Se você conhecer algum cantor que tenha uma voz parecida com a sua, procure saber o que ele interpretou. Pense nos seguintes fatores quando estiver ouvindo os cantores da Tabela 2-1:

- **Qual é o timbre da sua voz?** A sonoridade é mais metálica ou mais suave e profunda? Metálica não é um adjetivo pejorativo; é meramente um fato. Muito frequentemente, a personagem de voz metálica é a que o público mais gosta (em uma ópera), mas eles não correm para o palco e a agarram para resgatá-la.

- **Sua voz é leve, com um som parecido com flauta?** Se sim, ouça as vozes mais suaves da Tabela 2-1. Sua voz é alta e pesada mesmo quando canta suavemente? Pesada significa que sua voz soa alta mesmo quando você está cantando confortavelmente; ouça os cantores na lista dos dramáticos.

- **Quais são sua extensão e tessitura?** A diferença entre uma mezzo e uma soprano geralmente é a tessitura. A mezzo consegue cantar notas altas, mas não quer ficar por lá e uma soprano canta uma nota aguda atrás de outra. Se você é novato no canto, pode não saber a diferença entre uma soprano e uma mezzo ou entre um barítono e um tenor. Não se preocupe. Continue ouvindo os sons e uma hora você conseguirá perceber a diferença entre os tipos de vozes.

- **Você consegue mover sua voz com facilidade?** Você gosta das passagens rápidas em uma música e as acha divertidas? Se as notas rápidas são fáceis para você, pode acrescentar coloratura à sua descrição vocal. As coloraturas da Tabela 2-1 demonstram alguns movimentos rápidos espetaculares com suas vozes.

- **O que você considera, de uma maneira geral, os pontos fortes de sua voz — voz média forte ou voz de cabeça talvez?** Os pontos fortes de sua voz mudam, à medida que você pratica. Observe as diferenças nas vozes da Tabela 2-1. Compare e contraste os sons que você ouvir entre os tipos de vozes para perceber seus pontos fortes.

Se você for novo no canto, determinar o seu tipo de voz sozinho pode levar alguns meses. Sua voz muda com a prática. Então, divirta-se ouvindo e vasculhando os diferentes tipos.

Capítulo 2: Determinando Seu Tipo de Voz   21

Tabela 2-1	Cantoras do Mundo da Ópera
Tipo de Voz	*Exemplos*
Soprano ligeiro	Kathleen Battle, Harolyn Blackwell, Barbara Bonney
Soprano lírico	Angela Gheorghiu, Sumi Jo, Dame Kiri Te Kanawa
Soprano mais dramático	Hildegard Behrens, Birgit Nilsson, Deborah Voigt
Soprano coloratura	Natalie Dessay, Beverly Sills, Dame Joan Sutherland
Mezzo ligeiro	Cecilia Bartoli, Susan Graham, Frederica von Stade
Mezzo lírico	Susanne Mentzer, Anne-Sophie von Otter, Wendy White
Mezzo dramático	Olga Borodina, Waltraud Meier, Dolora Zajick
Mezzo coloratura	Cecilia Bartoli, Marilyn Horne
Contralto	Marian Anderson, Kathleen Ferrier, Maureen Forrester
Tenor ligeiro	Rockwell Blake, Peter Pears, Fritz Wunderlich
Tenor lírico	Placido Domingo, Luciano Pavarotti, George Shirley
Tenor dramático	James King, Lauritz Melchior, Jon Vickers
Tenor coloratura	Juan Diego Florez, Jerry Hadley
Barítono	Dimitry Hvorostovsky, Herman Prey, Gino Quilico
Baixo	Kurt Moll, Paul Plishka, Samuel Ramey

Maior alcance feminino: Soprano

A *soprano* tem o maior alcance dos tipos vocais femininos. Os seguintes aspectos são característicos dela:

- **Extensão:** Normalmente de Dó central ao Dó agudo, embora algumas sopranos consigam vocalizar muito além do Dó agudo e muito mais grave que o Dó central (veja a Figura 2-1).

  Espera-se que uma soprano tenha um Dó agudo, e muitas delas conseguem cantar até o Sol ou Lá acima do Dó agudo. Diretores de corais ou musicais tentam ouvir a zona de conforto da cantora para determinar se é uma soprano. Embora uma mezzo consiga chegar a essas notas mais agudas, uma soprano é capaz de fazê-lo com mais frequência do que a primeira.

- **Transições de registros:** As transições normalmente ocorrem enquanto a soprano deixa a voz de peito, próximo ao Mi bemol logo acima do Dó central, e entra na voz de cabeça, próximo do Fá sustenido (quinta linha suplementar acima da pauta) na oitava acima do Dó central.

- ✔ **Ponto forte:** O ponto forte de uma soprano é uma voz de cabeça potente.
- ✔ **Sonoridade:** A voz da soprano é normalmente brilhante e sonante.
- ✔ **Ponto fraco:** Sopranos têm dificuldade de projetar a voz média.
- ✔ **As subdivisões da soprano no mundo clássico são** lírico ligeiro, lírico, lírico ligeiro coloratura, lírico coloratura, dramático ligeiro coloratura, dramático coloratura, dramático ligeiro (ou spinto) e dramático.
- ✔ **Soprano belter:** Uma soprano belter tem mais facilidade em controlar sua voz de peito para o belting e normalmente consegue executar a técnica com mais agudo que uma mezzo. Confira esses nomes ouvindo algumas sopranos belters: Betty Buckly, Celine Dion, Whitney Houston, Christina Aguilera, Aretha Franklin, Carrie Underwood, Kelly Clarkson e Jennifer Hudson.
- ✔ **Papéis comuns:** A soprano normalmente é a principal em um show, como Ariel em *The Little Mermaid* (*A Pequena Sereia*), Marian the Librarian em *The Music Man*, Tosca em *Tosca*, Mabel em *The Pirates of Penzance* (*O Escravo do Poder*) e Mimi em *La Bohème*.
- ✔ **Dando nome aos bois:** Sopranos famosas que talvez você conheça incluem Julie Andrews, Sarah Brightman, Kristin Chenoweth, Renée Fleming, Beyoncé Knowles, Audra McDonald, Olivia Newton John e Dolly Parton.

Figura 2-1: Extensão da soprano.

Dó central (C4) a Dó agudo (C6)

Mais grave feminino: Mezzo

A diferença entre uma *mezzo* (*mezzo* é a forma abreviada de *mezzo-soprano*) e uma soprano é normalmente a tessitura (*tessitura* refere-se à região onde ficam a maioria das notas em uma música — as notas onde é mais confortável cantar para uma voz). Muitas mezzos conseguem cantar tão alto quanto uma soprano, mas não conseguem se manter lá. Por exemplo, alguns papéis na literatura operática exigem que a mezzo cante tão alto quanto uma soprano principal, mas aquela normalmente não precisa cantar tantas notas agudas quanto esta — graças a Deus — porque a zona de conforto de uma mezzo é normalmente diferente da de uma soprano; as mezzos preferem ficar em suas vozes médias. Por outro lado, uma soprano odeia ficar na voz média, preferindo cantar notas agudas e sobrepujar a orquestra.

Para confundi-lo mais ainda, muitas sopranos cantam repertório de mezzos. Como ousam! Não é justo, mas acontece. Como em outros aspectos da vida, depois que uma soprano se torna famosa, canta o repertório que gosta, e podem ser músicas escritas para outras pessoas, como mezzos. Então, só porque uma soprano canta uma música não quer dizer que é música de soprano. Você deve olhar os detalhes, como a extensão da música, e decidir se ela se ajusta à sua voz. Você pode encontrar mais informações sobre como selecionar músicas apropriadas para sua voz no Capítulo 16 e uma lista de músicas para cada tipo de voz no Apêndice A.

- **Extensão:** A extensão da mezzo normalmente vai do Sol abaixo do Dó central até o Si ou Dó agudo. Muitas mezzos vocalizam tão agudo quanto uma soprano, mas não conseguem manter a repetição das notas mais altas (veja a Figura 2-2).

- **Registro:** As transições de registros para a mezzo normalmente ocorrem no Mi ou Fá (primeiro espaço na pauta) logo acima do Dó central e no Mi ou Fá uma oitava acima.

- **Ponto forte:** As mezzos têm uma forte voz média.

- **Sonoridade:** A voz da mezzo é normalmente mais sombria ou profunda do que a da soprano.

- **Ponto fraco:** A voz de cabeça de uma mezzo é normalmente seu ponto fraco.

- **Subdivisões:** Uma subdivisão de mezzo é *contralto*. Algumas cantoras erroneamente às vezes se autointitulam altos. *Alto* é a parte listada em música de coral, mas o tipo de voz ou é mezzo ou contralto. Menos comuns do que as mezzos, *contraltos* normalmente conseguem cantar do Fá abaixo do Dó central até aproximadamente um Fá (quinta linha na pauta) abaixo do Dó agudo. Uma contralto tem um timbre mais sombrio, mais rico e sente-se mais à vontade na região mais grave de sua voz. Às vezes cantoras tornam mais sombrias suas vozes intencionalmente para soar como contraltos. Uma contralto pode elevar sua voz de peito até um Sol (segunda linha na pauta) acima do Dó central e transformá-la em voz de cabeça perto do Ré (quarta linha), uma oitava acima do Dó central. Exemplos de contraltos são Marian Anderson e Maureen Forrester.

- **Subdivisões de mezzo no mundo clássico** incluem lírico ligeiro coloratura, lírico coloratura, lírico ligeiro, lírico e dramático. Mezzo dramática é semelhante à soprano dramática. Para ser justa com as sopranos, confesso que as mezzo dramáticas às vezes cantam músicas escritas para sopranos dramáticas. Vão lá, garotas!

- **Mezzo belter**: uma mezzo belter não executa o belt tão agudo quanto as sopranos. Ela tem uma voz de peito mais pesada e fica mais confortável cantando materiais mais graves. Ouça essas cantoras para escutar o som de uma mezzo belter: Bea Arthur, Pearl Bailey, Kaye Ballard, Carol Burnett, Carol Channing, Angela Lansbury, Lorna Luft e Leslie Uggams.

- **Papéis comuns:** A mezzo é frequentemente a mãe, a bruxa ou a garota malvada da cidade. Esses papéis incluem personagens divertidos como Miss. Hannigan em *Annie*, Mrs. Potts em *Beauty and the Beast* (*A Bela e a Fera*), Carmen na ópera homônima, Amneris em *Aida* e tia Helen em *Oklahoma!*

- **Dando nome aos bois:** Entre as mezzos famosas que talvez você conheça estão Karen Carpenter, Patsy Cline, Marilyn Horne, K. D. Lang e Lorrie Morgan.

Figura 2-2: Extensão de mezzo.

Sol abaixo do Dó central até Si (B5)

Maior alcance masculino: Tenor

Graças aos Três Tenores, os Irish Tenors e aos Three Mo' Tenors, você provavelmente já tem uma ideia de como é a voz de um *tenor*.

- **Extensão:** A extensão do tenor, mostrada na Figura 2-3, é de aproximadamente duas oitavas, sendo que muitos cantam abaixo de Dó (segundo espaço na clave de fá) e um pouco acima do Dó agudo masculino (terceiro espaço na clave de sol).

- **Registro:** A voz do tenor não faz uma grande transição de sua região mais grave até a média. Sua transição para a voz média acontece próximo do Ré ou do Mi bemol logo acima do Dó central e depois, a transição para a voz de cabeça acontece perto do Sol ou Lá bemol acima do Dó central.

- **Ponto forte:** O ponte forte do tenor é sua voz de cabeça.

- **Sonoridade:** A voz do tenor é normalmente brilhante e sonante.

- **Ponto fraco:** Seu ponto fraco é normalmente sua voz de peito.

- **Subdivisões:** No teatro musical reina uma subdivisão da voz do tenor chamada *baritenor*. Esse tipo é o de uma pessoa que tem o poder de projetar a voz média e mais alta, as notas mais chamativas do tenor. Outro tipo de voz que frequentemente se ouve no mundo da ópera é o *contratenor* — um homem que consegue uma sonoridade de mulher. Esse tipo de voz alcança a mesma extensão de uma mezzo (às vezes, soprano) e soa de forma semelhante. Quando você ouvir suficientemente um contratenor cantando, será capaz de distingui-lo de uma mezzo. Até lá, apenas aprecie a qualidade singular que esses cavalheiros trazem ao mundo do canto.

- **Subdivisões do tenor no mundo clássico:** Incluem lírico ligeiro, lírico, dramático e heroico. O tenor heroico é também chamado de dramático — o cara que tem a voz volumosa e enérgica. Não o desafie em um local público para uma competição de canto.

- **Papéis comuns:** O tenor é quase sempre o principal, que fica com a moça no final do espetáculo. São exemplos Rodolfo em *La Bohème*, Don José em *Carmen*, Tony em *West Side Story*, Billy em *42nd Street* e Rolf em *The Sound of Music* (A Noviça Rebelde).

- **Dando nome aos bois:** Tenores famosos que talvez você conheça incluem Placido Domingo, José Carreras e Luciano Pavarotti, que você pode conhecer como os Três Tenores. Você também pode conhecer Enrico Caruso, John Denver, Elton John, Gary LeVox (cantor principal de Rascal Flatts), Maxwell, Justin Timberlake e Stevie Wonder.

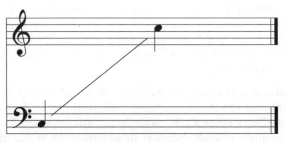

Figura 2-3: Extensão do tenor. Dó uma oitava abaixo do Dó central até Dó uma oitava acima do Dó central

Mais grave masculino: Baixo

O *baixo* é o tipo de voz mais grave. Baixo é o cara que canta todas as notas graves no quarteto de barbearia.

- **Extensão:** Seu alcance normalmente vai do Fá (abaixo da clave de Fá) até o Mi (primeira linha na clave de Sol), mas pode alcançar do Mi bemol ao Fá (veja a Figura 2-4).

- **Transições de registros:** O baixo muda de voz de peito para voz média perto do Lá ou Lá bemol logo abaixo do Dó central e para voz de cabeça perto do Ré ou Ré bemol logo acima do Dó central.

- **Ponto forte:** A voz de peito é seu ponto forte.

- **Sonoridade:** Sua voz é a mais profunda, sombria e pesada das vozes masculinas.
- **Ponto fraco:** A voz de cabeça é seu ponto fraco.
- **Subdivisões:** Preenchendo o espaço entre o tenor e o baixo está o *barítono*. Os barítonos são muito comuns. Jovens cantores baixos normalmente começam como barítonos e depois a voz muda. O barítono normalmente consegue cantar do Lá (primeiro espaço na clave de Fá) até o Fá (primeiro espaço na clave de Sol) abaixo do Dó agudo masculino. O baixo-barítono tem um pouco da altura do barítono e um pouco da graveza do baixo; sua extensão é normalmente Lá bemol (primeiro espaço na clave de Fá) até Fá (primeiro espaço na clave de Sol) e às vezes chega até o Sol, abaixo do Dó agudo masculino. As transições de registros do barítono normalmente ocorrem no Si ou Si bemol logo abaixo do Dó central e do Mi ou Mi bemol acima do Dó central.
- **Subdivisões do baixo:** Incluem o baixo cômico (o cara engraçado no espetáculo), assim como baixo lírico e dramático. Seu companheiro de subdivisão, o barítono, também vem em diferentes formas e tamanhos — barítono lírico ligeiro, lírico, barítono e baixo barítono.
- **Papéis comuns:** O baixo ou barítono é frequentemente o vilão, o pai ou o idoso. Alguns exemplos são Ramfis em *Aïda*, o Mikado em *The Mikado* e Jud Fry em *Oklahoma!*. Algumas exceções a essa imagem de vilão são o Rei Artur em *Camelot*, Porgy em *Porgy and Bess* e o Toreador em *Carmen*.
- **Dando nome aos bois:** Baixos famosos que talvez você conheça incluem José Van Dam, Tennessee Ernie Ford, James Morris, Samuel Ramey e Barry White. Entre os barítonos famosos estão Trace Adkins, Billy Currington, Jamey Johnson, Brian Stokes Mitchell, John Raitt, George Strait e Tom Wopat.

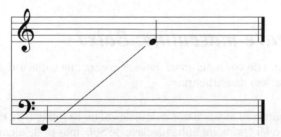

Figura 2-4: Extensão do baixo. Fá aproximadamente uma oitava e meia abaixo do Dó central até Mi acima do Dó central.

Capítulo 3
Alinhando Seu Corpo para um Canto Ótimo

Neste Capítulo
- Conferindo sua bagagem
- Indo no ponto certo para ajudar seu canto
- Alongando-se, flexibilizando-se e preparando-se para cantar

Para cantar eficientemente, você precisa alinhar todas as partes do seu corpo e deixá-las prontas para fazer seu trabalho com o mínimo de tensão possível. Se você ficar curvado, terá mais dificuldade para respirar corretamente para cantar, porque a postura e a tensão afetam os músculos diretamente. A tensão no seu corpo também vai impedi-lo de respirar profundamente e tornar o ato de cantar mais difícil. Neste capítulo você descobrirá como criar a postura correta, sem tensão, a fim de projetar confiança e cantar da melhor forma possível.

Neste capítulo eu vou pegar no seu pé em relação à postura a fim de que você se torne fisicamente consciente do seu corpo. Em alguns dos exercícios que virão neste livro, você deverá encontrar seu alinhamento, abrir sua boca para respirar, abrir a mandíbula, encontrar a forma correta para a vogal, movimentar a respiração para dar início ao som e parecer que está se divertindo muito. É muita coisa para se pensar. Dedique algum tempo para entender realmente como seu corpo se movimenta e para reconhecer a tensão, a fim de que não fique frustrado depois quando eu lhe pedir para fazer dez coisas de uma vez só!

Avaliando Sua Postura

Em frente a um espelho onde dê para ver seu corpo inteiro, veja sua postura. Observe como você mantém seu corpo, especialmente sua cabeça, peito, quadris, joelhos, braços e mãos. Muito provavelmente, após olhar no espelho, você mudou sua postura. Você a mudou porque achou que seu corpo *funcionaria* melhor ou porque ficaria com uma *aparência* melhor? Para cantar, você deve avaliar seu corpo por ambas as razões. Alinhar seu corpo corretamente coloca todos os músculos responsáveis pelo ato de cantar na posição certa. O alinhamento apropriado fará com que você cante melhor e também com que você pareça confiante e profissional.

Observe a Figura 3-1 e confira o alinhamento do esqueleto. Dedique algum tempo para estudá-lo e repare nas juntas. No decorrer do capítulo eu apontarei as áreas específicas dos ossos que você estará alinhando.

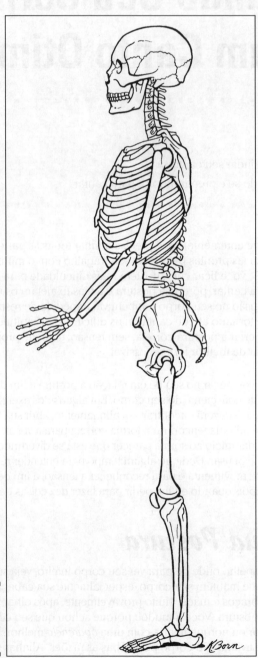

Figura 3-1: Alinhamento ideal do esqueleto.

À medida que você continua a avaliar sua própria postura, observe a postura de outras pessoas. Repare em seus movimentos para entender melhor o que você precisa fazer para mudar o seu próprio alinhamento.

Criando a Postura Correta

Criar uma postura correta significa descobrir não só como é uma postura correta em termos de aparência, mas também senti-la, de forma que você possa fazer quaisquer mudanças necessárias. Mudando sua postura, você controla o tipo de impressão que vai causar nos outros — quer você esteja no palco cantando ou em um teste disputando o papel principal de um espetáculo. A boa postura mantém a energia fluindo ao invés de aprisioná-la em uma parte do corpo e também alinha seu corpo para se obter uma respiração correta. Confira o Capítulo 4 para ver mais informações sobre a respiração aplicada ao canto. Leia a seguir as quatro formas de alinhar seu corpo para ter um ótimo canto.

 Tiques nervosos, como mexer os dedos, alternar o peso do corpo de um pé para outro e ficar com o olhar perdido são exemplos de energia sendo dispersada em seu corpo. Se você se pegar torcendo as mãos ou mexendo os dedos frequentemente enquanto canta, veja-se no espelho para ficar consciente do movimento. Então, permita-se movimentar enquanto canta para usar esse excesso de energia. Depois de se movimentar, fique parado, mas mantenha a mesma liberdade em seu corpo, como se pudesse se mover a qualquer momento. A energia fluindo livremente o manterá aparentando confiança e cantando bem. Utilizar suas habilidades cênicas também dá ao seu corpo algo específico para fazer, então os movimentos aleatórios geralmente param. Confira o Capítulo 18 para ver mais sobre encenar e cantar.

Pés firmes no chão

A base para uma boa postura é a posição de seus pés e o equilíbrio do peso de seu corpo entre eles. Pode parecer que os pés estão muito longe do processo de cantar, mas uma distribuição uniforme do peso sobre eles permite que todos os músculos fiquem relaxados para que você cante deslumbrantemente. Experimente esta sequência para encontrar o equilíbrio do peso em seus pés.

1. **Enquanto estiver cantando, movimente circularmente seus pés para encontrar o *tripé*.**

   Faça com o pé um movimento circular, começando do calcanhar, indo para a lateral externa, dedos e parte interna. À medida que você faz o movimento, sente o osso do calcanhar, um osso, ou saliência, sob seu dedo mindinho e outra saliência sob seu dedão. Faça o movimento circular entre esses três pontos várias vezes para que possa senti-los bem. Algumas pessoas chamam esses três pontos de tripé.

Se você não tiver certeza de que sentiu o tripé enquanto movimentava o pé, sente-se e toque a planta do pé para encontrá-los. Sem pressa, sinta cada ponto. Olhe o esqueleto na Figura 3-1. Preste atenção especial aos ossos que formam o pé.

2. **Quando estiver seguro de estar sentindo os três pontos no pé, equilibre seu peso neles.**

   A mesa de três pernas é sempre mais firme: esse raciocínio também se aplica aqui. Você precisa ter seu peso equilibrado uniformemente entre os três pontos. Se você se inclinar para trás intencionalmente e puser seu peso sobre os calcanhares, sentirá a parte anterior do seu corpo se contraindo para se segurar. Da mesma forma, se você se inclinar para a frente e puser seu peso no peito dos pés, sentirá a parte posterior de seu corpo se contraindo. Veja isso no espelho ou sinta a tensão no seu corpo. Tente encontrar o centro, ou a posição na qual você não fica inclinado para a frente nem para trás, quando está uniformemente equilibrado em seus pés e alinhado.

3. **Quando você encontrar os três pontos e o equilíbrio em um pé, faça o mesmo com o outro.**

Pratique ficar com seu peso distribuído nos três pontos para que você não o jogue para a parte externa do seu pé. Algumas pessoas inconscientemente ficam com a parte interna dos pés levantadas com o peso sobre a parte externa. Essa postura cria tensão no corpo. Você pode sentir a tensão na parte externa de suas pernas quando pressiona a parte externa dos pés contra o chão. Observe-se no espelho para conferir se seus pés estão equilibrados nos três pontos.

Colocando seus pés em posição

Após encontrar o equilíbrio do seu corpo sobre os pés, mantenha-os na linha dos quadris. Se você colocar as mãos nos quadris poderá sentir os músculos do local e também os ossos, na parte frontal. Diretamente abaixo desses ossos devem ficar seus pés (encontre os ossos dos quadris na Figura 3-1).

Muitas pessoas tendem a posicionar seus pés a uma distância equivalente à largura dos ombros, o que pode ou não funcionar para você. As mulheres costumam ter ombros mais estreitos e quadril mais largo, enquanto homens têm ombros mais largos e quadril mais estreito. Independente da largura dos seus ombros, você deve alinhar seus pés com os quadris.

Recomendo que você os posicione dessa maneira para que possa uniformizar o equilíbrio do peso em seus pés. Quando essa postura passar a ser natural para você, mude a posição dos pés e mantenha o equilíbrio do peso do seu corpo. Você precisa ter uma distribuição uniforme de peso e do esforço no corpo. Você também pode posicionar seus pés em um ângulo aberto (com as pontas apontando em direções diferentes) para sentir a tensão criada nas pernas. Da mesma maneira, pode posicionar as pontas dos pés para dentro e observar o efeito nos músculos das pernas. Você deve explorar a sensação de ter os dedos retos e os pés paralelos.

Pode parecer que seus dedos sejam apenas extensões bonitinhas dos seus pés, mas eles também têm uma função no equilíbrio. Fique de pé com o peso equilibrado nos três pontos, sobre os quais se falou anteriormente. Agora, levante os dedos e observe as sensações nos três pontos. A maioria das pessoas acha que levantar os dedos as ajuda a sentir os pontos. Depois você pode abaixar os dedos e novamente verificar a mesma sensação de equilíbrio nos três pontos. Agora, pressione os dedos contra o chão e observe a sensação em seus pés e pernas. Ao fazer isso, você está criando tensão. Pratique sem sapatos para que possa observar seus pés e dedos enquanto o faz. Durante suas sessões de prática, mexa os dedos de vez em quando para certificar-se de que eles não estão tensos e para ajudá-lo a manter o equilíbrio. Observe os ossos dos dedos dos pés no esqueleto da Figura 3-1.

Finja que você tem um tubo dentro de seu corpo, que o percorre da cabeça até os pés. Abra esse tubo completamente até os pés cada vez que você inspirar. Abrir esse tubo imaginário o deixa mais firme e pronto para cantar a próxima frase da canção. Cada vez que você inspirar, deve abri-lo e liberá-lo completamente. A sensação é como se seus pés "se abrissem" e expandissem enquanto você respira.

Flexionando os tornozelos

Seus tornozelos devem estar abertos e flexíveis quando você estiver de pé. Sentado em uma cadeira ou de pé em uma perna só, movimente seu pé para sentir a flexibilidade do tornozelo. Se ele parecer tenso, fique algum tempo fazendo movimentos circulares suavemente para a frente e para trás para alongar os músculos e liberar um pouco da tensão. Faça o mesmo com o outro pé para que ambos fiquem igualmente relaxados. Após alongar os tornozelos, veja como está se sentindo. A sensação neles provavelmente será de relaxamento e flexibilidade, como se estivessem prontos para suportar o peso de seu corpo. Observe a Figura 3-1 para ver como o pé e o tornozelo estão conectados. O tornozelo não fica diretamente acima do calcanhar, fica em uma posição mais a frente em relação a ele. Se você jogar seu peso sobre seus tornozelos, terá a sensação de que seu corpo está mais pesado, fazendo pressão sobre eles e os pés. Se você visualizar uma mola (amortecedor de choque) em seus tornozelos, pode ter uma sensação de abertura neles e nos pés, como se o peso do seu corpo estivesse igualmente distribuído. Mova-se para a frente e para trás algumas vezes. Jogue seu peso sobre os tornozelos e imagine a mola. Você deve observar esse efeito de mola não só quando estiver parado, mas também quando estiver andando.

Ponha as pernas ao trabalho

Para cantar, você deve envolver todo o corpo no trabalho. As pernas são o seu apoio, e elas precisam ficar firmes. Tente as sugestões a seguir para firmar suas pernas.

Para sentir suas pernas trabalhando enquanto canta, faça um plié ao cantar. *Plié* significa "dobrar", então você deverá dobrar os joelhos enquanto inspirar. Esse movimento permitirá que você tenha uma sensação de abertura percorrendo seu corpo inteiro até as pernas. Enquanto você canta, desdobre as pernas gradualmente. A cada nova respiração, faça novamente o plié para ter a sensação de abertura em suas pernas e as desdobre lentamente. Após algumas semanas praticando esse movimento, você estará apto a cantar enquanto o faz. Se você visualizar o dobramento, sentirá suas pernas abrindo, à medida que inspira e canta. Reveja o esqueleto na Figura 3-1; observe os ossos das pernas e também a forma dos joelhos.

Você não deve travar ou retesar seu joelho enquanto canta. Ao retesar os joelhos, você estará também retesando sua lombar, e você deve deixá-la relaxada para inspirar.

Ao invés disso, você deve deixar os joelhos soltos. Joelhos relaxados não ficam retesados, tampouco dobrados. Para encontrar a diferença entre joelhos soltos e travados, fique de pé e retese-os. Sem dobrá-los, relaxe os músculos próximos. Retese-os novamente e os dobre quando relaxar os músculos. Alterne entre as posições em que eles ficam travados e dobrados. Você deve sentir quando estiver na posição relaxada, que é aquela entre a travada e a dobrada. Com os joelhos dobrados, você ficará menor. Com eles relaxados você manterá a mesma altura, sem ter músculos contraídos em suas proximidades.

Para prevenir a tensão em seus joelhos, você pode visualizar uma mola ou fingir que você tem óleo neles, como o Homem de Lata, de *O Mágico de Oz*; assim eles se movimentarão suavemente. Tente usar esse método de visualização da mola para sentir a diferença entre estar com o peso distribuído uniformemente em suas pernas e pés e estar com o peso forçando seus membros inferiores, desta última forma se criaria tensão.

Soltando os quadris

Volte à Figura 3-1 e observe os quadris, ou pélvis. Você pode pensar nos quadris como aquela parte que você espreme para vestir um jeans apertado. Mas eu quero que você visualize sua pélvis, não aqueles cinco quilos que você ganhou no inverno passado. Se você tiver familiaridade com o esqueleto, saberá que deve movimentar a pélvis quando eu disser "mexa os quadris".

Para encontrar a posição certinha para seus quadris, balance para frente e para trás — mova seu bumbum para trás e depois para a frente. Quando você balançar os quadris para trás, poderá sentir a tensão criada em sua lombar. Essa tensão não é boa para cantar. Balançá-los para a frente o ajudará a sentir quando estiver deslocado demais naquela direção — você sentirá que seus quadris estarão à frente de seu torso. Ao invés disso, seus quadris devem ficar sob seu tronco, tendo seu cóccix diretamente abaixo de você.

Quando estiver certo de que seu quadril está não posição correta, você pode movê-lo para a esquerda ou direita. Muitas pessoas ficam com esta parte do corpo pendendo para um lado ou outro. Esta postura pode ser legal para uma conversa informal, mas não é boa para cantar. Quando seu quadril fica deslocado para o lado, suas costas ficam desalinhadas, causando tensão. Olhando-se no espelho, mova seus quadris da esquerda para a direita ou da frente para trás, até encontrar a posição em que eles fiquem centralizados sob seu torso. Esta posição é a correta, não as posições deslocadas, sejam para trás, para frente, esquerda ou direita.

Como a maioria das mulheres ficam em uma posição desleixada com relação aos quadris, é necessário reconhecer quando eles estão na posição correta. Para reconhecê-la, você deverá sentir uma abertura entre os quadris e o torso. Você pode ficar com os quadris em posição desleixada intencionalmente para sentir a pressão que é acrescentada ao seu corpo. Ao fazer isto, você se sentirá mais pesada e atarracada. Para corrigi-lo, sinta a mola, ou amortecedor, entre seus quadris e o torso, e imagine este último erguendo-se a partir de suas pernas.

A posição de seus pés afeta seus quadris. Anteriormente, neste capítulo, você deve ter lido sobre a necessidade de posicionar seus pés diretamente abaixo dos ossos dos quadris e mantê-los paralelos. Tal posição afeta não somente os músculos de suas pernas, mas também os músculos dos quadris e o posicionamento dos ísquios. Os *ísquios* são os ossinhos pontudos de sua pélvis, que você pode sentir em seu bumbum ao sentar-se. Posicionando seus quadris e pés na posição certa, você permite que seus ísquios e quadris mantenham-se soltos e os músculos relaxados. E, então, você terá uma postura ótima e uma respiração fácil para cantar.

Alongando a coluna

A coluna é um incrível conjunto de ossos sobrepostos em seu corpo. Veja o esqueleto da Figura 3-1 para ver a curvatura natural de sua espinha dorsal. A tensão na coluna provoca tensão na respiração. Para alongar e soltar a coluna, você deve abrir seu corpo de dentro para fora. Visualize sua espinha o mais alongada e flexível possível e sinta a distância entre seu cóccix e seu crânio. Para uma excelente postura, seu cóccix deve estar alinhado abaixo de você, apontando para o chão, e sua cabeça bem erguida. Você não deve sentir um repuxo em seu corpo, mas uma sensação de relaxamento e alongamento. Você pode visualizar o espaço entre cada osso, ou vértebra, de sua espinha. Sua espinha conecta-se à sua caixa torácica, e esta deve se abrir e se alongar concomitantemente com a coluna.

Equilibrando cabeça e ombros

No topo de sua coluna encontra-se seu pescoço. O pescoço é curvo — observe a curvatura dele no esqueleto da Figura 3-1. Se você se lembrar da abertura e do alongamento da espinha da seção anterior, pode dar continuidade àqueles movimentos com o pescoço e a cabeça para que esta equilibre-se no topo de sua coluna. Pense naqueles bonequinhos de carro cujas cabeças ficam balançando: o corpo deles não se move, mas a cabeça oscila. Sua cabeça deve ficar equilibrada àquela maneira.

Para sentir o peso de sua cabeça, permita que ela fique pesada, como se estivesse assentada sobre seus ombros. Depois de um tempo, o peso e a pressão não lhe darão uma sensação boa, então você precisará sentir sua cabeça relaxada e erguida a partir do resto de seu corpo. Tentar levantar a cabeça apenas causa tensão em seu pescoço. Sua cabeça pesa aproximadamente o mesmo que uma bola de boliche — é bem pesada, então ela precisa de ajuda para manter-se erguida.

Você pode visualizar sua cabeça equilibrada sobre sua coluna. A sensação oposta seria senti-la afundada ou fazendo pressão para baixo em sua coluna.

Para manter sua cabeça equilibrada, seus ombros devem estar igualmente equilibrados. Eles ficam sobre sua caixa torácica, e sua posição e o equilíbrio são muito importantes. Mova seus ombros para a frente para sentir como eles se alongam e curvam suas costas, comprimindo seu peito. Depois, mova-os para trás para ver como isso projeta seu peito para a frente. A posição correta para seus ombros não é nem para frente nem para trás, nem sendo pressionados para baixo ou para cima; mas um equilíbrio uniforme.

Quando você movimenta seus ombros, pode sentir também suas omoplatas movendo-se. Se você as tensionar, sentirá a pressão em sua caixa torácica. Para um bom alinhamento, suas omoplatas devem ficar abertas e liberadas em suas costas; elas devem descer à medida que você inspira. Para equilibrar seus ombros, você também precisa sentir as juntas entre seus braços e o tórax. Olhe o esqueleto na Figura 3-1. Observe as conexões entre os braços e os ombros e como estes ficam sobre a caixa torácica.

Liberando a Tensão

Liberar a tensão em seu corpo proporciona um som mais aberto e uma respiração mais fácil. Perceba que eu não lhe peço para relaxar. Se você relaxar, pode cair todo mole no sofá para assistir sua série preferida. Para cantar, você precisa que seu corpo esteja alinhado, mas solto e livre de tensão. *Soltar* significa deixar seu corpo a postos: pronto para movimentar-se, respirar e sair de sua zona de conforto para cantar ao mundo. Pense no movimento do corpo como uma ação fluida, mesmo quando estiver parado.

Liberando a tensão do seu tronco

Para liberar qualquer tensão em seus braços e suas mãos, você deve conferir as áreas próximas a eles.

- **Peito:** Confira a posição de seu peito para certificar-se de que esteja aberto e erguido, não estufado.

Capítulo 3: Alinhando Seu Corpo para um Canto Ótimo 35

- **Ombros:** Com o peito na posição correta, observe a posição dos ombros. Eles devem estar centralizados, não pendendo para a frente nem para trás.
- **Braços:** Retese seus braços para ver como é a sensação. Quando seus braços estiverem tensos, você sentirá suas costas retesadas, e talvez também o peito. Libere a tensão dos braços e observe que haverá uma sensação de abertura.
- **Cotovelos:** Você pode ter percebido que quando seus cotovelos estão retesados, suas costas e omoplatas ficam muito tensas. Todos os seus músculos são conectados e precisam de uma relação equilibrada para apoiar seu corpo. Você também pode sentir como se houvesse uma mola em seus cotovelos, da mesma forma que fez com os tornozelos e joelhos anteriormente neste capítulo. Deve existir alguma distância entre eles e seu corpo; eles não devem ficar colados em seu corpo nem muito distante dele.
- **Mãos:** Aplica-se a mesma liberação de tensão às suas mãos. Se você tensionar as mãos e pulsos, poderá sentir a tensão subindo até seus braços e atravessando suas costas e peito. Quando você liberar a tensão em suas mãos, sentirá que elas não estão tão pesadas quanto quando contraía seus músculos.

Abrindo espaço na cabeça

Quer acredite ou não, a tensão na cabeça e rosto é muito comum em cantores. Você pode notá-la quando as sobrancelhas estão erguidas ou a testa franzida. Os músculos faciais também podem acumular tensão, embora você possa não ver o rosto franzir. Continue lendo para mais informações sobre como liberar tanto a tensão óbvia quanto a invisível.

Olhe para seu rosto no espelho. Contraia seu rosto para sentir os músculos tensionarem. Agora libere a tensão e veja como é a sensação. Quando a tensão for liberada, você sentirá como se seu rosto estivesse mais amplo, ou aberto. Tensione e libere várias vezes para que realmente sinta a diferença. Observe qualquer tensão em sua testa que possa levar os músculos a erguer ou franzir as sobrancelhas.

Uma área que geralmente gera tensão é a testa. Se você perceber sua testa franzindo enquanto canta, cole um pedaço de fita adesiva verticalmente entre as sobrancelhas. Você sentirá a fita mover-se quando contrair a testa. É normal as sobrancelhas mexerem-se quando você canta ou fala, mas manter sua testa livre de tensão é o objetivo.

A seguir, observe qualquer tensão em seus olhos. A sensação é como a de semicerrá-los por causa do sol ou como uma pressão atrás deles. Quando os olhos estão abertos e livres de tensão, a sensação é parecida com aquela que se sente ao abri-los quando algo o surpreende. Finja que um amigo que você não vê há muito tempo entra pela porta. Observe a abertura de seus olhos e a sensação de que há um espaço atrás deles. A abertura, ou liberação de tensão, atrás dos olhos também ajuda a testa a relaxar.

Liberar a tensão em sua cabeça e abrir espaço exige que os músculos fiquem livres. Se você contrair ou se concentrar por muito tempo, sua cabeça pode começar a doer por tensão. Para evitar essa tensão, massageie seu escalpo. Veja se consegue fazer a pele do couro cabeludo (escalpo) se mexer. Se o escalpo estiver contraído, ele não se moverá muito, mas você pode fazê-lo mexer um pouco o massageando ou esticando. Você também pode imaginar sua cabeça expandindo.

Olhe-se no espelho novamente e observe a área ao redor de sua boca. Quando você está irritado ou frustrado, os músculos do local podem se contrair. Para liberar a tensão em volta da boca e no rosto, faça cara de tédio. Se você fingir que está muito entediado, sentirá a tensão sendo liberada.

Caminhando com cuidado

Manter sua postura enquanto anda faz uma grande diferença em sua aparência e em sua habilidade de cantar enquanto caminha ou se desloca. Você de fato pode precisar cantar enquanto se movimenta no palco. Cantores de coros de igreja cantam durante uma procissão e os cantores de segunda voz dançam ao ritmo da música. E se você tiver que cruzar o palco? Você quer parecer glorioso durante todo o tempo em que estiver no palco, não apenas quando estiver parado ao lado do piano.

Para manter sua postura enquanto caminha, mantenha seus olhos levantados e olhe adiante enquanto anda. Você ainda conseguirá ver aonde está indo mesmo que não esteja olhando para o chão. Você também deve estar apto a parar no alinhamento correto. Quando você tiver que entrar no palco para uma apresentação, deve parar alinhado, de forma que não precise ajustar sua posição.

Pratique encontrar seu alinhamento enquanto estiver parado. Então dê alguns passos e pare em algum lugar. Você parou com o mesmo alinhamento? Olhe para seus pés e veja se eles estão paralelos e na mesma distância dos seus quadris. Se não estiverem, tente novamente: caminhe um pouco e pare alinhado. Em algum momento você conseguirá parar alinhado com confiança e saberá que seu corpo está pronto para um canto magnífico.

Capítulo 3: Alinhando Seu Corpo para um Canto Ótimo **37**

Você também deve caminhar consciente do peso e pressão sobre suas pernas. Você deve ter a sensação de que seu peso está distribuído uniformemente em suas pernas e pés e como se estivesse flutuando. Sentir seu peso fazendo pressão em suas pernas fará você se sentir como se fosse muito mais pesado. Fazer pressão contra o chão fará com que você sinta essa pressão e tensão nas pernas. É claro que seus pés devem estar conectados ao chão, mas você deve ter uma sensação de abertura, como se o toque de seus pés no chão fizesse com que suas pernas e músculos se liberassem — não que se contraíssem ou tensionassem. Tente caminhar enquanto faz pressão contra o chão e depois ande como se houvesse molas em seu corpo que se expandem, à medida que seus pés tocam o solo.

Projetando confiança através da postura

Projetar confiança no palco é importante porque você deve se sentir bem com sua performance e o público deve ficar confortável assistindo à sua apresentação. A plateia normalmente fica apreensiva quando o artista demonstra medo. Felizmente, isso não é um crime, caso contrário eu teria levado um tiro da polícia quando era uma jovem cantora. Projetar confiança envolve encontrar a postura correta e mantê-la durante a apresentação. Se você mantiver aquela postura e uma expressão calma mesmo se esquecer a letra da música, muitas pessoas sequer vão notar. Já vi isso muitas vezes: o artista no palco inventando a letra, mas com uma atitude tão incrível que parece que está cantando aquilo intencionalmente. Mantendo a pose e a postura, o artista mostra para o público que tudo está bem e garante que eles não precisam se preocupar, como se dissesse "vou voltar a cantar a letra original daqui a pouco". Ele também caminhará sentindo-se bem porque se ateve a uma regra básica do canto: boa postura aprimora o bom canto.

Para explorar como uma boa postura emite confiança, finja que você é um rei ou uma rainha. Aja como se fosse dono do lugar. Observe sua postura. Agora finja que você está muito doente e seu corpo todo dói. Um governante não se movimenta de maneira diferente daquela de uma pessoa doente? É possível que um rei ou uma rainha fique doente, mas não aqui. Um rei caminha imponente, se movimenta com muita dignidade e graça e desliza pelo ambiente. Uma pessoa doente mal consegue ficar de pé, muito menos projetar confiança. Nesse cenário, qual deles é você? É o rei com uma postura digna ou está curvado e deslocado do mundo? Provavelmente esteja no meio termo. Esforce-se para ser o rei ou a rainha quando cantar.

Parte I: Explorando os Fundamentos do Canto

Capítulo 4

Respiração para Canto

Neste Capítulo
- Adquirindo controle respiratório
- Inspirando e expandindo seu corpo
- Expirando e ampliando seu fôlego
- Descobrindo como seu corpo se mexe enquanto respira

A forma como você controla sua respiração quando canta muda dramaticamente o som de sua voz. Se você tentar prender a respiração enquanto canta, não vai dar certo. Você também não conseguirá cantar uma frase alta sem usar algum ar — isto é, sem expirar. Muitas pessoas vem a expiração como apenas ar, não som. Quando você canta, a expiração abrange ambos ao mesmo tempo. Embora respirar seja natural — você não precisa pensar para fazer isso —, quando você canta, precisa treinar seu corpo para fazê-lo de tal maneira que respire eficientemente durante toda a música. Você não vai querer ficar sem fôlego no meio de uma palavra. Os exercícios neste capítulo o ajudarão a dominar o controle respiratório de forma que consiga cantar todas aquelas longas frases de suas músicas preferidas com facilidade.

Tente não exigir muito de si próprio quando estiver trabalhando em sua respiração. Trabalhe lentamente e permita que os movimentos descritos neste capítulo tornem-se um hábito.

Fundamentos da Respiração

Quando você respira normalmente, automaticamente faz uma inspiração curta e uma expiração uniforme, seguida de uma pausa antes de recomeçar — você sequer precisa pensar nisso. Por outro lado, quando você canta, precisa não somente inspirar rápido e expirar lentamente enquanto canta as frases da música, mas também manter a postura apropriada (veja o Capítulo 3 para mais informações sobre postura). Respirar desta forma lhe dará controle de respiração da qual você precisa para cantar eficientemente. Todavia, uma vez que a respiração controlada não ocorre naturalmente, você precisa treinar seu corpo para respirar durante o canto. Continue lendo para descobrir o básico da respiração.

A forma mais fácil de descobrir como respirar para cantar é simplesmente o sentindo. Ser capaz de visualizar e sentir a maneira apropriada para respirar torna o processo mais natural para você também.

Inspiração refere-se ao ar entrando em seu corpo — tomar fôlego. *Expiração* é soprar o ar. Você expira quando fala ou canta.

Inspirando para cantar

Cantar músicas exige ter uma respiração completa rapidamente — uma inspiração rápida —, porque a orquestra não pode esperar cinco minutos para você tomar fôlego. Saber como o seu corpo fica ao inspirar o ajudará a tomar fôlego rapidamente para cantar a próxima frase. Use o exercício a seguir para explorar sua própria inspiração e sentir como seu corpo precisa se movimentar quando você inspira e expira.

Finja que você encontrou alguém e que você ficou muito feliz por vê-lo. A respiração decorrente da surpresa é como se o ar tivesse "corrido" para dentro do seu corpo. Você também pode fazer de conta que alguém lhe contou algo chocante.

Você provavelmente inspirou muito rapidamente. Encher seus pulmões de ar rapidamente é a forma como você deve respirar quando estiver cantando. À medida que for lendo este capítulo, descobrirá como abrir seu corpo de forma que a respiração não seja ruidosa.

Quando você estiver trabalhando no controle respiratório, pode se pegar bocejando. O corpo fica confuso com a diferente quantidade de ar entrando, e você boceja. Meus alunos bocejam muito durante as aulas e ficam constrangidos no começo. Tenho que dizer a eles que não há problema em fazer isso quando se trabalha na respiração.

Expirando para cantar

O canto exige que você controle sua expiração. Ela deve ser constante e suave para que você cante aquelas notas agudas e frases lentas e longas, tão trabalhosas.

Para explorar a expiração, tente este exercício: tome fôlego e diga "shhh", como se estivesse tentando calar crianças barulhentas. Tome fôlego novamente e, desta vez, sustente o "shhhh" o máximo que conseguir. Enquanto fala o "shhhh", observe o que se mexe em seu corpo enquanto expira. Você pode sentir seu abdômen ou costelas movendo-se. No final do "shhhh" (expiração), você poderá sentir a necessidade de inspirar outra vez imediatamente.

Capítulo 4: Respiração para Canto

Respirando como um fole

Unidos às suas costelas, seus pulmões são compostos de tecidos flexíveis — não músculos. Quando você inspira, os músculos entre as costelas (*intercostais*) as movem para cima e para fora enquanto os pulmões se expandem. Quando os músculos intercostais relaxam em sua posição inicial, o mesmo acontece com os pulmões. Outro músculo que se mexe quando você respira é o seu *diafragma*, que tem a forma de um domo e localiza-se abaixo de seus pulmões e colado às suas costelas e coluna. Seu diafragma está de fato colado à sua caixa torácica na parte frontal de seu corpo e às costelas e coluna, atrás, e não desce abaixo das costelas. Quando você inspira, o diafragma se contrai para baixo e sobe quando você expira. Já que ele se move para baixo quando você inspira, os órgãos sob ele (como o fígado e o estômago) precisam se deslocar de suas posições. Os órgãos se movem para baixo e para fora, o que explica a expansão de seu abdômen quando você inspira. À medida que você expira, os órgãos voltam às suas posições normais de repouso.

A respiração pode ser algo confuso para um cantor iniciante, uma vez que deve-se prestar atenção a várias coisas ao mesmo tempo. Diferentes pessoas que sabem alguma coisa sobre canto também poderão lhe contar sobre mais outro método de respiração para usar ao cantar. Um amigo pode dizer que o professor dele quer que seus músculos fiquem expandidos — laterais, costelas e costas — e estendidos enquanto ele canta e expira; outro pode dizer que seus músculos abdominais devem se contrair enquanto você expira. Em quem você deve acreditar? Em ambos.

Mais de um método de respiração é útil, então você deve explorar o que é melhor para você e por quê. Você provavelmente encontrará alguém que afirmará saber tudo sobre a respiração, e eu quero que esteja familiarizado com sua própria respiração para entender suas opções.

Preferir encolher ou expandir não refere-se somente ao seu umbigo — refere-se também a como você respira. Ambos os métodos são válidos; você só precisa entender como a respiração funciona em seu corpo. Aqui temos mais informações sobre cada um:

- **O método de encolher** foca em contrair o abdômen e as costelas gradualmente enquanto expira. Se você estiver explorando a respiração pela primeira vez, comece por esses exercícios.

- **O método de expandir** exige que o cantor foque em manter as costelas ou o abdômen expandidos durante a expiração.

Para muitos cantores, o método de expandir é útil porque os iniciantes têm dificuldade de impedir que as costelas e o abdômen se contraiam rapidamente durante a expiração; visualizar o abdômen expandido o ajuda a se contrair lentamente. Após contrair seus abdômens, alguns cantores espremem a garganta para continuar cantando. Você pode explorar o método de expandir a barriga para ver se imaginar seu corpo ficando amplo durante a expiração o ajuda a diminuir a velocidade de movimento de suas costelas e músculos abdominais e a estender sua respiração.

Ajustando a Postura para Respirar

Respirar eficientemente para cantar é uma combinação de ótima postura (veja o Capítulo 3) e inspiração e expiração ágeis (veja as seções "Praticando a Inspiração" e "Praticando a Expiração", posteriormente neste capítulo). Lembre-se da importância da boa postura: ela permite que você tenha uma respiração profunda e plena. Se você tiver uma postura ruim ou ficar muito rígido, seu diafragma trava e o impede de ter uma respiração correta para cantar (veja o box cinza "Respirando como um fole" neste capítulo). Se sua respiração e sua postura trabalharem juntas, como uma equipe, você pode aprimorar seu canto.

Para cantar da melhor maneira possível, você deve desenvolver uma boa postura enquanto respira. Quando seu corpo está alinhado corretamente, respirar e usar a respiração eficientemente é mais fácil.

Suas próprias mãos podem ajudá-lo a manter uma postura ótima enquanto respira. À medida que você executar os exercícios de respiração neste capítulo, coloque uma mão em seu peito e a outra em seu abdômen e laterais. Enquanto inspirar, use sua mão para sentir se seu peito se mantém imóvel; ele deve se manter na mesma posição tanto para a inspiração quanto para a expiração (se seu peito estufar durante a inspiração, você criará tensão nele e no pescoço). Você sentirá sua outra mão seguindo a expansão de seus músculos abdominais e laterais enquanto inspira e retraindo enquanto expira.

Praticando a Inspiração

Quando você cantar, deve ficar seguro de que consegue tomar ar e então usá-lo eficientemente para cantar uma música. Saber como abrir seu corpo para a inspiração permitirá que você tome ar de forma ágil e com pouco esforço. Inspirar é simples: abra seu corpo e o ar correrá para dentro dele. Continue lendo para ver exercícios e informações sobre como desenvolver uma técnica ágil de inspiração.

Inspirar pelo nariz e pela boca ao mesmo tempo é o ideal para cantar. Inspirar só pelo nariz não é uma boa ideia, porque você não conseguirá fazê-lo se ficar resfriado. Se seu nariz estiver entupido, você se distrairá enquanto canta e

Capítulo 4: Respiração para Canto **43**

sua respiração vai ficar muito ruidosa, porque você estará tentando obter ar através de narinas congestionadas. Em vez disso, permita que o ar entre pelo seu nariz e pela boca enquanto respira. Acostumar-se com o ar entrando tanto pelo nariz quanto pela boca leva algum tempo, mas a técnica vale a pena.

Jargão da respiração

Se você já teve algumas aulas de canto, pode estar confuso com as frases e termos que os cantores usam para descrever a respiração. Seu professor de canto ou diretor de coro pode já ter dito "Apoie essa nota" ou "Cante na respiração!". Se esses comandos fazem sentido para você, parabéns! Eu sempre os achei confusos, já que a palavra *apoio* pode significar tantas coisas.

- ✔ **Apoio** provavelmente se tornou um termo popular na respiração para canto por causa da palavra italiana *appoggio*, que tem o mesmo significado, ou "inclinar seu corpo para a respiração". *Apoio* significa usar seu corpo para controlar a respiração e o som de forma que sua garganta fique livre e aberta.

- ✔ **Appoggio** implica que os cantores expandam bem seu corpo ou costelas enquanto cantam e mantenham o corpo aberto durante a expiração (isto é parecido com o método de expandir mencionado na seção "Expirando para

cantar" neste capítulo). Isso pode parecer confuso, mas fará mais sentido à medida que a sua compreensão a respeito de seus hábitos respiratórios seja aprimorada com a prática.

- ✔ **Cantar na respiração** é o que você deve fazer o tempo todo. Se alguém disser "Cante na respiração", provavelmente está lhe dizendo para conectar a respiração ao som ou dar início a ele conectando o ar. Você pode grunhir e fazer um som, mas isso não significa aplicar o ar ou cantar na respiração. Você pode também expelir muito ar e fazer um som com ruído de respiração, que não é o que significa cantar na respiração. O meio termo entre aqueles dois modos é o que você deve achar.

No futuro, peça a pessoa para ser mais específica quando você ficar confuso com a frase que ela usar. Mas, tudo bem se você não conhecer cada clichê do canto. Como é que poderia já conhecer todos eles? O mundo do canto tem muitos.

Expandindo o corpo

Tomar ar rápido e silenciosamente é um dos objetivos do canto. Para fazer com que o ar entre rapidamente, seu corpo deve estar expandido — costas, costelas, laterais e abdômen. Você pode expandir todas essas áreas ao mesmo tempo, mas explore cada região separadamente antes de tentar ativar todas elas simultaneamente.

Inclinando-se para trás para inspirar

Se você imaginar suas costas ou coluna conectadas às costelas, abrir as costas para respirar fará sentido. Você deve abri-las rapidamente para que o ar entre em seus pulmões. Lembre-se de que esses órgãos são conectados às costelas, então, mexer as costelas e as costas os movimentará.

Parte I: Explorando os Fundamentos do Canto

Tente esta sugestão para expandir suas costas rapidamente e adquirir uma inspiração fácil:

1. **Assuma uma posição encolhida, como se estivesse em um time de futebol americano a ponto de passar a bola para o quarterback.**

   Na posição encolhida, você fica de pé, inclinado para a frente, com suas mãos sobre os joelhos dobrados e suas costas retas. Você não precisa se curvar tanto quanto os jogadores de futebol americano fazem — apenas o suficiente para permitir que suas costas relaxem.

2. **Com suas mãos em seus joelhos, inspire e imagine como se você pudesse colocá-lo em suas costas — como se seus pulmões tivessem a mesma extensão de suas costas e você quisesse enchê-los inteiros de ar.**

   Você pode notar que os músculos de suas costas ficam como se estivessem levantando e se abrindo para que o ar entre no corpo.

3. **Tome ar mais algumas vezes e observe a sensação das costas abrindo.**

4. **Quando você achar que sente as costas se soltando e abrindo à medida que inspira, tente fazê-lo mais rapidamente.**

   Abra os mesmos músculos em toda extensão de suas costas sem se preocupar em inspirar. Quando você abre os músculos, o ar entra em seu corpo e você não precisa se preocupar com a inspiração — ela é consequência da expansão dos músculos.

Você também pode agachar-se e colocar suas mãos nas costas para sentir o movimento dos músculos. Se você tiver um companheiro de prática, peça a ele (ou ela) para pôr as mãos dele (ou dela) em suas costas enquanto tenta expandi-la. Ou pode pedir que ele (a) faça o mesmo para que você sinta como suas costas se mexem. Sentir o movimento do corpo de outra pessoa pode ajudá-lo a conhecer o que está acontecendo no seu.

Se a posição encolhida não for confortável, tente deitar-se de costas com seus joelhos dobrados para sentir a abertura. Deite-se no chão e sinta a abertura das costas contra o solo enquanto inspira. Observe o movimento das partes superior e inferior de suas costas até os quadris.

Flexionando as costelas

A caixa torácica possui 12 pares de costelas (sim, homens e mulheres têm o mesmo número de costelas). Você pode ver o esqueleto no Capítulo 3 para observar que as duas últimas costelas não estão conectadas à parte frontal da caixa torácica; elas são chamadas de costelas flutuantes. Os primeiros sete pares de costelas conectam-se ao esterno e os três últimos conectam-se à sétima costela para dar a forma curva na frente da caixa torácica.

Você não precisa lembrar-se do número de costelas, mas deve lembrar-se de que a parte superior de sua caixa torácica tem mais movimento de frente para trás em seu corpo e que a parte inferior abre-se mais lateralmente, ou em

Capítulo 4: Respiração para Canto **45**

direção aos lados de seu corpo. Sabendo como suas costelas se mexem, você pode visualizar a abertura de um lado a outro na área da base de sua caixa torácica para conseguir puxar o máximo de ar possível para dentro de seu corpo. E, se você for dos que dançam, precisará saber como abrir suas costelas superiores e costas rapidamente quando estiver dançando pelo palco.

Pode ser que lhe peçam para dançar e cantar ao mesmo tempo. Uma vez que dançarinos devem manter seus corpos em movimento enquanto cantam, nem sempre eles podem soltar seus músculos abdominais. Mas podem permitir que suas costelas se abram quando estiverem respirando. Se um dançarino deixar suas costelas se abrirem na inspiração e lentamente deixá-las fecharem-se na expiração, não precisará se preocupar tanto em soltar os músculos abdominais. Quando você entender a forma como o corpo é projetado para respirar, dê um passo adiante e pratique trabalhar com suas costelas para dançar enquanto canta.

Movimente seus braços no exercício a seguir para sentir a abertura de seu peito e das costelas:

1. **Erga seus braços acima da cabeça.**

2. **Tome ar e sinta suas costelas se expandirem.**

   Mantenha seu peito estável. Você não precisa elevá-lo; apenas deixe-o aberto. Repita várias vezes para sentir o movimento de suas costelas.

3. **Abaixe os braços e ponha as mãos em suas costelas.**

   Ponha as palmas das mãos sobre suas costelas inferiores com seus polegares apontados para a frente e os outros dedos na direção de suas costas. Para sentir o movimento da parte mais alta de sua caixa torácica, leve sua mão da mesma forma que antes ou cruze seus braços, de forma que sua mão direita fique sobre suas costelas esquerdas e sua mão esquerda sobre as costelas direitas.

4. **Com suas mãos em suas costelas, abra estas lentamente para sentir o alongamento dos músculos intercostais — aqueles que ficam entre suas costelas. Repita várias vezes.**

5. **Puxe o ar ou expanda suas costelas enquanto inspira.**

6. **Enquanto canta, deixe que suas costelas se contraiam gradualmente.**

Se elevar seus braços sobre a cabeça for desconfortável, você pode deitar-se de lado. Colocar os braços acima da cabeça é o ideal, mas você pode sentir o movimento de suas costelas da mesma forma com os cotovelos dobrados ou com os braços esticados à sua frente. Outra posição que você pode tentar é esticar os braços para os lados. Leve seus braços esticados levemente para trás, de forma que seu peito se abra. Nessa posição você poderá sentir, especialmente, a abertura de suas costelas superiores. Quando seus braços se cansarem, você pode pôr suas mãos nos quadris e continuar explorando a abertura de suas costelas. Não há problemas em praticar com as mãos nos quadris para lembrá-lo de abrir suas laterais e costelas. Quando estiver familiarizado com a abertura, você poderá encontrá-la agora com os braços abaixados.

Não se preocupe se você estiver confuso agora ou sentir que tem fôlego curto. É normal sentir falta de ar quando se começa a trabalhar nesses exercícios. Seja paciente e começará a respirar eficientemente. Criar um novo hábito em seu corpo leva tempo, e a respiração para o canto é sem dúvida algo novo. Sua inspiração era perfeita quando você era um bebê. Se você observar nenéns respirando, poderá ver que eles sabem exatamente o que fazer. À medida que as pessoas envelhecem e a vida vai ficando mais complicada, o estresse afeta o corpo. Elas começam a carregar tensão desnecessária em várias partes do corpo, o que impede uma respiração correta. O corpo fica estressado. Mas não neste livro — os exterminadores de estresse estão chegando!

Alongando as laterais

Outras partes do corpo que você pode abrir para inspirar são suas laterais. Por enquanto, pense em suas costelas e suas laterais como partes separadas. As laterais as quais me refiro é a cintura — a área logo abaixo de sua caixa torácica e sobre os quadris —, os músculos oblíquos. Essa área pode se abrir automaticamente quando você abrir as costelas, mas é melhor se certificar.

Ponha suas mãos nos quadris e depois as suba um pouco para sentir a curva logo acima do osso do local.

Faça de conta que seus pulmões ficam nas laterais e inspire para ajudar a abrir aquelas áreas. Você também pode fazer isso colocando suas mãos no local e, ao expirar, abri-las. Talvez você precise colocar alguma força nas mãos para descobrir como abrir aqueles músculos.

Suas laterais são um lugar ótimo para sentir qualquer esforço em seu corpo. Quando você tosse, pode sentir seu abdômen contrair e as laterais expandirem. O movimento para cantar é parecido, mas mais lento. As laterais também entram em cena quando você canta alto. Por enquanto, apenas se atenha à forma como elas se movem; depois você pode mexê-las quando precisar de mais energia para cantar alto.

Cantar um som claro não exige tanto ar quanto cantar fazendo ruídos de respiração. Veja o Capítulo 6 para ter mais informações sobre como cantar com um som claro. Você pode cantar fazendo ruídos de respiração propositalmente, mas isso exige muito mais ar e é mais difícil de ser amplificado pelo microfone.

Soltando o abdômen

Muitos professores de canto têm uma relação forte com o movimento dos músculos abdominais para cantar. Talvez alguém tenha lhe dito para controlar seus músculos abdominais a fim de conduzir a expiração. Essa é uma boa ideia, mas você também deve controlar outros músculos em seu torso, visto que os abdominais não são os únicos que controlam a expiração.

Para sentir os músculos abdominais relaxando, fique de joelhos com as mãos no chão. Você pode colocar algo macio sob os joelhos se essa posição não for muito confortável para você. Expire e observe o movimento dos músculos. Você provavelmente os sentirá contraindo, o que é ótimo. Note como eles se movem quando você inspira. Se você senti-los caindo com a gravidade, está no caminho certo. Se não senti-lo, talvez esteja tentando mover muito seu peito para respirar. Deixe que seu peito fique imóvel e tente novamente.

Tomar muito ar chama-se *hiperventilar*, o que pode causar tensão no corpo. Quando você se acostuma a respirar para cantar, pode decidir quanto ar deve tomar para cantar cada frase.

O exercício a seguir lhe dará a oportunidade de deixar o ar entrar em seu corpo, liberando os músculos abdominais.

1. **Expire.**

    Ao expirar, o seu abdômen se retrai.

2. **Segure a respiração e conte até dez.**

    Não inspire enquanto estiver contando.

3. **Após contar até dez, inspire.**

    Muito provavelmente você precisará tanto respirar que o ar entrará em seu corpo e seu abdômen se soltará.

4. **Observe o movimento do seu corpo enquanto o ar entra rapidamente.**

    Sua garganta se abre e seu abdômen se descontrai para que o ar entre.

Após expelir todo o ar em uma frase musical longa, apenas deixe o ar entrar em seus pulmões abrindo seu corpo.

Respiração: Lenta e regular

O objetivo da inspiração é abrir o corpo rapidamente para que o ar entre de forma silenciosa. Se você não souber como abrir os músculos rapidamente, pode ir mais devagar com este exercício e descobrir como fazê-lo.

Quando você era criança, sua mãe provavelmente lhe falava para não chupar ar pelo canudo, certo? Isso faz aquele barulho horrível quando já não há mais nenhum líquido no copo. Agora você precisa de um canudo seco, sem nenhum resquício de milkshake dentro. Respirar por um canudo ajuda o ar que você respira a entrar no seu corpo, tornando fácil senti-lo se expandir enquanto o faz. Você também não vai poder arquejar ou puxar o ar muito rapidamente com o canudo.

1. **Encontre um canudo e corte um pedaço de aproximadamente 7,5 cm.**

2. **Ponha a ponta dentro de sua boca.**

3. **Respire através do canudo, certificando-se de não elevar seu peito ou ombros, e note como seu corpo se abre enquanto o ar entra em seus pulmões.**

4. **Inspire lentamente em três movimentos e expire três vezes da mesma forma.**

Repita este passo cinco vezes. Lembre-se de manter-se alinhado. O Capítulo 3 tem dicas ótimas sobre alinhamento.

5. **Inspire contando lentamente até quatro e expire da mesma forma.**

   Ao inspirar, observe o que está se mexendo em seu corpo. Suas costelas devem se abrir, suas laterais e costas devem se expandir e seu abdômen se soltar. Se o movimento ainda for intermitente, continue praticando até realmente sentir a manobra de seu corpo. Pode levar algumas semanas para sentir o movimento o suficiente até que ele se torne familiar.

Tomando fôlego

Pode ser que sua música tenha uma frase longa e em seguida apenas uma pausa curta para tomar fôlego. A dificuldade é conseguir tomar ar suficiente em um tempo curto. Para entender como tomar fôlego rápido na música, você deve saber como abrir seus músculos rapidamente. Se você tiver aberto seus músculos lentamente no exercício anterior, pode estar pronto para abri-los rapidamente. Experimente fazê-lo para tomar fôlego.

Canse-se um pouquinho correndo no mesmo lugar, dançando ou fazendo qualquer outro movimento que o mantenha se deslocando. Quando você começar a respirar rápido e perder o fôlego, pare e cante a parte de uma música. Seu corpo vai sentir muito a necessidade de inspirar. Quando você finalmente tomar ar, observe como vai inspirar rapidamente. A maioria das pessoas descrevem o corpo se abrindo rapidamente para permitir que o ar entre. Isso é diferente de puxar o ar ou arquejar. Com o arquejo, sua garganta fica apertada e você puxa ou suga o ar. Abrir o corpo (inclusive sua garganta) o ajudará a ter uma inspiração rápida e silenciosa.

Embora a inspiração seja natural para todo mundo, você precisa praticar a forma correta de fazê-lo mantendo a postura certa para respirar da melhor forma possível enquanto canta. A inspiração apropriada significa manter-se corretamente alinhado, com seu corpo livre de tensão, sua garganta aberta e os ombros parados para permitir que o máximo de ar entre em seu corpo. Tente o seguinte para sentir a diferença entre inspiração incorreta e correta:

- Se você arquejar, pode ter a sensação de garganta apertada enquanto tenta puxar ar com dificuldade tendo as cordas vocais fechadas. Porém, se você fizer de conta que está se escondendo e não quer que ninguém ouça sua respiração, você deixa sua garganta aberta e assim pode tomar bastante ar.

- Se você inspirar e intencionalmente levantar seus ombros ou peito, poderá sentir, à medida que seus ombros se erguerem, que seu pescoço fica tenso. Todavia, se você mantiver seus ombros e peito imóveis e inspirar, terá mais ar dentro de seu corpo.

É tentador pressionar sua língua para baixo enquanto inspira. Você pode sentir que abaixar sua língua o ajudará a tomar ar mais rápido, mas não ajuda. Para ajudar a liberar qualquer tensão em sua língua enquanto inspira, deixe-a livre, à frente. Ela então se moverá adiante, ou na direção de seus dentes, à medida que você inspira, ao invés de ir para trás ou para baixo. Compare ambos os movimentos. Pressione sua língua para baixo enquanto inspira e depois tente soltá-la para a frente. Você pode descobrir que deixá-la solta na frente o ajuda a tomar ar mais rapidamente e a deixará livre para começar a primeira nota.

Inspirar apropriadamente agora deverá ser bem fácil para você. Cantar "Parabéns para Você" testará sua habilidade de inspirar corretamente e depois cantar uma música. Antes de começar a canção, sinta a respiração entrando em seu corpo. Quando estiver no clima, vá lá.

1. **Cante toda a música "Parabéns para Você".**
2. **Respire profundamente e cante a primeira frase novamente.**
3. **Pause.**

    Antes de cantar a segunda frase, lembre-se de tudo que você aprendeu recentemente sobre a inspiração. Não tenha pressa e descubra o jeito certo de respirar. Você não precisa correr.

4. **Calmamente, tome ar outra vez.**
5. **Dedique algum tempo para encontrar o movimento correto da respiração e então cante a próxima frase.**
6. **Repita essa série de passos até terminar a música.**

    Lembre-se de respirar da forma certa ao invés de correr para a próxima frase ou ficar arquejando para conseguir ar.

A cada vez que você praticar esse exercício, ele ficará mais fácil. Experimente-o da próxima vez que cantar uma música nova para coordenar sua respiração apropriadamente.

Se você não se lembrar de como respirar, você não estará só. Seu corpo se confunde ao colocar todas essas informações em prática, então, apenas trabalhe na inspiração até que se torne fácil para você; depois siga para o próximo exercício. Volte e releia a explicação sobre como a respiração funciona no corpo, depois, tente os exercícios novamente. Você pode achar que eles estão mais fáceis agora que consegue discernir o movimento do ar e também senti-lo.

Praticando a Expiração

Quando você cantar e expirar, lembre-se de não contrair seu corpo muito rapidamente. Mantenha a mesma posição alinhada que você manteve na inspiração: mantenha seu peito imóvel e contraia gradualmente seu abdômen e suas costelas enquanto solta a respiração. Quando você não está cantando ou falando, e enquanto cuida de coisas do dia a dia, normalmente expira muito mais rápido do que deveria fazer ao cantar. Quando você canta, todavia, deve inspirar rapidamente e estender o fluxo de ar por um longo período de tempo. É preciso prática para conseguir cantar uma longa frase sem parar no meio para respirar. Pratique uma respiração regular e controlada enquanto mantém uma boa postura.

Soprando

Este exercício o ajudará a desenvolver o controle necessário para quando você cantar uma longa frase de uma música. O objetivo dele é fazer a chama de uma vela oscilar com sua expiração, não jogar cera quente em sua mão! Certifique-se de que sua expiração consista em uma corrente de ar regular e lenta — só o suficiente para mover a chama. Se você não tiver uma vela à disposição, pode soprar uma xícara de chocolate ou chá quente, basta usar a imaginação. Você pode fazer este exercício com a sua imaginação ou pode acender uma vela mesmo.

Por favor, seja cuidadoso com a vela, se usar uma. Segure-a ou a ponha em um castiçal a pelo menos vinte centímetros de sua boca para não queimar as sobrancelhas.

Siga os seguintes passos:

1. **Acenda uma vela e a posicione a vinte centímetros de você.**
2. **Respire fundo, mantendo seus ombros e peito ajustados e parados.**
3. **À medida que expirar, sopre suavemente a chama para fazê-la mover, mas não oscilar violentamente.**
4. **Mantenha o fluxo regular de ar para manter a chama deslocada, contando silenciosamente para ver por quanto tempo consegue fazê-lo.**

Tenha cuidado para que seu corpo não se contraia rapidamente quando estiver expirando nesse exercício. Ao invés disso, você deve sentir um movimento regular em seu corpo. Se você conseguir deslocar a chama contando até cinco na primeira vez, tente fazê-lo com seis na próxima vez. Desloque a chama contando até seis várias vezes seguidas antes de tentar com sete. A cada vez, certifique-se de estar consciente do que está acontecendo em seu corpo.

Vibrando com a expiração

A *vibração labial* é um exercício que dá uma coceirinha. As vibrações em seus lábios podem fazer com que você sinta essa coceirinha no nariz após alguns minutos. Sem problema — coce o nariz e siga em frente. O que é uma *vibração labial*? Você já viu um cavalo bufando? Os lábios dele vibram com a saída do ar. Pode parecer bobo, mas é uma ótima forma de testar a duração de sua expiração. Tome ar e solte-o através de seus lábios, fazendo-os vibrar. Se eles não vibrarem como os lábios de Mr. Ed, é provavelmente porque estão muito apertados. Relaxe-os um pouco e apenas deixe-os livres enquanto você sopra o ar através deles. Se seus lábios estiverem muito apertados, ponha um dedo nos cantos da boca e suavemente empurre em direção ao nariz enquanto faz a vibração labial.

1. **Pratique vibrar seus lábios.**
2. **Quando estiver conseguindo fazê-lo com facilidade, comece uma contagem silenciosa.**

Capítulo 4: Respiração para Canto

3. **Sustente a vibração labial contando até quatro; inspire lentamente contando até quatro e repita o ciclo.**

   Certifique-se de respirar fundo antes de começar. Enquanto conta até quatro, observe o que se mexe em seu corpo ao expirar. Tente não contrair o peito quando expirar; deixe que a parte inferior do seu tronco faça o trabalho.

4. **Sustente a vibração labial contando até quatro novamente, mas, desta vez, inspire contando até dois e repita o ciclo.**

5. **Sustente a vibração labial por períodos mais longos, à medida que sua resistência aumentar.**

   Faça a vibração labial contando até seis e inspire contando até dois. Quando você conseguir fazê-lo facilmente várias vezes seguidas, aumente a contagem em dois (faça a vibração contando até oito, inspire contando até dois, e assim por diante). O objetivo deste exercício não é contar até cinquenta, mas exercitar a resistência da respiração e garantir que seu corpo trabalhe corretamente quando você expira.

6. **À medida que sua habilidade melhorar, varie a contagem na vibração labial.**

   Observe como seu corpo muda em uma vibração labial contando até dois e outra contando até oito. O ajuste se dá fazendo um movimento mais lento na contagem de oito. Essa variação acontece em músicas — você tem frases curtas seguidas de frases longas e precisa ajustar seu controle de respiração para cada uma.

Quando a vibração labial ficar moleza para você, acrescente notas: execute a técnica cantando uma música. Você pode fazê-lo facilmente com "Parabéns para Você". Deixe uma nota se conectar à outra sem uma pausa e sem pressionar a língua contra os dentes em cada uma. Em outras palavras, faça um *legato* (suave e ligado).

Para praticar mais vibrações labiais, confira a Figura 4-1.

1. **Cante o exemplo de vibração labial na Figura 4-1.**

2. **Toque a faixa novamente e, desta vez, tente uma vibração de língua.**

   Muitas pessoas acham que conseguem fazer um bom som com uma vibração de língua. A vibração de língua funciona da mesma forma que a labial. Deixe sua língua solta e sopre o ar entre ela e o céu da boca. Tenha certeza de que ela está livre ou isso não vai funcionar. À medida que o ar for passando sobre a língua, a ponta dela levanta e vibra contra o céu da boca.

3. **Toque a faixa pela terceira vez, alternando entre fazer a vibração de língua e cantar as notas dadas.**

   Você pode facilmente ir direto da vibração de língua para a vogal. Por exemplo, cante as duas primeiras notas com a vibração e as duas últimas com *ah*. Faça uma transição suave da vibração para o *ah*. Veja se seu fluxo de ar se mantém igual.

Figura 4-1: Vibração labial e de língua.

1. Vibração labial — Br _____
2. Vibração de língua — Tr _____
3. De vibração de língua para "*ah*" — Tr _____ ah _____

FAIXA 2

Reconhecendo a resistência e prendendo a respiração

Anteriormente neste capítulo, falei sobre os fundamentos da respiração. Os cantores geralmente acham que podem controlar o movimento de seu diafragma e chegar a um ótimo controle da respiração. O que a maioria das pessoas não sabe é que o diafragma é passivo durante a expiração. Ele abaixa enquanto você inspira e seus pulmões se inflam para se encher de ar, mas não fica ativo quando você expira. O controle da respiração dá-se controlando todos os músculos que afetam o movimento dos pulmões — os músculos entre as costelas (intercostais), os laterais (oblíquos) e suas costas e abdômen. Saber como controlar o movimento desses músculos o levará a controlar sua expiração e lhe permitirá cantar frases longas.

Uma vez que seu corpo está acostumado a abrir-se para inspirar e depois expirar rapidamente, você deve resistir ao movimento normal dele quando estiver cantando. Essa resistência é boa. Pense nela como um movimento lento do corpo preparando-se para expirar novamente, ou uma resistência boa que impede o corpo de se contrair.

Uma forma de explorar expiração e resistência é suspendendo a respiração. Se o movimento normal do seu corpo é o de tomar ar e gradualmente respirar ou permitir que volte à posição de descanso, eu quero que você experimente tomar fôlego e então esperar antes de expirar. A sensação é a de que seu corpo suspendeu o movimento: você está pronto para expirar, mas os seus músculos ainda não estão se mexendo para isso. Essa sensação de suspensão é aquela a qual me refiro quando falo de resistência. Seu corpo quer se fechar, mas você não está permitindo que ele se contraia ainda. A resistência não envolve tensão; tem mais a ver com hesitação. Observe a sensação do seu corpo se mantendo aberto quando você toma ar e em seguida espera. Você pode praticar segurando a respiração e contando até três ou quatro, e, em seguida, expirar gradualmente. O objetivo não é aprender a segurar a respiração por longos períodos, mas entender a sensação do corpo resistindo à vontade natural de se fechar após a inspiração.

Experimente esta sequência para desenvolver sua habilidade de suspender os músculos envolvidos na expiração:

1. **Respire contando até três.**

2. **Suspenda contando até três.**

   Quando suspender, preste atenção às sensações em seu corpo. Ele vai querer se fechar, mas você vai optar por segurar e mantê-lo aberto.

3. **Expire contando até três.**

4. **Gradualmente aumente a contagem para a expiração.**

   Respire contando até três, segure contando até três e expire contando até quatro. Observe como seu corpo se ajusta à expiração mais lenta.

Você pode expirar contando apenas um tempo ou até dez e o corpo ajustará o movimento dos músculos. Por hoje, recomendo que você tente a sequência contando até três em cada passo. Amanhã você pode aumentar a contagem na expiração para quatro e no dia posterior para cinco. Explore esse exercício lentamente para desenvolver o controle sobre os músculos. Fazer um movimento muito rápido não permitirá que você explore as sensações de ajustes em seu corpo, à medida que o tempo de expiração aumenta. A próxima seção deste capítulo lhe dará mais exercício para trabalhar uma expiração mais longa.

Testando Seu Controle da Respiração

Se você tiver praticado os exercícios deste capítulo, provavelmente explorou a inspiração e a expiração o suficiente para saber o que está se mexendo enquanto você respira e canta.

Os atletas sabem que devem treinar consistentemente para ensinar os músculos do corpo a responder exatamente do jeito que eles querem. Ganhar coordenação dos músculos responsáveis pela respiração exige tempo e prática consistente. Algumas pessoas chamam isso de desenvolver memória muscular. Com o passar do tempo, os músculos se lembrarão como se movimentar e você não terá que pensar nisso. Isso deve acontecer ao respirar e cantar: você deve praticar os exercícios respiratórios o suficiente para que possa confiar que esses processos trabalharão eficientemente de forma que você consiga se focar na história que está contando.

Os atletas também sabem que se exercitar e fazer condicionamento físico são cruciais para desenvolver a capacidade de transportar oxigênio rapidamente pelo corpo. Quando você está cantando, está também movimentando uma grande quantidade de ar e seu corpo precisa estar em boa forma para que você consiga controlar a resistência necessária para cantar durante uma apresentação inteira. Você não precisa ser magro, mas precisa estar em boa forma. Exercitar-se em uma academia também ajuda em sua respiração para o canto.

Forçar-se a sair de sua zona de conforto o ajuda a desenvolver energia e resistência. Você pode sentir seus músculos aquecidos ou cansados após praticar os exercícios de respiração, o que é perfeitamente normal. Uma fadiga extrema é sinal de que algo não está certo nas suas sessões de prática, mas é normal sentir-se cansado e precisar descansar por um tempo antes de conseguir praticar mais.

Para proporcionar a si mesmo uma oportunidade de executar exercícios respiratórios mais avançados, continue lendo e praticando os que forem dados. Eles não são muito avançados para você, especialmente se tiver praticado outros exercícios e estiver confortável com as partes do seu corpo que se movem durante a respiração.

Se você for um novato, ir rápido demais para os exercícios avançados sem praticar os básicos fará com que você não consiga tornar os movimentos um hábito. Eu levei algum tempo para fazer da respiração correta um hábito, mas agora eu não preciso me preocupar em "passar as marchas" quando é hora de cantar. Quando eu canto, respiro da mesma maneira de quando falo, uma vez que o movimento se tornou muito natural para mim.

Liberando o abdômen e depois as costelas

Já que seus pulmões estão abrigados dentro de sua caixa torácica, é benéfico deixar que suas costelas se abram e mantenham-se assim quando você inspira. Isso também é conhecido como *respiração expansiva* (*outie*) ou *appoggio* ("apoio", em italiano). Não *force* suas costelas a permanecerem abertas, mas as *permita* que fiquem. Mesmo que você ache que as palavras *forçar* e *permitir* pareçam semelhantes, elas são diferentes. Forçar as costelas a ficarem abertas vai resultar em pressão no seu corpo e um som "apertado".

Após ter exercitado a respiração por algum tempo, conseguir controlar uma inspiração rápida e eficiente e ter adquirido algum controle sobre a expiração longa, tente o exercício a seguir:

1. **Tente expandir suas costelas.**

    Fique em frente ao espelho e tente expandir sua caixa torácica. Você deve abri-la para os lados e não estufar o peito. Observe o movimento de seu corpo para certificar-se de que não está estufando-o. Pode ser que você precise tentar algumas vezes até descobrir como fazê-lo. Quando você souber como movimentá-la, permita que as costelas se abram à medida que você inspira. A área que você está tentando mexer encontra-se na base de sua caixa torácica.

Capítulo 4: Respiração para Canto 55

2. **Inspire e abra suas costelas.**

   Pratique a inspiração e permita que suas costelas se abram. Se você direcionar o ar para as costelas inferiores, poderá abri-las sem forçar seu peito a estufar.

3. **Pratique por algum tempo permitindo que suas costelas se abram quando você inspira e que se feche quando você expira.**

   À medida que isso for se tornando fácil, permita que suas costelas fiquem abertas por mais tempo durante a expiração.

4. **Inspire e deixe suas costelas abrirem-se.**

   Deixe-as abertas enquanto você expira. Respire novamente e permita que seus músculos abdominais se expandam.

5. **Agora que suas costelas estão abertas e seus músculos abdominais expandidos, expire.**

   Enquanto expira, permita que seus músculos abdominais se retraiam enquanto suas costelas continuam abertas.

6. **Ao chegar no final de sua respiração, permita que as costelas se fechem gradualmente ou encolham até suas posições normais.**

O objetivo a longo prazo desse exercício é lhe oferecer a opção de abrir as costelas ao inspirar e deixá-las fechar por escolha própria, dependendo do tamanho da frase que estiver cantando. Mantenho minhas costelas abertas se eu quiser cantar uma frase longa. Pode levar um mês ou mais para dominar esse movimento. Continue tentando.

Cantando lentamente

Anteriormente neste capítulo, sugeri uma música fácil, como "Parabéns para Você", para que possa se concentrar facilmente em muitos detalhes ao mesmo tempo. Todavia, talvez seja hora de você tentar cantar algo mais difícil. Pense em uma música que lhe dê trabalho para cantar as frases longas. Pode ser um hino ou uma canção conhecida das quais você não consiga dominar as frases. Algumas músicas conhecidas com frases longas são "Danny Boy"; "Come Unto Him", de *The Messiah*, e *Over The Rainbow (Além do Arco-íris)*. Cante a música para refrescar a memória quanto à letra e às notas. Quando estiver pronto, cante-a devagar. Você deve cantá-la lentamente para que estenda sua expiração. Ao cantar mais lentamente, você precisa descobrir como estender sua respiração por um longo período. Cantar músicas mais rápidas com frases curtas não exige uma expiração longa e nem que você controle a expiração em frases longas.

Pratique o seguinte exercício para passar ao próximo nível de controle respiratório, de forma que você consiga controlá-la facilmente durante frases longas.

1. **Cante a música devagar.**

   Se tiver escolhido uma canção longa, cante apenas uma parte dela. Se tiver escolhido uma curta, cante-a inteira.

2. **Cante cada frase com uma expiração consistente para ter uma linha suave e conexa.**

   Certifique-se de inspirar lentamente antes de começar cada frase.

3. **Cante novamente devagar, mas, inspire rapidamente ao mesmo tempo que toma a mesma quantidade de ar que tomou ao inspirar lentamente.**

Cuidado para não arfar quando estiver cantando neste exercício; abra sua garganta e deixe o ar entrar. Arfar o impedirá de conseguir ar suficiente na velocidade necessária.

Ao expirar, suas costelas e o abdômen devem se retrair. Depois, tente deixar o abdômen se mexer enquanto mantém as costelas abertas.

Ganhar ou perder peso rapidamente pode deixar o seu corpo confuso. Se estiver habituado a carregar uma certa quantidade de peso, isso afetará sua respiração. Você deve acostumar-se aos poucos a ter seu corpo com um tamanho diferente após uma mudança de peso, especialmente se tiver ganhado alguns quilos. Dedique algum tempo a permitir que seu corpo se ajuste após a perda de peso.

Capítulo 5

Afinando a Voz

Neste Capítulo...

▶ Mudando a entonação de sua voz
▶ Descobrindo sua laringe e as cordas vocais
▶ Exercitando-se para melhorar a entonação

*N*este capítulo você descobrirá o que soltar para conseguir aquela entonação magnífica — e no percurso até um pouco de *vibrato* (a variação de uma nota sustentada). Também incluí alguns exercícios úteis para aqueles que têm *surdez tonal* (são incapazes de distinguir com precisão diferentes notas). Relaxe. Assim que terminar este capítulo, você conseguirá não só controlar melhor sua voz, mas localizar algumas partes esquisitas do seu corpo para se gabar no próximo encontro de família: "Ei, quer sentir minha laringe?".

Definindo Entonação

Se você ligasse o rádio, reconheceria seu cantor preferido? Elvis, Toby Keith, Ethel Merman, Maxwell, Luciano Pavarotti ou Lady Gaga? Provavelmente reconheceria. Como? Se você respondeu "por suas vozes", está parcialmente certo. Mais especificamente, você reconheceu seu cantor favorito pela sua *entonação*. *Entonação* é o que é conhecido como *cor* ou *timbre* da voz de canto. Cada voz tem uma cor específica, que pode ser descrita como quente, sombria ou estridente. Dois cantores cantando a mesma música no mesmo tom soam diferentes — a razão é a entonação.

Criando uma entonação singular

Muitas pessoas apenas abrem suas bocas para cantar e produzem uma sonoridade maravilhosa. Outros precisam praticar para criar essa sonoridade linda. O tom da sua voz é exclusivamente seu, mas se estiver apertado e forçado, você pode precisar praticar os exercícios deste livro para ajudá-lo a conseguir uma ótima entonação. Você também deve certificar-se de que a sonoridade de sua voz combine com o estilo de música que está cantando. Se você já ouviu cantores de ópera tentando cantar música pop, sabe que fica

Parte I: Explorando os Fundamentos do Canto

esquisito — a sonoridade deles fica muito cheia e rica quando precisa ser mais casual. Confira o Capítulo 2 para mais informações sobre os sons que diferentes tipos de vozes fazem em estilos musicais distintos e o Capítulo 7 para saber como ter uma voz ressonante e entender a ressonância em vários estilos musicais.

Identificando fatores que afetam a entonação

A forma, o tamanho e a coordenação do seu corpo determinam parcialmente sua sonoridade. Além disso, seu timbre muda de acordo com seu humor e suas emoções. Confira a seguir a lista de fatores que afetam a entonação:

- **Coordenação corporal:** Coordenar os músculos do corpo é importante para criar uma linda entonação ao cantar. Essa coordenação inclui respiração, alinhamento e articulação. Você pode ler sobre coordenação respiratória no Capítulo 4 e sobre alinhamento no Capítulo 3. O Capítulo 8 destaca a articulação de vogais e o Capítulo 9 abrange a articulação de consoantes. Confira os outros capítulos do livro para deixar seu corpo pronto para executar ótimos sons.

- **Emoções:** Suas emoções afetam diretamente a entonação da sua voz. Você sabe quando uma pessoa está triste ou feliz pelo som de sua voz. Quando você está representando, deve entrar em suas emoções para que o tom da sua voz reflita a história que está contando. É claro que também é possível extrapolar e deixar que suas emoções tomem conta de você. Se você ficar emocionado demais, pode acabar chorando e não conseguirá cantar a música. Ou então, ficará com tanta raiva que se tornará tenso e também não conseguirá cantar bem. Usar suas emoções é bom, mas deixar que elas o dominem não é. Pratique os exercícios no livro para desenvolver sua técnica. Quando ela estiver sólida, você conseguirá mantê-la mesmo durante as partes mais emocionantes da música.

- **Forma e tamanho da sua cabeça e da garganta:** Se sua boca e garganta forem pequenas, você tem cordas vocais pequenas e, provavelmente um tipo agudo de voz. Cantores com bocas e cabeças grandes tendem a ter uma voz mais volumosa conseguem fazer sons mais fortes.

- **Tamanho do seu corpo:** Cantores com peito grande e arredondado tendem a ter pulmões com grande capacidade para alcançar aquelas notas altas. Porém, você não precisa ter um corpo grande para cantar bem — existem bons cantores de todas as formas e em todos os tamanhos.

- **Espaço:** A quantidade de espaço que você abre para que o som ressoe é um elemento chave no timbre da sua voz. Se o espaço for pouco, o som será fraco. Se o espaço estiver aberto, o som terá uma boa área para ressoar. Posteriormente, neste capítulo, você poderá ler mais sobre como abrir espaço na boca e na garganta.

- **Tensão:** Até partes do seu corpo que ficam longe das áreas usadas para cantar precisam estar livres de tensão para manter a sonoridade da voz livre.

Considerando entonação, tonalidades e notas

Quer você cante só por diversão ou sonhe em se apresentar profissionalmente, pode contar que com frequência vai encontrar três termos diferentes: *tonalidade*, *nota* e *entonação*. Esses termos são frequentemente confundidos uns com os outros, mas entender a verdadeira relação entre eles pode tornar sua jornada no mundo do canto menos confusa.

- ✓ **Tonalidade** é a alta ou baixa frequência de um som. Quando você canta, cria uma tonalidade porque suas cordas vocais vibram a uma certa velocidade. Por exemplo, uma buzina de navio emite um som em baixa frequência, ou tonalidade; enquanto que um detector de fumaça emite um som em alta frequência, ou tonalidade, quando você pressiona o botão de teste. No canto, quando suas cordas vocais vibram a uma velocidade alta, você canta em uma tonalidade mais aguda do que quando ela vibra mais lentamente. O Lá logo acima do Dó central vibra a 440 ciclos por segundo — ou seja, suas cordas vocais se abrem e se fecham 440 vezes por segundo.

- ✓ **Notas** são símbolos musicais que indicam a localização de uma tonalidade.

- ✓ **Entonação** é a *cor* ou *timbre* da tonalidade. A entonação pode ser descrita por várias palavras diferentes, como *quente*, *sombria*, *brilhante*, *sonante*, *rica*, *luxuriosa*, *aguda* e *estridente*. Um exemplo de cantora com timbre quente é Keren Carpenter; uma pessoa com sonoridade estridente é o Eddie Murphy fazendo o papel do Burro nos filmes do Shrek.

Com base nessas definições, faz mais sentido dizer que alguém é *surdo tonal* ao invés de *surdo de entonação*. Você também pode ouvir cantores dizerem que têm medo de cantar *notas* altas, quando deveriam dizer que têm medo de cantar em *tonalidades* altas. É bom saber a definição desses termos, mas duvido que alguém o corrigirá se você confundir *entonação* e *tonalidade*.

Trabalhando os Músculos Envolvidos no Canto

Em sua cabeça e pescoço, grupos de músculos ajudam a criar a entonação. Simultaneamente, o cérebro envia uma mensagem aos músculos que criam sua voz: o ar em seus pulmões começa a sair e as cordas vocais se posicionam para criar a sonoridade. A cor da entonação é o timbre. Parece complicado? Bem, não é — é exatamente isso que acontece quando você fala.

Para mudar a entonação, você muda o espaço em sua boca e garganta, sua postura e a quantidade de ar que sai enquanto você canta. Os exercícios no Capítulo 6 o ajudarão a criar a entonação certa e a ajustar o espaço em sua boca e garganta de forma que você modifique seu timbre e deixe sua voz ótima.

Descobrindo suas cordas vocais

Muitas partes diferentes do seu corpo influenciam a forma como você canta, mas entender como elas funcionam juntas para produzir o melhor som é a chave para um canto excelente. Os Capítulos 3 e 4 dedicam-se às grandes influências anatômicas, tais como a respiração e a postura, mas saber onde aqueles pequenos "elásticos de tecido" chamados de *cordas vocais* — seus músculos responsáveis pelo canto — localizam-se e como produzem a sonoridade é tão importante quanto os outros fatores. Quando estiver desenvolvendo uma boa técnica vocal, você precisa entender como sua respiração, a postura e a tensão afetam a forma como suas cordas vocais funcionam.

Suas cordas vocais ficam dentro de sua *laringe*, que é a fonte de sua voz de canto. Elas são duas pequenas tiras de tecido que se esticam através de sua laringe e vibram para criar a sonoridade.

Suas cordas vocais se coordenam com sua respiração para produzir um som, abrindo-se e fechando-se (vibrando), à medida que o ar (sua respiração) as atravessa. Cada vibração é chamada de *ciclo de vibração* ou *ciclo glotal*. Se você cantar a mesma nota que uma orquestra toca para afinar seus instrumentos, suas cordas vocais estarão vibrando a 440 ciclos por segundo — sim, rápido assim. Para produzir essas vibrações rápidas, você precisa manter sua respiração fluindo; caso contrário, ficará sem ar e não conseguirá sustentar a nota (veja o Capítulo 4 para descobrir técnicas para melhorar sua respiração).

Produzindo o primeiro som

Você já consegue produzir os sons do canto — talvez só não perceba. Trabalhar os sons nos passos a seguir pode colocá-lo na estrada para cantar. Produzi-los o ajudará a descobrir como executar sons sem tensão que explorarão toda a sua extensão de canto.

Faça os seguintes sons:

1. **Tente suspirar — dê um bom e longo suspiro.**

   Suspiro é aquele som que você faz ao sentir a água morna da hidromassagem ou o relaxamento do seu corpo quando alguém massageia os seus ombros. Ao suspirar, prolongue o som ao máximo. Comece mais alto e vá abaixando gradualmente.

2. **Imite uma sirene.**

   Suba e desça ou emita as notas em ciclo, explorando as tonalidades altas e baixas. Aquelas tonalidades da sirene serão as mesmas que você cantará nos próximos exercícios deste livro.

3. Dê um urro de alegria.

Outra forma de explorar os primeiros sons é usando a imaginação. Faça de conta que alguém acabou de lhe contar que você ganhou na loteria. Ao invés de gritar, brade de alegria, como "uuhhuuuu".

Abertura da mandíbula

Ao cantar, você deve abrir sua mandíbula muito mais do que faz em uma conversa cotidiana, assim como sua boca e a garganta que devem ficar muito mais abertas também. Se você não abrir bem a mandíbula e a boca, o som ficará preso e não passará da primeira fila da plateia.

Seu pescoço e sua mandíbula devem estar livres de tensão e prontos para se mexer. Se eles não estiverem, confira o exercício na seção "Procurando tensão no pescoço ou na mandíbula", posteriormente neste capítulo, para liberar a tensão dessas áreas.

Para abrir corretamente sua garganta e boca para cantar, você precisa senti-las primeiro. Ponha seu dedo no queixo e trace uma linha dele até sua orelha. Na parte posterior da mandíbula, você pode sentir sua curvatura logo abaixo da orelha. Essa é a área na qual eu quero que você se foque ao abrir a mandíbula. Em vez de tentar mover o queixo, eu quero que você faça o movimento a partir da região abaixo de sua orelha. O espaço criado lhe proporcionará ressonância para o som.

Pratique abrir sua mandíbula para descobrir como abrir espaço na parte posterior de sua boca — chamado de espaço posterior — e amplie a garganta; movimentar somente o queixo não lhe dará espaço posterior. Para praticar a abertura da mandíbula, siga os seguintes passos:

1. **Massageie todos os músculos em volta de seu rosto para garantir que eles estejam livres de tensão e prontos para se abrir.**

2. **Tente bocejar, abrindo a mandíbula ao mesmo tempo.**

   Lembre-se de que você deve abrir a mandíbula, e não apenas mover seu queixo para baixo. Seu queixo se move, mas a ideia é abrir o espaço no fundo da boca (espaço anterior), não apenas na frente (espaço posterior).

3. **Faça um bocejo como se estivesse tentando reprimi-lo, usando sua boca e garganta, sem abrir os lábios.**

   Para fazer isso, faça de conta que você está em um jantar chato e não quer que o anfitrião o veja bocejando. Você tem uma sensação de abertura em sua boca e garganta quando começa a bocejar. No começo da ação, você consegue sentir seus músculos se alongando e abrindo. No final, os músculos se contraem devido ao grande alongamento. Você deve se lembrar do início do bocejo, quando os músculos estão se abrindo, não da fase tensa, no final.

Encontrando espaço anterior

Para entender a diferença entre espaço posterior e anterior, primeiro encontre o espaço anterior. Abra o espaço anterior, ou apenas a parte da frente de sua boca, seguindo estes passos:

1. Abra bem seus lábios, como se os cantos da boca se movessem em direção às orelhas.

Ao abrir seus lábios, observe qual é a sensação dentro de sua boca.

2. Afaste seus dentes superiores dos inferiores ao máximo.

Observe as sensações em sua boca.

Ajustando a laringe

No decorrer deste livro, você vai explorar diferentes sons que pode fazer com sua voz de canto. Saber onde a laringe se encontra em sua garganta tornará mais fácil saber se ela está muito alta ou muito baixa. Se estiver muito alta, eu lhe direi como baixá-la.

Encontrando sua laringe

Uma vez que a posição da laringe afeta o tom, você deve saber onde ela se encontra. Ela pode se movimentar para cima ou para baixo. Uma laringe baixa ajuda a produzir um som cheio e aberto. Elevá-la demais criará um som mais apertado e estridente.

Ponha os seus dedos no meio de sua garganta, abaixo de seu queixo. Agora faça o movimento de engolir. À medida que você engole, pode sentir algo subindo e descendo. É a sua laringe.

A protuberância no meio da laringe é chamada de *pomo de Adão*. Por terem uma laringe maior e mais protuberante do que as mulheres, os homens conseguem sentir seu pomo de Adão mais facilmente.

Mantenha seus dedos na garganta e boceje. Sentiu? A laringe desceu. Quando você canta, ela deve ficar no meio de seu pescoço (uma posição neutra) ou mais baixa. Uma laringe abaixada ajuda a criar um belo, cheio e aberto som para música clássica. A laringe na posição neutra aproxima-se do que acontece quando se executa um belt (veja o Capítulo 13 para mais informações sobre o belting). Elevar demais a laringe cria um som apertado, espremido. Alguns professores falam em elevar a laringe para executar o belting. Se você a abaixa para o canto clássico, a posição dela será mais alta para o belting. Prefiro chamar esta de *posição neutra* já pensando que a outra forma poderia levá-lo a fazer pressão para elevar sua laringe.

Você deve liberar sua laringe durante a inspiração para que ela se abra. Não fazer isso pode causar fadiga, porque os músculos da laringe estão sempre em ação quando você canta. Eles precisam de um descanso entre as frases. Veja o Capítulo 4, que trata de respiração, para mais informações sobre como abaixar sua laringe ao inspirar.

Com o dedo no meio de sua garganta, cantarole alguns compassos de sua música preferida. A sensação de zumbido que você tem é suas cordas vocais vibrando e criando o som. Demais! Você pode sentir isso em seus lábios ou em volta do nariz. Pode sentir a vibração até mesmo nas laterais posteriores da cabeça. Você não pode ver sua voz, por isso sentir as vibrações do som é importante. Sua voz produz vibrações que você pode sentir em seu corpo e ouvir ressoando no ambiente. Confiar na sensação de uma boa técnica é importante, porque cada ambiente onde você cantar terá uma acústica diferente. Para monitorar sua afinação, aprenda a sentir as vibrações em vez de confiar no eco.

Abaixando a laringe

Pessoas que não cantam, normalmente mantêm suas laringes em uma posição alta. Isso acontece porque a maioria dos músculos do pescoço é projetada para mantê-la daquela forma — que não é a maneira adequada para cantar. Você deve descobrir como manter a laringe em uma posição mais baixa ou neutra para cantar.

Para abaixar sua laringe, você pode utilizar o início de um bocejo, como você fez na seção anterior, "Abertura da mandíbula". Evite retrair intencionalmente a parte posterior de sua língua, como a maioria das pessoas faz em sua primeira tentativa de abaixar a laringe: se você retraí-la, a laringe fará o mesmo e você terá uma sensação de retesamento nos músculos abaixo de seu queixo. Essa sensação de retesamento não deve existir ao cantar. Pode levar um tempo até você sentir a diferença entre retrair e abaixar. O correto é sentir sua língua movendo-se para a frente e alongando o espaço entre as partes da laringe de forma que a parte inferior dela abaixe. Você também pode tentar as seguintes sugestões para abaixá-la sem empurrar a língua:

- **Cheire algo delicioso.** Inspire lentamente enquanto cheira algo maravilhoso. Quando você cheira algo gostoso — ou mesmo finge cheirar — sua garganta se abre e sua laringe desce. Tente fazer isso algumas vezes e observe o que você sente. Após algumas tentativas, faça-o novamente e ponha sua mão na garganta para ver se sua laringe desceu.

- **Abra espaço atrás de sua língua.** Se você colocar sua língua para a frente, inspirar e fingir que o espaço atrás de sua língua — ou o espaço entre a língua e a parte posterior do céu da boca — está se abrindo, poderá sentir sua laringe abaixando. Liberar ou abrir a parte posterior do céu da boca enquanto põe a língua para a frente ajuda a abaixar a laringe.

64 Parte I: Explorando os Fundamentos do Canto

Agora, como você mantém sua laringe abaixada quando estiver produzindo som? Boa pergunta — e é preciso alguma prática para manter sua laringe na posição. Lembre-se de que, a laringe é projetada para ficar alta em sua garganta, mas você deve deixá-la baixa para cantar música clássica ou pelo menos em uma posição neutra para cantar músicas contemporâneas. Tente as seguintes sugestões para abaixar a laringe e deixá-la na mesma posição ao produzir som:

- **Abaixe-a e respire.** Quando você a sentir abaixando, apenas respire (inspire e expire) e deixe a laringe na posição. Você pode precisar experimentar isso por alguns dias antes de conseguir manter a regularidade enquanto respira. Quando conseguir, tente a próxima sugestão.

- **Abaixe-a e produza um som.** Diga "ah" em uma nota baixa. Veja se a laringe permanece no mesmo lugar ao fazê-lo. Faça o mesmo som várias vezes mais, para que sinta o que de fato está acontecendo. Se a laringe voltou a subir quando você disse "ah", tente novamente. Abaixe-a e diga "ah" de novo. Parece simples, mas você pode precisar tentar por alguns dias até produzir um som sem que a laringe volte à posição alta. Lembre-se de fazer um som grave para o seu tom; tentar fazer um som agudo demais pode ser difícil para um novato. Eu levei alguns dias para aprender a deixar minha laringe quieta ao produzir som. Quando estiver seguro de que sua laringe ficará parada na posição correta ao fazer o "ah", tente a próxima sugestão.

- **Abaixe-a e explore uma tonalidade.** Abaixe a laringe, diga "ah" e explore um pouco a tonalidade, quase como se dissesse "ah-hah". É o som que você faz quando entende algo que alguém lhe falou. Continue explorando o "ah-hah" ou a tonalidade antes de seguir para a próxima sugestão.

- **Abaixe-a e cante.** Quando você conseguir manter a laringe parada enquanto respira ou faz sons simples, tente cantar. Cante um exemplo de duas ou três notas, parecido com o que você vê na Figura 3-1. Use esse exemplo, mas cante no tom mais grave de sua voz. Quando estiver seguro de que a laringe está ficando parada, pode gradualmente cantar mais agudo.

Mantenha a laringe parada, enquanto canta visualizando o espaço em sua garganta se abrindo mais, à medida que você sobe de tom e mantendo a respiração regular. A laringe pode se mexer enquanto você canta, mas não deve subir.

Combinando Tonalidades

Você deve conhecer a expressão "ele não consegue segurar o tom" ou "ele é musicalmente surdo". Se qualquer uma das frases parecer familiar, tenho boa notícias. Você pode desenvolver sensibilidade musical, então você *pode*, sim, segurar o tom.

Ouvido absoluto

Ouvido absoluto quer dizer identificar e cantar uma nota sem ter que ouvi-la antes. Por exemplo, cantores com ouvido absoluto conseguem cantar um dó central sem precisar ouvi-lo antes. Eles também podem pegar uma peça musical que nunca ouviram antes e cantar todas as notas corretamente sem ter ouvido a nota inicial. Ouvido absoluto não se desenvolve — ou você nasce com ele ou não terá — e, mesmo que você o tenha, não cantará cada nota na afinação automaticamente. Ouvido relativo, no entanto, pode ser desenvolvido. O *ouvido relativo* tem a ver com a capacidade de deduzir uma nota e normalmente chegar bem perto de sua afinação exata. A maioria dos cantores desenvolve ouvido relativo cantando escalas ou mesmo uma música repetidamente. Eles normalmente começam na nota certa por saber qual é a sensação dela. O ouvido absoluto pode parecer legal, mas não é necessário para cantar bem.

Ser capaz de ouvir uma nota em sua cabeça ou vinda de uma fonte externa, tais como o rádio ou o piano, e em seguida cantá-la, chama-se *encaixar o tom*. O primeiro passo para fazê-lo é descobrir como ouvir o tom em sua cabeça para que possa encaixá-lo. O segundo passo é encaixar sua voz. Encaixar o tom é uma habilidade. Talvez não seja sua maior habilidade hoje, mas você pode melhorá-la com alguma prática. Usando minhas sugestões neste capítulo, você pode consegui-lo e se juntar à próxima rodinha de violão no acampamento.

Encaixar o tom pode ser complicado para você no começo. Se você nunca conseguiu fazê-lo, não conseguirá de uma hora para a outra, mas pode melhorar com um pouco de prática. Seja paciente e continue tentando!

Subindo e descendo em uma tonalidade

Subir e descer em uma tonalidade lhe dará a oportunidade de ouvir uma nota de uma fonte externa, como um piano, e depois cantá-la ou explorar sua tonalidade até conseguir encaixar. Fugir da nota certa permite que você ouça as vibrações de sua voz produzindo a nota errada e então se encaixando nela.

Com prática, você conseguirá encaixar qualquer tonalidade, mas comece pela região média de sua extensão vocal e comece a subir.

1. **Toque uma nota em qualquer instrumento.**
2. **Depois de tocá-la, sinta-a em seu corpo — imagine-se cantando a nota antes de fazê-lo de fato.**
3. **Toque a nota novamente e cante-a.**

    Se não tiver conseguido encaixar a tonalidade, suba e desça até conseguir. Você pode continuar tocando a nota no piano até conseguir.

Como você vai saber que encaixou? Você perceberá que as vibrações de sua voz e da nota têm som parecido. Os sons vão se juntar.

4. **Toque uma nota diferente.**
5. **Imagine-a e ouça-a em sua cabeça antes de cantá-la.**
6. **Agora a cante.**

Se você errar de novo, suba e desça até encaixar a tonalidade.

Se você tiver cantado a nota correta após um pouco de prática, muito bem. Toque a nota novamente. Agora, suba um pouco além da nota ou mais agudo, depois volte e encaixe novamente. Da próxima vez, tente descer além dela e subir de volta. Este exercício treina seu ouvido para ouvir as vibrações combinadas de sua voz e do instrumento.

Você também pode pedir para alguém cantar a nota e segurá-la para você. Ouça a pessoa cantar a nota por um instante e depois tente repeti-la. Certifique-se de que a nota não seja muito aguda; encaixar tonalidades que se aproximam com a região de sua fala é mais fácil do que fazê-lo com as que se encontram fora. Enquanto seu parceiro canta, tente explorar as proximidades da tonalidade até encontrá-la. Se ainda não tiver certeza, peça que ele lhe diga quando você acertar. Esse sistema de colaboração é bom porque seu companheiro pode monitorar seu tom. Quando estiver explorando uma tonalidade, encontre um parceiro do mesmo sexo: normalmente é mais fácil encaixar um tom dessa forma.

Faixa 3

Na Faixa 3, escute a nota tocada no piano e ouça a cantora subindo e descendo em sua tonalidade. Este exercício o ajudará a entender o que eu quero dizer com as vibrações de sua voz se encaixando na tonalidade correta. Você pode ouvir o conflito de sons quando a cantora está muito acima ou muito abaixo e também pode ouvir as vibrações semelhantes quando ela encaixa a nota.

Desenvolvendo a memória muscular

Para algumas pessoas existe um elo perdido entre ouvir a tonalidade e cantá-la. Todavia, desenvolver a chamada memória muscular pode juntar as coisas. *Memória muscular* refere-se a seu corpo lembrando-se como executar a tarefa — como andar de bicicleta ou digitar. No canto, sua voz se lembra da sensação que teve ao cantar uma certa nota ou exercício de forma que você retome aquela sensação da próxima vez que a cantar. Pratique o exercício a seguir para desenvolver a memória muscular para cantar uma tonalidade.

Capítulo 5: Afinando a Voz   67

1. **Encontre um lugar silencioso e dedique alguns momentos para ouvir sua música preferida em sua cabeça.**

2. **Leve um tempo e tente sentir essa tonalidade em seu corpo.**

   O que isso quer dizer? Se eu pedisse para você se imaginar falando, você sentiria ou imaginaria a sensação em seu corpo. Você ouve a sua voz falada em sua cabeça quando está treinando para contar aquela piada engraçada no jantar ou praticando seu discurso para uma premiação. Agora eu quero que você experimente a sensação de cantar o som que ouve em sua cabeça.

3. **Imagine-se cantando as notas da primeira linha para processar a mensagem que seu cérebro manda para as cordas vocais.**

4. **Cante algumas linhas da música.**

   Você se aproximou? Se você acertou parte da música, mas errou as notas agudas, tente cantar a música novamente em um tom mais baixo, que se adeque mais à sua voz.

   Se você cantou a maioria das notas corretamente, mas errou algumas, vá mais devagar. Leve mais tempo entre ouvir a tonalidade em sua cabeça e cantá-la. Você pode até cantar uma cantiga de roda que não seja tão complicada quanto sua música preferida.

Gravando sua própria voz e cantando junto

Outra forma de descobrir como encaixar uma tonalidade é gravar a si mesmo cantando junto com outra gravação. Este exercício lhe propiciará a oportunidade de comparar as notas que você canta com as notas que o cantor (ou cantora) gravado canta. Ouvir a si próprio cantando em uma gravação é diferente de se ouvir sozinho. Você pode ser mais objetivo e ouvir a diferença entre o que você cantou e o que estava na gravação original.

1. **Escolha sua música preferida e pegue um gravador.**

   Gravar com um gravador digital oferece uma melhor qualidade do que com um gravador de cassete.

2. **Comece a tocar a gravação ao mesmo tempo que começa a gravar.**

3. **Segure o gravador próximo de sua boca e cante junto com a música.**

   Cante pelo menos metade da música.

4. **Pare a música e a gravação.**

5. **Seja corajoso e toque sua gravação.**

    Você se aproximou da tonalidade? Alcançou a maioria das notas? Está tudo bem se errar as notas mais agudas por enquanto. Você pode ler mais sobre cantar notas agudas nos Capítulos 11 e 12.

    Se tiver errado a maioria das notas, volte e reveja os dois exercícios anteriores (das seções "Subindo e descendo em uma tonalidade" e "Desenvolvendo memória muscular").

É normal não gostar do que você ouve na gravação. Mas não desista ainda! Você vai se acostumar a ouvir sua voz gravada. Não é justo comparar sua voz com a do artista, porque ele provavelmente gastou milhares de reais com engenheiros de som para deixar sua sonoridade incrível.

Liberando a Tensão para uma Entonação Melhor

Cada vez que você cantar, fique consciente de como seu corpo se mexe para criar o som. Quando você cantar, seu corpo deve estar livre de tensão para que crie um som redondo e pleno. Por exemplo, se você estiver cantando e seu corpo estiver tenso e a garganta apertada, o som será apertado, fraco ou estridente. Não é isso que você quer.

Os exercícios a seguir nesta seção o ajudarão a descobrir como liberar a tensão do pescoço, mandíbula e língua para criar um som lindo. Mas, antes de tentá-los, deixe seu corpo todo alinhado revisando os exercícios no Capítulo 3.

Procurando tensão no pescoço ou na mandíbula

Manter o maxilar livre e a língua flexível é importante. Quanto mais tenso o maxilar, mais tenso o som — e quanto mais tensa sua língua, mais difícil fazer seu som ser entendido.

Tenha consciência da sua nuca e do maxilar para certificar-se de que estão flexíveis. Siga estes passos:

1. **Enquanto estiver se alinhando, observe o que sente na nuca.**

2. **Massageie a nuca para liberar qualquer tensão.**

    À medida que a tensão desaparece, observe como é fácil mexer a cabeça sem ela. Sinta como se sua cabeça estivesse flutuando sobre os ombros, como se seu pescoço fosse longo.

3. **Quando seu pescoço estiver livre de tensão, observe o que seu maxilar está fazendo.**

    A maioria das pessoas sem perceber retesam o maxilar. O estresse cotidiano pode fazer com que os dentes travem e o maxilar retese.

Capítulo 5: Afinando a Voz **69**

4. **Para liberar essa sensação de maxilar retesado, deixe-o solto, como se estivesse dormindo.**

Eu sei que você já viu alguém roncando com a boca escancarada, esperando algum inseto entrar nela. Permita-se explorar essa sensação de liberação e abertura no maxilar.

5. **Quando você sentir o movimento fluído, tente cantar algumas linhas da música.**

Combine a respiração e a postura corretas com o espaço aberto na boca e na garganta e um movimento fluído do pescoço e do maxilar. Nossa! É muita coisa para pensar, mas você consegue.

Movimentando a língua e o maxilar

Para criar um ótimo som, sua língua precisa estar tão solta quanto o resto do seu corpo enquanto você canta. A língua é um músculo enorme, e se estiver tensa ou encolhida no fundo da boca, bloqueará e espremerá o som, fazendo-o soar apertado. Sua língua deve ficar como um tapete — relativamente reta — em sua boca, menos quando você estiver produzindo sons de consoantes e vogais que exijam que ela se curve (você pode encontrar exercícios para cantar vogais no Capítulo 8 e para cantar consoantes no Capítulo 9).

Isolar o movimento da língua e do maxilar é importante porque você não precisa pressionar a língua para mover o maxilar ou mover o maxilar quando sua língua se mexer. A língua e o maxilar são membros de uma mesma equipe, mas não precisam jogar juntos. Você pode fazer o seguinte para garantir que a língua fique solta e trabalhando sozinha:

1. **Sem mexer o maxilar, diga "iuk".**

Dizer o *i* permite que você mexa a parte de trás de sua língua.

2. **Mais uma vez, sem mexer a mandíbula, diga "ia, ia, ia, ia, ia".**

Você observou como sua língua estava pulando?

3. **Faça esse movimento com a língua novamente e então deixe-a em repouso.**

Observe qual é a sensação na língua quando ela está em repouso em sua boca. Ela não fica tensa ou pressionada para cima ou para baixo. Ela apenas repousa em sua boca.

4. **Mexa seu maxilar para cima e para baixo e diga "iá, iá".**

Diga "iá, iá" várias vezes e deixe seu maxilar subir e descer enquanto o faz. Observe como ele fica no lugar depois que você fala as sílabas. O seu maxilar, assim como sua língua, deve ficar solto, pronto para se mexer a qualquer momento — mas não tenso.

70 Parte I: Explorando os Fundamentos do Canto

Use o modelo musical na Figura 5-1 para praticar o exercício a seguir (não se esqueça de alinhar seu corpo e ajustar a respiração):

1. Cante "iá" em cada nota para sentir o movimento de sua língua.

Por ora, não mexa seu maxilar. Use apenas a língua para cantar o "iá".

2. Depois de experimentar essa sensação, cante o modelo novamente, mas desta vez usando "ah", com sua língua repousada em sua boca.

Observe o quão solta sua língua consegue ficar quando você canta o som vocálico *ah*.

3. Cante o modelo novamente. Desta vez, solte seu maxilar e cante "iá-iá".

Permita que sua mandíbula se mova ao cantar. E ainda assim consegurá fazê-lo.

4. Cante o modelo novamente, usando *ah*, e deixe seu maxilar ficar imóvel.

Note que seu maxilar está solto e aberto.

Figura 5-1: Movimentando a língua e o maxilar.

1. la-ia-ia-ia-ia-ia-ia- ia
2. ah _____

Faixa 4

No exemplo musical da Figura 5-1, note como as sílabas estão divididas abaixo da nota. O *iá-ah* está escrito abaixo de cada nota, mas o ah tem uma linha à sua direita. Essa linha significa que você canta o "ah" e o segura por toda a duração do modelo. Você não precisa recomeçá-lo para cada nota. Pegue alguma música para ver como as sílabas são divididas em algumas palavras familiares. Entender esse processo o ajuda a dominar uma música nova, porque você pode adivinhar qual nota e qual sílaba devem ficar juntas.

Parte II
Aprimorando Seu Canto

A 5ª Onda Por Rich Tennant

"Essa é uma técnica que eu uso para ajudar as pessoas a alcançarem notas agudas."

Nesta parte...

O feijão com arroz da técnica encontram-se nesta parte. A entonação é uma parte importante, então você terá mais informações sobre como se manter no caminho tonal correto. Já que a ressonância parece ser um fenômeno mal compreendido, você poderá desbancar todos os mitos que ouve e descobrir a realidade. Mentes questionadoras querem saber, e tudo estará neste livro para que você se farte de conhecimento.

O grande trabalho nesta parte está centralizado em vogais e consoantes. Sua plateia não o entenderá se suas vogais e consoantes não forem claras. Os exercícios nesta parte darão forma às suas vogais e consoantes. Após ler alguns capítulos sobre técnicas, você precisa desenvolver uma rotina de prática para aprimorar sua própria técnica.

Capítulo 6

Conseguindo uma Entonação Bonita

Neste Capítulo

▶ Usando espaço e respiração para criar a entonação
▶ Mantendo uma linda entonação
▶ Descobrindo seu próprio vibrato

Para criar seus próprios sons lindos e trabalhados, você precisa criar espaço para o som ressoar e aplicar as técnicas de respiração que você pode aprender no Capítulo 4. Espaço e respiração são grandes parceiros na produção do som. Se você usar o espaço para cantar, mas não usar a respiração, o espaço vai se fechar. Então, pense nesses dois fatores como uma equipe e os mantenha trabalhando juntos. Este capítulo lhe dará todas as ferramentas de que você precisa para criar uma equipe com espaço e respiração enquanto produz entonação e vibrato lindos e sustentados. Veja o Capítulo 5 para mais informações sobre a entonação em diferentes estilos de canto.

Criando a Entonação

Quando canta, você deve criar sons que sejam claros e sonantes. Mas fazer um som claro exige prática e conhecimento técnico. Você deve saber como controlar seus músculos e o movimento do ar.

Você deve evitar produzir sons com ruído de respiração ou apertados:

✔ **Ruído de respiração:** Um som com ruído de respiração é difuso, disperso. Para ter uma ideia de como é o ruído de respiração, finja que você está contando um segredo a um amigo. O som difuso que você usa ao sussurrar não é claro nem sonante. Quando você canta produzindo ruídos de respiração, perde muito ar. É preciso muito mais ar para cantar com ruído de respiração do que para cantar com clareza.

✔ **Apertado:** Quando os seus músculos estão tão contraídos que "espremem" o ar para fora de você, o que se tem é um som apertado. Se você já ficou sem fôlego e continuou fazendo força ou se espremendo para cantar, você produziu um som apertado. Imagine usar esse tipo de som para cantar uma música inteira. Nossa, que cansativo!

Em vez disso, você deve soltar o ar (expirar) para criar um som livre, grande, vívido e aberto. Usar muita pressão física na garganta (que dá uma sensação de estar espremendo) cria um som apertado, constrito; não usar ar suficiente cria um som disperso e ruidoso. Você deve encontrar o meio-termo — um som que usa o ar e soa claro. Coordenando o fluxo de ar a partir das técnicas de respiração que você desenvolveu no Capítulo 4 e mantendo o espaço em sua garganta aberto, você pode controlar a qualidade do seu som.

Dando início à entonação

Abordagem da entonação quer dizer dar início a um som para cantar. Você pode fazê-lo de duas formas: com força física ou ar. Você deve utilizar um pouco de esforço físico para cantar, mas esse esforço deve-se à energia em movimento para coordenar os músculos da respiração. Quando os músculos da garganta se contraem deixando passar apenas um fluxo fraco de ar o resultado é muito esforço físico. Iniciando a entonação com um fluxo respiratório consistente e a garganta aberta, você cria um som de melhor qualidade. Dar início à entonação com ar aplica a mesma ideia da vibração labial (veja o Capítulo 4) ou da vibração de língua. Quando você dá início à vibração labial, o ar passa entre seus lábios, a pressão os une e eles vibram. Suas cordas vocais fazem o mesmo quando você inicia o tom coordenando um fluxo de ar consistente.

A forma mais fácil de iniciar uma entonação, *cantarolando*, envolve cantar ou produzi-la com os lábios fechados. Pense no cantarolar como um *M* prolongado. Experimente. Se não tiver certeza de que sua entonação foi clara, diga "a-ham" com a boca fechada — o som que você faz quando está lendo o jornal e alguém lhe faz uma pergunta. Diga "a-ham" novamente para ouvir e sentir a clareza, depois, use essa mesma sensação para cantarolar parte de uma música. A clareza do som que você usa para produzir o "a-ham" é diferente do sussurro para explorar um som ruidoso. Você pode sentir a diferença de vibração entre um som ruidoso e um claro. O som claro produz vibrações em sua garganta, boca e vias nasais. Você pode sentir as vibrações nas três áreas ou elas podem variar dependendo de quão agudo ou grave você está cantando ou falando. Lembre-se dessa sensação para que possa iniciar o tom com clareza cada vez que cantá-lo.

Quando você der início à entonação, não confie no som. O som pode ser diferente em cada ambiente, então, você deve confiar na sensação produzida, que deverá ser mais consistente em diferentes ambientes e dias que você canta. Veja o Capítulo 7, sobre ressonância, para mais informações sobre como projetar o som e como ele varia em diferentes ambientes.

Criando espaço posterior (back space)

Nos dias anteriores aos computadores, as pessoas normalmente usavam a expressão *back space* para se referir ao movimento de mover o carro de uma máquina de escrever um espaço para trás. No canto, *back space* refere-se a abrir espaço na parte posterior da boca e na garganta. Apenas abrir os dentes, ou a parte frontal de sua boca, vai somente exibir seus lindos marfins, mas não ajuda muito na sua afinação. Sim, você tem que abrir os dentes para criar espaço posterior suficiente, mas a grande abertura deve ser na parte posterior de sua boca e na garganta. Para que espaço e respiração trabalhem juntos, você deve abrir rapidamente e então respirar (veja o Capítulo 4 para mais informações sobre respiração).

Para criar a abertura necessária para uma boa entonação, faça de conta que você tem um ovo no fundo de sua boca. Você pode usar outras figuras, como uma bola de golfe, se não gostar de ovos. Compare a sensação do espaço quando estiver fechado e quando estiver com aquele ovo lá atrás de sua língua. Pratique abrir esse espaço rapidamente. Deixe que sua língua fique repousada, não pressionada para baixo.

Tente cantar uma parte de sua música preferida. Encontre aquela abertura do ovo imaginário em sua boca e comece a cantar com a garganta e a parte posterior de sua boca abertas. Lembre-se de encontrar a mesma clareza que encontrou ao cantarolar. Você pode comparar a mudança na sonoridade primeiro cantando com a garganta e a parte posterior da boca fechadas e depois com o espaço aberto. Se não estiver certo sobre a diferença no som, grave sua voz e a ouça.

As primeiras vezes que você abrir espaço no fundo de sua boca, a ressonância pode ser débil, como se o som estivesse preso no fundo de sua boca. Permita que o som seja débil enquanto você aprende a coordenar o espaço. Em algum momento, você conseguirá abrir espaço e projetar o som.

Coordenando ar e entonação

Quando estiver com espaço aberto, você deve coordenar a respiração com o som para cantar. O movimento do ar deve acontecer ao mesmo tempo em que o som começa.

Experimente estas três formas de coordenar respiração e som:

- ✓ **Assobio:** Assobiar exige que você mova o ar através dos seus lábios ao mesmo tempo que produz o som. Essa coordenação de respiração é semelhante a do canto. Assobie uma música ou assobie vendo uma pessoa atraente. Observe como seu corpo se mexe. Você não consegue assobiar sem utilizar ar, e o movimento do ar e o som acontecem simultaneamente.

- **Rir:** O riso acontece com a conexão do ar com o começo do som. Leve alguns minutos explorando aquela sensação de uma gargalhada. Deixe o som variar de tonalidade e mude para mais agudo e mais grave na duração da risada. Observe o movimento no seu corpo enquanto ri. Muito provavelmente, o movimento será exatamente como aquele que eu descrevi no Capítulo 4. Isso significa que seus *músculos abdominais* inferiores se contraem e seus músculos laterais se expandem enquanto você expira para produzir o som.

- **Brinque:** Faça de conta que você está em um parquinho, se divertindo muito no balanço ou no carrossel. As crianças normalmente exclamam "uuííííííííí" quando estão se divertindo com a velocidade. O "uuííííííí" pode começar em um tom agudo e gradualmente descer, ou você pode estender o som sem mudar o tom. Observe que essa exclamação é clara e que você se mantém respirando enquanto sustenta o som.

Após explorar essas três sugestões, tente cantar parte de uma música para observar o fluxo do ar quando você canta o tom inicial de cada frase. O ar deve se movimentar consistentemente durante todo o tempo em que você cantar e o espaço deve ficar sempre aberto.

Suspirando para alcançar a clareza

Alguns estilos musicais não exigem clareza na entonação, mas você só deve cantar ruidosamente por escolha, em vez de não saber cantar com clareza quando quiser fazê-lo. Suspirar o ajuda a focar em encontrar essa clareza de sonoridade. A ação permite produzir sons sem se preocupar com afinação precisa, o que você pode fazer neste exercício.

Comece o suspiro em um tom confortável e mantenha o som, à medida que desce para tons mais graves. O suspiro também pode ser chamado de sirene. Suspire, ou faça a sirene, como se o som estivesse subindo e descendo um prédio de três andares. Se seu suspiro for claro, continue sua exploração e passe para tons mais agudos. Se não for, tente produzir um suspiro mais enérgico. Acrescentar mais energia ao suspiro significa conectar o seu corpo a essa ação. Utilize todo o seu corpo para suspirar. Mova-o de tal forma (inclinando, curvando-se, esticando-se) que você sinta como se todo ele estivesse se expandindo e suspirando. Usar essa aplicação de energia quando canta também ajuda a encontrar clareza no som. Sua respiração está fluindo para completar um movimento físico específico, o que ajuda na abordagem da tonalidade. Encher um ambiente com um som claro é mais fácil do que enchê-lo com um som disperso. Sem um microfone, você precisa de um som claro para ser ouvido ao cantar.

Cantores mais jovens normalmente têm uma sonoridade ruidosa, causada pela falta de coordenação. Para criar um som claro, você precisa usar a técnica correta sem acrescentar pressão. Para fazer isso é preciso preparar a respiração e então somar a energia que eu acabei de descrever. Se você tiver uma sonoridade ruidosa, pratique suas técnicas de respiração (veja o Capítulo 4) para entender melhor o movimento em seu corpo. Depois de aprimorar suas técnicas respiratórias, foque-se na produção do som. Sua entonação pode também continuar mudando, à medida que você amadurece, o que é normal. Apenas lembre-se de qual é a sensação de uma boa técnica e continue trabalhando para torná-la um hábito em seu corpo.

Se você não estiver certo de que seu som está claro, grave sua sessão de prática e imite o tom disperso da Marilyn Monroe cantando "Happy Birthday, Mr. President"; então, imite Pavarotti para encontrar os tons claros. O objetivo é descobrir qual é a sua sonoridade e saber quando um som claro é apropriado. Você pode usar um canto com sons de respiração se desejar esse estilo e som. Norah Jones canta com sons da respiração, mas ela é um exemplo de alguém que o faz de propósito para cantar pop e jazz.

Interrompendo o Som

Interromper o som não parece ter a mesma importância que cantá-lo. Você canta um som e então o libera ou para de cantar. Cantar exige que a respiração deixe seu corpo (expiração) e liberar o som apenas exige que você inspire. Parece fácil, não? Pratique os dois exercícios a seguir algumas vezes para sentir isso em seu corpo. No calor da apresentação, seu corpo deve se lembrar de como se livrar do som para que você possa tomar ar rapidamente na próxima respiração.

Inspirando para interromper o som

Uma forma fácil de interromper o som é inspirando. Cante o som vocálico *ah* e, quando estiver pronto para interromper o som, apenas inspire. Nas primeiras vezes que você tentar pode parecer esquisito. Você pode achar que não fez certo, porque foi fácil demais. Pratique cantar o *ah* várias vezes seguidas: *ah*, inspire, *ah*, inspire, *ah*, inspire. Embora esse exercício possa deixá-lo momentaneamente parecendo mais um gato no cio que um cantor, ele lhe permite saber que cantar é expirar, liberar a nota é inspirar e que a respiração está sempre em movimento, seja inspirando ou expirando. Lembre-se de que quando você inspira, deve soltar os músculos da garganta. Se mantiver os músculos contraídos, você arfará, porque o ar vai estar tentando passar por um espaço apertado.

Liberando a garganta

Após explorar a inspiração para interromper o som, tente liberar a garganta e soltar os músculos dessa região. Você ainda pode ter ar suficiente para continuar cantando, mas deve parar o som se estiver no fim de uma música ou de uma frase. Apenas pense em liberar sua garganta, fazendo o mesmo com os músculos. Você pode acabar inspirando, mas não precisa se preocupar com essa ação, porque seu corpo cuida disso. Quando eu era uma jovem cantora, tinha medo de cantar em tons mais agudo porque não sabia como pará-los sem me engasgar com a consoante. Pense na interrupção como uma libertação do som ou da consoante, e não se preocupe em pará-lo.

Sustentando o Som

Sustentar o som é obrigatório no canto. Você já perdeu o fôlego antes do fim de uma frase da música e teve que "roubar" um pouquinho de ar? Isso é permitido quando você estiver cantando, mas deve ser feito por escolha própria, não por necessidade. Entre as vezes que você ficou sem fôlego, pode até ter tido que dar uma pausa no meio de uma palavra. Nossa! Isso não é um crime grave, mas você chegou ao lugar certo para encontrar algumas dicas sobre como aplicar suas técnicas de respiração para sustentar o som.

Ligando os pontos com o legato

Aqueles sons lindos que os profissionais cantam sem nenhum esforço são possíveis porque eles sabem como ligar as notas de uma música. Cantores às vezes cantam uma melodia executando uma nota por vez, não como uma linha ou frase contínua. Para fazer o *legato* (suave e conectado), pense nas notas como se não existisse espaço entre elas. O som precisa fluir de uma nota para outra, e a sensação na garganta deve ser de um som contínuo mesmo quando se muda de tonalidade. Cantar uma longa frase é possível devido ao controle de respiração. Se você não tiver lido o Capítulo 4, sobre controle respiratório, faça-o agora para que consiga aplicar as técnicas enquanto tenta cantar linhas com legato.

Enquanto estiver cantando o modelo da Figura 6-1, foque em produzir o legato e concentre-se nas conexões entre notas. Encontre seu alinhamento, pratique a respiração algumas vezes, abra o espaço posterior e comece. Deixe que seu corpo se abra, à medida que inspira e que retorne à posição original de forma regular enquanto canta.

Figura 6-1: Criando uma linha de legato

Vibrando os lábios ou a língua

A vibração labial é um exercício que explico no Capítulo 4. Desta vez, você fará a vibração labial em um modelo musical mais longo e lento. O propósito dessa técnica é monitorar o fluxo de ar — você não pode continuar com a vibração labial sem o ar fluindo. Ao fazer o modelo mais longo, você tem a oportunidade de sustentar o som por mais tempo. Se você achar que a vibração labial é demais para você, sinta-se à vontade para usar a vibração de língua. O princípio é o mesmo: vibrar a língua, mas manter um fluxo de ar consistente. Nesse modelo, você deve monitorar como seu corpo se movimenta enquanto vibra — movendo gradualmente. Revise os exercícios no Capítulo 4 para ver dicas sobre como controlar a expiração.

Foque em criar uma linha de legato enquanto canta o modelo na Figura 6-2. Encontre seu alinhamento, prepare a respiração e comece.

Figura 6-2: Vibração com uma linha longa de legato.
1. Vibração labial: br _____
2. Vibração de língua: tr _____

Exercitando o controle da respiração

O modelo na Figura 6-3 lhe dá a oportunidade de cantar e juntar tudo que sabe. Ao invés de propor tocar o exercício rapidamente, diminui sua velocidade para torná-lo mais difícil, de forma que você realmente trabalhe a respiração. Pense em todas as técnicas que você pode aplicar (usar uma ótima postura, abrir espaço na garganta e na boca e tomar fôlego) para estar pronto para usar tudo quando cantar esse modelo.

O modelo na Figura 6-3 é tocado lentamente para permitir que você prolongue sua respiração e cante linhas longas de legato. Você terá tempo entre cada repetição para tomar fôlego. Lembre-se de encontrar o alinhamento, abrir o espaço posterior, permitir que o ar entre em seu corpo a cada vez e manter o peito imóvel no decorrer do modelo. Você pode revisar os exercícios de controle da respiração no final do Capítulo 4, se tiver problemas com esse modelo.

Figura 6-3: Controlando frases longas.
1. oh _____
2. ah _____

Encontrando Seu Vibrato

Vibrato, a variação de uma nota ou tonalidade sustentada, é uma das diferenças entre cantores e estilos musicais — quanto vibrato é usado e se é usado o tempo inteiro. A taxa normal de um vibrato é de cinco a oito pulsações ou flutuações em uma tonalidade por segundo.

O vibrato pode ser rápido ou lento, dependendo do cantor. Um vibrato muito lento às vezes é chamado de *wobble*, que normalmente é criado por falta de coordenação da respiração. O vibrato muito rápido é chamado de *tremolo* e normalmente resulta de muita tensão em alguma parte da região da garganta ou do pescoço. Continue lendo para descobrir quais exercícios podem ajudá-lo a encontrar o seu vibrato e conhecer a diferença entre *entonação natural* (sem variação na nota) e vibrato.

Quando você canta, uma opção é usar uma entonação natural, sem vibrato ou variação no tom. Você pode usá-la quando cantar vários estilos de música, mas isso deve ser uma escolha, porque é um som diferente. Saber como mudar de entonação natural para vibrato é importante para acrescentar variedade à sua voz. Jovens cantores do sexo masculino (antes de chegar à puberdade) não possuem vibrato, mas quase todas as outras pessoas o têm ou podem consegui-lo.

Uma forma de entender o vibrato é ouvindo outros cantores, especialmente clássicos. Quase todos os cantores clássicos têm vibrato. Ouça as notas enquanto eles as sustentam para ouvir a variação na sonoridade. Após passar algum tempo ouvindo outros, grave a si próprio cantando uma música que possua notas sustentadas. Escute sua gravação. Observe as variações em sua sonoridade enquanto sustenta as notas. Você pode descobrir que sempre teve vibrato mas não sabia ou não sabia como se chamava.

Passando de entonação natural para vibrato

Quando cantar, você pode escolher entre criar uma sonoridade com variações nas notas (vibrato) ou não (entonação natural). Não há absolutamente nada de errado com cantar de forma natural, desde que seja sua escolha. Pode ser que o diretor de seu coro tenha pedido para que você cante assim, quando estiver executando alguns estilos de música (veja o próximo box cinza, "Vibrato em diferentes estilos", para mais informações). Muitas pessoas cantam com entonação natural porque têm muita tensão em seu pescoço ou garganta. Você não precisa contrair a garganta para criar uma entonação natural — na verdade, é o contrário. Você precisa manter a garganta aberta para o som com ou sem vibrato.

Vibrato em diferentes estilos

Cantores clássicos usam vibrato em notas sustentadas, exceto em algumas músicas contemporâneas ou modernas e música clássica antiga. Para esse material, eles usam entonação natural ou vibrato.

Cantores de musicais usam tanto vibrato quanto entonação natural. O vibrato é normalmente usado em musicais mais antigos e a entonação natural, em materiais mais contemporâneos. Cantores de musicais normalmente começam a nota com entonação natural e depois utilizam vibrato.

Cantores de folk tendem a usar entonações naturais e um pouco de vibrato. A taxa ou variações na nota durante o vibrato não é tão drástica em um cantor de folk quanto é em um cantor clássico. Se você pensar no vibrato como um ornamento do canto, então o cantor clássico usa um monte de vibrato para ornamentar o material e o cantor de folk usa só um pouco.

Cantores de rock, pop, country e R&B frequentemente usam entonações naturais e um pouco de vibrato em notas sustentadas. Uma vez que esses estilos têm menos notas sustentadas do que o clássico, os cantores têm menos oportunidades de usar o vibrato. Logo, ele não é considerado uma característica desses estilos. Isso não quer dizer que os artistas não o utilizam, mas o fazem bem menos do que cantores clássicos. O artista cantando o estilo musical pode ter que ajustar o uso do vibrato, quando estiver executando diferentes tipos de material, já que alguns transitam entre estilos de música.

FAIXA 8

Na Faixa 8, ouça a cantora demonstrar uma entonação natural e vibrato, ouça-a também mudar de entonação natural para vibrato. Depois tente fazê-lo. Cante uma nota com vibrato e depois sem. Agora tente começar a nota sem vibrato e depois passe a fazê-lo. À medida que o vibrato começa, você sente algo se liberando e o movimento desse som se inicia. A diferença não é grande, mas sutil. Tente fazer isso várias vezes seguidas para sentir a diferença. Se ainda não tiver certeza de que tipo de som está produzindo, tente gemer, o que é normalmente feito com uma entonação natural. Ouça o som que você produziu enquanto "gemia" a parte de uma música, depois cante de verdade.

Imitando o vibrato de outro cantor

Cantores que têm boa coordenação de respiração e abrem espaço normalmente possuem vibrato. Pense em um cantor (provavelmente alguém que você ouviu cantando ópera ou música clássica) que produz um som volumoso quando canta. Agora imite esse cantor.

Encontre um lugar silencioso onde você possa cantar alto. Ouça a voz do cantor em sua cabeça e então, imite-o. Se ajudar, abra bem seus braços, segure uma toalha ou fique em cima de uma cadeira para se sentir enorme. Imitar alguém com boa técnica não vai danificar sua voz. Pode descobrir que você mesmo consegue fazer sons grandiosos.

Se você imitar um cantor com vibrato, provavelmente conseguirá descobrir como imitar o vibrato também. Quando o fizer, continue a explorar esse som e observe como sua voz soa. Você também pode gravar a si mesmo só para provar que fez aquele som tão glorioso.

Se você não encontrou um som diferente, imite um cantor diferente. Desta vez escolha um cantor de ópera grandioso. Seja pretensioso e finja que foi chamado para cantar porque a estrela está doente. Faça de conta e cante algumas músicas daquele cantor — se quiser, até invente as letras.

A chave para cantar com vibrato é fazer o som acontecer naturalmente — não force. Explore diferentes tipos de sons e trabalhe com o espaço e a respiração para encontrar o vibrato.

Você pode se sentir tentado a criar o vibrato tremendo a barriga ou laringe — mas não faça isso. Tremer sua barriga ou laringe não produz um vibrato consistentemente; em vez de forçá-lo, deixe o vibrato surgir mantendo um fluxo contínuo de ar, como fez nos exercícios do Capítulo 4. Escancare e aproveite o vibrato!

Capítulo 7

Explorando a Ressonância

Neste Capítulo

▶ Separando verdade de ficção

▶ Projetando seu som para ser ouvido pelo público

▶ Entendendo o que não é a ressonância

▶ Movendo o palato mole para alcançar a melhor ressonância

Como é que aqueles cantores projetam tanto som sem microfones? Eles se aproveitam da ressonância, as vibrações que criam o som. A ressonância é a mágica gloriosa que permite a um cantor preencher uma câmara com som sem amplificação eletrônica. Criar o som é o primeiro passo no processo do canto (veja o Capítulo 5 para mais informações sobre como criar o som). O próximo passo é refinar seu som de acordo com estilo de música que você quer cantar. Continue lendo para descobrir que tipo de ressonância é desejável em diferentes estilos musicais, como clássico, pop rock, country e jazz, entre outros.

O som vibra em pequenas câmaras, e você precisa tirar proveito destas, chamadas *ressonadores* — sua garganta, boca e vias nasais. O Capítulo 6 trata de como abrir espaço na garganta e na boca para aproveitar melhor os ressonadores. E levantando o palato mole você ajusta a ressonância na garganta e nas vias nasais (para saber mais sobre seu palato mole, veja a seção "Eliminando a Nasalidade", posteriormente neste capítulo).

Neste capítulo você explorará os sons e a sensação da ressonância para descobrir onde o som pode ressoar em seu corpo.

Boas Vibrações

A *ressonância* acontece quando vibrações criam o som através e dentro da boca, da garganta e das vias nasais. Sons volumosos e cheios são desejáveis em alguns tipos de música, mas inapropriados em outros. Continue lendo para descobrir o que é usual em seu estilo musical preferido.

Coral: Se você for cantor de coral, precisa de ressonância para que possa ser ouvido ao cantar solo. Use menos ressonância quando precisar cantar junto com outros cantores.

Música clássica: Um som muito cheio e ressonante é desejável na música clássica, especialmente óperas. Cantores clássicos tentam gerar o máximo de ressonância possível para preencher as grandes salas de concerto quando cantam ópera. Para criar esses sons cheios e ressonantes, você precisa abrir muito espaço em sua garganta e na parte posterior de sua boca com o intuito de permitir que o som ressoe. Uma boa coordenação de respiração e formas e sons precisos de vogais aprimoram mais a ressonância (veja o Capítulo 8 para se informar sobre as vogais e o Capítulo 4 para respiração). Para música clássica mais antiga, a ressonância deve ser levemente menor do que a exigida para as óperas mais modernas, de Puccini, Verdi ou Strauss.

Música country: Hoje em dia a música country é bem semelhante à pop. Cantores de country são ótimos contadores de história e frequentemente escrevem músicas que se aproximam muito da fala. Eles usam ressonância da mesma forma que o fariam ao falar — em um tom semelhante ao de uma conversa. Cantores antigos de country usavam bastante *twang* — uma ressonância nasalizada semelhante às suas vozes faladas.

Jazz: Cantores de jazz quase sempre usam um microfone e cantam com instrumentos. Quando se usa microfone, não é necessário se esforçar muito para gerar ressonância a fim de projetar a voz até o fundo do local da apresentação. É preciso saber como criar uma sonoridade clara (veja os Capítulos 5 e 6 sobre sonoridade) e ressonância ao menos o suficiente para que o microfone capte a voz.

Musical: Para este estilo de canto, você deve criar ressonância, mas não tanta quanto a exigida para a música clássica. Cantores de musicais normalmente usam microfones nas produções, então o engenheiro de som é o grande responsável por fazer sua voz alcançar o fundo do teatro. Se você criar ressonância demais, soará como um cantor clássico tentando cantar em um musical. Alguns papéis de musicais exigem um som cheio e ressonante, mas é a música clássica que exige o máximo de ressonância. No musical, você deve saber como abrir o máximo de espaço para gerar ressonância quando canta material mais legítimo (*The Light in the Piazza*, *Phantom* de Maury Yeston; ou os musicais de Rodgers e Hammerstein, como *South Pacific* ou *The King and I (O Rei e Eu)* e, depois, como ajustar o espaço e a ressonância para musicais contemporâneos com mais diálogos (como *In the Heights*, *Memphis* ou *Spring Awakening*).

Pop rock e R&B: Esses estilos de canto exigem principalmente uma ressonância mais frontal e nasal. Você deve evitar espremer o espaço na garganta e na boca, mas também não precisa ficar completamente aberto como cantores de clássico fazem. O espaço pode não ficar tão aberto, mas deve estar livre de tensão. Cantores de pop rock e R&B também usam microfone. Se sua sonoridade não possuir ressonância, será mais difícil para o microfone captar sua voz e projetá-la sobre os instrumentos. Você deve ter ressonância suficiente para cantar o estilo de música, mas não tanto quanto os cantores clássicos precisam.

Ressonância: Do choro ao crooning

Ouvir música popular no rádio lhe dá a oportunidade de escutar diferentes tipos de ressonância. Cantores de pop e country usam muito mais *twang* — aquele som que se assemelha a um choro ou gemido. A ressonância não se produz com uma garganta muito aberta e a laringe baixa, mas, ainda assim, pode ser um som agradável. Outros cantores, como Sinatra, são chamados de crooners. O crooning é como um canto preguiçoso — por exemplo, Sinatra sempre tinha um microfone à sua frente e não se preocupava em projetar sua voz até o fundo do teatro. Os cantores clássicos mantêm a laringe mais baixa e precisam usar tons mais ressonantes e brilhantes, porque não têm microfone no palco. Veja o Capítulo 5 para saber como encontrar e posicionar sua laringe. Algumas companhias de ópera amplificam seus cantores, mas não é uma prática comum.

Quando ouvir seus cantores preferidos, observe a diferença no som e pense no que você deve fazer para imitar esses sons. Você provavelmente terá que mudar o espaço em sua garganta e na boca, além disso, algumas vezes, até mudar a posição da laringe. Divirta-se explorando esses sons enquanto descobre os segredos da ressonância. Experimentando todos os ressonadores, você pode adquirir uma sonoridade ressonante mais equilibrada para sua voz de canto. Se quiser algumas ideias de quem imitar, tente ouvir esses pares de cantores para escutar diferenças drásticas de ressonância: Loretta Lynn e Leontyne Price, Gracie Allen e Kathleen Turner, Steve Urkel (Jaleel White) e James Earl Jones ou Marlon Brando e John Wayne.

Na gravação de artista, gasta-se muito dinheiro alterando os sons no estúdio. Nesse local, é possível gravar até conseguir um som perfeito ou o engenheiro de som pode juntar diferentes segmentos que estejam ótimos. Um concerto ao vivo exige que você acerte de primeira. É preciso uma técnica ótima para que você confie em sua voz sob pressão. Vá a apresentações ao vivo para ouvir a diferença nos sons — mesmo os melhores artistas não são perfeitos.

Explorando seus ressonadores

Quando se canta, deve-se abrir espaço na garganta e na boca para gerar som em todos os ressonadores (boca, garganta e vias nasais). Abrir espaço permite que o som reverbere nele, mas o som precisa ser projetado para que todos possam ouvi-lo. De outra forma, você só estaria apresentando um show privado dentro de sua cabeça. Projetar o som significa se aproveitar dos ressonadores e permitir que o som reverbere em cada um deles enquanto você intencionalmente impele o som para a frente na sala.

Tente impelir o som para a frente imaginando-o saindo de você em direção à sala. Alguns cantores intencionalmente imaginam-se engolindo o som

Parte II: Aprimorando Seu Canto

para entender o movimento oposto, o de projetá-lo. Quando você tiver essa sensação, poderá comparar com o que sente ao imaginar o som se projetando no ambiente. Leia a seção "Deixe soar" para explorar a sensação do som se projetando. Saber como acessar toda essa ressonância pode ajudá-lo a preencher toda uma sala de concerto, ao invés de preencher só seu carro, com uma ótima sonoridade.

Continue lendo para ter mais informações sobre ressonância nas vias nasais, que você sente como uma vibração no rosto. Você pode conferir a informação no Capítulo 6, sobre como abrir a garganta, o que ajuda a criar um som ressonante em sua garganta e na boca. Leia o Capítulo 8 para saber como produzir vogais igualmente ressonantes e fazer com que sua voz seja ouvida no fundo da sala de concerto.

Deixe soar

Engolir vogais reverte o som — é o contrário de projetá-lo para alcançar a ressonância desejada. Para criar sons ressonantes que reverberem por todo o ambiente, permita que o som e a sensação de ressonância se projetem. Siga estes passos:

1. **Sustente a consoante *M*.**

   Observe a sensação de vibração em seus lábios e pelo rosto.

2. **Sustente a consoante *M* novamente por alguns momentos e então sustente a vogal *ii*.**

   Soará como "MMMMMMMiiiiiiiiii".

3. **Agora cante o mesmo "MMMMMMiiiiiiiiii".**

   Observe se o *ii* vibra ou ressoa na mesma região que o *M*. A maioria das pessoas diz que sustentar o *M* cria vibrações em volta dos lábios e na frente do rosto, então, procure essa mesma sensação quando produzir a vogal *ii*.

4. **Quando o *M-ii* estiver fácil e você tiver explorado as sensações da vibração em ambos os sons, tente *M-uu*, *M-oh* e *M-ah*.**

   O *M-ah* pode ser mais difícil de sentir, mas tente cantar o *ah* e mantenha a mesma vibração encontrada no *M-ii*.

5. **Quando ficar fácil, transite entre consoantes e vogais, cantando palavras como *menu* e *momo*.**

   Mantenha a mesma sensação de vibração da ressonância a cada vez que for da consoante para a vogal.

Eliminando a Nasalidade

O *palato mole* é o tecido do céu da boca. Saber onde ele se encontra e como movê-lo pode ajudá-lo a produzir sons ressonantes. Um palato mole que se eleva criará o som reverberante que você deseja. Se ele não o fizer, o som será anasalado. Exercite seu palato mole para que ele se levante a um comando e evite o som anasalado.

Para verificar o som anasalado, cante parte de sua música preferida tapando o nariz. Se você tiver um som equilibrado e ressonante, seu som não mudará e você poderá cantar com êxito enquanto tapa o nariz. Se o som mudar, você provavelmente tem uma sonoridade anasalada.

Sentindo o palato mole

Ver o seu palato mole em ação o ajuda a visualizá-lo trabalhando corretamente. Mas antes de fazer isso, você precisa descobrir onde ele se encontra em sua boca.

Passe sua língua na parte de trás de seus dentes e no céu da boca. Você sentirá uma protuberância logo acima de sua gengiva, depois o palato duro e o tecido mais macio na parte de trás. Aquele tecido macio é o palato mole.

Para ver seu palato mole se mexendo, siga estes passos:

1. **Direcione uma lanterna para dentro de sua boca em frente a um espelho.**
2. **Boceje para ver o palato mole levantar.**
3. **Diga "rá" ou "iúg" para ver o palato mole e a língua se tocarem.**

Se não estiver certo da sensação do palato mole mexendo, então eu lhe dou permissão para tirar uma soneca e roncar — só não use isto como desculpa para seu hábito de roncar à noite. Roncar ajuda a sentir o palato mole se mexendo.

Para sentir o palato mole, finja que está roncando durante o sono. Ronque com a boca aberta e respire pelo nariz. Se isso só fizer seu nariz tremer, ponha os dedos lá e feche suas narinas. Quando fechar as narinas, tente roncar novamente respirando pela boca. Aquele tremor que você sente é seu palato mole se mexendo.

Ao praticar os exercícios desta seção, mantenha em mente a sensação que teve e como seu palato mole ficou quando levantado e ao sentir a língua tocá-lo. Esses movimentos, quando coordenados, evitarão que seu som seja muito anasalado.

Parte II: Aprimorando Seu Canto

Coordenando o palato mole com a língua

Quando você souber onde fica o seu palato mole e a sensação de quando ele se mexe, precisará descobrir como coordenar seu movimento com sua língua. Saber como mexer o palato mole é importante para falar e cantar, já que ele deve levantar para se obter um som ressonante. Se ele não levantar, você produzirá um som com muita ressonância no nariz, ou um "som anasalado", como já deve ter ouvido alguém falar. Para fazer um som ressonante, explore os exercícios a seguir a fim de ajudá-lo a sentir o movimento da língua e do palato mole nas palavras. Depois você pode aplicar o mesmo conhecimento para cantar. Quando precisar cantar uma consoante que exige que o palato mole se mexa, mova a língua junto com ele até que se toquem e então levante o palato mole, repousando a língua.

No Capítulo 9 você poderá explorar as consoantes. Para se preparar para alguns dos movimentos que precisará fazer com a boca, você deve ser capaz de mexer sua língua para tocar o palato mole e depois retorná-la à posição de repouso. Para sentir como a parte de trás de sua língua levanta para encontrar o palato mole e depois como ela volta a repousar, faça o seguinte:

1. **Levante e abaixe o palato mole.**

   Fique na frente de um espelho e direcione a luz de uma lanterna para o fundo de sua boca. Localize o palato mole e tente mexê-lo. Se não estiver certo de como fazê-lo, diga "han-ha" e veja-o juntar-se à língua e depois se separar. Diga "han-ha" mais algumas vezes até conseguir sentir os músculos que movem o palato mole. Tente levantá-lo e depois solte-o. Se, ainda assim, ele não se mexer, boceje. O palato mole levanta no início de um bocejo. E a língua normalmente desce. A língua não deve ficar pressionada para baixo como acontece no final do bocejo. Ela deve ficar repousada enquanto o palato mole levanta.

2. **Levante o palato mole e o mantenha assim contando até quatro.**

   Revise o passo anterior para descobrir como levantar o palato mole. Quando conseguir executar esse movimento, faça-o e pratique mantê-lo erguido contando até quatro. Solte-o e depois levante-o novamente contando até quatro. Manter o palato mole levantado é o que você deve fazer quando cantar ou falar. Fazer isso mantém a ressonância correta, já que baixá-lo torna o som anasalado.

3. **Mexa a língua para cima e para baixo.**

   Diga "Han-ha" novamente e observe a parte de trás de sua língua levantar. Veja se consegue levantar e abaixar a parte de trás da língua, como acontece ao falar repetidamente o som de *K*. Pratique levantar e abaixar a parte de trás da língua até ficar seguro de como fazê-lo.

4. **Separe a língua do palato mole.**

   Levante o palato mole e repouse a língua. Não pressione a língua para baixo, apenas repouse-a de forma que haja espaço na boca, ou uma distância entre o palato mole e a língua. É essa abertura que você deve sentir ao inspirar quando cantar.

Movendo o ar pelo nariz

Ressonância nasal é diferente de som anasalado. A *ressonância nasal* envolve aproveitar o som que ressoa nas vias nasais. Se todo o som ressoar em suas vias nasais, o som será nasal ou muito anasalado. O ar não deve sair por seu nariz, a menos que você esteja cantarolando ou no tempo necessário para produzir uma consoante nasal (*M, N*). Para ajudá-lo a sentir os sons da ressonância nasal e o ar saindo de seu nariz, tente o seguinte exercício:

1. **Cantarole (com a boca fechada) alguns compassos de uma música e sinta as vibrações em volta de seus lábios.**

   Cantarolar é prolongar a consoante *M*. Você deverá sentir a vibração ou ressonância dessa consoante em suas vias nasais.

2. **Tente cantarolar (com a boca fechada) enquanto tapa o nariz.**

   Não dá certo, dá? Quando você fecha a boca e tapa o nariz, o ar não tem por onde sair.

3. **Cantarole novamente sem tapar o nariz.**

   Observe o fluxo de ar saindo de seu nariz. Essa rota de saída funciona bem quando você está cantando, desde que você só deixe o som sair quando estiver pronunciando consoantes nasais, como *M* e *N*. Quando o palato mole volta a levantar, o ar escapa por sua boca, criando um som ressonante mais equilibrado.

Quando você abre sua boca para produzir uma vogal, o ar deve sair por sua boca. Caso contrário, o som será anasalado. Lembre-se de que o ar pode sair de seu nariz quando estiver cantando consoantes nasais, mas não enquanto estiver cantando sons vocálicos. Se isso acontecer, você criará um som anasalado indesejável, o que não aproveita todos os ressonadores. Veja o Capítulo 4, sobre respiração, para obter ajuda sobre como coordenar seu corpo em sons sustentados.

Desfazendo Enganos Comuns

Agora que você entende o que é a ressonância, também é importante saber o que ela não é. Mitos e enganos sobre a ressonância são abundantes, e todos têm a ver com o que é — e o que não é — um ressonador.

Se você acreditar nesses mitos, o som de sua voz pode não ser tão bom quanto é possível.

Engano: O som ressoa em suas fossas nasais

Às vezes, um professor de canto diz, "deixe o som ressoar em suas fossas nasais". A imagem é boa, mas o som não ressoa em suas fossas nasais, embora você sinta as vibrações em seu rosto. O som pode ressoar nas vias nasais, mas não nas fossas nasais. Você sente *vibrações simpáticas*, também conhecidas como *ressonância simpática*. O que o professor está tentando levá-lo a fazer é explorar as vibrações do som em seu rosto — ou na máscara, como alguns professores gostam de chamar.

Sua *máscara* é a parte anterior de seu rosto. Pense nos ossos e na pele de seu rosto como uma máscara sobre um outro rosto. Você pode sentir o som vibrando freneticamente se tiver algum objeto metálico na frente do rosto.

Não há necessidade de corrigir alguém que diga: "Deixe o som ressoar em suas fossas nasais." Apenas continue explorando a ressonância simpática, e todo mundo sai ganhando.

Engano: Todo som é produzido no mesmo lugar

A palavra *lugar* é enganadora. Você pode visualizar e sentir, mas não pode literalmente produzir um som em qualquer *lugar*. *Lugar* é uma palavra comum que professores de canto usam, e isso não é de todo ruim. O que eles realmente querem é que você explore as sensações e obtenha o máximo possível de sons ressonantes de sua voz. Eles podem lhe dizer para focar o som a fim de conseguir o máximo de ressonância. Pense em como você foca a luz de uma lanterna para obter um feixe de luz forte e claro. Continue focando seu som, e saiba que focar é normalmente chamado de *impostar* ou *impostação*. Lembre-se de que essas imagens podem ajudá-lo a adquirir o som que está tentando produzir.

Outra coisa confusa é o fato de que você não sente cada sonoridade no mesmo local. Mais uma vez, você pode focar e senti-la no mesmo local. Você

Capítulo 7: Explorando a Ressonância **91**

provavelmente sente as vibrações da voz de cabeça mais na cabeça ou em seu topo e sente a voz de peito no peito. Sentir os sons da voz de peito na cabeça é muito mais difícil, assim, "colocar os sons em seus lugares exatos" é difícil. Trabalhe para encontrar brilho e foco em todos os sons e então se lembre dessa sensação, não importa onde ela aconteça.

Algum tempo atrás, trabalhei com um diretor maravilhoso, que ficava me pedindo para colocar o som fora de meus lábios. Quando ele finalmente disse, "É isso aí; esse é o lugar", não senti o som nem perto de meus lábios. Percebi que eu tinha que encontrar o som certo, notar onde eu o sentia e lembrar qual era a sensação. Lembre-se de que cada corpo é diferente. Pode ser que você não sinta uma vibração onde eu a sinto. Trabalhe para adquirir qualidade tonal e lembre-se de que a vibração que você sente é resultado disso.

Engano: Você deve sempre manter a língua completamente reta

A língua precisa se mexer para modelar os sons vocálicos ou consonantais, então, ela não pode ficar em repouso o tempo inteiro. Liberar a tensão da língua é diferente de mantê-la abaixada. Você pode ler sobre como liberar a tensão na língua no Capítulo 4. Após liberar a tensão, você pode mexer a língua para modelar os sons vocálicos e consonantais sem a pressioná-la para cima ou para baixo. Como você pode ler no Capítulo 8, sua língua se curva para produzir algumas vogais. Algumas vezes essa curvatura se dá na frente da língua; em outras, atrás. Se você estiver tentando manter a língua abaixada o tempo todo, pode acabar produzindo vogais abafadas. Permitir sua língua fazer seu trabalho quando for a hora de fazê-lo é mais fácil.

Engano: Você precisa abrir a boca o máximo possível

Abrir a boca para cantar é bom. Abrir o espaço no fundo da boca é excelente. Abrir demais a boca, contudo, não é bom, porque o som se espalha. Afastar demais o queixo na verdade fecha o espaço posterior. Veja o Capítulo 4 para ter uma explicação sobre como abrir a mandíbula. Para encontrar o espaço certo, ponha os seus segundo e terceiro dedos juntos, um sobre o outro. Mantendo os dedos em uma posição horizontal — paralelos ao chão — os ponha na boca, entre os dentes, e veja como esse espaço modifica o som quando você canta um *ah*. Crie o espaço e então tire os seus dedos da boca. Você realmente pode ter excesso de uma coisa boa, se abrir demais a boca. Abra a boca para deixar o som sair, não para mostrar as amídalas, não importa quão lindas elas sejam.

Engano: Quanto mais projetado for o som, melhor

É verdade que se você engolir as vogais, criará um som retraído, o que não é muito bom. Todavia, se pensar somente em projetar a voz o máximo possível, criará um som gritante. Você pode precisar usar esse tipo de som na voz de um personagem (imagine Fran Drescher cantando), mas não recomendo usá-lo em toda música. A variação na ressonância é importante em uma música. Como ator, você deve criar uma variedade de sons para representar a história que estiver contando — toda canção tem uma história para contar. Veja o Capítulo 18 para saber sobre encenar e criar uma história.

Engano: Você deve sorrir para manter a afinação

Outra versão do "sorrir para manter a afinação" é levantar as sobrancelhas. Erguer as sobrancelhas cria um movimento que muitas pessoas acreditam ajudar a manter a afinação. O problema é que esse movimento pode criar tensão desnecessária — além do mais, você vai parecer surpreso o tempo todo. O mesmo vale para sorrir. O sorriso é uma coisa linda, mas pode causar tensão desnecessária em seu rosto enquanto canta. Sorrir normalmente leva os cantos da boca em direção às orelhas e contrai os músculos dentro de sua boca. Você pode sorrir se seu sorriso for suavemente direcionado às bochechas e se abra atrás dos olhos.

Você já pode ter tentado esticar os lábios para focar uma nota. Isso muda o som, mas você não pode ficar sempre dependendo de adoráveis lábios de peixe para fazer os sons reverberarem. Encontre o som brilhante e ressonante explorando as vibrações simpáticas de forma que seus lábios possam se arredondar para modelar vogais. Leia o Capítulo 5 para mais informações sobre como encaixar uma tonalidade e o Capítulo 8, sobre vogais. Se sua afinação for boa e suas vogais precisas, você não precisa contrair nada para ajudar na afinação.

Capítulo 8
Modelando as Vogais para Maior Clareza

Neste Capítulo

▶ Distinguindo as vogais posteriores das frontais
▶ Abrindo o maxilar, usando sua língua e seus lábios
▶ Cantando e pronunciando diferentes sons vocálicos

Sua professora do primário lhe ensinou que as vogais são *A, E, I, O* e *U*. No entanto, o nome de uma vogal pode ser diferente de sua pronúncia. Por exemplo, o nome da letra E soa como É, embora essa mesma letra tenha sons diferentes, dependendo da palavra em que esteja (como em *pêssego*, *idade* e *café*). Essas vogalzinhas trapaceiras se diferem em pronúncia em várias palavras: por exemplo, a Língua Portuguesa possui uma média de 19 sons vocálicos — não 5. Pode parecer demais, mas você produz esses sons sem sequer pensar sobre isso.

Quando você segura uma nota, mantém um som vocálico. Logo, produzir vogais claras e precisas é importante se você quiser ser entendido. E para executar esses sons vocálicos precisos, você precisa saber como modelar as vogais rapidamente, usando uma forma específica, ou curvatura, na língua; criando uma forma específica com os lábios e abrindo corretamente sua mandíbula ou boca. Se você fizer confusão com as vogais, a frase "tomate é bom" pode sair como "tumá té bão". Então, se você não quiser que sua tia Geralda, que está lá na última fila da plateia, tenha que ajustar seu aparelho auditivo até ele ficar chiando, confira os exercícios deste capítulo. Eu lhe darei informações sobre como modelar a maioria dos sons vocálicos usando a língua e os lábios, como pronunciar as vogais com clareza em uma frase e depois como cantar sons vocálicos para se fazer entender.

Você deve gerar uma ressonância consistente para todas as vogais. Mesmo quando sua forma mudar, a ressonância precisa continuar sólida. Pratique os exercícios de vogais neste capítulo para produzir as formas corretas e confira o Capítulo 7 para obter ajuda sobre como manter uma ressonância consistente ao mudar de vogais.

Para produzir sons vocálicos, você deixa os seus lábios em uma certa posição e curva a língua de uma maneira específica. Mas você precisa manter a ponta da língua contra seus dentes frontais inferiores para todas as formas de vogais. Pense nisso como se fosse a casa da língua — a língua fica em casa em todos os sons vocálicos. A ponta dela se mexe para produzir consoantes, mas sempre volta para casa após terminar esses sons, a fim de criar a vogal quando você canta uma nota.

Parte II: Aprimorando Seu Canto

Símbolos usados para pronúncia

No começo do seu dicionário, você pode encontrar uma tabela de símbolos utilizados para ajudar a pronunciar as palavras corretamente. Os linguistas possuem seus próprios símbolos para representar os sons de vogais e consoantes, chamado Alfabeto Fonético Internacional (AFI). O sistema foi desenvolvido para dar uma linguagem comum à pronúncia dos sons. Qualquer pessoa que saiba o AFI pode ler uma transcrição de palavras nesse sistema e produzir um som semelhante à língua lida. Cantores normalmente estudam o AFI em aulas de dicção. Sem focar na tradução, eles pronunciam palavras de diferentes línguas usando o alfabeto fonético. Neste livro, vou descrever o som da vogal ou usar símbolos encontrados no dicionário Michaelis, pois é mais comum para novos cantores ou não cantores.

Deixando a Traseira — Quer Dizer, as Vogais Posteriores em Forma

Agora você terá a chance de explorar suas *vogais posteriores*. Essas vogais são produzidas curvando ou levantando a parte posterior de sua língua, aproximando-a do céu da boca, enquanto a ponta fica atrás de seus dentes frontais inferiores e seus lábios tomam uma forma arredondada. Você deve estar familiarizado com esses sons vocálicos (como *uh*, *oh* e *ah*) por causa da forma como molda os lábios. Ainda assim, você deve garantir que a ponta da língua fique contra seus dentes e seus lábios prontos para a ação. Continue lendo para descobrir como mudar rapidamente de uma vogal para outra com clareza e precisão.

Explorando a forma das vogais posteriores

Na Tabela 8-1 você pode ler cada coluna em voz alta para sentir e ouvir o mesmo som vocálico em várias palavras. Depois, você pode ler as linhas para explorar as diferenças. Quando você entender o som e a forma de cada vogal, poderá isolar só o som, sem a palavra, para mudar rapidamente de um som vocálico para o próximo quando canta.

Se você ler as palavras das linhas, da esquerda para a direita, poderá sentir:

- ✔ **Seu maxilar** se abrindo mais para produzir a vogal *ah*.

- ✔ **Os lábios** passando de uma abertura arredondada e suavemente aberta para o som de *uh* para uma posição relaxada e aberta para o som de *ah*. Imagine cinco círculos seguidos, representando as vogais arredondadas. O círculo à esquerda é o *uh*; os lábios ficam próximos um do outro, com uma pequena abertura arredondada. O segundo

Capítulo 8: Modelando as Vogais para Maior Clareza

círculo é *Uh*; a abertura dos lábios é levemente maior do que no *uh*. O terceiro círculo é o *oh*; a abertura é levemente maior do que no *Uh*. O quarto círculo é o *óh*, e a abertura é levemente maior do que no *Oh*. O quinto círculo é o *ah*; é o maior de todos e representa a abertura total dos lábios.

✔ **A língua** se curvando mais em sua parte posterior no som de *uh* e menos para o som de *ah*. A ilustração na Figura 8-1 demonstra a curva da língua nas vogais posteriores.

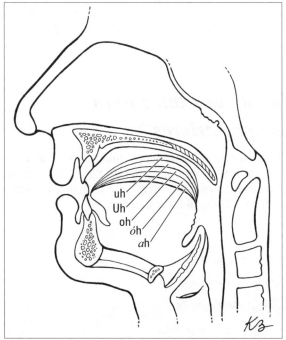

Figura 8-1: Vogais posteriores.

Os sons *Uh* e *óh* são traiçoeiros, mesmo que sua primeira língua seja o inglês. Praticar o *uh* e o *Uh* ajuda a distinguir os sons. O som *Uh* é o som da letra *u* na palavra *música*. Você também deve praticar *óh* e *ah* para diferenciar os dois sons.

Tabela 8-1		Explorando Vogais Posteriores		
uh	*Uh*	*oh*	*óh*	*ah*
medo[1]	música	boi	ode	mata
logo	furo	lodo	prole	blá
fogo	muro	fogo	oca	brasa
ego	lúdico	mofo	foco	praça

[1] N.E.: Esse som de *u* é o produzido no final do vocábulo, onde é encontrado o *o*, um *u* mais curto.

A maioria dessas palavras são pronunciadas de formas diferentes em diferentes regiões do país, mas o som da vogal na palavra *blá* deve ser o mesmo que nas palavras *brasa* e *praça*. Essas pronúncias são padrão na língua — como ela deve ser pronunciada. Cantores podem usar seus dialetos regionais quando cantarem forró, sertanejo e, às vezes, pop, mas não quando cantarem música clássica ou quando se apresentarem em um musical.

Justo quando você estava começando a encontrar sentido em todos esses sons vocálicos, aparece uma armadilha para atrapalhar. A letra *w* (no inglês) é considerada uma consoante, mas seu som é semelhante ao *uh* (uma vogal posterior) e os lábios tomam a mesma forma do *uh* ao produzi-la. Uma vez que o som do *w* se liga a uma vogal, o som da palavra *word*, por exemplo, é produzido passando do som de *uh* para *oh*.

Trabalhando os lábios para as vogais posteriores

As frases na lista a seguir lhe darão a oportunidade de pôr em ação todas aquelas formas que você descobriu na Tabela 8-1, falando de uma série de sons vocálicos semelhantes. Tente lembrar-se da forma de cada vogal para que possa facilmente distingui-las quando cantar.

- **uh**

    Fui no culto sem luz.

    Luto solto nos muros.

    Cuido do surdo-mudo.

    Luto, estudo, mudo tudo.

- **Uh**

    Músico surdo nu no estúdio azul.

    Busco o puro estudo lúdico.

    Curo o duro susto do obscuro.

    Pulo o chulo discurso dúbio.

- **oh**

    Pouco lodo no esgoto todo.

    Solto, o louco botou fogo no toldo.

    Hoje soube que a roupa coube.

    Toda coisa tola é pouco.

Capítulo 8: Modelando as Vogais para Maior Clareza **97**

☞ **óh**

Molde o pote do nobre pobre.

Corte o lote do forte jovem.

Moda nova lota lojas.

Vovó corta a torta agora.

☞ **ah**

Fala na sala da madrasta.

Salada de salsa e alcaparra.

Nada afasta a macacada.

Passa a graxa na catraca.

Cantando as vogais posteriores

Cante o modelo na Figura 8-2 para praticar as vogais posteriores (veja o Capítulo um para encontrar ajuda sobre a notação musical na Figura 8-2). Criando formas precisas para sons vocálicos (como faz ao dizer as palavras da Tabela 8-1), você pode facilmente se fazer entender ao cantar a letra. Quando a série de vogais se tornar fácil para você, olhe a Tabela 8-1 para encontrar palavras que utilizam cada som vocálico e as cante.

Figura 8-2:
Alternando vogais para produzir a forma precisa dos lábios.

Dominando as Vogais Anteriores

Sua língua se curva na parte da frente de sua boca para cantar as *vogais anteriores*. É sua língua que faz a maior parte do trabalho para produzir as vogais anteriores, mas se certifique de que tanto ela quando os lábios estejam livres de tensão. As vogais anteriores não exigem tanto dos lábios quanto as posteriores.

Parte II: Aprimorando Seu Canto

Explorando a forma das vogais anteriores

As vogais anteriores são muito menores do que as posteriores. Eu não quero dizer que sua boca fica fechada, mas estas vogais não são tão abertas quanto as posteriores. Pode parecer esquisito, mas é verdade.

As vogais da Tabela 8-2 são chamadas de anteriores porque a língua se curva nessa região da boca para produzir seus sons. Com a língua tocando seus dentes frontais inferiores, diga a vogal *i*. Observe como sua língua se curva na frente de sua boca ao produzir o som. Você também sente os lados dela se levantando. Outra diferença entre vogais posteriores e anteriores é que quando a língua se curva na frente, as laterais dela levantam tocando os dentes superiores. Ao falar as vogais você sentirá:

✔ **Seu maxilar** abrir levemente na vogal *i* e gradualmente abrir mais à medida que você muda de *i* para *a*.

✔ **Seus lábios** abrirem levemente para a vogal *i* e abrirem mais enquanto seu maxilar desce quando você muda para a vogal mais aberta *a*.

✔ **Sua língua** curvando na frente, o máximo na vogal *i* e o mínimo na vogal *a*, e a ponta mantendo-se atrás de seus dentes frontais inferiores.

A Figura 8-3 mostra a curva da língua em vogais anteriores.

Tabela 8-2		Explorando as Vogais Anteriores		
i	*ih*	*êi*	*é*	*a*
ida	kiss	leito	época	asked
fibra	myth	pleito	pérola	passed
liga	wig	teia	pétala	master
ilha	busy	meigo	tese	danced[2]

Algumas palavras da Tabela 8-2 possuem duas vogais. Eu me refiro ao som vocálico que aparece primeiro — na primeira sílaba.

---

[2] N.E.: Não temos uma referência fonética brasileira que funcione didaticamente para estes casos, que permaneceram em inglês, assim, mantemos a proposta original.

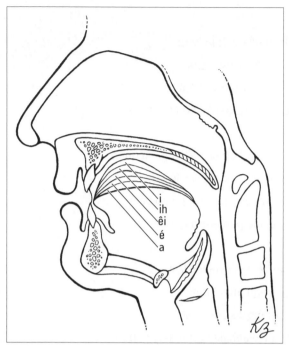

Figura 8-3: Vogais anteriores.

Falando as vogais anteriores

Agora é a hora de você colocar todas as vogais frontais em frases para praticá-las. Usar essas vogais lhe dará a oportunidade de retornar a língua à posição curvada correta após pronunciar as consoantes. Você pode, inclusive, usar as frases com vogais anteriores para cantar o exemplo musical dado na Figura 8-4 quando estiver confiante para cantar as vogais individualmente.

✔ **i**

Fiz lista de dias frios.

País feliz sempre quis.

Imagino que isso é um risco.

Bicho arisco belisca o petisco.

✔ **ih**

Hip chicks knit big mitts.

Cliff fixed its clipped wick.

Tim's busy with his chips.

Dig Phillip's little sister Lilly.

- êi

    Troquei o frei pelo rei.

    Errei a lei, que feio.

    Puxei o freio e parei.

    Eis que leigo pleiteou no meio.

- é

    Café, mel ou picolé, alguém quer.

    Maré excede nessas férias.

    Até mulher mexe o pé no balé.

    É fé que percebe a febre.

- a

    Lance can't glance last.

    Ask half after Fran.

    Vast masks pass fast.

    Prance aghast past grassy path.

O *êi* não é uma vogal, mas um ditongo, ou dois sons vocálicos juntos. Eu o incluí na lista de vogais anteriores porque a curvatura da língua nele é importante para produzir o som correto. Ao fazer o som de *êi*, apenas saiba que trata-se de um ditongo e que você transita entre duas vogais.

Cantando as vogais anteriores

Você deve fazer sons precisos de vogais ao cantar. Cantar uma música exige que você mude rapidamente de um som vocálico para outro; você deve mudar com rapidez a curva de sua língua para atingir os diferentes sons vocálicos. A modelação da vogal deve acontecer na velocidade da música. Se você praticar as vogais sozinhas, terá a chance de deixá-las perfeitas antes de acrescentar consoantes às palavras.

Pode ser que você não consiga diferenciar os sons vocálicos quando estiver cantando o modelo da Figura 8-4. Assim, grave sua voz quando estiver cantando junto com o CD e depois ouça-a. Finja que você nunca ouviu o

Capítulo 8: Modelando as Vogais para Maior Clareza

modelo e tente distinguir que vogais está cantando. Observe quais delas não estão tão precisas quanto as outras e faça dessas uma prioridade na próxima sessão de prática. Se elas não estiverem claras, volte e pratique modelá-las, falando as palavras com as vogais, e depois cante novamente.

Mais do que apenas *A, E, I, O* e *U*

Agora, você deve estar surpreso por descobrir que tem que dar conta de cantar 19 sons vocálicos, não apenas 5. Mais incrível ainda são os nomes dados às vogais e seus sons: vogais posteriores, vogais anteriores, ditongos, e assim por diante. Mas, para o assunto ficar mais técnico ainda, as vogais podem ser *abertas* ou *fechadas*.

- Vogais abertas referem-se àquelas que exigem que os lábios se abram mais, como *a* e *ó*.

- Vogais fechadas referem-se àquelas, como *i* e *u*, pois seus lábios não se abrem tanto para falá-las. Pense nisso como semiaberta, para chegar à abertura correta.

Todos esses nomes das vogais podem ser confusos ou interessantes, dependendo do seu ponto de vista. Apenas acostume-se com essa informação para entender quando seu diretor ou professor de canto falar sobre vogais, ou para impressionar seus colegas com seu conhecimento da próxima vez em que estiver naquele papo de corredor.

Pratique a sequência de vogais da Figura 8-4 para fazer a curva da língua rapidamente e produzir o som vocálico correto. Se sua língua não se mexer rápido o suficiente, pode cantar uma vogal diferente. Sem problemas — apenas continue tentando. Quando você for capaz de distinguir cada som vocálico claramente, insira algumas palavras no modelo para variar e incrementar sua rotina de prática.

Figura 8-4: Curvando a língua ao alternar vogais.

i — ih — êi — é —— a

Cantando vogais em inglês

Se o inglês não for sua primeira língua, saber qual vogal ou sílaba enfatizar ao cantar pode ser um mistério. De fato, pessoas que têm o inglês como segunda língua em geral erram exatamente porque enfatizam a sílaba errada em algumas palavras. Às vezes um compositor põe uma sílaba fraca da palavra em uma batida forte da música. O que fazer? Você pode procurar a palavra no dicionário para determinar que sílaba enfatizar e depois pratica falando o texto da música. Fazendo isso, você praticará o modelamento das vogais e irá se familiarizar com o fluxo de sílabas. Após falar a letra da música, cante-a. Saber qual sílaba enfatizar fará com que o inglês pareça sua língua nativa. Praticar os exercícios deste capítulo não só o ajudará a criar sons vocálicos precisos como o fará parecer um nativo de língua inglesa se enfatizar a sílaba certa. Mesmo se seu inglês for excelente, você ainda deve conferir as palavras para garantir que sua pronúncia esteja correta para cantar. Sotaques regionais são ótimos, mas sua fala deve ser neutra (sem sotaque) quando cantar música clássica ou musical.

Os compositores também devem saber que sílaba é enfatizada em uma palavra para que possa colocá-la no lugar certo de uma frase musical. Se a tônica da palavra na música normalmente for a segunda (di*rect*, re*solve*), o compositor pode colocar a primeira sílaba em uma nota fraca e enfatizá-la. Ao invés de cantar *Dai-wrect*, mantenha o foco na segunda sílaba. Assim, você se aproximará mais da vogal correta, que é *Di-rect*. De forma parecida, ao invés de focar em *Rii-zolve*, leve a linha musical até a segunda sílaba, de forma a cantar *Ri-zolve*. Você deve saber qual sílaba recebe ênfase, para o caso do compositor se empolgar e enfatizar a sílaba fraca na batida forte da música.

Capítulo 9

Exercitando Consoantes para Melhor Articulação

Neste Capítulo

▶ Cantando consoantes da forma como um cantor faria

▶ Modelando sua boca, língua e lábios para se adequarem ao som

▶ Fazendo exercício de consoantes com os lábios e a língua

Sem dúvidas você se lembra do que aprendeu no primário, que as consoantes formam a maior parte do alfabeto — elas são todas as letras diferentes de *A, E, I, O* e *U*—, mas apenas saber quais letras são as consoantes não é suficiente para cantá-las. Você deve saber como moldá-las com sua língua e seus lábios de forma que possa cantá-las com clareza e precisão.

A maioria das pessoas que têm dicção ruim apenas não estão utilizando sua boca e a modelando apropriadamente para produzir sons consonantais distintos. O mesmo funciona para o canto: você deve entender como articular as consoantes para que o que você canta seja claro para o público. Afinal, as palavras em uma música são aquilo que irá contar a história. Saber como mexer seus lábios e língua ao cantar sons consonantais faz toda a diferença.

Este capítulo lhe oferecerá ajuda para que você possa produzir esses sons consonantais com clareza, sem parecer forçado ou tenso. Vou começar falando sobre consoantes sonoras e surdas, depois darei dicas de como cantar uma combinação de consoantes palatais e labiais. No decorrer do capítulo, vou dizer como modelá-las (com *modelar*, quero dizer que sua boca deve — de fato — se *modelar* de uma maneira específica para pronunciar a consoante).

Quando chegar às tabelas deste capítulo, pratique lendo as palavras na horizontal para comparar sons semelhantes. Leia-as de cima para baixo para dominar aquele som consonantal em particular. Dominar um som consonantal e conhecer as diferenças entre sons parecidos o ajuda a mudar com precisão de um som para outro enquanto canta.

Sua língua se mexe de maneira independente. Você não precisa abrir ou fechar sua mandíbula para movê-la. Permitir que ela se mexa sozinha o ajudará a manter a mandíbula e o espaço posterior aberto para cantar notas agudas. Você também ficará com uma aparência melhor se, ao cantar uma música rápida, seu maxilar não ficar vacilando a cada sílaba.

O nome da consoante não é necessariamente seu som. O nome da consoante *S* é *Esse*, mas seu som pode ser de *Z*.

Falando Consoantes Sonoras e Surdas

Alunos frequentemente perguntam sobre a forma certa de pronunciar palavras cantando e falando. Saber a diferença entre consoantes sonoras e surdas pode ajudá-lo a descobrir.

- *Sons de consoantes sonoras* são produzidos acrescentando som vocálico. Um exemplo é a letra *M*. Se você falar a palavra *medo*, você deve acrescentar som à letra *M* antes de chegar à vogal. Outras consoantes sonoras são *B, D, G, J, L, V* e *Z*.

- *Consoantes surdas* são produzidas impedindo momentaneamente o fluxo de ar e sem fazer som vocálico. As consoantes surdas têm som, mas este vêm do fluxo de ar. A consoante *T* é um exemplo. Se você disser a palavra *tudo*, não fará nenhum som até chegar à vogal. Outras consoantes surdas são *CH, F, K, P* e *S*.

Ao ler o capítulo, pratique os pares de consoantes nas tabelas para saber quando precisa usar sua voz para ajudar a produzir o som consonantal.

No inglês, quando estiver falando o final das palavras, siga estas regras gerais. O *ed* no final de uma palavra será produzida com som de *D* se for precedido por um som vozeado (vogal ou consoante), como nas palavras *headed*, *lingered* e *roamed*. Contudo, se o *ed* for precedido por uma consoante surda, seu som será de *T*, como nas palavras *picked*, *yanked*, *joked* e *wrapped*.

Você também pode perceber que algumas consoantes podem ser tanto sonoras quanto surdas baseado no que as segue. Por exemplo, o *s* na palavra *atrás* é surdo, mas na palavra *casa* é sonoro. O *Sh* na palavra inglesa *shoe* é surdo e o *zh* na palavra, também inglesa, *visual* é sonoro. O *J* na palavra *jump* é sonoro, mas o *ch* na palavra *champ* é surdo. Uma vez que a maioria dos dicionários não incluem um guia sobre quais consoantes são sonoras ou surdas, você pode procurar sites de pronúncia para ouvir uma palavra em particular.

Capítulo 9: Exercitando Consoantes para Melhor Articulação *105*

Produzindo Consoantes Alveolares

As *consoantes alveolares* são produzidas quando a língua toca os *alvéolos dentários*. Se você deslisar a língua pelo céu da boca, primeiro sentirá seus dentes, depois uma pequena porção de gengiva e depois o *alvéolo dentário*. O fonema *TH* da língua inglesa é o único som consonantal alveolar que não é produzido no alvéolo dentário, ele é produzido com a ponta da língua tocando os dentes superiores frontais. Continue lendo para descobrir como moldar as consoantes alveolares corretamente, assim como cantá-las. Praticar a forma das consoantes lhe dará não somente a precisão necessária para cantar, como também confiança de que está colocando a língua no lugar certo ao articulá-las.

Modelando consoantes alveolares

Para cantar uma música, você toma ar, abre espaço em sua garganta e na boca e então modela a vogal e a consoante. É muita coisa para fazer no início de uma música, e todas essas formas continuam, à medida que você canta a letra dela. Até estar confiante de que consegue modelar consoantes alveolares sem pensar nelas, pratique-as. As letras *D*, *T* e *S* são as consoantes alveolares mais comumente pronunciadas incorretamente. Muitas vezes, pronuncia-se o *D* como um *T*. Certifique-se de ouvir o som da própria voz quando falar o *D*. Praticar essas formas todos os dias o ajudará a pegar o jeito das consoantes alveolares rapidamente.

Exercitando D, T, L, S e Z

Para modelar as consoantes alveolares da Tabela 9-1, a ponta de sua língua tocará os alvéolos dentários. As consoantes sonoras são *D*, *L*, *N* e *Z*. O *T* e o *S* não exigem voz, logo, são consoantes surdas. Quando estiver modelando essas consoantes, certifique-se de que

- ✔ **A ponta de sua língua** move-se dos seus dentes frontais inferiores para os alvéolos dentários. A ponta da língua se curvará no *D* e no *T* e ficará mais reta em relação ao alvéolo dentário no *L* e no *N*.

- ✔ **Seus lábios** estejam soltos e livres de tensão. Nas Tabelas 9-1 e 9-2, quando passar de consoante para vogal, seus lábios podem estar modelados para o som vocálico enquanto a ponta da língua toca o alvéolo dentário.

As consoantes na Tabela 9-1 podem ser pronunciadas de formas diferentes em diferentes línguas, mas, para o português, a ponta da língua deve tocar o alvéolo dentário para produzir consoantes alveolares. Em outras línguas, as consoantes podem ser produzidas com a ponta da língua tocando os dentes. Neste exercício, pratique curvar levemente a ponta da língua até que ela toque o alvéolo dentário para produzir as letras *D* e *T* e deixá-la reta em relação ao alvéolo dentário para produzir as letras *L* e *N*.

Tabela 9-1		Praticando *D, T, L, N, S* e *Z*			
D	*T*	*L*	*N*	*S*	*Z*
do	totó	Lu	Nilo	se	zip
doe	tatu	Ló	no	sá	zap
dedo	ter	lar	naco	sim	zunir

Se você cecear, faça o *S* com a ponta da língua contra o céu da boca (não nos dentes) enquanto as laterais dela tocam os dentes. Se seu *S* for muito sibilante, solte um pouco a ponta da língua. Pratique dizendo a palavra *its*. Você fala o *i* e em seguida põe a ponta da língua no alvéolo dentário para falar o *t*. Depois a parte central da ponta da língua se solta para permitir a saída de uma pequena corrente de ar. Libere o ar lentamente para sentir e ouvir o *s*. Segure o *s* para sentir o movimento do fluxo de ar.

Ao cantar em inglês, quando pronunciar palavras como *don't you*, *can't you* e *could you*, ou qualquer combinação de *D* e *T* junto de um *Y*, certifique-se de dizer, "Could you?" e "Don't you?", e não "cudju" ou "dontchu". Você pode provocar risadas na hora errada da música se fizer confusão com o som da consoante.

Tentando um TH

Na Tabela 9-2, você explorará outro som consonantal produzido com a ponta da língua — o *TH* do inglês. Diferente de outros tipos de consoantes, o *TH* do inglês é produzido com a ponta da língua tocando a ponta dos dentes frontais superiores ao invés do alvéolo dentário. Na primeira coluna há o som do *TH* sonoro e na segunda, do surdo.

Pratique falar as palavras da Tabela 9-2. Ao modelar o *TH* da tabela, observe que:

- **A ponta da língua** toca os dentes frontais inferiores e então sobe para os superiores.
- **Seus lábios** podem se preparar para pronunciar a vogal que se segue ao *TH*.

No inglês americano, o som do *TH* exige que o ar passe por cima da língua. Se esta não for sua língua materna, você pode confundir o som do *TH* com o som de *D*, já que esse fonema não existe em todos os idiomas. Para produzir esse som de forma específica, ponha a ponta da língua contra os dentes e sopre um pouco de ar. O fonema sonoro *TH* é produzido com o som da voz mais o ar saindo. É diferente do som do *D*, que impede temporariamente o fluxo de ar.

Tabela 9-2	Praticando o *TH*
TH sonoro	*TH surdo*
this	theater
the	thin
brother	tenth

O som do *R* — na língua inglesa — é o mais difícil de modelar. Pode ser confuso porque às vezes ele fica isolado como um som individual, em outros casos, depende de uma vogal. Trata-se de uma consoante sonora. Quando você canta músicas em inglês com a consoante *R*, notará que:

- **A ponta da língua** sobe até o céu da boca, atrás do alvéolo dentário.
- **Os lábios** se preparam para produzir o som vocálico que se segue.

Em diferentes línguas, o *R* pode ser vibrante ou aspirado. O *R* aspirado é aquele como o produzido na palavra *carro*, o *R* vibrante é produzido pondo a ponta da língua no alvéolo e então expelindo o ar sobre ela para que vibre como na vibração de língua do Capítulo 6, como na palavra *caro*. Esses sons de *R* não são produzidos no inglês americano. Tente as seguintes frases para praticar o *R*:

- O rato roeu a roupa do rei de roma.
- Rosas radiantes raras riem.
- Para parar prepare o freio.
- Não chore agora, cara nora.

Cantando consoantes alveolares

Ao praticar o modelo da Figura 9-1, fale as sílabas algumas vezes para observar a sensação da língua mexendo-se para produzir o som da consoante. Pratique as linhas até que todas estejam claras. Grave sua voz enquanto canta junto com o CD, depois ouça-a para ver se as consoantes estão definidas.

Cantar as consoantes dessa forma o ajudará a sentir como o movimento certo da língua as tornará fáceis de cantar e entender. Observe-se no espelho para conferir o movimento de sua língua. Ouça as consoantes sonoras e o *TH* sonoro, do inglês.

Figura 9-1:
Cantando consoantes alveolares.

Executando Consoantes Palatais

Se você deslizar a língua pelo céu da boca, sentirá seus dentes, depois uma pequena seção de gengiva, o alvéolo dentário, uma superfície dura e, lá no fundo, uma superfície macia. Essa superfície macia é o *palato mole*, onde as consoantes palatais são modeladas. Para dizer o som consonantal *K* (como nas palavras *cota* ou *casa*), *G* (como na palavra *gota*) e *NG* (como na palavra inglesa *sing*), levanta-se a parte posterior da língua para que ela toque o palato mole. Logo após sua língua tocar o palato mole, ela volta a descer e o palato mole sobe. O movimento acontece rapidamente, e a parte posterior da língua se mantém flexível e livre de tensão durante ele. Observe que a letra *K* representa o som da letra *C*, como na palavra *casa*.

O *Q* inclui-se nessa lista pois seu som é o mesmo da letra *K*. O *Q* surdo é mais frequente seguido da letra *U*, como você verá na Tabela 9-3. Praticando tanto o *K* quanto o *Q* você dominará o primeiro som seguido de praticamente qualquer vogal e o segundo, *Q*, seguido de *U*.

Modelando consoantes palatais

Para modelar consoantes palatais, mantenha a ponta da língua contra os dentes inferiores, levante a parte de trás da língua para tocar o palato mole, e molde seus lábios para os sons de vogais antes e depois da consoante. A consoante *K* é surda, e *G* e *"NG"* são sonoras.

Enquanto moldar as consoantes palatais na Tabela 9-3, observe que:

- **A parte de trás de sua língua** sobe até o céu da boca no palato mole, enquanto a ponta da língua continua tocando a parte anterior dos dentes inferiores.
- **Seus lábios** ficam livres de tensão e prontos para realizar o som vocálico que acompanha a consoante.

Se tiver problemas com os sons de K e NG, não sendo o inglês sua língua materna, pratique dizendo as palavras *sing* e *sink* para ouvir e sentir a diferença entre ambos. O NG é sonoro e o K é surdo.

Tabela 9-3		Praticando *G, NG, K* e *Q*	
G	NG	K	Q
gato	sing	quite	quadro
gol	hung (lê-se "rang")	copo	quota
gueto	bang (lê-se "bêng")	quero	qual
guru	clang (lê-se "clêng")	casa	quiz

Se você tiver dificuldade para falar consoantes palatais, tente isto. Nas primeiras sessões de prática, faça o som consonantal com a parte do meio de sua língua curvada tocando o limite do palato duro. Produzindo o som a partir do fundo do céu da boca, ele não ficará preso lá atrás. À medida que for se sentindo mais confortável para manter o espaço posterior aberto enquanto fala as consoantes palatais, você poderá fazer com que sua língua toque o ponto correto do palato mole.

Cantando as consoantes palatais

Cantar as consoantes palatais, como os da Figura 9-2, lhe dará a oportunidade de produzi-las ao mesmo tempo que mantém o espaço posterior aberto.

Figura 9-2: Cantando consoantes palatais.

Trabalhando as Consoantes Labiais

Nesta seção, você poderá explorar a produção de consoantes com os lábios. Use ambos os lábios para produzir as consoantes labiais, *P, B, M* e *W* (esta última, para o inglês) ou toque seus lábios inferiores com os dentes superiores para produzir *F* e *V*. Para produzir esses sons, mantenha seus dentes superiores e inferiores afastados e feche os lábios. É parecido com ter um ovo na boca e fechar os lábios.

Modelando as consoantes labiais

As consoantes labiais são diferentes das consoantes alveolares (veja a seção anterior "Falando consoantes alveolares", para detalhes sobre elas) porque são os lábios que se mexem ao invés da ponta da língua. A semelhança é que você pode mexer a ponta da língua e seus lábios sem mover o maxilar. Descobrir como manter o espaço dentro de sua boca aberto enquanto fecha os lábios, o ajudará a produzir sons redondos enquanto articula sons consonantais. As consoantes sonoras são *B*, *M* e *W*; *P* e *WH* (esta última do inglês) são surdas.

Dizendo P, B, M, W e WH

Ao modelar as consoantes da Tabela 9-4, você poderá sentir

- **Sua língua** mantendo-se parada em todas elas.
- **Seus lábios** fecharem-se enquanto produz cada uma delas (mas, observe que seus dentes continuam separados).

O *W* é diferente do *V*. O som do *W* é produzido com os dois lábios e o *V* com o lábio inferior tocando os dentes superiores. O *W* também pode ser confuso porque ele soa como *u* (como na palavra Kwait). Você passa do som de *u* para a vogal seguinte. Lembre-se de que o nome da consoante pode ser diferente de seu som. Faça o *WH* surdo quando ler as palavras da Tabela 9-4.

Tabela 9-4		Praticando *P, B, M, W* e *WH*		
P	B	M	W	WH
pó	Bob	monte	wear	when
potro	Buda	música	weather	whether
papa	bico	moda	witch	what
pelo	bulbo	mímica	winter	whisper

Se você exagerar ao pronunciar consoantes finais, como *B*, pode ouvir uma vogal indesejada, um *i*. Bob-*i* não é o que o público deve ouvir se o nome do homem sobre o qual você estiver cantando for Bob!

Ensaiando F e V

Ao modelar as consoantes da Tabela 9-5:

- **Sua língua** ficará tocando seus dentes frontais inferiores.

- **Seu lábio inferior** sobe para tocar seus dentes frontais superiores, mas os dentes continuam separados. Você não precisará usar sua voz para produzir o som de *F*, porque esta é uma consoante surda. O *V* é sonoro. Pratique com um espelho para ver se seu lábio inferior está tocando seus dentes superiores para produzir *V* e *F*.

Tabela 9-5	Praticando *F* e *V*
F	V
fada	vapor
feto	vinho
Phillip	vaca

Como você deve ter percebido, consoantes diferentes podem produzir o mesmo som. Na Tabela 9-3, você vê diferentes palavras com o som de *K* (quite, copo). As letras *F* e *PH* (no inglês) têm som de *F*. No inglês, o *P* sozinho tem um som diferente de quando vem acompanhado de *H*. Você pode ler sobre o som do *P* usando ambos os lábios na Tabela 9-4 e do *PH* usando apenas o lábio inferior tocando os dentes frontais superiores na Tabela 9-5.

Cantando as consoantes labiais

Cantar as consoantes labiais (veja a Figura 9-3) lhe dará uma chance de produzir diferentes sons consonantais e de praticar a mudança de uma vogal para uma consoante. Observe-se no espelho para ter certeza de que sua mandíbula está parada, seus dentes separados e seus lábios mexendo-se. Grave sua voz cantando para que possa ouvir depois e diferenciar as consoantes sonoras e surdas.

Figura 9-3:
Cantando consoantes labiais.

Exercitando Encontros Consonantais

Às vezes duas consoantes combinam-se para produzir um som específico. Saber como articular o som o torna muito mais fácil de cantar. As combinações listadas na Tabela 9-6 são os poucos sons que são produzidos fechando o espaço anterior de sua boca ao cantar. Eles exigem atenção especial na prática para fazê-los sem fechar totalmente o espaço no fundo de sua boca e mudar a entonação.

Modelando encontros consonantais

Nos encontros consonantais da Tabela 9-6:

- **A ponta da língua** move-se até o alvéolo dentário e as laterais dela tocam os dentes laterais superiores e a parte interna da gengiva ao mesmo tempo. Você sente o ar passando entre a ponta da língua e as gengivas internas. A ponta da língua toca o alvéolo dentário momentaneamente no início dos sons de *CH* e *J* (veja a seção anterior, "Produzindo Consoantes Alveolares", para mais informações sobre o alvéolo dentário).

- **Seus lábios** devem se projetar levemente para a frente. A projeção é sutil e o movimento acontece rapidamente. Quando seus lábios se movem para produção de *ZH* (do inglês) e *J*, você usa sua voz. Os sons de *SH* e *CH* são surdos.

A posição da língua é importante. O som de *SH* exige que você libere o ar entre seus dentes e sua língua, enquanto o som do CH (no inglês) é feito impedindo momentaneamente o fluxo de ar colocando a ponta da língua no alvéolo dentário e então expelindo o ar. Ouça no CD, Faixa 14, os cantores fazendo a demonstração. Não deixe de observar a diferença entre o *CH* e o *Y*. O *Y* é feito movendo a parte posterior da língua e o *CH* com a ponta dela.

[1] N.E.: Uma analogia possível para os sons do J e do CH seriam os sons do D e do T precedidos das vogais I ou E. Como em "dente" (dentchi), som de CH, e "onde" (ondji), som do J do inglês. O ZH tem o som parecido com a forma como pronunciamos o J. A palavra "visual" pronuncia-se "vijual".

Capítulo 9: Exercitando Consoantes para Melhor Articulação

Tabela 9-6		Praticando *SH, ZH, J* e *CH*[1]	
SH	*ZH*	*J*	*CH*
show	visual	jump	chump
facho	pleasure	June	choose
shopping	measure	age	chance

Interrompendo uma nota

Uma parte difícil do canto é saber como interromper uma nota com uma consoante no final de palavra. Algumas pessoas acham que o som deve ser "espremido" para interromper a última nota de uma frase. Fazer isso cria um grunhido na última nota de sua linda música. Você tem várias opções, dependendo do último som da palavra. Por exemplo, se a última palavra que você cantar terminar com uma vogal, você pode apenas inspirar para parar de cantar a nota ou interrompê-la. Tente isto: cante as palavras *"I love you!"*, sustente a última palavra por alguns momentos. Quando estiver pronto para interromper a nota, apenas inspire. No começo é esquisito, mas tornará a interrupção da nota mais fácil. Se a última palavra terminar em consoante, você deve cantar o último som e inspirar logo em seguida. Cante as palavras *"come back"*. Enquanto você se prepara para cantar o final da palavra *back*, mexa a língua para criar o som de *K* e depois a solte. Alguns cantores focam em cantar a última consoante e se esquecem de preparar a respiração para a próxima palavra ou frase. Se o som de *K* for o último da música, você pode focar somente na consoante. Se tiver que cantar outra frase, deve cantar a consoante e inspirar logo em seguida para se preparar para a próxima frase.

A consoante *G* pode ser pronunciada de duas formas, como nas palavras *gota* e *George*. Uso a consoante *G* para descrever a pronúncia dela como na palavra *gota*. Para descrever a pronúncia dela na palavra *George*, eu uso a letra *J*.

No inglês, os sons de ST e SH são frequentemente trocados. Um exemplo é a palavra *street* — não deve se pronunciar *shtreet*. Pratique *sh-t* e *s-t* para que faça da forma correta na música e quando for dar o seu novo endereço para um amigo americano, se você falar inglês.

Cantando encontros consonantais

Cante as frases da Figura 9-4, seguindo as palavras sob cada nota. Cante cada uma até que sinta o movimento fluido na passagem de consoante para vogal. Fazer isso melhorará sua capacidade de manter o espaço posterior aberto enquanto momentaneamente fecha o anterior.

114   Parte II: Aprimorando Seu Canto

Cante as consoantes da Figura 9-4 com uma linha de *legato* (suave e conectado) e tente não antecipar a consoante seguinte. Permita-se algum tempo para estender a vogal antes de pular para a próxima sílaba e consoante. Antecipar a próxima consoante significa fechar o espaço em sua boca cedo demais, e isso afeta o som da vogal que você estiver produzindo no momento. Observe que você tem que usar a voz para cantar o *J*, mas o som de *SH* é surdo. Você sentirá a diferença, porque o som de *SH* é apenas ar fluindo, enquanto o *J* pede que você faça uso de sua voz e que mova o ar.

Figura 9-4: Combinando consoantes.

Capítulo 10

Criando uma Rotina de Prática

Neste Capítulo

▶ Criando sua própria rotina de exercícios

▶ Sabendo quando, onde e como praticar

▶ Escolhendo exercícios adequados para você

▶ De olho em seu progresso

Talvez você sonhe acordado com cantar em um grande palco, ser uma estrela do show, curvar-se diante de uma plateia sob uma salva de palmas e agradecer seu agente enquanto recebe o prêmio de cantor mais maravilhoso do mundo. Bem, só tenho uma pergunta: qual é o caminho das pedras? Pratique, pratique, pratique.

O canto não é diferente de nenhuma outra arte. Você deve trabalhar regularmente para se aprimorar. Saber como praticar apropriadamente é a chave para fazer um progresso consistente em direção ao seu sonho de ser uma estrela. Uma sessão de prática apropriada consiste de aquecimento físico, fazer exercícios vocais para melhorar a entonação, o alcance, a articulação e a respiração; e então, aplicar esse trabalho às músicas. Se não estiver certo de como praticar seu canto, este capítulo foi feito para você: destacarei algumas das coisas que sugiro rotineiramente para meus alunos e que também aplico às minhas próprias sessões de prática. Pode me chamar de esquisita, mas adoro praticar. Após ler este capítulo e perceber os benefícios da prática, espero que você também passe a gostar.

Dedicando-se a um Plano de Prática

Organizar sua sessão de prática aumenta enormemente suas chances de alcançar algo. Se você tiver apenas trinta minutos para praticar, não deve desperdiçar vinte pensando no que precisa fazer. Faça um plano. Planejar seu tempo de prática também evitará que você se enrole. Sugiro vários exercícios ótimos no decorrer do livro que você pode usar para melhorar sua técnica. Se você pensar em todos os detalhes do canto, ficará desanimado. Definir seus objetivos para cada sessão de prática permitirá que você foque em dois ou três habilidades em cada uma delas. Se você de fato trabalhar essas áreas, poderá acrescentar novos exercícios rapidamente. É claro que você não deve levar tanto tempo planejando e acabe sem nenhum para explorar os exercícios. Continue lendo para descobrir outros elementos que devem ser incluídos em sua sessão de prática.

Cada sessão de prática deverá incluir os seguintes elementos:

- **Um período de aquecimento:** Nesta parte de sua sessão, você aquece tanto seu corpo (sim, seu corpo) quanto sua voz. Vá para a seção "Aquecimento", posteriormente neste capítulo, para ver detalhes sobre o que incluir em seu aquecimento e quanto tempo dedicar a isso.

- **O período de prática:** Após se aquecer, execute vários exercícios que descobrirá no livro e ouvirá no CD. Os Capítulos de 11 a 13 tratarão das regiões específicas da voz.

- **Uma atualização de como você está progredindo:** Para saber se você alcançou o progresso que queria, mantenha um diário de prática (descrito no final deste capítulo) e ouça as gravações de sessões de prática anteriores. Veja a seção "Gravando sua própria voz", posteriormente neste capítulo.

Resposta às Suas Perguntas sobre a Prática

Não se preocupe se não estiver certo do que fazer ao praticar. Os alunos frequentemente fazem perguntas sobre a prática, então eu as responderei antes que você comece a praticar. Saber onde praticar, quando e o que usar o colocará no caminho certo para o trabalho técnico.

Onde eu devo praticar?

A pergunta número um diz respeito ao local. Seu espaço de prática pode ser qualquer um onde você possa ficar sozinho e se concentrar. Você só precisa de espaço para se movimentar confortavelmente durante o aquecimento e quando se preparar para cantar. Independente de onde você possa fazê-lo, dedique um pouco do seu tempo para parar e praticar várias vezes por semana.

"Ei! Dá para fazer silêncio aí?"

Fazer o som ecoar é ótimo para o cantor, mas não tanto para os vizinhos. Aplique essas dicas para diminuir o barulho:

- Coloque tapetes no chão para absorver o som (carpetes são ótimos).
- Feche a porta ou pendure um lençol no portal para absorver o som.
- Fale com seus vizinhos ou outros moradores da casa para conhecer a agenda deles. Eles podem odiar o ouvir cantando às 8h da manhã, mas talvez não se importem perto do meio-dia.
- Afaste o piano da parede ou prenda um pano atrás dele para abafar o som.
- Use o pedal de estudo (o da esquerda, que abafa o som) se você for tocá-lo como acompanhamento.

Se você quiser evitar todos os problemas de uma vez, alugue uma sala de ensaio em uma loja de música, um estúdio ou uma igreja.

Qual é a melhor hora para praticar?

Qualquer hora que for boa para você é a melhor. Agende tempo e duração específicos para prática de cada dia. Se você marcar um tempo no seu calendário para praticar será mais provável que o faça. Muitos cantores praticam de forma mais eficiente à noite devido aos seus relógios biológicos. Você também pode praticar no seu horário de almoço ou logo antes ou depois do trabalho. Para maximizar sua concentração, desligue a TV, o celular e o computador durante o tempo de sua prática diária.

Deixe o seu espaço de prática arrumado e pronto todos os dias. Se tiver que procurar todas as suas ferramentas de prática por toda a parte, perderá tempo valioso em que poderia estar cantando. Seja organizado para aproveitar o tempo e ser criativo!

Por quanto tempo eu devo praticar?

A duração da sessão de prática depende do seu nível de experiência. Um novato pode obter benefício praticando de 15 a 20 minutos por dia. Aumente seu tempo de prática gradualmente para de 30 a 60 minutos por dia. A sua voz é como qualquer outro grupo muscular de seu corpo: fica fatigado e precisa de descanso. Desde que sua voz volte ao normal após algumas horas de descanso, você está no caminho certo. O aprimoramento acontece com a prática frequente.

Do que eu preciso além da minha voz?

É claro que você precisa de sua voz para praticar o canto. Contudo, você também precisa de outras ferramentas:

- **Teclado:** Praticamente qualquer teclado novo ou usado serve. Um piano é bom também, desde que esteja afinado. Você não precisa saber tocar piano para cantar, mas se quiser ter uma compreensão melhor do que são os teclados e a notação musical, compre um exemplar de *Piano Para Leigos, Tradução da 2ª Edição*, de Blake Neely (Alta Books).

- **Gravador:** Um gravador é superútil porque tudo que você precisa fazer é gravar a música uma vez e depois tocá-la durante seu tempo de prática.

  Gravar suas sessões de prática é uma ótima forma de monitorar seu progresso também. Grave-se cantando os exercícios, depois toque a gravação para ver se estava no tom certo ou se suas vogais estavam precisas. Se você quiser um som um pouco mais sofisticado, use um gravador digital (como um iPod ou um aplicativo de gravação em seu celular destinado para a gravação de música ou canto) — a qualidade do som é muito melhor do que a de gravadores de cassete. O som de sua voz em um gravador digital aproxima-se mais do som real dela.

- **Diapasão:** O líder do coro ou do quarteto tira essa engenhoca do bolso e o sopra para dar o tom inicial. Se você não tiver um teclado ou uma gravação dos exercícios à mão, pode adquirir um diapasão e tocar seu tom inicial. Você também pode ocasionalmente tocá-lo para verificar se está afinado.

- **Metrônomo:** Esse aparelho monitora e mantém o ritmo — não como um radar, mas mais como um som de "tic" que o levará a se manter na mesma velocidade e andamento quando praticar. A maioria das músicas tem uma marcação de andamento no começo. Você pode configurar seu metrônomo nessa velocidade para experimentar o andamento que foi proposto pelo compositor. Veja o Capítulo 17 para mais informações sobre andamento.

  Se não conseguir achar um metrônomo, olhe para o relógio. O ponteiro de segundos dele toca 60 batidas por minuto. Você pode praticar sua música ou seu exercício vocal enquanto mantém um ritmo regular com o tic-tac do relógio.

- **Espelho:** Os espelhos são muito úteis para a prática. Ao se olhar no espelho, você fica mais consciente de como mexe seu corpo ao cantar. Você pode encontrar mais dicas sobre observar suas sessões de prática no espelho no Capítulo 3 (alinhamento) e no Capítulo 9 (consoantes).

- **Partitura e lápis:** Enquanto ouve as gravações, você pode tomar notas em seu diário ou na página onde estiver a música. Ver as anotações de sua última sessão de prática o ajudará a lembrar-se de seus objetivos.

Aquecimento

Um bom aquecimento deixa seu corpo mais relaxado e sua voz pronta para a prática do canto. Faça o aquecimento do seu corpo (alongando e relaxando) por pelo menos cinco minutos — tempo suficiente para deixá-lo flexível e aquecido. Depois passe os próximos dez minutos com exercícios vocais para aquecer seus músculos do canto (cantarolar, vibrações labiais, sirenes). Você deve descobrir o que é bom para você; algumas pessoas levam mais tempo para se aquecer do que outras. Se eu ficar algumas semanas sem praticar, às vezes preciso de 10 minutos para acordar meu corpo e 15 minutos para deixar minha voz aquecida para a prática. Nos tempos em que fico cantando bastante, posso precisar apenas de alguns minutos na preparação para a prática, porque minha voz se aquece rapidamente. Sei que estou aquecida e pronta para a prática quando minha voz e meu corpo estão quentes o suficiente para que eu possa me movimentar e acionar todas as partes quando canto.

Alongando-se para aquecer o seu corpo

Não importa quão fácil seja o dia, inicie sua sessão de prática alongando-se. Você deve deixar seu corpo todo pronto para cantar, não apenas seus músculos vocais. Para que o ar realmente entre em seu corpo, você precisa estar conectado à parte inferior de seu corpo. Recomendo a seguinte rotina de alongamento, que começa pela cabeça e desce até os dedos dos pés. Lembre-se de continuar respirando em cada segmento.

1. **Chacoalhe qualquer tensão de seu corpo.**

   Chacoalhe o corpo até sentir a tensão em suas juntas desaparecendo. Use os exercícios do Capítulo 3 para ajudá-lo com a postura e para liberar a tensão.

2. **Deixe sua cabeça pender para a frente.**

   Suavemente abaixe sua cabeça na direção de seu peito em um movimento lento e inspire. À medida que expirar, permita que a cabeça desça mais ainda. Repita esse movimento várias vezes, deixando que sua cabeça se incline mais a cada vez para alongar os músculos do pescoço. Inspire e levante a cabeça para sua posição de equilíbrio.

3. **Mexa a cabeça.**

   Mova a cabeça para a esquerda e para a direita. Faça um movimento circular, começando pelo lado esquerdo rolando o queixo pelo peito até o lado direito. Não faça o movimento para trás, a menos que já o tenha feito antes. As vértebras de seu pescoço podem não responder bem à pressão de sua cabeça fazendo o movimento circular para trás.

Parte II: Aprimorando Seu Canto

4. Alongue seu pescoço delicadamente.

Delicadamente leve sua orelha esquerda em direção ao ombro e pause. Inspire e, ao expirar, incline mais sua cabeça em direção ao ombro. Repita várias vezes e então repita a sequência no ombro direito.

5. Mexa todos os músculos do seu rosto.

Contraia-os e depois relaxe-os para sentir o fluxo de energia em seu rosto.

6. Mexa sua língua para dentro e para fora.

Estire a língua o máximo possível e depois recolha-a. Você também pode lamber os lábios — mexa sua língua em círculo por fora da boca para alongar seus músculos.

7. Trabalhe seus ombros.

Erga os ombros e depois abaixe-os. Mova-os para a frente e para trás. Faça círculos com os ombros em uma direção e depois na direção contrária. Mantenha seu peito imóvel e aberto.

8. Balance um braço (e o outro) em círculos.

Enquanto o balança, mexa os dedos e pulsos para fazer o sangue circular por todo o seu braço. Seja cauteloso; cuidado com os móveis. Repita com o outro braço.

9. Alongue suas laterais.

Levante seu braço esquerdo acima da cabeça e incline-se para a direita. Ao inclinar, sinta os músculos entre as costelas abrindo-se no lado esquerdo. Faço o inverso: erga seu braço direito e alongue o outro lado.

10. Mexa os quadris para liberar a tensão.

Muitas mulheres guardam tensão em seus quadris. Não precisa ser dura agora. Solte os quadris. Deixo-os balançar para trás e para a frente, assim como em movimento circular.

11. Aqueça as pernas.

Fique nas pontas dos pés e depois baixe os pés. Fique em uma perna só e balance a outra. Agora troque de perna. Fique nas pontas dos pés, depois se firme novamente no chão e dobre os joelhos.

12. Finalmente, respire bem fundo e sinta a energia fluindo em seu corpo.

Fazer seu corpo circular enquanto se aquece o ajuda a focar-se em suas tarefas na hora. Se estiver com problemas para unir sua respiração à música, tente focar mais na parte física do seu aquecimento ou na sessão de prática. Uma forma de conectar seu corpo é fazer de conta que está jogando uma bola de basquete para cima com as pernas abertas e dobradas. Dobre os joelhos, ponha seus braços entre as pernas e jogue uma bola invisível para cima com as duas mãos. Este movimento o conectará à parte inferior de seu corpo e ajuda muito a conseguir energia para cantar notas agudas. Se você fizer um lançamento comum (de basquete), levantará seu corpo para cantar a nota. Quero que você "pense para baixo" — deixando-se cair sobre as pernas, ao invés de esticá-las — para cantar as notas. Veja o Capítulo 3 para mais informações sobre como soltar seu corpo e colocar suas pernas em ação. Você pode usar quantos movimentos quiser.

Não se esqueça de que o movimento deve ser fluido. Quaisquer movimentos que deixem seu corpo torto podem "entortar" sua voz também. Dar uma girada é melhor do que ficar pulando.

Aquecendo sua voz

Se você tivesse uma corrida hoje à tarde, você simplesmente chegaria lá e começaria a correr? Duvido. Você trabalharia por semanas ou meses para deixar seu corpo pronto para esse grande evento e logo antes da corrida, você aqueceria seu corpo. Isso pode soar esquisito para o canto, mas, lembre-se de que, sua voz é feita de músculos assim como qualquer outra parte do seu corpo. Esses músculos precisam de um tipo específico de aquecimento. Jogadores de futebol passam algum tempo se alongando antes do grande jogo, e você deve alongar seus músculos vocais antes da prática.

Qual a diferença entre praticar e aquecer? O aquecimento deixa o seu corpo pronto para praticar. A diferença entre o fim do aquecimento e o começo da prática pode ser bem sutil. Pense no aquecimento como o início da sua sessão de prática. Tudo o que você faz no aquecimento o leva ao trabalho que fará na sessão de prática.

Aquecimentos vocais incluem fazer sons para "acordar" sua voz e deixá-la pronta para o trabalho. Entre algumas boas opções de aquecimento estão as seguintes:

- Cantarolar uma música conhecida ou inventar uma (veja o Capítulo 6)
- Gemer ou fazer sons, passando de uma nota para outra (veja os Capítulos 5 e 6)
- Fazer vibrações labiais (veja o Capítulo 4) ou de língua (veja o Capítulo 6)

Os ingredientes básicos de um bom aquecimento trabalham o corpo, o sangue e a respiração: você põe seu corpo em movimento, seu sangue circula e sua respiração prepara-se para sair e cantar.

Experimentar diferentes posturas permite que você sinta seu corpo todo, assim como o movimento de sua respiração. Não fique sempre ereto para cantar — sente-se, agache-se, deite-se, incline-se ou crie outras posições que lhe permitam explorar o que está mexendo-se em seu corpo enquanto respira.

Tente cantar nessas várias posições e então compare as sensações em seu corpo àquelas que você tem quando canta de pé. Cuidado com qualquer tensão que possa surgir em seu corpo enquanto estiver experimentando. Se ficar momentaneamente confuso quando finalmente ficar de pé, reveja os exercícios de alinhamento no Capítulo 3.

Não permita que o comentário de qualquer pessoa o desanime de cantar. Todo mundo é capaz de cantar bem com prática. Convoque uma reunião de família para explicar que não vai tolerar quaisquer comentários tolos sobre seu canto. Informe aos membros de sua família que o que eles veem como piada é realmente inaceitável. Seja duro! Não se intimide! Treine seus amigos e família para respeitarem seu momento de prática.

Exercitando Sua Voz

Isso é demais! Isso é grandioso! Mentes questionadoras querem saber, o que se pratica de fato e como se pratica? Pensei que você nunca fosse perguntar. Você pode encontrar vários exercícios no decorrer deste livro para ajudá-lo a desenvolver sua técnica. Ao definir uma sessão de prática, você desenvolverá uma rotina que tocará em todos os aspectos de sua voz.

Escolhendo exercícios que servem para você

Os exercícios no Capítulo 3 oferecem formas divertidas de criar uma postura ótima. Após os conhecer, escolha os exercícios que mais o atraíram e os anote em seu diário de prática. Um *diário de prática* é um caderno de anotações ou um diário (seja em papel ou no computador) que você usará para tomar notas de suas sessões de prática. Em cada página, coloque a data e em que exercício você precisa trabalhar. Essa é sua lista de afazeres de sua sessão de prática. Após a sessão, escreva o que você descobriu — o que deu certo e o que foi difícil — e quaisquer ideias sobre o que incluir na próxima. Após trabalhar em um exercício por uma semana, avalie seu progresso. Você pode estar pronto para acrescentar mais exercícios de postura. Volte ao Capítulo 3, encontre mais exercícios que trabalhem outro aspecto da postura e acrescente-o ao seu diário de prática para a segunda semana. Você pode aplicar esse mesmo processo a cada capítulo. Encontre exercícios para iniciar sua jornada técnica e acrescente outros novos semanalmente, à medida que progredir.

Escolher exercícios de canto pode parecer mais difícil do que os de postura. O mesmo princípio vale para os exercícios vocais: embora você possa escolher qualquer um para praticar, pode achar mais fácil começar pelo início de um capítulo e procurar aqueles que partem do seu nível. Se você nunca teve nenhuma aula nem experiência com canto, então está no lugar certo. Bem-vindo! Escrevi os capítulos tendo em mente sua progressão. Os leitores que tiverem algum conhecimento de canto podem começar em qualquer ponto do capítulo que se adeque a seu nível de experiência. Se você não teve nenhum exercício em canto nos últimos anos, comece pelo início do capítulo e prossiga em ritmo mais rápido para refrescar suas habilidades.

Considere esses pontos importantes quando estiver trabalhando os exercícios de canto:

- ✔ Certifique-se de ler as instruções quantas vezes for necessárias para que possa trabalhar os exercícios e focar em sua tarefa.

- ✔ O exercício é apropriado se estiver logo acima do seu nível de experiência. Se você não tiver tido nenhum treinamento em canto, pode se sentir meio perdido no começo. Todavia, essa sensação sumirá com a prática porque você gradualmente compreenderá a terminologia — o exercício em algum momento se tornará algo natural para você. Se ele se tornar fácil após uma semana, você está no caminho certo.

- ✔ Releia as orientações e instruções dos exercícios com frequência. Após trabalhar em um exercício por uma semana, pode encontrar algo que esqueceu ao ler as instruções de novo.

- ✔ Se um exercício for confuso, peça a um amigo para interpretá-lo ou praticá-lo com você. Observar outros cantores ajuda a descobrir muitas coisas sobre técnica. Ter que explicar um exercício verbalmente para alguém o ajuda a articular suas ideias.

- ✔ O maior conselho que posso lhe dar sobre o canto é que ele exige disciplina. Depende mesmo de você encontrar tempo para praticar e aprimorar sua técnica. Você tem várias ferramentas neste livro para ajudá-lo, mas as ferramentas precisam de um usuário. Marque um tempo, organize sua sessão escolhendo exercícios e divirta-se!

Esmiuçando o exercício

Em qualquer sessão de prática, você precisa de aquecimento para deixar seu corpo e seu cérebro preparados para focar e cantar. Depois do aquecimento, trabalhe em cada área da técnica: postura, respiração, articulação de vogais e consoantes, ressonância e produção do som. Escolha exercícios que trabalhem seu alcance, cante os modelos que desenvolvam seu ouvido e encontre as seleções que combinem encenar com cantar. Desmembrar sua sessão em áreas específicas em que trabalhar, permite que você cresça em cada uma delas sem jogar sua música pela janela por frustração.

Também estabeleça objetivos para cada sessão. Considere esses exemplos de objetivos para cada dia de prática:

Segundas-feiras e terças-feiras

- ✔ Explore dois exercícios de respiração que trabalhem inspiração rápida e expiração longa, e aplique esse trabalho à sua música.

Parte II: Aprimorando Seu Canto

- Identifique três vogais que você possa trabalhar nos exercícios, e, assim, aplique o trabalho à sua música.

- Selecione três consoantes que você possa trabalhar combinadas com as vogais e, então, aplique o trabalho à sua música.

Quartas-feiras e quintas-feiras

- Revise os dois exercícios de respiração. Se um deles estiver indo bem, acrescente mais um.

- Cante os exercícios da segunda-feira e da terça-feira usando as três vogais. Se não estiver certo da forma delas, revise a explicação do grupo de exercícios do Capítulo 8. Se seu trabalho em uma das vogais estiver indo bem, acrescente mais uma.

- Revise o movimento das três consoantes da segunda-feira e da terça-feira. Trabalhe o movimento das consoantes até que se tornem naturais. Se seu trabalho em uma dessas consoantes estiver indo bem, acrescente mais uma.

Sextas-feiras e sábados

- Revise os exercícios dos últimos quatro dias. Faça uma nova lista para acrescentar exercícios.

- Ao fim da lista, acrescente novas vogais ou consoantes para trabalhar no final de semana.

Domingo

- Descanse.

- Inicie sua lista de afazeres para a prática da semana seguinte.

Você pode escolher qualquer dia para descansar, mas não se esqueça de praticar toda semana.

Praticando Corretamente

Praticar corretamente significa que você está tendo uma melhora consistente. Você está aplicando a informação técnica que reuniu neste livro e sente sua voz boa ao cantar. Suas cordas vocais não têm receptores de dor, deste modo, não ache que vai sentir dor se fizer algo errado. Se sentir, pode está apertando muito e contraindo os músculos em torno de suas cordas vocais. Sentir-se cansado após praticar é normal. Você pode ter amigos que conseguem cantar por horas sem sentirem-se cansados, mas eles podem ter passado vários anos cantando para adquirir resistência. Se sua voz cansa após uma quantidade razoável de tempo cantando, não se preocupe com isso. Depois de um mês, contudo, se sua voz cansar rapidamente, você certamente está fazendo algo errado. Para obter ajuda, revise os exercícios para liberar tensão no Capítulo 3, os exercícios de respiração do Capítulo 4 e, especialmente, a abordagem sobre exercícios de entonação no Capítulo 6.

Gravando sua própria voz

Grave sua sessão de prática a cada dia para monitorar sua melhora. Na primeira vez que ouvir sua própria voz, pode não gostar. Essa é uma reação perfeitamente normal. Os artistas gastam muito dinheiro no estúdio de gravação, mas talvez não soem tão perfeitos em casa. Na terceira vez que se ouvir em uma gravação, estará acostumado com o som. Ouça os detalhes, como a precisão da vogal. O som é de é ou ê? As duas vogais são parecidas, mas você deve estar apto a distingui-las no exercício e no texto da música. Grave sua voz dizendo é e ê para poder sentir e ouvir a diferença. Depois ouça a gravação. Você também pode observar se sua inspiração está silenciosa (sem arquejamento), passagens suaves entre registros, sons variados que você escolheu para criar dar uma cara diferente à sua música ou variações de dinâmica.

Se você tiver uma câmera de vídeo à mão, grave-se com ela regularmente para conferir sua linguagem corporal (vejas os Capítulos 3 e 18 para ver informações sobre linguagem corporal). Assista o vídeo três vezes seguidas para acostumar-se a ouvir sua voz nele. Você pode também assisti-lo sem som para focar no movimento do seu corpo. Câmeras de vídeo normalmente possuem qualidade de gravação melhor que celulares, mas se você só tiver um celular disponível, serve.

Aplicando informações e exercícios

À medida que você ler sobre cada exercício no livro, experimente-os. Após tentá-los por uma semana, só então poderá decidir se são muito malucos de se fazer. Na maioria das vezes você não consegue perceber o benefício de um exercício até tê-lo tentado algumas vezes. Você não saberá do que é capaz até que saia da sua zona de conforto. Dominar alguns dos exercícios exige tempo, enquanto outros precisam apenas de alguns dias para serem dominados. Na primeira vez em que você tentar um exercício, pode sentir-se tentado a só passar os olhos na explicação, porque quer testá-lo. Entendo totalmente. Certifique-se de voltar e ler a explicação completa e trabalhar cada passo. O passo que você pular pode ser o mais importante do exercício.

Para cada conceito importante, ofereço vários exercícios. Para aqueles de vocês que forem mais visuais, dou a visualização do exercício. Os tipos

126 Parte II: Aprimorando Seu Canto

cinestésicos (aqueles que aprendem com movimentos) podem se beneficiar da descrição dos movimentos. Os tipos aurais (pessoas que aprendem melhor usando os ouvidos) serão informados do que escutar enquanto praticarem o exercício. Se você não souber qual prefere, tente todos!

Usando o CD para praticar os exercícios

O CD deste livro tem tantos exercícios maravilhosos que progridem e gradualmente se tornam mais difíceis. Se você for um cantor muito avançado, pule para um dos últimos exercícios. Se for um iniciante, recomendo que comece do início do livro e trabalhe capítulo por capítulo. Pode levar um tempo, mas enquanto fizé-lo você se divertirá muito. Mantenha o CD à mão no seu local de prática. Os exercícios estão em ordem de dificuldade.

O CD pode parecer chato porque não é cheio de "plumas e paetês", mas a simplicidade do piano e das vozes permite que você se foque completamente em sua técnica. Quando ela estiver boa mesmo, corra para o karaokê e impressione seus amigos. Até lá, use o CD para trabalhar regularmente em sua técnica.

Parte III
Técnicas Avançadas para Aprimorar Sua Voz

A 5ª Onda   Por Rich Tennant

"Ela sabe mesmo como acertar uma música."

Nesta parte...

Os exercícios desta parte destinam-se a lhe dar um exercício vocal incrível. Sua voz tem várias partes que se unem para criar uma linha única de cima abaixo, e aqui você explorará mais exercícios ainda para desenvolver sua voz média, a voz de peito e de cabeça. Quando precisar de um bom desafio e alguns exercícios mais difíceis, esta parte o ajudará a partir para o próximo nível mostrando-lhe como expandir seu alcance e como acrescentar o belting à sua lista de habilidades.

Também discutirei questões sobre a idade — jovem e velho — junto com vários estilos musicais. Finalmente, fecho lhe dando algumas dicas para encontrar o instrutor certo.

Capítulo 11

Desenvolvendo as Regiões da Sua Voz

Neste Capítulo

▶ Preenchendo o espaço entre as vozes

▶ Usando sua voz de peito para os tons mais graves

▶ Descobrindo a sensação da voz de cabeça

▶ Recebendo uma força no falsete

▶ Entrando e saindo da voz média graciosamente

*V*ocê tem uma gloriosa voz de canto composta de três partes, ou registros, distintas: *voz de peito*, *voz média* e *voz de cabeça*. Como você pode supor, as notas da região média da sua voz compõem sua voz média, as notas da região grave de sua voz compõem sua voz de peito e as notas na região mais aguda compõem sua voz de cabeça.

Para ter uma ideia melhor de cada parte de sua voz, você deve reconhecer como cada região se relaciona com as outras.

✔ **Voz de peito:** O som mais denso e pesado produzido na região mais baixa de seu corpo. A voz de peito cria vibrações em seu peito quando você canta.

✔ **Voz de cabeça:** A parte mais alta de sua voz. Ela vibra em sua cabeça ou no crânio quando você canta.

✔ **Voz média:** A ponte entre as vozes de peito e de cabeça. Ela produz vibrações em sua boca e no pescoço. A voz média parece com a voz de cabeça em cantoras e com a voz de peito em muitos cantores. Algumas pessoas chamam a voz média de um misto, porque esta região não é 100% voz de peito nem de cabeça. É uma combinação das duas.

Músculos específicos criam a voz de cabeça e de peito; esses grupos musculares trabalham juntos para produzir a voz média. Neste capítulo, você explorará o equilíbrio desses grupos musculares — a voz média. Depois, você explorará a mistura que você pode criar combinando as regiões de sua voz. O falsete é feito com os músculos da voz de cabeça, mas as cordas vocais ficam mais finas do que na voz de cabeça.

O *falsete* é o som mais delicado que a voz masculina pode produzir. A partir desse som suave do falsete, os homens podem acrescentar um fluxo de ar mais rápido (o que algumas pessoas chamam de mais compressão respiratória) e alta ressonância, para deixar a nota dominada pela voz de cabeça. A voz feminina não tem falsete, então, o som mais delicado que uma mulher consegue produzir é a voz de cabeça.

Uma vez que as vozes femininas e masculinas são diferentes, nem todos os modelos e exercícios neste capítulo se aplicarão igualmente para homens e mulheres. Alguns são mais fáceis para mulheres do que para homens. Da mesma forma, alguns são mais fáceis para homens do que para mulheres. Alguns deles até trabalham regiões diferentes em mulheres e em homens. Para cada exercício que você encontrar, darei informações claras sobre como cada um funciona tanto para mulheres quanto para homens. Pratique todos os exercícios deste capítulo, não importa qual região da voz eles trabalhem. O objetivo final é fortalecer todas as regiões de sua voz — de peito, média e de cabeça — de forma que elas trabalhem em conjunto para criar um lindo som.

Se você estiver cantando um exercício destinado ao outro sexo, recomendo que o cante uma oitava acima ou abaixo. A distância entre uma nota e a mesma nota acima ou abaixo é chamada de *oitava*. Por exemplo, a distância entre dois Dós é de uma oitava: se você começar do primeiro Dó e contar oito notas brancas no piano, encontrará outro Dó.

Encontrando Sua Voz Média

Sua voz média é a ponte entre sua voz de peito e de cabeça. Para as mulheres, a voz média parece uma versão mais leve da voz de peito e uma versão mais cheia e densa da voz de cabeça. Para os homens, a voz média parece mais leve do que a voz de peito ou de cabeça e mais cheia que o falsete. Os cantores no CD demonstram esses sons para que você possa explorá-los e explorar também suas sensações por si próprio. Você pode explorar sua voz média ou mesmo moldá-la se ela não for muito boa. Continue lendo para ter uma ideia de como é a voz média e de quando usá-la.

Observando a extensão da sua voz média

A relação da sua voz média com as vozes de peito e de cabeça é a mesma, não importa quem você seja. Mas *como* ela funciona, *quando* funciona e as transições que devem ser observadas dependem de se você é mulher ou homem.

A Figura 11-1 mostra a extensão média da voz média feminina. No começo, ela pode ser fraca quando você tentar alcançar as notas sem fazer transição da voz de cabeça ou de peito. Dependendo da música, você pode deixar sua voz média tão grave quanto quiser. Se sua voz se tornar muito dispersa ou fraca nas notas muito baixas, você pode ter que mudar para a voz de peito. Os exercícios deste capítulo o ajudarão a descobrir como e quando fazer essa transição. Quando você sente as vibrações em sua boca e no pescoço, pode facilmente manter o som da voz média enquanto canta.

Figura 11-1: Extensão da voz média feminina.

Fá acima do Dó central (F4) até o próximo Fá (F5).

A Figura 11-2 mostra a extensão média da voz média masculina. (Os tenores são exceções, porque conseguem mudar para a voz média em um tom mais agudo do que o mostrado na figura.) A extensão da voz média masculina não é tão grande quanto a da feminina; você não consegue notar uma diferença grande ao entrar nessa extensão. Logo, entender a sensação da voz média é importante, especialmente quando estiver mudando de notas agudas ou graves. Sua voz média é menos densa do que a voz de peito e não é leve e reverberante como a voz de cabeça; o som e a sensação ficam no meio termo, vibrando pela boca e garganta. Se você tentar forçar um som pesado vindo de baixo, pode levar tempo até que adquira um controle seguro sobre suas notas agudas. Neste capítulo você terá a oportunidade de trabalhar sua voz de forma a manter facilmente a voz média quando necessário.

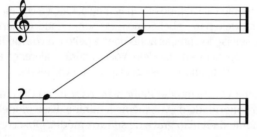

Figura 11-2: Extensão da voz média masculina.

A abaixo do Dó central (A3) até E acima do Dó central (E4)

Cantando com a voz média

Os exercícios a seguir lhe darão a chance de trabalhar sua voz média sozinho. Acompanhe o CD e sinta onde sua voz média se encontra e qual a sensação de cantar com ela.

Nesta faixa, ouça os cantores cantando o modelo da Figura 11-3. O som que você ouve é o da voz média. Use as vogais listadas abaixo para ajudá-lo a encontrar o som de sua voz média.

- ✔ **Meninos:** A voz média do homem não é nem de longe tão ampla em extensão quanto a da mulher. Desenvolvi esse exercício tendo em mente a voz feminina. Cante junto com a voz masculina na faixa, mas saiba que estará passando da voz média para a voz de peito se cantar o modelo uma oitava abaixo.

- ✔ **Meninas:** A Figura 11-3 foi desenvolvida tendo em mente especificamente a extensão de sua voz média.

Figura 11-3: Descendo.

A Figura 11-4 mostra um modelo que o ajudará a explorar sua voz média ao trabalhar gradualmente sua capacidade de produzi-la da melhor maneira.

- ✔ **Meninos:** Desenvolvi este exercício tendo em mente a voz feminina. Uma voz masculina também cantará para que vocês rapazes saibam o que fazer para acompanhar. Esse modelo começa logo abaixo de sua voz média, mas gradualmente vai subindo até chegar nela. Ouça a voz masculina cantando o modelo para saber como é sua sonoridade. Observe que a diferença de sensação entre as notas da voz peito e a voz média só é sutil nas primeiras repetições do modelo. Você sentirá a diferença à medida que as notas forem ficando mais agudas em sua voz média.

- ✔ **Meninas:** Uma voz de mulher demonstra os sons no CD para que você ouça a sonoridade da voz média feminina. Esse modelo começa propositalmente na região grave de sua voz média. Observe como as vibrações mudam levemente enquanto você sobe na tonalidade. Você canta o modelo até o topo de sua voz média.

Figura 11-4: Descendo.

Capítulo 11: Desenvolvendo as Regiões da Sua Voz   *133*

O modelo na Figura 11-5 funciona especificamente na extensão da voz média masculina. Senhoritas, vocês podem trabalhar sua voz média quando estiverem cantando esse modelo, se o cantar uma oitava do que consta na figura. No CD você ouve uma voz masculina demonstrando o modelo usando sua voz média. Observe que à medida que ele sobe no tom, procura suavizar o som ao invés de deixá-lo mais forte.

- **Meninos:** Sua nota inicial é a primeira nota que o piano toca. O modelo gradualmente atravessa a extensão de sua voz média. Você pode sentir que o som é mais agudo do que sua voz falada, mas não tão agudo quanto aqueles que você produz na parte mais alta de sua extensão.

- **Meninas:** Embora o modelo na Figura 11-5 seja escrito uma oitava abaixo, cante-o uma oitava acima para trabalhar sua voz média. Escute o piano tocar a segunda nota, que é a que você vai usar para começar esse modelo. Este também trabalhará sua voz média, mas é escrito de forma diferente daqueles nas Figuras 11-3 e 11-4 para que os homens possam entender onde a voz média deles começa.

Figura 11-5: Deslizando pelo meio.

1. moh
2. mêi

Ouça a voz masculina demonstrar o modelo da Figura 11-6 em sua voz média. O som é mais suave do que a voz de peito, mas não tão alta ou suave quanto a voz de cabeça.

- **Meninos:** Esse modelo encontra-se exatamente na extensão de sua voz média. Observe o som da voz masculina enquanto o cantor começa a nota solidamente em sua voz média. Você deverá abrir espaço no fundo de sua boca e na garganta e tomar ar antes de iniciar o modelo.

- **Meninas:** Esse modelo estará no meio de sua extensão de voz média se você cantá-lo uma oitava acima do que está escrito na página. Use a vogal listada abaixo do modelo, da mesma forma que os meninos.

Figura 11-6: Passando por quatro notas na voz média.

aw

Conferindo Sua Voz de Peito

A voz de peito é aquela mais densa e pesada produzida na região mais baixa de sua voz que cria vibrações em seu peito quando você está cantando. Você pode ter sentido que leva um tempinho, quer você queira ou não. O truque para cantar com a voz de peito é saber quando usá-la. Se você quiser saber o quão alto levar sua voz de peito — ou mesmo como encontrá-la, se ainda não a conhece — continue lendo para aprender a tê-la forte, mas controlada.

Focando na extensão da sua voz de peito

Cantar com a voz de peito pode gerar um sentimento poderoso. Contudo, você deve ser justo com sua voz média e não deixar a voz de peito tomar conta cedo demais. Explore sua extensão para saber quão cedo é cedo demais para fazer a transição à voz de peito.

Na Figura 11-7 você pode ver a extensão média da voz de peito feminina. A voz de peito é uma parte forte da voz feminina — frequentemente mais forte do que a voz média —, e talvez você precise fortalecer sua voz média. Você precisa conhecer a extensão de sua voz de peito. Se você levá-la muito alto, pode enfraquecer sua voz média. Lembre-se de que você sempre pode sair antes da voz de peito, mas, preferencialmente, não depois, da extensão dada na Figura 11-7.

Figura 11-7: Extensão da voz de peito feminina.

G abaixo do Dó central (G3) até Mi (E4)

A Figura 11-8 mostra a extensão média da voz de peito masculina. A maioria dos homens fala com a voz de peito, então, normalmente, esta já é forte neles. Você pode desenvolver a sua se achá-la fraca e explorar a diferença entre suas vozes de peito e média.

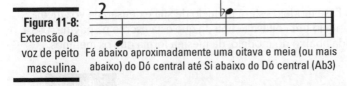

Figura 11-8: Extensão da voz de peito masculina.

Fá abaixo aproximadamente uma oitava e meia (ou mais abaixo) do Dó central até Si abaixo do Dó central (Ab3)

Distinguindo voz de peito e belt

A voz de peito e o belt não são a mesma coisa. A primeira é uma parte densa e forte de seu alcance mais grave e possui um som muito mais pesado e profundo do que o belt. O

> belt tem um som mais metálico e pode soar como uma versão saudável do grito; pode parecer que ele é dominado por sons da voz de peito, mas deve ser executado com a facilidade da voz média. Um bom belt é desenvolvido a partir do som da voz falada. Muitas pessoas que não gostam do belt referem-se a ele como "gritar afinado". Mas, ei, belt é o que você faz à mesa de jantar quando a conversa sobre política esquenta, e também é o que você faz ao chamar um táxi.
>
> Se você estiver interessado no belt, pode conferir o Capítulo 13 para encontrar alguns exercícios com essa técnica. Mas não corra até eles até que sua voz média esteja realmente forte e você possa distinguir entre a voz de peito e ela.

Sentindo sua voz de peito

Você talvez já saiba o que *deve* ser sua voz de peito (se não, veja a seção "Focando na extensão da sua voz de peito", anteriormente neste capítulo), mas pode ser que ainda não tenha certeza do que ela de fato é. A melhor forma de saber é senti-la. Experimente alguns dos exercícios a seguir para que possa sentir aquelas vibrações da voz de peito.

O modelo na Figura 11-9 lhe dará a primeira oportunidade de encontrar sua voz de peito. Escute os cantores no CD para ouvir os sons que eles fazem com a voz de peito. Observe que o som é cheio e denso. Identifique as sensações em seu corpo e tente sentir as vibrações quando cantar.

- ✓ **Meninos:** Este exercício é propositalmente grave. Alguns homens conseguem cantar grave e eu quero que você veja se sua voz consegue cantar notas baixas. Mesmo que não consiga, com tempo você pode descobrir que as notas ficam mais fortes. Alguns tenores podem não conseguir cantar esse modelo por ele ser muito grave (veja o Capítulo 2 para mais informações sobre a extensão do tenor). Tente o exercício várias vezes — se for grave demais, encontre outros modelos no capítulo que não sejam tão baixos ou repita-o algumas vezes uma oitava acima. Sua nota inicial será a primeira nota tocada pelo piano.

- ✓ **Meninas:** As primeiras repetições são graves demais para vocês. Algumas mulheres conseguem cantar bem grave, deste modo o modelo lhe dará a oportunidade de ver o quão grave você consegue cantar com a voz de peito. Com prática, você pode descobrir que os modernos gradualmente se tornam mais fáceis e que você ganhará alguma força nas notas graves. Nesse modelo, a segunda nota tocada pelo piano é a sua nota inicial.

Figura 11-9: Cantando em quarta.

O modelo na Figura 11-10 começa com *ah*, uma vogal aberta, para ajudá-lo com o som mais denso da voz de peito. Você pode permanecer na voz de peito todo o tempo ao cantar este modelo.

- **Meninos:** Cavalheiros, cantem o modelo da Figura 11-10 uma oitava abaixo do que está escrito na página. Você poderá ouvir a voz masculina o demonstrando. O modelo começa baixo e vai gradualmente subindo no tom. Você pode continuar trabalhando nesse modelo sozinho e subir mais no tom. Se achá-lo grave demais para você, cante-o como consta na página ou espere até que o modelo fique alto o suficiente para sua voz.

- **Meninas:** Este modelo se mantém na extensão de sua voz de peito. Se sua voz for aguda, você pode achar as primeiras repetições dele muito baixas. Tente cantá-lo para sentir as vibrações de sua voz de peito e gradualmente amplie o espaço em sua garganta e na boca à medida que subir no tom.

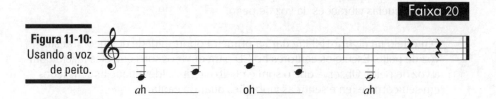

Figura 11-10: Usando a voz de peito.

Faixa 20

Mirando na Voz de Cabeça

A região mais alta de sua voz de canto é chamada de *voz de cabeça*, porque a maioria das pessoas sente as vibrações nesta parte ou no crânio ao cantar com ela. É necessário ter voz de cabeça para alcançar aquelas notas muito agudas de uma música. Para as mulheres, as notas na região média de sua voz podem não causar uma sensação muito diferente das agudas. Ao passar da região média de sua voz até a voz de cabeça, você deve *suavizar o som*. Em outras palavras, você deve pensar na voz de cabeça como mais suave — mais leve na quantidade de esforço ou pressão em sua garganta. Você pode sentir como se apenas abrisse a boca e o som saísse naturalmente por ela.

Encontrando a extensão da sua voz de cabeça

Assim como as mulheres têm dificuldade para passar da voz de peito para a voz média, os homens têm dificuldade para passar à voz de cabeça. Com alguma prática, os homens podem controlar essa região da voz.

A Figura 11-11 mostra a extensão média da voz de cabeça feminina. Senhoritas, vocês podem não sentir muita diferença entre suas vozes de cabeça e média até chegar a notas bem agudas, porque as vibrações gradualmente sobem para a cabeça, à medida que você sobe no tom. Você também sente uma leve diferença ao descer. Você pode explorar alguns modelos na mesma região para realmente sentir como as vibrações mudam. As mezzos podem ter mais dificuldade com a voz de cabeça que as sopranos (veja o Capítulo 2 para mais informações sobre as diferenças entre mezzo e soprano). Na transição para a voz de cabeça, pode encontrar algumas notas débeis no começo. Continue praticando e você descobrirá como trabalhar sua voz de cabeça usando as sugestões neste capítulo.

Figura 11-11: Extensão da voz de cabeça feminina.

Fá aproximadamente uma oitava e meia acima do Dó central (F5) e mais acima

A Figura 11-12 mostra a extensão média da voz de cabeça masculina. Para os homens, é importante trabalhar na voz de cabeça a fim de alcançar um bom equilíbrio ao cantar. Mas recomendo que você trabalhe no seu falsete antes de levar sua voz de cabeça a notas muito agudas. Se sua voz parecer tensa ao trabalhar nos modelos mais agudos, trabalhar seu falsete (veja "Descobrindo o seu falsete", posteriormente neste capítulo) até conseguir entrar nele e sair, tornará os exercícios deste capítulo mais confortáveis. Você também pode voltar aos exercícios de voz média até que essa região de sua voz funcione com facilidade. Quando você compreender as sensações da voz média, poderá entender mais facilmente quando estiver forçando demais a voz de cabeça em modelos ascendentes.

Figura 11-12: Extensão da voz de cabeça masculina.

Fá acima do Dó central (F4) e além

Sentindo a voz de cabeça

Cantores e cantoras sentem as vibrações da voz de cabeça nesta parte de seu corpo ou no crânio. À medida que você explorar sua voz de cabeça neste capítulo, ponha sua mão um pouco atrás do topo de sua cabeça. Você também pode pôr a mão na nuca para sentir as vibrações ao subir no tom. À medida que for subindo, você poderá sentir as vibrações passando de seu pescoço ou boca para a cabeça. Quando chegar a notas muito agudas, poderá sentir as vibrações bem no topo da cabeça. Cantores podem sentir as vibrações em diferentes partes, mas você pode explorar como elas mudam de lugar enquanto você sobe de tom. Também fique consciente das sensações em sua boca ao cantar com voz de cabeça. Você pode sentir o som no céu da boca, no palato duro, ou mesmo na parte frontal de seu rosto. Todos esses locais de vibração o ajudam a descobrir as sensações da voz de cabeça.

Uma ótima forma de sentir sua voz de cabeça é cantando *vogais fechadas*. Quando você canta vogais fechadas, sua boca não fica muito aberta. Por exemplo, *ah* é muito mais aberta do que *ih*, então *ih* é uma vogal fechada e *ah*, aberta (confira o Capítulo 8 para mais informações sobre vogais). As vogais fechadas são úteis para cantar com a voz de cabeça porque o som é mais leve do que o das vogais abertas e elas criam vibrações que são mais fáceis de sentir. Isso não quer dizer que você não pode usar vogais abertas, como *ah*, na voz de cabeça. Significa apenas que você pode explorar as sensações mais facilmente com as fechadas e então levar essa mesma facilidade e sensação das vibrações até suas vogais abertas.

Quando você cantar o modelo mostrado na Figura 11-13, encontre o mesmo padrão na entonação e sinta as vibrações na cabeça. Direcionando as vogais para a sua frente, terá mais a possibilidade de sentir as vibrações naquela parte do corpo. Ouça os cantores no CD demonstrarem a voz de cabeça. Ao tentar o modelo, siga estes passos para facilitar o canto com a voz de cabeça:

1. **Encontre seu alinhamento.**

   Veja o Capítulo 3 para dicas de como encontrar o alinhamento.

2. **Tome ar.**

   Confira o Capítulo 4, se precisar de mais detalhes sobre o trabalho com a respiração.

3. **Abra o espaço no fundo de sua boca e de sua garganta enquanto levanta seu palato mole.**

   O Capítulo 7 lhe diz o que você precisa saber sobre este passo.

Figura 11-13: Trabalhando com vogais fechadas.

Aprumando a afinação

Um erro comum sobre o canto é o de que você deve levantar a cabeça para cantar notas agudas e abaixá-la para as notas graves. Pode funcionar no começo, mas você pode ficar engraçado levantando e abaixando a cabeça quando começa a cantar músicas mais difíceis. Ao invés de fazer esses movimentos com a cabeça, dedique algum tempo para praticar os exercícios listados em cada um dos capítulos de forma que sua laringe descubra como executar seu trabalho. Se esses músculos nunca tiverem se exercitado, eles precisarão de algum tempo para aprender o que fazer ao cantar notas agudas. Levantar a cabeça tensiona suas cordas vocais, pois impede que a cartilagem tireoide de sua laringe se movimente. O movimento deve acontecer quando você muda de tonalidade, mas fazer isso não é o mesmo que levantar sua laringe. O movimento deve acontecer naturalmente — você não deve controlá-lo. Sua laringe e sua cabeça devem permanecer imóveis enquanto os músculos dentro de sua garganta fazem o trabalho.

Ouça os cantores no CD cantarem o modelo da Figura 11-14. Observe que o som é leve e alto, como se estivesse saindo girando da boca. Se você abrir espaço em sua boca e na garganta e aplicar as técnicas respiratórias apropriadas, a sensação será de que o som da voz de cabeça sai por vontade própria de sua boca. Se a sensação for de peso e exigir muito esforço, você está usando muito peso ou envolvendo os músculos que criam a voz de peito.

Figura 11-14: Prolongando a voz de cabeça.

1. Wii
2. Uuuhh

Vamos Ouvir os Garotos: Descobrindo o Falsete

A voz masculina possui três registros, semelhante à voz feminina: voz de peito, voz média e voz de cabeça. A diferença na voz masculina é o *falsete* — a parte mais suave de sua voz de canto que soa como a feminina. As notas do falsete encontram-se na mesma região de sua voz de cabeça, mas as cordas vocais se afinam, como um elástico esticado. A sensação do falsete é mais leve ou aguda do que a da sua voz de cabeça. Se você tentar cantar notas agudas mesmo, pode até cair no falsete.

O falsete é uma região importante de sua voz e precisa ser desenvolvido para fortalecer a voz de cabeça. Ele pode ser fraco no começo de sua prática de canto. Você pode explorar sons com notas agudas cantando em falsete e, depois, quando tiver mais força, trabalhar nas mesmas notas usando a voz de cabeça. Quando os músculos responsáveis pela voz de cabeça ficarem mais fortes, você conseguirá cantar as mesmas notas que produzia apenas precariamente com a voz de cabeça ou com falsete. Experimente os sons que você pode fazer com o falsete e fortaleça-os. Você pode ouvir professores de canto referindo-se ao *falsete* como *voz de cabeça*, mas acho que usar ambos os termos é mais fácil para que você saiba exatamente que tipos de som fazer.

Senhoritas, vocês podem cantar as figuras desta seção usando sua voz média ou de peito.

Descobrindo o seu falsete

Se você já imitou uma mulher, tenha sido cantando ou falando, encontrou seu falsete. Ele pode não ser muito forte, mas o exercitar bem para cantar é importante para fortalecer sua voz de cabeça.

Faixa 23

Ouça no CD o cantor demonstrando os sons do falsete. Observe que o falsete é suave, diferente de sua voz falada. Parece com sua voz quando era mais jovem. Agora tente encontrar seu falsete usando as dicas a seguir:

- Primeiro suba um pouco acima do Dó central. A maioria dos homens consegue cantar em falsete a partir de aproximadamente o Lá abaixo do Dó central até a nota mais aguda em que se sinta confortável. O cantor do CD demonstra na região correta para você.

- Procure fazer sons apenas com falsete para se acostumar à sensação. Você não precisa ir a um tom muito agudo, mas se mantenha na vogal *uh* tempo suficiente para conferir a posição da laringe, à medida que subir. Veja o Capítulo 5 para obter ajuda sobre como encontrar a laringe.

- Assim como em outras regiões de sua voz, mantenha a laringe imóvel ao subir de tom. Tome ar e confira sua posição.

- Mantenha o palato mole levantado enquanto explora uma tonalidade e ao cantar os modelos.

- Se sua laringe subir quando você começar a primeira nota, comece por um tom mais baixo. Lembre-se de abrir o espaço ao inspirar de forma que sua laringe desça.

Experimentando o seu falsete

Quando encontrar seu falsete (veja a seção anterior, "Descobrindo o seu falsete"), cantar com ele lhe dará uma ideia de qual deve ser sua sensação e o ajudará a fortalecer tanto ele quanto sua voz de cabeça. Experimente a sensação de cantar em falsete tentando os exercícios das Figuras 11-15 até 11-18.

Cante o modelo na Figura 11-15 para explorar os sons no seu falsete. Ouça o cantor no CD demonstrar o falsete dele. Cheque se sua faringe não está subindo (veja o Capítulo 5 para encontrar a faringe). Ao cantar o modelo, abra o espaço no fundo da boca e na garganta.

Figura 11-15: Checando seu falsete.

A maioria dos iniciantes não precisa cantar além da oitava acima do Dó central em sua extensão de falsete. Você certamente pode tentar mais agudo, se achar que sua voz o alcança, para desenvolver o Dó e Ré agudos. Trabalhe em seu falsete por pelo menos três semanas ou até que fique fácil para você manter a laringe imóvel e produzir sons claros. Depois prossiga para os exercícios da seção "Descendo do falsete", a seguir neste capítulo.

Descendo do falsete

Os modelos listados nesta seção o ajudarão a descer do falsete até suas vozes média e de peito. Esse exercício pode parecer estar no lugar errado porque você está focando no falsete. No entanto, o objetivo é usar a sensação de *facilidade* do falsete para levar suas notas até a voz média de forma a ter a mesma facilidade de som sem pressão. A Figura 11-16 lhe permitirá sair do falsete para sua voz de peito a fim de que você realmente sinta a diferença entre uma e outra. Após experimentar a transição, você poderá desenvolver mudanças suaves, deslizando do falsete ao invés de *despencar* dele. Você deve visualizar a nota mais grave à sua frente para impedir que a próxima despenque, criando uma grande lacuna entre elas. Quando as notas de sua voz média estiverem fáceis, você deve encontrar essa mesma sensação de passar do falsete para a voz de cabeça com facilidade. O benefício a longo prazo é que você conseguirá cantar uma música ou modelo musical que passa da voz média para a voz de cabeça, porque saberá como afinar suas cordas vocais. A mudança pode ser atrapalhada no começo, isso é normal. À medida que a transição ficar mais suave, conseguirá fazê-la mais facilmente. Siga em frente e deixe sua voz tropeçar por enquanto. Impedir o tropeço completamente não deixará você sentir a diferença entre os dois sons.

Usando o modelo da Figura 11-16, cante começando com falsete e depois desça até sua voz média (ou a voz de peito) nas últimas cinco repetições dele. Deixe o som mudar e faça uma troca observável. Você deve permitir grandes mudanças quando mudar de tons no início. Quanto mais você trabalhar nessa transição, mais confiante se sentirá para fazer uma transição suave depois. Quando este modelo se tornar fácil para você (normalmente após várias semanas de prática), cante o modelo da Figura 11-17 e faça uma transição suave até a nota mais baixa.

Figura 11-16: Saindo do falsete.

Na Figura 11-16, você saiu tropeçando do falsete. Neste modelo (veja a Figura 11-17), cante a primeira nota em falsete e deslize até sua voz média (ou voz de peito, nas últimas três repetições) nas vogais, como escrito. Você pode ficar confuso no começo ao fazer as transições. Para ajudar a suavizar as transições, pense em descer flutuando ou deslizar entre as notas e gradualmente abra espaço na garganta. Dedique algum tempo para explorar uma transição suave ao descer na tonalidade. Quanto mais você praticar, mais seguro se sentirá para sair de seu falsete.

Figura 11-17: Deslizando para sair do falsete.

Subindo até o falsete

Siga as orientações para os exercícios e explore as sensações de entrar no som mais suave do falsete a partir da sensação de peso da voz de peito ou da média. O benefício deste exercício é que, com a prática, você pode descobrir como fazer a transição até o falsete ou à voz de cabeça. Sua voz de cabeça ficará mais forte porque você saberá como cantar as notas sem acrescentar muita pressão ou densidade, como se você esticasse um elástico e ele continuasse grosso. Siga para o modelo da Figura 11-18 quando estiver confiante no seu progresso nos modelos anteriores.

Seguindo a Figura 11-18, cante a primeira nota na voz de peito e então suba deslizando para o falsete. Mantenha o movimento inverso tão suave quanto possível. Não há problemas em escorregar entre notas agora. Se você ouvir a voz tropeçando ao fazer a transição, continue trabalhando e permita que isto aconteça. Depois você poderá sentir que essa sensação de tropeço se suavizará, conforme que você for se acostumando a entrar e sair do falsete. Quando você subir até o falsete, sentirá a ressonância subindo mais alto em sua cabeça.

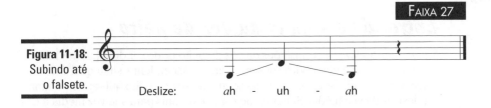

Figura 11-18: Subindo até o falsete.

Cantando músicas que usam falsete

O falsete não serve apenas para exercícios — você pode encontrar músicas que lhe permitem usar esses sons. Confira essas músicas com falsete. Você pode encontrar mais ainda se quiser uma oportunidade de usar sua recém-descoberta técnica.

- "Big Girls Don't Cry" e "Sherry Baby", cantado pelo grupo The Four Seasons
- "Bring Him Home", de *Les Misérables*, por Alain Boublil e Claude-Michel Schönberg
- "Buddy's Blues", de *Follies*, por Stephen Sondheim
- "Corner of the Sky" e "With You", de *Pippin*, por Stephen Schwartz
- "Cryin", cantado por Roy Orbison
- "Maria", de *West Side Story* (do filme Amor, Sublime Amor), por Leonard Bernstein
- "Music of the Night", de *Fantasma da Ópera*, por Andrew Lloyd Weber
- "The Old Red Hills of Home", de *Parade*, por Jason Robert Brown

Se você quiser ouvir um artista cantando uma grande variedade de sons, ouça "Ben", "Billie Jean" e "I Just Can't Stop Loving You", cantadas por Michael Jackson. Nessas três músicas, Michael Jackson usa uma variedade de sons e partes de sua voz. Ele usa falsete, um mix e belt. Em "Billie Jean" ele usa falsete ao dizer "on the dance"; usa seu mix no comecinho da música e belt quando diz "people always told me to be careful what you do".

Fazendo uma Transição Suave

A voz média é uma ponte entre a voz de cabeça e a de peito, por isso deve entrar e sair dela suavemente. Você pode sempre *sentir* uma transição entre os dois registros, mas o objetivo é não *ouvir* uma grande mudança entre eles. Deverá descobrir onde fazer essas transições. A maneira mais fácil de descobrir é comparando o som e a sensação entre suas vozes média, de peito e de cabeça. Para descobrir como mudar suave e intencionalmente para evitar mudanças drásticas em seu som, continue lendo.

Fazer todas as transições acontecerem suavemente pode ser um pouco difícil no começo — continue tentando e praticando.

Entrando e saindo da voz de peito

Saber quando fazer as transições da voz de peito pode ser difícil. À medida que você cantar cada modelo descendente ou ascendente, sinta qual é a sensação — você deve ser capaz de sentir sua voz de peito querendo dominar ou desistir da voz média. Saber o que é grave demais para sua voz média e o que é agudo demais para sua voz de peito lhe permitirá descobrir onde deve fazer a transição de uma para a outra. Praticar os exercícios o ajudará a fazer essas transições suavemente.

Descendo da voz média para a voz de peito

O exercício a seguir trabalha sua transição de voz média para voz de peito. Visto que você acabou de encontrar sua voz média, pode ser que não saiba qual é a diferença na sensação entre as vozes de peito e média. O modelo na Figura 11-19 lhe dará a chance de explorar as diferenças no som, na vibração e na sensação.

O modelo da Figura 11-19 passa da voz média para a de peito. As sensações são um pouco diferentes, e descer em uma escala lhe permitirá sentir as mudanças quando entrar na voz peito. Ao fazê-lo, você deve abrir espaço na garganta ao invés de fazer pressão. A ressonância desce gradualmente à medida que você passa à voz de peito.

> ✔ **Meninos:** Cavalheiros, este modelo o desafia a cantar partindo de sua voz média até sua voz de peito. A primeira vez que você ouvir o modelo, cante as duas primeiras notas na voz média e depois passe para a voz de peito. À medida que o modelo for ficando mais grave, você pode entrar logo na voz de peito. Observe a leve diferença de sensação entre as notas na voz média e aquelas na voz de peito.

✔ **Meninas:** Cante a primeira repetição deste modelo na voz média. Faça a transição para voz de peito na nota da base. À medida que o modelo for ficando mais grave, você pode precisar trocar para voz de peito logo. Não importa o quão grave o modelo fica, sempre cante a nota mais alta na voz média.

Figura 11-19: Suavizando a transição.

Subindo da voz de peito para a voz média

O exercício nesta seção servirá para subir da voz de peito de volta para a voz média. Pode ser um pouco difícil para você no começo. Assim como é mais fácil ganhar peso do que perdê-lo, passar da voz média para a voz de peito é mais fácil porque é como se você ficasse mais largo e ganhasse mais peso. Mudar de voz de peito para voz média é como perder peso. Pratique o modelo da voz média até que esteja confiante sobre seus sons e sensações. Depois você pode trabalhar neste exercício, que vai da voz média à voz de peito. Quando estiver bem confiante, tente o exercício da Figura 11-20.

Você lembra qual era a sensação na transição entre a voz média e a voz de peito? A sensação vai gradualmente ficando mais densa, ao passo que você desce na escala. O contrário acontece no modelo da Figura 11-20. Você precisa suavizar gradualmente, à medida que sobe na tonalidade — as vogais listadas o ajudarão a passar do som pesado da voz de peito ao som mais leve da voz média. Se você encontrar um som mais leve na voz de peito que passa facilmente à sua voz média, encontrou uma mina de ouro. Se não tiver certeza de qual deveria ser a sonoridade, ouça os cantores algumas vezes para perceber as diferenças.

✔ **Meninos:** As duas primeiras repetições do modelo são em voz de peito. A terceira passa da voz de peito à voz média na nota mais alta. Deixe o som ficar mais leve ou use menos pressão à medida que subir.

✔ **Meninas:** As primeiras repetições começam na voz de peito e passam à voz média na nota mais alta. À medida que o modelo vai ficando mais agudo em cada repetição, você pode entrar na voz média logo. Tente cantar as notas mais altas de forma mais leve que as mais baixas.

Figura 11-20:
Criando uma linha de legato para entrar e sair da voz de peito.

1. oh _____
2. ah _____

Entrando e saindo da voz de cabeça

Subir até a voz de cabeça significa que você deve se libertar do peso das vozes de peito e média e suavizar o som. Pode ser que você tenha que dar uma exagerada inicialmente para suavizar o som sem precisar espremer a garganta. A chave é sentir o som vibrando na parte mais alta de sua cabeça (veja a seção, "Sentindo a voz de cabeça", anteriormente neste capítulo).

Subindo da voz média para a voz de cabeça

Levar a voz média muito alto impede que a voz de cabeça faça seu trabalho. Isso também fortalece sua voz média enquanto enfraquece a de cabeça. As transições em sua voz também se tornam mais difíceis se você tentar forçar o som de sua voz média a ficarem muito agudos. As notas de transição não serão tão dependentes porque você tentará cantá-las de forma pesada e pode ser difícil manter o som desta forma. Você pode optar por quando mudar para a voz de cabeça em uma música em particular, mas nos exercícios você deve manter a voz de cabeça forte mudando para ela o mais brevemente possível.

Trabalhe o exercício na Figura 11-21 para ajudá-lo a sentir a transição da voz média para a de cabeça. Observe que o modelo tem pausas para que você separe as notas. Certifique-se de entrar na voz de cabeça ao invés de segurar a voz média. Observe também que as vogais estão dispostas de forma que seu som seja mais denso na base e gradualmente se suaviza, à medida que você subir.

- **Meninos:** Este modelo começa em sua voz de peito, mas, definitivamente, você passa pela voz média até a de cabeça. À medida que subir na tonalidade, pode sentir-se tentado a cantar um som cheio e pesado. Em vez disso, sinta as vibrações mudando enquanto você sobe e deixe que o som se suavize, com menos pressão na garganta nas notas mais agudas.

- **Meninas:** Cante este modelo alternando entre voz média e de cabeça. A cada repetição você pode mudar para voz de cabeça mais cedo. À medida que você descer no modelo, observe como sua voz média parece mais pesada do que a de cabeça.

Capítulo 11: Desenvolvendo as Regiões da Sua Voz 147

Figura 11-21: Trabalhando a passagem de voz média para a de cabeça.

Descendo da voz de cabeça para a voz média

Ao passar da voz de cabeça para a média o som e as sensações gradualmente se tornam mais pesados ao descer na escala. Levar a voz de cabeça até notas mais graves cria um som leve e se o som na região média da voz for muito leve, poderá ser mais difícil se fazer ouvir. Tente os exercícios nesta seção para suavizar a transição da voz de cabeça à voz média.

No modelo da Figura 11-22 você começa na nota aguda e desce até a base. Encontre a sensação de reverberação da voz de cabeça na primeira nota e gradualmente vá deixando o som ficar mais denso enquanto desce. Você pode inclusive sentir o som passando de sua cabeça para sua boca ou pescoço ao fazê-lo. É isso mesmo. O modelo começa lentamente e gradualmente fica mais rápido. Não tenha pressa. Você pode precisar repetir os primeiros modelos mais lentos, para acostumar-se a fazer a transição, antes de tentar os mais rápidos.

- **Meninos:** Ao descer nesse modelo, você acaba na voz de peito. É um ótimo modelo para você cantar passando da voz de cabeça até a média. Se as notas mais altas forem muito agudas para você agora, comece com falsete. Depois, quando estiver mais confiante, pode começar com a voz de cabeça (veja o Capítulo 13 para obter ajuda com o falsete).

- **Meninas:** Esse modelo passa da voz de cabeça para a média. Umas das últimas repetições chegam à voz de peito. Se as primeiras repetições forem muito agudas, entre em qualquer momento que conseguir, à medida que o modelo for descendo.

Figura 11-22: Descendo.

Misturando Tudo

O mix é o som comumente usado na música contemporânea que você escuta nas rádios ou em musicais. Se a voz média é uma transição entre a voz de peito e de cabeça e usa de forma equilibrada os grupos musculares envolvidos nelas, então o mix acontece quando você escolhe variar o equilíbrio. Se a voz média tem uma proporção de 50/50 entre voz de cabeça e de peito, o mix pode alterar a porcentagem. Por exemplo, você pode querer usar 70% de voz de peito e 30% de voz de cabeça para criar um som mais cheio ou denso que a voz média. Em outros momentos você pode querer que o mix seja de 40% de voz de peito e 60% voz de cabeça; com mais voz de cabeça na mistura, o som é mais leve que o da voz de peito, mas mais cheio que o da voz de cabeça. Essas variações se criam mudando a combinação de ressonância, peso e compressão da respiração. O mix é apropriado para quase todos os estilos de canto, mas não é tão comumente usado na música clássica.

A terminologia pode ser confusa, mas eu quero que você conheça as frases que pode ouvir de outros cantores:

- Um mix pesado, ou que tenha mais de 50% de voz de peito, é normalmente chamado de **mix com voz de peito predominante** porque ele parece pesado como a voz de peito e soa como ela. A diferença é que não é voz de peito pura; tem um pouco de voz de cabeça misturada.

- Da mesma maneira, o mix que é mais leve, ou tem mais de 50% de voz de cabeça, é normalmente chamado de **mix com voz de cabeça predominante**.

Não há escalas para lhe dizer as porcentagens. Você descobre como ouvir a quantidade de peso e ressonância no som e sabe que é um mix.

Aproveite seu mix ao máximo, cara

Homens, quando o falsete de vocês ficar mais forte é hora de misturá-lo para fortalecer as notas que antes eram apenas sons de falsete. Na voz masculina, chama-se *mix* quando os músculos que criam a voz de peito e de cabeça trabalham juntos. Se você usar uma mistura de 50/50, estará descrevendo o que acontece na região média de sua voz. Você também pode variar essa porcentagem para usar mais voz de peito ou de cabeça, ou misturar a porcentagem. Dependendo de em que região de sua extensão você estiver, o mix pode ser com voz de cabeça ou de peito mais predominante. Cantando apenas uma nota, você pode começar com um falsete e então acrescentar um fluxo de ar mais rápido e uma ressonância mais alta para deixar o som com voz de cabeça predominante. Este tipo de mix é mais comum na região mais aguda da voz masculina. Um mix com voz de peito predominante é mais comum nessa região da voz. Se você acrescentar um pouco de peso ou densidade enquanto canta a nota e mantiver a ressonância baixa, passará para um mix com predominância de voz de peito. O mix para a voz masculina é semelhante ao que é para a voz feminina porque é possível variar a quantidade de peso e ressonância utilizados nele.

O mix exige que você encontre um equilíbrio dos músculos que criam as vozes de cabeça e de peito. Se os músculos que o ajudam a criar a voz de peito estiverem muito ativos enquanto você tenta cantar notas agudas, o som se tornará pesado e pode até falhar. Permitir que os músculos responsáveis por criar as vozes de peito e de cabeça entrem em ação no momento apropriado garante transições suaves da região mais aguda à mais grave de sua voz.

Lembre-se de que você pode cantar exatamente as mesmas notas de maneiras diferentes: você pode cantar o Fá acima do Dó central com falsete ou com voz de cabeça. Ter força para optar por um ou outro lhe dará a chance de decidir que tipo de som fazer em cada música.

Ouça o cantor demonstrar o modelo da Figura 11-23, que passa do falsete para o mix. Observe que à medida que ele desce, ele passa a um som que não é pesado. O som é mais leve, mas, ainda assim, é cheio como a voz de cabeça. A sensação é de menos pressão na garganta.

Figura 11-23: Entrando em um mix.

Entrem no mix, garotas

Senhoritas, vocês podem explorar o mix feminino nesta seção. O mix feminino é um som que você pode usar quando quiser produzir um som mais denso na região média de sua voz. O mix é apropriado para quase todos os estilos de canto, mas não é tão comumente usado na música clássica.

Você pode usar o mix feminino quando quiser fazer um som mais denso na região média de sua voz, sendo assim você deve trabalhar em sua voz média até que ela fique bem forte. Trabalhe os exercícios de voz falada para que tenha controle sobre todas as entonações, depois se arrisque no mix (veja o Capítulo 13 para mais informações sobre sua voz falada). O mix é apropriado para quando você não quiser usar o belt (veja o Capítulo 13) ou quando quiser explorar sons diferentes para expressar o texto de sua música. Algumas músicas não precisam do som pesado da voz de peito, ao invés disso, precisam de um som rico e cheio, como um mix.

Para encontrar o seu mix, tente fazer o contrário do que você faz ao cantar na região média de sua voz. Para fazer a passagem da voz média para a de cabeça, normalmente você suaviza o som de forma gradual, à medida que sobe na tonalidade. Para fortalecer seu mix, eu quero que você evite suavizar o som da voz de cabeça ao subir.

Cavalheiros, os modelos nas Figuras 11-24 e 11-25 podem ser cantados por vocês, e com falsete, se já o estiver dominando. Se ele estiver bem seguro, você poderá cantar os modelos com um mix.

Ouça a cantora demonstrar o modelo da Figura 11-24 usando um mix. Observe como ela sobe na tonalidade e como o som vibra no mesmo local do corpo dela. À medida que você cantar o modelo, pense em projetar a voz. Permita que o som saia diretamente para a sua frente e não que suba até sua cabeça quando você subir de tom. Isso é um pouco estranho no começo, mas você gradualmente irá sentir o som se tornando mais amplo ao subir na tonalidade. Finjo que estou nadando na tonalidade. Quando estiver nadando na direção do som, abra seus braços e seu corpo para entrar nele. Você também pode imaginar seu peito e sua garganta abrindo mais espaço para o som. Já que você normalmente permite que a ressonância suba quando passa à voz de cabeça, deve manter o espaço aberto para que ela mantenha-se embaixo enquanto sobe para o mix. Manter a ressonância na parte de baixo (ao invés de permitir que suba até a cabeça quando normalmente se faz ao subir de tom) faz com que você suba na tonalidade e mantenha-se na voz de peito.

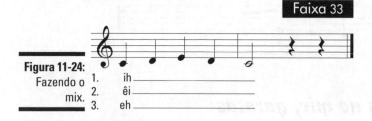

Figura 11-24: Fazendo o mix.
1. ih
2. êi
3. eh

Quem faz mix

Você pode ouvir mulheres incríveis executando o mix. Ouça Mary Martin cantando "Why Shouldn't I?" ou Barbara Cook cantando "Chain of Love". Barbra Streisand é outra famosa cantora que usa mix. Escute-a cantando "Memory", de *Cats*. No comecinho da música, ela está fazendo o mix; mais adiante você pode ouvi-la executando o belt. Dionne Warwick usa o mix em "Walk on By". Ouça com atenção os sons que ela usa quando canta "walk on by". Esse é o som do mix dela. Linda Eder usa mix no começo da música "When I look at you", de *Scarlet Pimpernel*. No começo da música ela alterna entre mix com voz de peito predominante e com voz de cabeça predominante. Ouça a diferença no peso do som.

O mix com voz de peito predominante soa mais pesado. Você também pode ouvir Rebecca Luker, cujo trabalho você deve conhecer de shows da Broadway, como *The Sound of Music* (A Noviça Rebelde) ou *Mary Poppins*. Ouça sua música "River" em

Capítulo 11: Desenvolvendo as Regiões da Sua Voz

seu álbum para escutá-la usando o mix. Se você quiser tentar algumas músicas para explorar seu mix, tente estas duas: "I Don't Know How to Love Him", de *Jesus Christ Superstar*, e "It Might As Well Be Spring", de *State Fair*. Devido à história, a primeira música exige um mix com som de peito predominante e a segunda com voz de cabeça predominante. Desenvolva seus registros e depois trabalhe nos exercícios de mix deste capítulo.

Notas agudas do mal

Você já ouviu alguma mulher cantando notas que parecem mais agudas do que qualquer uma do piano? Essas notas agudas más que as cantoras cantam têm vários nomes: *registro de flauta, registro de sino, flageolet* e *registro de assobio*. Uso o termo *assobio*, porque no começo você tem a impressão de que é este som que está sendo produzido. Se você for uma mulher de voz muito grave, pode ser que não consiga produzir esses sons — as notas acima do Dó agudo podem ser agudas demais para você agora. Tudo bem, já que você tem bastantes notas abaixo do Dó agudo para brincar. Cantar em assobio dá a sensação de que as notas estão entrando em um registro diferente bem no máximo da extensão de sua voz de cabeça — parece fora de controle, muito aguda e pequena, e você poderá senti-la no topo de sua cabeça. Essas notas podem não parecer grandes e fortes, como a voz de peito ou mesmo a média. É parecido com o que Mariah Carey fez em suas primeiras gravações. Não é todo mundo que consegue fazer aqueles sons superagudos, mas você pode tentar se quiser.

Cantar com mix é uma escolha que você deve fazer conscientemente. À medida que você o explorar, continue a trabalhar as transições da voz média para a voz de cabeça, de forma que consiga fazer o som gradualmente se suavizar enquanto sobe na tonalidade quando optar por fazê-lo.

O modelo da Figura 11-25 alterna entre o mix com voz de peito predominante e com voz de cabeça predominante. Ouça a cantora demonstrar para você. Nas primeira e segunda vezes em que ela cantar o modelo parecerá que ela está cantando com voz de cabeça, embora não esteja em sua região de voz de cabeça — ela está usando um mix com voz de cabeça predominante. Nas terceira e quarta vezes em que ela canta, usa o mix com voz de peito predominante. Ela fez essa mudança pensando no terceiro modelo como mais pesado e abaixando a ressonância. Após ouvir a demonstração dela algumas vezes, toque a faixa novamente e cante junto.

Figura 11-25: Alternando entre mix com a voz de peito predominante e com a voz de cabeça predominante.

Capítulo 12

Ampliando Sua Flexibilidade e Extensão Vocais

Neste Capítulo

▶ Trocando as marchas de sua voz
▶ Cantando em toda sua extensão
▶ Explorando sua extensão: Pop

Cantar por toda sua extensão enquanto realiza transições de registros com êxito o levará a ajusta melhor suas técnicas vocais. *Extensão* é o tom mais alto e o mais baixo em que um cantor consegue cantar e todas as notas abrangidas. Os *registros vocais* são a voz de peito, a voz média e a voz de cabeça; assim como passar as marchas de um carro, você troca de registros enquanto canta por sua sua extensão (veja o Capítulo 2 para mais informações sobre extensão e o Capítulo 11 para informações sobre registros, que você pode conhecer como as diferentes regiões da voz).

Seus objetivos finais no canto são ampliar sua extensão, tornar suas notas mais agudas e mais graves mais fortes e aumentar sua agilidade ao cantar. Na luta por alcançar esses objetivos, então, sua extensão para a prática e a extensão para cantar são diferentes. Por exemplo, treino cantar notas altas, mas posso não cantá-las em público. Em vez disso, eu me limito a cantar as notas mais fortes da minha extensão em público, mas continuo praticando para ampliá-lo e tornar minha voz de canto mais *ágil* — capaz de se mover rapidamente entre notas.

Neste capítulo você terá a oportunidade de ampliar a sua própria extensão de prática de forma que suas notas fortaleçam-se e sua voz torne-se mais ágil. Você inclusive trabalhará com algumas linhas melódicas para deixar seu estilo pop tinindo. Enquanto ouvir o CD, lembre-se de que não precisa cantar todos os exercícios hoje. Trabalhe alguns modelos até estar confortável, só depois siga para os mais difíceis.

Táticas para Encarar a Transição entre Registros

Se você ainda não teve a oportunidade de fazê-lo, confira o Capítulo 11 para ver informações sobre onde fazer as transições em sua voz. Saber onde fazê-las torna mais fácil descobrir como cantar uma música com êxito. Quando você souber os pontos de transições, pode escolher táticas, como as seguintes, para ajudá-lo quando praticá-las:

✔ **Escolha vogais fáceis de cantar.** As vogais fechadas, como nas palavras *mi*, *mês* e *tu*, são normalmente mais fáceis de cantar do que as abertas, como *ah* (veja o Capítulo 8 para mais informações sobre as vogais). As vogais que eu listo junto com cada exercício são as que o ajudam mais ao cantar os modelos pela primeira vez. Se você estiver com dificuldade de cantá-lo, vá ao Capítulo 8 e encontre outras vogais para ajudá-lo a cantar nas transições.

✔ **Imite uma sirene para sentir a diferença nas vibrações ao subir na tonalidade.** Aquela mesma sensação das vibrações subindo mais até sua cabeça aplica-se ao canto. A voz de cabeça exige uma ressonância mais alta, então a ressonância ou as vibrações devem subir mais em sua cabeça, à medida que você sobe na escala. Veja mais informações sobre sirenes no Capítulo 5, e confira o Capítulo 7 para mais informações sobre ressonância.

✔ **À medida que descer na escala, deixe a ressonância, ou vibrações, descerem.** Pode parecer que a ressonância está descendo uma escada em seu rosto, gradualmente passando de um degrau a outro mais baixo por vez enquanto você desce a escala. A ressonância deve ir mais abaixo enquanto você desce na tonalidade. A voz média exige uma ressonância ou vibração mais baixa do que a voz de cabeça. A voz de peito usa vibrações ou ressonância mais baixas ainda do que a voz de cabeça.

✔ **Entre delicadamente na voz de peito.** Quando você desce para a voz de peito, deve fazê-lo suavemente ao invés de deixar a voz despencar. Você pode experimentar cantar uma nota mais aguda e ir deslizando para baixo na tonalidade. Faça-o duas vezes. Ao fazê-lo pela primeira vez, deixe o som ou as sensações das vibrações caírem. Isso criará um grande tranco ao entrar na voz de peito. Depois, tente fazer a mesma coisa, mas pense em abrir a garganta e o corpo à medida que desce gradualmente. Você fará uma transição muito mais suave para a voz de peito. Veja o Capítulo 11 para mais informações sobre a voz de peito.

✔ **Abra o espaço posterior enquanto subir.** Você pode ler sobre como abrir o espaço posterior no Capítulo 6. À medida que subir, você deve deixar o espaço no fundo da boca e a garganta abertos para dar às notas agudas bastante espaço para soar. Você também consegue resultados melhores abrindo o maxilar, não apenas o queixo. Você pode ler mais sobre a abertura do maxilar no Capítulo 5.

Capítulo 12: Ampliando Sua Flexibilidade e Extensão Vocais **155**

✔ **Mantenha sua respiração regular.** Em geral, você deve manter o movimento de sua respiração regular e fluído enquanto canta. Se estiver subindo em uma tonalidade, sua respiração deve sair mais rapidamente. Você não deve soprar mais ar, mas a velocidade do fluxo de ar deve aumentar. Você pode ler mais sobre o fluxo da respiração no Capítulo 4.

✔ **Mantenha a energia fluindo em seu corpo.** Cantar exige muito esforço, e você deve deixar a energia fluindo pelo corpo. Você pode ler mais sobre a utilização da energia no Capítulo 13. Movimente-se enquanto estiver cantando para sentir todo o seu corpo envolvido na produção do som, especialmente nas notas mais agudas.

À medida que você for cantando os modelos neste capítulo, use as táticas para ajudá-lo a fazer transições de registros mais suaves.

Trabalhando Sua Extensão

Descobrir como cantar em cada um dos registros de sua voz é o primeiro grande passo para o canto. O próximo grande passo é mudar de registros suavemente e o passo final é ampliar sua extensão em ambas as direções. Uma vez que a maioria dos cantores já tem notas mais baixas apenas por falar mais grave em sua extensão, os exercícios de canto normalmente focam mais em cantar as mais agudas. Noventa e nove por cento dos cantores que me pedem ajuda querem focar nas notas agudas, então, neste capítulo eu lhe proporcionarei exercícios que trabalham em sua região mais aguda. Trabalhar nas notas mais agudas pode inclusive ajudar as suas graves a se fortalecerem; você pode descobrir que sua extensão se ampliará em ambas as direções ao trabalhar as notas agudas. Você pode explorar cantar notas graves trabalhando os exercícios de voz de peito no Capítulo 11. Esses exercícios lhe dão a oportunidade de desenvolver notas mais graves se sua voz tiver a capacidade de se estender mais para baixo.

Aumentando sua extensão para o agudo

Uma forma ótima de aumentar sua extensão para cima é cantando com *staccato*, que significa "curto e destacado". Cantar notas curtas e mais leves o ajuda a cantar notas mais agudas, porque não estará usando muito peso. Para cantar com staccato, mantenha sua laringe imóvel e os músculos de seu pescoço parados. Se eles se mexerem ou retraírem, cante as notas do staccato de forma mais leve, com menos peso ou pressão; essa técnica o ajuda a descobrir como trabalhar os músculos de seu pescoço e a laringe. Produza as notas de forma leve e curta e as mantenha conectadas à sua respiração. Se o som tiver com ruídos de respiração, isso significa que há muito ar escapando. Encontre um som claro em uma nota mais longa e então gradualmente cante notas que vão ficando mais curtas para manter a clareza.

A Figura 12-1 lhe dá a oportunidade de explorar sons com staccato enquanto você pula de nota para nota pela escala. Ao subir na tonalidade, deixe seu espaço posterior aberto. Você deve abrir esse espaço rapidamente pois está se movendo rápido pelo modelo, então pense à frente ao cantar. A cantora no CD demonstra o modelo, cantando com staccato. Você pode sentir seus músculos abdominais se mexendo ao começar cada nota. Isso é normal: você deve deixar que a respiração se conecte a cada nota. Soprar muito ar torna mais difícil cantar mais levemente. Por outro lado, se você conectar a quantidade exata de ar, as notas vão pular na escala. Use a vogal *i* no começo para manter o som leve e dominado pela voz de cabeça. À medida que seu staccato for ficando mais fácil, você pode explorar outras vogais.

Figura 12-1: Saltando com o staccato.

Divida este exercício em etapas: abra o espaço, inicie a respiração e depois produza o som. O ideal é que tudo aconteça ao mesmo tempo, mas se concentre nos passos individuais se estiver com dificuldades para coordená-los.

Variando as dinâmicas

Você provavelmente já ouviu cantores controlando suas vozes lindamente, fosse cantando alto ou suavemente. À medida que sua flexibilidade aumentar nos seus registros mais agudos, você deve descobrir como variar as dinâmicas (*volume*). O exercício na Figura 12-2 chama-se *messa di voce*, que significa "empostando a voz". Em um exercício de *messa di voce*, o cantor começa a nota suavemente, gradualmente fica mais alto (forte) e depois suaviza de novo. Trabalhar o *messa di voce* o ajuda a ficar confortável cantando alto (em volume) ou suavemente em qualquer nota. Deixe o vibrato acontecer ao trabalhar neste exercício. Se não estiver certo sobre o vibrato ou como encontrar o seu, confira o Capítulo 6.

Os cantores no CD demonstram o exercício de *messa in voce* da Figura 12-2. Você pode tentar esse exercício começando em qualquer nota. Apenas siga estes passos:

1. **Comece cantando as notas o mais suavemente que conseguir.**

2. **Continue cantando a nota enquanto gradualmente aumenta o volume da voz —** *crescendo.*

   Mantenha um fluxo de ar regular, conforme aumente a voz. O som deve ficar mais alto em decorrência do aumento do fluxo de ar, não porque você está espremendo a garganta.

Capítulo 12: Ampliando Sua Flexibilidade e Extensão Vocais

 Você pode sentir um baque ou uma tremida, à medida que sua voz ficar mais alta. Não entre em pânico: seus músculos precisam de tempo para se ajustar a esta nova técnica. Use um fluxo de ar consistente para eliminar o tremor.

3. **Continue cantando a nota enquanto gradualmente começa a deixar a voz mais suave —** *decrescendo.*

   Mantenha o fluxo de ar constante enquanto sua voz fica mais suave. Você pode fingir que as notas começam a flutuar para ajudá-lo a diminuir o volume.

Ao trabalhar este exercício você pode descobrir que pode começar o som mais suavemente ainda e deixar a voz também mais alta. Você gradualmente aprimorará essa técnica com prática — cante apenas tão suavemente ou tão alto quanto conseguir por enquanto.

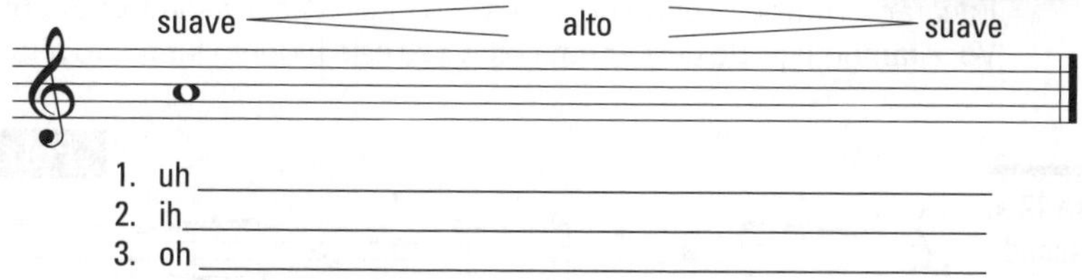

Figura 12-2: *Messa di voce.*

1. uh _____
2. ih _____
3. oh _____

Transitando entre registros

Se você quiser informação específica sobre cada registro, confira o Capítulo 11, que descreve cada região de sua voz. A maioria dos modelos nos capítulos anteriores é lento e com notas próximas umas das outras. Eles lhe dão a oportunidade de se focar em cada som e sensação, enquanto canta. Quando você tiver dominado essas regiões, irá querer o desafio de transitar entre registros para melhorar ainda mais sua técnica. Os próximos modelos são mais rápidos, envolvem grandes intervalos e exigem que você faça mudanças entre registros rápido e suavemente ao passo que subir ou descer em sua extensão.

 Se os modelos forem muito agudos para você agora, espere até que esteja mais confortável para cantar notas altas. Escute-os e acostume-se com todas as notas para ficar pronto para cantá-las, quando sua voz conseguir lidar com as mais agudas. Não deixe de praticar, porque você deve estar apto a cantar as notas mais altas e não apenas evitá-las.

 O modelo na Figura 12-3 começa na nota mais alta e fica retornando a ela. Sempre cante as notas agudas deste modelo com voz de cabeça. Lembre-se de manter a laringe estável ao subir para as notas mais altas. Você também precisa de um fluxo de ar regular para executar todo o modelo. Se você estiver com dificuldade de cantar do início ao fim, use a vibração labial ou de língua para trabalhar em sua respiração e depois volte e cante o modelo com as vogais.

Figura 12-3: Descendo.

O modelo da Figura 12-4 sobe em uma oitava, o que lhe dá uma maravilhosa oportunidade de passar da voz de peito atravessando voz média até a voz de cabeça. À medida que subir, tome cuidado ao fazer a transição entre registros. Para fazer a transição para voz de cabeça, você deve deixar a ressonância subir acompanhando a subida da voz. Confira a lista de sugestões em "Táticas para Encarar a Transição entre Registros", no início deste capítulo, para uma revisão. Você também pode descer uma oitava se este modelo for muito alto para sua voz.

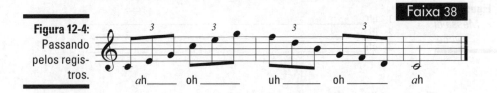

Figura 12-4: Passando pelos registros.

Levando Sua Agilidade a um Novo Patamar

Nem todas as músicas que você for cantar serão lentas, e você precisa estar confortável cantando tanto canções rápidas quanto lentas. Cantar escalas rápidas desenvolve *agilidade* — a capacidade de mudar de notas fácil e rapidamente. A agilidade é importante não importa que tipo de música você planeje cantar. Se sua voz conseguir mudar fácil e rapidamente, é mais provável que você goste de cantar músicas rápidas, já que pode cantá-las bem.

Algumas vozes são projetadas para cantar rápido. Se por acaso a sua goste apenas de músicas lentas, tenha disciplina e trabalhe com esses modelos de agilidade. Pode ser que depois você fique grato por tê-lo feito. A agilidade é especialmente importante para cantar música clássica e pop com batidas rápidas. Para avançar em sua habilidade vocal, trabalhe o resto dos exercícios neste capítulo.

Movimentando-se pela escala

Os modelos nas Figuras 12-5 até 12-7 começam movimentando-se rapidamente por apenas algumas poucas notas. Dedique algum tempo para acostumar-se com todas elas. Os modelos tronam-se gradualmente mais difíceis e longos, incluindo cada vez mais notas. Além disso, o tempo começa lentamente e gradualmente ganha velocidade. Isso lhe dará a oportunidade de se encaixar no modelo antes que ele comece a ficar muito rápido.

A Figura 12-5 atravessa uma escala, repetindo algumas notas em seu decorrer. Observe que as duas primeiras notas são repetidas, assim como as duas mais agudas do modelo. Isso lhe dará flexibilidade. Você não precisa tentar controlar cada nota do modelo. Certifique-se de que está fazendo a conexão respiratória: sua respiração deve conduzir sua voz, não fazer seu maxilar ou a laringe trepidar.

Figura 12-5: Movendo-se por cinco notas.
1. ih
2. ih ———————— oh

Pegando o ritmo

Praticando as escalas ou modelos rápidos você pode desenvolver uma melhor agilidade. O modelo da Figura 12-6 o ajuda a cantar em um ritmo mais veloz ou mais lento em uma escala. Este modelo é uma escala completa com uma nota a mais no topo. Em termos técnicos, ela é chamada de *escala de nove tons*. No CD, o modelo começa lentamente e gradualmente acelera. Essas dicas o ajudarão a cantá-lo:

- Tente sentir os pontos fortes ou acentos na quinta nota e na mais alta. Você pode ver uma linha sobre essas notas. Se você prestar atenção nelas, poderá sentir o modelo dividido em duas seções ao invés de ser apenas uma linha contínua.

- Certifique-se de manter o maxilar imóvel enquanto canta o modelo e que sua laringe não fique subindo e descendo. Use um espelho para conferir o movimento de ambos. Mantenha seus dedos na laringe se não conseguir vê-la no espelho. Revise o Capítulo 5 se não lembrar como encontrar a laringe.

- Se tiver dificuldade de executar todas as notas, acrescente uma consoante — por exemplo, um *L* ou um *D*, e cante *lá* ou *dá*. Inserindo uma consoante, você sente o movimento de sua língua ao cantar cada nota, ajudando-o a chegar corretamente a cada nota. Depois você pode retirar a consoante e cantar somente as vogais.

Figura 12-6: Subindo a escala.

A Figura 12-7 mostra o mesmo modelo de cinco notas que você explorou em outros capítulos (como no Capítulo 8), mas acrescentei algumas notas. Tente ouvir essa sequência familiar de cinco notas e pense nelas como as notas acentuadas. Você verá uma linha sobre estas.

Você deve se livrar do controle para cantar este modelo. Observe-se no espelho e certifique-se de que seu maxilar não está se mexendo a cada nota. Se você se pegar tentando mudar o ritmo, cante metade do modelo a cada vez que ele for tocado a fim de realmente se focar nas primeiras notas para liberar a tensão na garganta e no maxilar.

Figura 12-7: Passeando por uma escala.

Pulando intervalos

A maioria dos modelos que você praticou no livro passam de tom em tom — as notas não sofrem separações. Contudo, nem todas as músicas têm notas que ficam juntas umas das outras. Você pode ter que pular por todas elas, o que exige agilidade. Sua voz poderá fazer isso facilmente se você praticar os exercícios a seguir.

Os modelos nas Figuras 12-8 e 12-9 não são fáceis. Eu quero que o CD seja útil a você por um bom tempo, por isso acrescentei alguns modelos difíceis. Você pode precisar ouvir o CD várias vezes para acostumar-se com esses padrões que pulam entre intervalos. Apenas continue escutando e cantarolando, enquanto segue os modelos na figura de acompanhamento, até que os faça corretamente. Após isso, você pode encarar os modelos usando todas as informações e técnicas que tem desenvolvido através do capítulo.

Capítulo 12: Ampliando Sua Flexibilidade e Extensão Vocais   *161*

Ao cantar modelos com intervalos, mantenha sua laringe estável. Se senti-la mexendo, volte a alguns dos modelos mais fáceis do começo do CD. Quando conseguir fazer esses modelos com a laringe estável, volte a esta seção. Revise a sugestão "Táticas para Encarar a Transição entre Registros" no início deste capítulo.

Confira o ritmo animado e ponteado na Figura 12-8! Você tem cantado apenas modelos com oito notas suaves, mas agora é hora de apimentá-las. Uma vez que as notas saltam muito rapidamente, tenha certeza de que não está mexendo o maxilar para mudar de notas. Lembre-se de que elas mudam dentro de sua laringe e não com o movimento de seu maxilar.

Figura 12-8: Apimentando o ritmo com notas pontuadas.
1. oh _____
2. ih _____

Observe quando a cantora canta o modelo da Figura 12-9, o som é suave, embora o modelo fique pulando entre intervalos. Sinta a dinâmica de sua respiração para manter a linha fluindo, mas tente não deixar as notas atrapalhadas ao pular os intervalos.

Figura 12-9: Pulando terças.
1. da___ da___ da___ da___ da___ da___ da
2. mi___ mêi___ mi___ mêi___ mi___ mêi___ mi
3. ma___ mo___ ma___ mo___ ma___ mo___ ma

Improvisando para Conseguir um Bom Som em Pop

Quando você escuta cantores pop no rádio, eles parecem ter um som valiosíssimo. No final das contas, eles têm todos aqueles instrumentos e cantores de backing vocal por trás deles. Em casa, você provavelmente não tenha um engenheiro de som profissional para gravar a cada vez que você cantar. Então, como você pode fazer sua voz soar tão rica sem um engenheiro? Você descobre o som do pop e acrescenta sua técnica magnífica que tem desenvolvido.

Um dos ingredientes-chave em um bom som para o pop é uma voz flexível. A música pop oferece uma liberdade de movimento e som que é diferente da música clássica. Quando você canta clássico, canta o que está na partitura com precisão. No pop, todavia, você canta a música com sua própria pegada — o que é chamado de *improvisação*. Cantores que podem modificar suas vozes facilmente têm muito mais facilidade para cantar riffs e licks na música pop. *Riffs* ou *licks* são pequenos trechos de música, comumente em músicas pop, que caminham rapidamente em um modelo específico e são frequentemente improvisados. O cantor acrescenta notas que expressam uma versão única da música. Transcrevi alguns modelos básicos que você pode encontrar em música pop. É claro que você ainda deve manter uma técnica saudável ao cantar os sons legais da música pop.

Dominando modelos de pop

Os modelos nas Figuras 12-10 e 12-11 são curtos, mas eles lhe dão a oportunidade de cantar alguns riffs curtos que frequentemente são ouvidos em músicas pop. Uma das características desse estilo musical é a liberdade de som: você pode passar por uma linha melódica sem restrições. Tente encontrar um fluxo livre da linha musical ao cantar.

Quando os cantores demonstram o modelo da Figura 12-10, eles se movimentam com facilidade sem tentar fazer um som grandioso. Você pode explorar esses sons em outros capítulos, mas agora explorará um som que é mais casual.

Figura 12-10: Conferindo riffs de pop.

Tente o riff descendente da Figura 12-11. Observe que ele começa com as mesmas notas básicas. Após este, tente algo sozinho para criar um riff ascendente. Apenas o execute com balanço para soar como pop. Em outros exercícios você tinha que ser preciso, mas aqui você pode dar uma apimentada.

Figura 12-11: Riff descendente de pop.

Cantando linhas melódicas de pop com acordes

Os modelos que você canta nas Figuras 12-10 e 12-11 o ajudam a explorar o som do pop. Esses modelos frequentemente surgem nesse estilo musical, então agora você pode cantá-los sozinho com os acordes da faixa 41 do CD. Nas primeiras que você tentar pode ficar frustrado. Apenas continue tentando. Cada vez que eu tento isso com alunos que não estão acostumados a cantar pop, eles tentam cantar *certo*. É normal cantar notas que não combinam com os acordes — só ria disso e tente novamente. Você pode inclusive tentar cantar acompanhando uma música com a qual esteja familiarizado acrescentando notas por conta própria. Pode-se ouvir pessoas fazendo isso o tempo inteiro.

Faixa 46

Na Faixa 46, você ouve acordes e cantores cantando uma melodia improvisada. Eles praticaram os modelos das Figuras 12-10 e 12-11 e então combinaram algumas ideias musicais para criar sua própria sequência de modelos. O canto é totalmente improvisado. Apenas toquei os acordes e os deixei cantar. Após ouvir o improviso deles, tente você mesmo. Você pode cantar o mesmo que eles cantaram ou criar o seu próprio riff. Após os cantores demonstrarem os riffs, os acordes seguintes são para você tentar improvisar sozinho. Seja corajoso e tente improvisar algo simples no começo. À medida que ficar melhor nisso, você pode criar modelos mais longos. Desde que o que você canta combine com os acordes, você estará acertando o alvo.

Faixa 47

Na Faixa 47, você ouve um acompanhamento para uma música pop. Ouvirá a cantora improvisar a melodia e depois convidá-lo a tentar. Você pode criar suas próprias melodias, usando os riffs que já explorou. Escute a faixa algumas vezes para senti-la, depois tente fazer um improviso. Nas primeiras vezes você se sentirá perdido, mas vai melhorar.

Faixa 48

Na Faixa 48, você ouvirá uma faixa de acompanhamento para outra música. Desta vez, a cantora começa para você, mas você cantará o resto sozinho. Ouça a faixa algumas vezes para acostumar-se com o som. Então você pode criar o seu próprio riff pop.

Se você estiver com dúvidas sobre os riffs de pop, tente isto. Cante sua música preferida como sempre faz. Agora, cante-a acrescentando alguns riffs — embeleze a melodia para fazer o som parecer com pop. Na primeira vez que você tentar, acrescente algumas notas a mais à melodia. Na próxima vez, acrescente mais notas. Quanto mais notas você acrescentar, mais flexível e ágil sua voz se tornará.

Capítulo 13

É Moleza: Cantando com Belting

Neste Capítulo

▶ Produzindo novos sons com sua voz falada

▶ Descobrindo como aplicar uma boa técnica de canto

▶ Descobrindo como executar o belting

O belting é um som muito empolgante para um cantor. Trata-se de um som de alta energia que cantores executam em pop, musicais e no rock. É parecido com gritar afinado, mas com uma entonação mais de canto que de grito.

Muitos estilos musicais diferentes usam o belting. Você sem dúvida já o ouviu — pode apenas não ter sabido como defini-lo. O belting (ou belt) é uma combinação de projeção frontal (veja o Capítulo 7 para ver informações sobre ressonância) e mix (veja o Capítulo 11 para ler informações sobre voz de cabeça, média e de peito). No mix, o som não é totalmente voz de cabeça ou de peito — é uma combinação de ambas. É a sensação que você já deve ter explorado no Capítulo 11 enquanto trabalhava a voz média. Neste capítulo, você usará o mix e acrescentará projeção de voz para criar o belt. Este capítulo oferece um monte de informações sobre belting e exercícios para você desenvolvê-lo.

O primeiro passo para aprender o belt é descobrir como usar sua voz de fala corretamente. O belting é um som tão empolgante que algumas pessoas querem ir direto para ele e aprendê-lo antes de desenvolver suas técnicas de canto. Eu o encorajo a trabalhar os exercícios na ordem em que eles estão listados e pratique lentamente para criar com êxito o som do belt. Dedique algum tempo para descobrir que esta técnica usa todas as habilidades que você vem explorando no decorrer do livro. Se você não passou pelos Capítulos 11 e 12, sugiro que você os confira antes de explorar o belting.

Quando você achar uma voz falada bem ressonante, poderá preencher uma sala inteira sem esforço. Por anos eu não soube como usar minha voz falada apropriadamente e ficava muito cansada após falar por curtos períodos. Agora que descobri meu tom de fala perfeito, apliquei a mesma respiração que uso ao cantar e encontrei a ressonância de minha voz falada, consigo tagarelar o dia inteiro quase sem nenhum esforço e sem forçar.

Trabalhando os exercícios deste capítulo você poderá descobrir uma variedade de tons de fala ressonantes e extensões para tornar sua voz falada clara e forte. Após trabalhar em sua voz falada, terá a chance de finalmente trabalhar alguns exercícios de belting. Mas confira os exercícios somente *depois* de trabalhar sua voz falada. Você precisa ter uma voz falada saudável que esteja pronta para o trabalho de alta energia do belting.

Trabalhar a voz falada o ajudará a sentir o meio termo de sua voz cantada. Muitas pessoas, especialmente mulheres, falam em um tom baixo quando querem soar duras. Tudo bem, mas você também pode falar na região média de sua voz e chamar atenção. Os homens normalmente falam com sua voz de peito. Se por acaso você tiver uma voz aguda, ainda assim pode estar em sua voz de peito. Você pode trabalhar os exercícios deste capítulo para explorar as variações de tonalidade e deixar sua voz falada tinindo, usando ressonância e coordenação respiratória.

Não importa que som você irá explorar com sua voz falada, lembre-se de aplicar o conhecimento sobre respiração obtido no Capítulo 4. Você pode se sentir tentado a espremer a garganta para executar alguns sons, mas isso não vai ajudar a longo prazo. Ainda terá que liberar essa tensão depois. Continue explorando as entonações com a garganta aberta, um fluxo de ar consistente e com muita vontade.

Brincando com a Tonalidade

Para tirar o máximo de proveito dos exercícios para voz falada neste capítulo, estabeleci as seguintes seções para exercitá-la de forma que você passe por cada uma das seguintes etapas:

1. **Explore as entonações e tonalidades que você atualmente usa ao falar.**

   Você deve saber que sons consegue fazer antes de explorar outros sons e tonalidades com sua voz falada.

2. **Explore entoar uma canção para encontrar o tom ideal de sua voz falada.**

   Seu tom de fala ideal é aquele que ressoa e soa melhor em sua voz.

3. **Aplique essa mesma tonalidade de fala vibrante de seu tom ideal a outros tons.**

   Ser capaz de fazer sons vibrantes em uma variedade de tons é o precursor para lidar com textos falados no meio da música ou um pouco antes de ela começar. Esses sons vibrantes também fazem com que você soe ótimo quando tiver que fazer uma apresentação no trabalho ou um discurso.

4. **Trabalhe em uma fala de alta energia e ressonância para se preparar para o belting.**

5. **Explore o belting.**

Já que sua voz falada é tão importante para um canto saudável, as etapas são detalhadas. Para se manter falando e cantando bem todos os dias, experimente todos os exercícios deste capítulo — mas os faça na ordem em que aparecem para aproveitá-los ao máximo.

Falando para si mesmo

Antes de explorar os exercícios de voz falada nas seções por vir, grave sua voz falando e ouça o som. Ouvir a si próprio falando é diferente de ouvir sua voz em uma gravação. Quando você reproduz a gravação de sua voz falada, pode ouvi-la a partir de uma fonte externa. Pode até mesmo ouvir uma mensagem sua deixada na secretária eletrônica. Observe se o tom da sua voz é grave ou agudo e se é brilhante e projetado ou abafado. Você também pode se gravar discutindo algum evento alegre de sua vida. Sua voz pode ter mais variações de tom devido à empolgação de suas emoções.

Todo mundo tem um tom central ao qual volta quando está falando. Você pode mudá-lo para encontrar um que o ajude a ter o som mais vibrante e ressonante de sua voz. Pratique os seguintes exercícios para explorar uma voz falada ressonante e então encontrar que tom soa melhor nela.

Cantarolando e falando

Para entender o que eu quero dizer com vozes faladas ressonantes, sugiro que você entoe a música, que seria como cantar falando. Isso o ajudará a entender a relação próxima entre o som ressonante da fala e do canto. Para explorar essa entoação, entoe alguns tons, entoe-os novamente e depois fale-os.

Este exercício utiliza as três notas de abertura de "Three Blind Mice". Você pode entoar um pouco da música para refrescar a memória antes de seguir as seguintes etapas:

1. **Cante as primeiras três notas de "Three Blind Mice" e observe a sensação em sua garganta.**

    Certifique-se de que sua versão da música não esteja muito grave, em sua voz de peito. O seu tom ideal não é a nota mais baixa que você consegue cantar ou falar. Ela precisa ser mais alta para encontrar a vibração e a ressonância.

2. **Fale as palavras da introdução "Three Blind Mice".**

    Procure um tom que se aproxime do Dó central, ou um pouco mais alta para mulheres e aproximadamente uma oitava abaixo, ou um pouco acima disso, para homens. Você pode explorar tons mais altos se achar que está falando muito grave.

3. Cante as três primeiras notas de "Three Blind Mice" novamente.

4. Entoe as três primeiras notas da música com uma nota só.

   Entoar significa cantar falando os sons, como os monges de um monastério fazem. Para entoar os sons, você segura as vogais ao falar, parecido com o que você faz ao cantar. A entoação pode parecer boba, porque dá a impressão de que você está tentando se fazer ouvir por alguém que tem dificuldade de audição ou que é uma cantilena.

5. Fale as três primeiras palavras da música novamente (falando naturalmente desta vez) e veja que tons que saem.

   Mantenha as sensações de ressonância parecidas ao cantar, entoar e falar, todas nas mesmas tonalidades. Lembre-se de conectar a respiração à voz falada da mesma forma que faz ao cantar.

Você também pode optar por cantar "Three Blind Mice" em tons mais agudos e depois entoá-la e falá-la nesses tons.

Você pode sentir um esforço ou pressão ao fazer esse exercício. Se for o caso, siga estas instruções:

- **Mulheres:** Se você sentir que está fazendo esforço, provavelmente está usando toda sua voz de peito para criar o som. Tente falar novamente, mas use uma tonalidade mais parecida com sua *voz média* (um equilíbrio entre os músculos que criam a voz de cabeça e a de peito, ao invés de apenas voz de peito) ou um tom um pouco mais alto que não use muito a voz de peito.

- **Homens:** Se você sentir pressão ao falar, pode ser porque não está mantendo um fluxo de ar consistente ao fazê-lo. A sensação de estar levantando um peso significa que você está ativamente envolvendo sua voz de peito. Se o som for muito frágil e leve, você não está utilizando bem o corpo para o mais agudo. Seu corpo inteiro deve estar pronto para ajudá-lo a produzir o som. Pode fingir que está a ponto de pirar e dançar como Billy Elliott ou Mikhail Baryshnikov para ajudá-lo a sentir o envolvimento de seu corpo. Você também pode explorar o exercício na seção "Usando a energia do corpo para encontrar clareza na entonação", posteriormente neste capítulo. Tente novamente e abra sua garganta, encontre sua respiração e direcione o som para sua frente.

Encontrando o seu tom de fala ideal

Na seção anterior, você descobriu que pode mudar de canto para entoação e fala, aplicando a mesma técnica de respiração e produção de som ao falar ou cantar. Explorando a entoação, você encontra o tom que soa melhor em sua voz, chamado *tom ideal*. Seu tom de fala ideal, ou tom de fala central, que soa melhor em sua voz, é normalmente aquele que você produz quando diz "a-ham". O tom do *ham* funciona melhor para a maioria das pessoas. Se alguém lhe faz uma pergunta e você responde sem pensar no que está fazendo, provavelmente produz o som em um tom próximo de sua voz média, se for mulher, e próximo da voz de peito, se for homem. Isso é bom. O som do tom ideal é importante, não só o tom em si.

Para encontrar o seu tom ideal, siga estes passos:

1. **Diga "a-ham".**

    Observe o segundo tom que você produz no *ham* do "a-ham".

2. **Diga "a-ham" algumas vezes e logo em seguida comece a falar dizendo seu nome imediatamente após o "ham".**

    Observe o tom ao dizer seu nome. Foi um dos tons do "a-ham" ou foi mais grave? Se tiver sido mais grave, tente novamente e diga seu nome no mesmo tom que o *ham*.

Seu tom de fala ideal o ajuda a encontrar vibrações proeminentes e a dar poder à sua voz. Depois você pode levar essa habilidade a outros tons. Se você tiver dúvidas sobre o que soa melhor, peça para um amigo ouvi-lo ou grave sua voz e a ouça depois. Você pode explorar diferentes tons, este é o objetivo do exercício.

Ouça os tons que realmente reverberam ou vibram quando você fala. O melhor tom de fala não é a nota mais grave ou mais aguda de sua extensão, é a região mediana da voz média para as mulheres e da voz de peito para os homens.

Aumentando sua extensão de fala

O próximo passo em sua jornada para o belt é praticar falar com uma entonação que use projeção de ressonância e alta energia em vários tons. Por favor, não tente fazer isso antes de praticar o exercício da seção anterior, "Encontrando o seu tom de fala ideal". Sabendo seu tom de fala ideal e explorando sua sensação e seu som, você estará mais preparado para este exercício, porque entenderá o tom de sua voz falada. Quando estiver pronto, tente isto:

1. **Tente ser monotônico.**

    Encontre seu tom de fala ideal e pratique lendo uma receita ou um artigo de jornal em um tom ideal monotônico. Isso significa falar cada palavra em um tom e não variar como normalmente faz ao falar.

2. **Quando a monotonia estiver bem fácil, varie sua leitura alternando entre dois tons adjacentes.**

    Use apenas dois tons por enquanto para que possa conectar a respiração e perceber as sensações em seu corpo e rosto.

3. **Quando estiver se sentindo confiante, vá para um tom levemente mais alto e repita os passos 1 e 2.**

   No tom mais alto, você deve manter o som ressonante de sua voz falada como fez no tom anterior. Assim como nos exercícios de canto, a ressonância precisa subir, à medida que você aumenta o tom. Você também deve manter um som misto, e não pular para a voz de cabeça.

4. **Cada vez que você ficar seguro com o tom que estiver falando, toque a próxima nota mais alta e a use como tom central de fala quando repetir os passos 1 e 2.**

Mulheres, logo depois de chegarem ao Fá logo acima do Dó central, sentirão como se não conseguissem falar mais agudo. Vocês conseguem. Encontre um som de voz média, não de peito, e continue falando. Após tentar alguns exercícios e explorar alguns tons, ouça a Faixa 49 do CD para ouvir a cantora demonstrando como subir a escala para aumentar a extensão de sua voz falada.

Faixa 49

Na Faixa 49 você pode ouvir uma cantora demonstrando o som ao falar "Give that back!" e subindo de tom. Ela começa próximo do Dó central gradualmente sobe a escala. Observe que, conforme ela sobe a escala, sua voz falada permanece forte. Nas primeiras vezes que você tentar este exercício, poderá sentir-se confortável subindo apenas alguns tons. Quando esses poucos tons estiverem sólidos, tente subir mais alguns. A cantora que faz a demonstração no CD trabalhou neste exercício por um bom tempo e está confiante para ir até notas bem agudas com sua voz falada. Note como a ressonância ascende, à medida que ela sobe de tom. A ressonância deve ascender mesmo que você não esteja indo à voz de cabeça.

Usando a energia do corpo para encontrar clareza na entonação

Usar a energia do corpo é muito útil para alcançar uma voz clara, falada ou cantada, especialmente para o belting. Com *energia do corpo*, quero dizer aquela explosão de energia que ajuda a produzir o som, como quando você está prestes a erguer algo pesado ou quando grita. Quando você aplica esse mesmo tipo de movimento ou energia ao canto, pode tirar proveito desse fluxo de ar intencional para criar sons claros em um tom específico. Então, conectar esta ideia à fala significa encontrar seu alinhamento, no Capítulo 3; a respiração, no Capítulo 4; encontrar alguma energia a partir do movimento físico e produzir os sons com sua voz falada. Pode descobrir que sua voz possivelmente fará muito barulho só por causa da respiração e da explosão de energia em seu corpo. A explosão de energia deve vir do centro de seu corpo.

- Enquanto canta parte de sua música favorita, balance para trás e para a frente de um pé para o outro ou mexa os quadris de um lado para o outro para sentir a explosão ou a conexão da energia do seu corpo inteiro.

- Você também pode ficar pulando no mesmo lugar apenas para colocar suas pernas em ação ou convocar um parceiro imaginário de esgrima.

- Usar um *plié* daquelas suas aulas de balé é outra forma de pôr em ação as partes superior e inferior de seu corpo. *Plié* significa "dobrar". Neste caso, os joelhos se dobram enquanto você se abaixa gradualmente e depois volta a subir.

- Você também pode simplesmente segurar algo pesado ao cantar. Não vá levantar a mesa de sinuca, mas pode ser um livro pesado. Observe que ao levantar o livro a entonação da sua voz responde à energia em movimento, o que provavelmente torna o som claro. Não pare de respirar enquanto experimenta levantar objetos.

Você deve continuar respirando. É possível se contrair muito e ainda fazer sons claros, mas você sabe como é a tensão e também sabe que ela não vai ajudar em nada.

Para aumentar o seu volume e produzir um som mais alto, use um fluxo de ar mais rápido e acrescente mais energia. Para deixar a voz mais alta (*crescendo*) enquanto fala ou canta, acelere o fluxo de ar e use mais energia. Veja o Capítulo 4, sobre respiração para o canto. Pratique falar um diálogo de uma música ou um monólogo; comece com uma entonação suave e gradualmente a deixe mais alta para praticar essa ideia de um fluxo consistente de energia. O belting exige muito esforço; seu corpo — não sua garganta — deve fazer esse esforço.

Definindo o Belting Saudável

Uma vez que sua voz falada relaciona-se muito ao belting, usá-la para desenvolver esta técnica lhe permite usar de forma equilibrada os músculos que criam o som em vez de usar somente toda a voz de peito.

O belting é um assunto controverso entre cantores e professores de canto. A afirmação mais comum que se ouve é de que ele é perigoso e pode arruinar a sua voz. É claro que qualquer tipo de técnica ruim pode danificar sua voz, inclusive uma técnica de belting ruim.

O belting saudável é possível, caso se dedique a realmente trabalhar em sua voz falada para se preparar para os sons de alta energia. A boa técnica o impede de ter que usar uma voz de peito pesada para produzir os sons do belting.

Quando você estiver começando a trabalhar o belting, pode achar que o som é muito intenso. A sensação não deve ser de aperto, mas o som deve ser intenso devido ao crescimento das vibrações da ressonância nasal em seu rosto. Continue lendo para fazer experiências com as qualidades de ressonância e para entender a ressonância nasal (veja o Capítulo 7 para saber mais sobre a ressonância).

Se você não for um fã de belting, pode passar batido por esta seção e ir direto ao Capítulo 14 para ver informações sobre como treinar diferentes estilos de canto. Mas, se você realmente quer uma chance de treiná-lo, por favor, trabalhe os exercícios para voz falada e depois volte aos exercícios de belting.

Os passos para executar um belting saudável exigem que você encontre sons de fala com alta energia antes de usar sua voz de canto. Terá mais dificuldades para descobrir como executar os sons corretamente, se pular direto para o belting no CD. Se for um cantor avançado e tiver alguma experiência com a técnica, pode explorar os exercícios mais rapidamente.

Quando retornar a esses exercícios para começar a executar o belting, dedique algum tempo a praticar exercícios de canto a fim de aquecer a voz antes de começá-los. Terá mais facilidade para produzir os sons com a voz aquecida.

Quando descobrir como executar o belt, alterne entre seus estilos de cantar para não ficar preso. Os cantores frequentemente gostam tanto de fazer belting que acabam negligenciando o resto de sua voz. A parte mais alta de sua voz — voz de cabeça — ainda precisa de uma boa exercitada para ficar em forma a fim de que você seja capaz de ir e voltar a outros estilos de canto.

Para um iniciante, recomendo fortemente que trabalhe em sua voz de canto usando os exercícios de outros capítulos, como o Capítulo 11, e depois retorne a este. Ao começar este capítulo, você precisa muito se focar em seu progresso em cada exercício antes de passar para o próximo. A maioria dos cantores iniciantes precisa de um ano ou mais para trabalhar em sua voz de canto, depois, de seis meses a um ano para executar o belt com êxito.

Comparando belt e voz de peito

O belting é semelhante a um mix forte e não a uma voz de peito pesada. Guarde os sons pesados da voz de peito para a região mais grave de sua voz.

O belting pode ser um empecilho para sua voz de canto, se você não dedicar tempo para fortalecer sua voz média (veja o Capítulo 11) e trabalhar em sua voz falada a fim de fortalecê-la para os sons de alta energia que precisa fazer (use os exercícios prévios desta seção, "Brincando com a Tonalidade").

> Faixa 50

Na Faixa 50, ouça a cantora demonstrar a diferença entre um som de belting e o som da voz de peito. A voz demonstrada é totalmente de peito, um som pesado. A sensação tida é a de que o som da voz de peito é muito mais pesado do que o som do belting. Trabalhando em sua voz falada, ela foi capaz de desenvolver seu belting sem utilizar toda sua voz de peito.

Conhecendo seus limites como belter iniciante

O belting é como qualquer técnica de canto, leva-se tempo para dominá-la. Se você está apenas começando no belting, torne-o parte de sua rotina diária — mas não a única. Você não vai à academia depois de fazer a matrícula para passar o dia inteiro na esteira. Dedique algum tempo fortalecendo a força de seu músculo para produzir sons de forma saudável.

Se você se pegar forçando ou se sentir cansado após uma sessão de prática, dê um passo atrás e confira sua técnica. Se todos os pontos de sua lista de técnicas estiverem funcionando bem, diminua a quantidade de tempo em que pratica o belting na próxima sessão. Também continue trabalhando em sua voz falada para mantê-la em boa forma. Não deixe de exercitar todas as regiões de sua voz após descobrir o belting. Sua técnica deve manter-se equilibrada e você deve desenvolver força em todas as regiões de sua voz.

Observando as diferenças entre os sexos

O belting é diferente não só entre mulheres e homens, mas também entre diferentes tipos de voz. Continue lendo para conhecer as diferenças para si próprio e desenvolver uma técnica saudável, projetada especificamente para sua voz.

Mulheres

Um belting saudável para a voz feminina consiste em usar um fluxo contínuo de ar, alta ressonância (especialmente a nasal) e uma voz falada forte que se sustente em sons cantados. Quando o belt está certo, quem o faz diz que a sensação é da voz média, mas os sons são como os produzidos na voz de peito. O belting será mais fácil para as sopranos do que para as mezzos. Não estou dizendo que vocês, mezzos, não deveriam tentá-lo, mas talvez precisem trabalhar mais pesado para conseguir fazê-lo.

Homens

O belting para a voz masculina pode ser divertido. Mudar o som o suficiente para criar este estilo de canto não é uma grande proeza técnica para os homens. Para criar o som do belting, deve-se encontrar um som ressonante projetado enquanto sobe de tom. A plenitude da entonação pode ocorrer ao usar-se ressonância nasal. Você pode sentir que a ressonância projetada parece fraca, mas ela soa plena na sala para a plateia. Visto que esse som é muito mais difícil para a voz feminina, o CD possui apenas um exemplo com voz masculina executando o belt. Se você estiver se sentindo abandonado, o Capítulo 11 dedica mais tempo à voz masculina e ao falsete. Os exercícios deste capítulo estão em uma ótima extensão para você também, a fim de que se sinta livre para cantar junto, mesmo que quem faça a demonstração seja uma mulher.

A maioria dos homens permite que o som volte, à medida que sobem de tom. Essa é uma ação perfeitamente normal para se ter ao cantar música clássica. Quando o som retrocede, dá-se o nome de *cover*. Em outras palavras, o som volta atrás (ou usa mais ressonância na garganta) e as vogais se modificam levemente. Para fazer uma distinção entre seu som de ópera e o seu belting, você deve deixar o som projetado ou usar mais ressonância nasal. Todos os ressonadores são utilizados no canto, mas para o belting, a principal ressonância ocorre nos ressonadores nasais.

Faixa 51

Na Faixa 51, você pode ouvir um homem executando o belt. O cantor canta: "Listen to me wail!", para que você ouça o som de um belt alto masculino. Observe que as notas estão na extensão da voz de cabeça, mas, ainda assim, o som é diferente daqueles que você ouve os cantores produzirem no CD para os exemplos de falsete e voz de cabeça.

Introduzindo o mix belt

Algumas pessoas usam os termos *belt* e *voz de peito* como se fossem a mesma coisa. O belt e a voz de peito podem estar relacionados, mas não são a mesma coisa. O belt usa um pouco de voz de peito, mas não é somente voz de peito. O mix significa apenas que você está misturando ou combinando registros — combinar e usar voz de cabeça e de peito ao mesmo tempo usando as qualidades de ambas. Os exercícios do Capítulo 11 o ajudam a explorar a região média de sua voz, uma combinação de voz de cabeça e de peito, chamada de mix. Dois grupos primários de músculos ajudam a criar voz de cabeça e de peito. Quando você canta na região média ou faz o mix, está utilizando ambos os grupos musculares ao mesmo tempo.

Se você cantar em voz de peito, estará usando somente um dos grupos musculares; aquele que ajuda a criar a voz de peito. Uma das razões pelas quais o termo *mix belt* se tornou popular foi para ajudar as pessoas a entender que o belt não é apenas voz de peito — é uma combinação ou mistura de registros usados ao mesmo tempo. Fazer mix com belt é exatamente o que você explora nos exercícios deste capítulo. Você explora como usar um pouco de voz de peito e muita ressonância projetada para criar o belt. Então, quer você chame de *belt* ou *mix belt*, continue lendo e explorando os exercícios para criar um belt excelente.

Coordenando respiração e energia

Quando você estiver fazendo sons de belt, deve manter um fluxo contínuo de ar. Se o seu ar não estiver saindo rapidamente, você se verá se espremendo ou se contraindo para produzir os sons. Também deve aumentar o fluxo de energia, à medida que fizer sons mais intensos. O fluxo de energia necessário para criar os sons de belt pode ser maior do que a quantidade de energia que precisa para a voz de peito ou a média. Mova-se pela sala para conectar seu corpo inteiro ao canto como você fez anteriormente neste capítulo, na seção "Usando a energia do corpo para encontrar clareza na entonação". Levar respiração e energia coordenadas ao próximo nível para o belting é um dos objetivos deste capítulo.

Preparando-se para o Belting

Para sentir as vibrações necessárias para o belting, você deve explorar elevar os sons da voz falada mais do que você faz ao falar normalmente e tentar alguns sons que não são muito bonitos. O belting não se trata de fazer sons bonitinhos, ele soa como um grito afinado. Não acho o grito um som ruim: os belters iniciantes normalmente gostam do belt de outros cantores, mas não gostam dele em sua própria voz. Cantar sons com voz de cabeça predominante é muito diferente de executar o belting. Talvez você passe a amar o som de sua voz produzindo belting, mas pode não achar bonito no começo. Os sons são empolgantes, mas não bonitos.

Ficar confuso sobre o belting no começo é normal. Muitos cantores não têm certeza se gostam ou não do som logo no começo. Sabendo que os primeiros sons não são o produto final, continue explorando-os. À medida que suas habilidades se desenvolverem, você pode brincar com a entonação para encontrar a qualidade com a qual possa conviver. Lembre-se de que as primeiras músicas que você deve usar para praticar o belting têm que ser animadas, para cima (o Apêndice A contém uma lista de músicas com belt).

Falando com mix

Você pode usar o mix não somente para cantar, mas também para falar. Usar mix ao falar o ajuda a entender o que precisa fazer ao cantar. Você pode retornar aos exercícios anteriores do capítulo para explorar seu tom de fala ideal e então levar esse som ideal a outros tons. Se você explorou o Capítulo 11, que descreve os registros de voz, pode aplicar aquele mesmo trabalho de registro à sua voz falada. Fale algum texto usando apenas voz de peito. Você sentirá a voz bem pesada. Fale o texto novamente desta vez com voz de cabeça predominante — você provavelmente vai soar bem jovem. Saber o que é voz de peito e voz de cabeça ao falar lhe permitirá agora explorar uma combinação — mix — no exercício seguinte.

Tente o exercício a seguir para explorar o mix ao falar. Os exercícios que virão depois, na seção "Projetando a Ressonância", o ajudará a acrescentar projeção de ressonância ao seu mix para criar o belt (veja o box cinza anterior, "Introduzindo o mix belt", para mais informações).

Faixa 52

O exercício da Faixa 52 ("I Wanna Know!") lhe permite explorar a fala em vários tons. Ouça a cantora demonstrar. Observe que sua voz falada é informal e tem o tom de uma conversa. À medida que ela sobe de tonalidade, mantém o mesmo tom de conversa e a ressonância sobe. O som é um mix — não é voz de peito nem de cabeça, mas uma combinação de ambas. Após ouvir a faixa várias vezes, toque-a novamente e acompanhe.

Chamando um amigo

Produzir sons de fala de alta energia, como chamar um amigo ou fazer exigências a um amigo imaginário o ajuda a encontrar a ressonância nasal e coordenar respiração e energia.

Finja que seu amigo está do outro lado de uma sala barulhenta. Tente chamar sua atenção gritando "Ei!". Use seu conhecimento de respiração e energia para produzir esse som. Seu amigo imaginário não responde, então grite "Ei" de novo, em um tom diferente. Lembre-se que não há problema em explorar tons diferentes com sua voz falada. Você também pode modificar esse exercício: grite frases como "Give me that back!", "Back off!" e "Never!"[1] ou então tente vender algo para seu amigo. Muitos feirantes fazem belting e você nem sabe. Tente vender algumas maçãs, laranjas ou pipoca para um público imaginário. Use seu conhecimento de ressonância do Capítulo 7 para produzir uma entonação vibrando em seu rosto a fim de criar uma ressonância nasal.

Faixa 53

Na Faixa 53, você ouve a cantora demonstrando sons de fala de alta energia. A qualidade de fala que você usa para trabalhar este exercício pode dar a sensação de ser nasal. Ela não *soa* nasal, mas pode *dar a sensação* de ser nasal. Esse é um *belting* perfeitamente aceitável. Os sons bem abertos, sombrios e ressonantes são bons para a música clássica. Esse som falado que parece nasal é perfeito para ajudá-lo no *belting*. Se você nunca experimentou o tipo de fala que estou descrevendo, pegue o CD e ouça o exemplo antes de tentar fazer o exercício.

---

[1] N.E.: Em português, respectivamente — "Dá isso aqui!", "Sai pra lá!" e "Nunca!".

Projetando a Ressonância

Quando você canta, pode não ficar consciente da ressonância. Você pode ler sobre ressonância e como ela varia em diferentes estilos musicais no Capítulo 7. Nesta seção, explorará a ressonância em formas e locais diferentes para que saiba como projetá-la quando for hora de executar o belt.

Explorando as vibrações da ressonância

Neste exercício, dividirá a cabeça em três segmentos. Não é tão doloroso quanto parece. Para realmente sentir as vibrações da ressonância projetando-se diante de seu rosto, você deve explorá-la nas partes posterior, central e anterior de sua cabeça. Continue lendo para ver a explicação dos sons e sensações nessas áreas e então ouça os exemplos no CD.

- **Parte posterior:** Finja que você é empolado e pomposo e diga, "Oh, querida!". Ao dizê-lo, deve sentir as vibrações apenas na parte posterior de sua cabeça e boca. Pode imitar uma rainha ou rei muito pernóstico. Saber quais são as sensações das vibrações quando elas acontecem na parte de trás, o ajudará a entendê-las quando passarem para a parte anterior. Para garantir que você entenda a sensação, você deve abrir o fundo da boca e a garganta e manter o som nesses locais. É como se sua boca ficasse na parte posterior de sua cabeça e você enviasse o som para lá.

- **Meio:** Encontrar as sensações das vibrações ressonantes no meio da cabeça lhe permite senti-las quando estão no meio termo entre a parte de trás e a da frente. Você pode fingir que está em um bar com seus amigos e dizer: "Eu não gosto de brigas." Você pode sentir que o som está partindo bem do centro de sua cabeça. O espaço no fundo da boca e na garganta é semelhante ao que você usa para falar, ao contrário daquilo que acontece quando se cria uma entonação plenamente ressonante para a música clássica. Faça de conta que você é o Crocodilo Dundee ou Hugh Jackman por um momento e fale com seus amigos. Imitar esse tipo de fala pode ajudá-lo a encontrar as sensações no meio da cabeça.

- **Frente:** Neste segmento você deve sentir o som em sua face e não na parte posterior de sua cabeça. Finja que você é uma criança no parquinho se divertindo com seus amigos ou imite o som de um parente vociferante e autoritário — sabe, aquele parente que faz muito barulho ao falar. Eles tendem a gritar mesmo que você esteja perto. Você deve criar o mesmo tipo de ressonância para este exercício. Escolha um dos exemplos anteriores e diga, "É isso aí que eu quero!". Se não tiver certeza de ter sentido as vibrações na frente de seu rosto, tente todos os segmentos novamente — trás, meio e frente — para senti-las gradualmente passando de uma região a outra de sua cabeça.

> Faixa 54

Após tentar os três tipos de ressonância deste exercício, ouça os exemplos da Faixa 54 para escutar os sons demonstrados para você. Para o belting, você deve usar as vibrações frontais que acabou de explorar.

Fazendo travessuras para sentir a ressonância

Para ajudá-lo a sentir aquela ressonância frontal necessária para o belting, eu quero que você imite uma criança prestes a pegar no pé do irmão ou irmã. Você conhece aquele som zombeteiro e irregular, *nia-nia-nia-nia-nia*. Seja travesso por alguns minutos e encontre esse som provocador — sinta as vibrações ao fazê-lo. Se não percebeu a sensação em seu rosto tente novamente sendo mais travesso. Deixe o som reverberar em seu rosto, mas sem contrair a garganta. Quando o som estiver certo, você sentirá a vibração bem na sua face, ou logo atrás dela. O som deve reverberar atrás ou ao lado do seu nariz, mas não exatamente nele. Se achar que está muito anasalado, tape o nariz e faça o som. Ele irá parar se estiver sendo produzido no seu nariz, mas continuará vibrando se estiver atrás. Se a vibração estiver na parte frontal de sua cabeça ou rosto, você está no caminho certo. As vibrações não ficam em apenas uma área; você pode sentir seu rosto todo vibrando, especialmente as bochechas e a testa. Algumas pessoas gostam de chamar a área atrás de sua face de "máscara". Se você estiver familiarizado com este termo, está criando sons que geram muita vibração nela.

> Faixa 55

Na Faixa 55, você pode ouvir uma cantora demonstrar o som de *nia*. O som precisa realmente vibrar em seu rosto ou atrás do nariz — não em seu nariz, como no som *anasalado*, mas atrás dele para aproveitar a ressonância nasal. Quando encontrar o som do *nia*, fale o texto de uma música com belt da mesma maneira. À medida que fizer esses sons, mantenha toda a respiração em movimento para não pressionar a garganta. Talvez você não goste muito do som no começo, mas pode passar a gostar.

Combinando Ressonância e Registro

Para executar bem o belt, você deve usar tanto a ressonância alta quanto o registro de mix. Com registro de mix, você usa um pouco de voz de peito e um pouco de voz de cabeça (confira a descrição de mix anteriormente neste capítulo, no box cinza "Introduzindo o mix belt"). Se você estiver praticando os exercícios anteriores para ajudá-lo com o registro e se tiver explorado a ressonância frontal, está pronto para exercitar a ampliação de sua extensão de *belt*. À medida que produzi-lo em tons mais agudos, o som ou a ressonância irá subir em sua cabeça, de forma semelhante àquela que acontece quando você sobe a escala passando da voz média para a de cabeça. A diferença é que você mantém um pouco de voz de peito ao invés de passar à voz de cabeça ao subir. Você pode perceber as vibrações da ressonância subindo sua cabeça, como se houvesse uma escada sendo escalada gradualmente por elas.

Aumentando a extensão do seu belt

Algumas pessoas acham que só é possível executar o belt até um certo tom, porque é o quão alto se pode levar a voz de peito. Você pode ler neste capítulo que o belting é uma combinação de ressonância frontal mais o registro misto (mix). Visto que as vozes são diferentes, alguns cantores têm mais facilidade para executar e ampliar o belt, enquanto outros têm dificuldades.

Sopranos mais agudas e tenores têm mais facilidade para produzi-lo e fazê-lo em um registro agudo de suas vozes. Mezzos e barítonos podem ter um pouco mais de dificuldade para consegui-lo. Você pode ler mais informações sobre tipos de voz e suas extensões no Capítulo 2. Se você for uma mezzo ou um barítono tentando aumentar sua extensão de belting, deve trabalhar lento e deliberadamente. Dedique por volta de um mês trabalhando os exercícios para voz falada, anteriormente neste capítulo. Trabalhe mais um mês ou mais na ressonância frontal. Essa ressonância pode ser mais difícil para você do que para as sopranos e os tenores. Sua voz tende a ser mais sombria e pesada, então vai levar um tempo até você encontrar a ressonância frontal. Seja paciente. Se você se apressar para aumentar sua extensão de belt, pode acabar fazendo força e criando um som ruim. Se conseguir encontrar a ressonância frontal alta, entenderá a diferença entre estar usando muito peso e usando a quantidade certa para que possa cantar músicas mais agudas com belting.

Na Faixa 56, ilustrada na Figura 13-1, a cantora canta um exercício curto de belting, "That ain't it man". Você deve usar o som do belt neste exercício. Se não tiver explorado os exercícios anteriores deste capítulo, você pode achar este difícil. Volte e explore o exercício da travessura e a explicação de registro misto (mix) no box cinza "Introduzindo mix belt". Trabalhe com a frase "That ain't it man" até que esteja confortável cantá-la, antes de passar para a Faixa 57, logo a seguir. O exercício da Faixa 56 o ajuda a usar um tom de conversa em uma extensão estreita.

Figura 13-1:
That ain't it man.

Subindo a escala com o belt

À medida que você subir de tom com o belt, deve combinar a ressonância alta com o registro misto (mix). Se você entender fisicamente o que acontece para fazê-lo, pode executar o belt no topo da pauta. Tente o próximo exercício para praticar a combinação de registro misto e ressonância frontal para subir a escala com o belt. Pode parecer que você está apenas falando afinado cada vez mais alto na escala. Isso é bom. Lembre-se de que o belt é uma extensão da fala. Se você usar sua voz falada neste exercício, está no caminho certo para se tornar um belter proficiente.

O exercício na Figura 13-2 lhe permite subir na escala e sentir aquela escada de ressonância da qual falei na seção anterior, "Combinando Ressonância e Registro". Pense em falar afinado, usando apenas voz de peito, não importa o quão alto você vá, e permita que a ressonância acompanhe, à medida que você subir.

Figura 13-2: Not now.

Avançando em Seu Belt

O belting é muito divertido, mas você deve coordenar seu corpo para produzir sons mais avançados. O tom de conversa que você utilizou mais cedo o ajuda a encontrar a ressonância e o registro. Antes de continuar os exercícios desta seção, faça o seguinte:

- ✔ Revise as informações anteriores deste capítulo sobre como utilizar energia para cantar ou falar. Você deve usar muita energia para sustentar os sons de belt nos próximos exercícios.

- ✔ Revise as informações sobre respiração (especialmente os exercícios no final do Capítulo 4), que descrevem sua sustentação. Você também deve ter um controle consistente da respiração para ajudá-lo a sustentar os sons do belt.

- ✔ Revise o exercício da seção "Projetando a Ressonância", anteriormente neste capítulo, para descobrir como encontrar a ressonância frontal. Você também pode revisar os exercícios de mix no Capítulo 11 para alternar entre voz o mix com voz de peito predominante e com voz de cabeça predominante. Quando estiver seguro de que entende o mix e de que sabe a diferença entre ele e o belt, pratique alternar entre os dois. O belting avançado normalmente exige que você passe de mix para o belt. O som do belt usará muito mais ressonância frontal do que o mix, deste modo você deve estar confiante de que pode alternar entre os dois tipos de ressonância.

Tente os exercícios a seguir para explorar sons mais avançados de belt e sua sustentação.

Faixa 58

Na Faixa 58, a cantora canta um belt curto, "Take Shelter! I'm a Belter!", que lhe dá a oportunidade de avançar um pouco em suas habilidades de executar a técnica. Escute a faixa algumas vezes para acostumar-se com o som. Não deixe de fazer aquecimento antes de tentar cantar essa música.

Sustentando sons de belt

Desenvolver seu som de belt exige tempo e paciência. Se você vem trabalhando nos exercícios deste capítulo, pode estar pronto para tentar sustentar os sons de belting. Para fazê-lo, você precisará de muito esforço físico do seu corpo. Se não o fizer, pode acabar fazendo pressão na garganta, e isso não é bom.

O belting exige muito esforço, então você deve deixar que esse esforço venha de seu corpo, e não da garganta. Usar esforço físico significa mover a energia de seu corpo. Volte aos exercícios anteriores deste capítulo, que exploram a coordenação da respiração e da energia (veja a seção "Usando a energia do corpo para encontrar clareza na entonação"). Trabalhe nessas sugestões e explore como realmente usar todo o seu corpo para produzir som. Você não somente deve usar esse esforço físico para sustentar as notas no belt, mas se certificar de não estar contraindo o abdômen no começo da frase.

Revise os exercícios sobre expiração no Capítulo 4. Contrair muito o abdômen ao começar uma frase provoca uma saída excessiva de ar. Sua garganta se fecha para impedir que o ar todo saia e você acaba produzindo um som apertado. O esforço físico não tem a ver com se contrair, tem a ver com abrir seu corpo ou deixar seu abdômen, as costelas e laterais gradualmente voltarem às suas posições iniciais ao expirar.

Tente o exercício mostrado na Figura 13-3 para explorar o esforço exigido para sustentar os sons do belting. Você deve encontrar a ressonância alta que explorou em exercícios anteriores e usar um pouco de voz de peito — mas não somente ela. Revise a informação sobre o mix belt se não tiver certeza de como usar um pouco de voz de peito, mas não 100%. A primeira palavra tem, intencionalmente, um *TH* no começo. Deixe sua língua mover-se para a frente para produzir o som do *TH* e permita que o ar passe por cima dela ao dizê-lo. Esse movimento lhe permite liberar a parte posterior da língua e também propelir a ressonância frontal. Quando disser *that's* pela segunda vez, sustente-o. Você deve sentir seu corpo se abrindo — suas laterais, costelas, quadris e costas — e não se contraindo. Se você sentir se contraindo, volte atrás e tussa ou gargalhe para observar como seu corpo se expande para criar o som. Depois, tente o modelo novamente, abrindo seu corpo para sustentar o *that's*.

Figura 13-3: That's mine — that's mine.

Explorando diferentes vogais

Você deve ter notado que os exercícios de *belt* neste capítulo usa os sons vocálicos *êi* (como na palavra *lei*) e *a* (como em *cat*). Esses dois sons o ajudam a encontrar a ressonância frontal necessária para o belt. É claro que você precisa cantar mais do que esses dois sons vocálicos em músicas com belt, então deve encontrar a mesma ressonância em outras vogais. Você pode encontrá-la de algumas formas diferentes:

- A primeira opção é modificar as outras vogais de forma que elas fiquem parecidas com *êi*. É bom tentar essa sugestão, quando você estiver começando a fazer o belt pela primeira vez. Modificar as vogais significa que você está tentando encontrar a mesma ressonância usada para os sons *êi* ou *a* em todas as outras. Se a frase que estiver tentando cantar for "I'm not at all in love", você deve fingir que as palavras soam mais como *aaah'm naaat aaat aaaal aaaan laaaaav*. Essa combinação de letras não faz nenhum sentido a menos que você entenda que está fingindo que as vogais sendo cantadas na frase usam o fonema *a*, como na palavra da língua inglesa *cat* ou parecem-se com o som do *é*. Quando encontrar a mesma altura de ressonância que teve ao cantar o som *æ*, poderá usar as verdadeiras vogais das palavras mantendo a mesma ressonância. Se você achar que *êi* ajuda mais do que o som *a*, finja que todas as vogais da frase têm um som semelhante àquele.

- A segunda opção para ajudá-lo a manter a ressonância alta em uma variedade de vogais é falar o som *nia* para senti-la. Você pode voltar à Faixa 55 do CD para ouvir esse som. Quando sentir a ressonância alta do *nia*, diga as palavras da sua música tentando manter a mesma altura da ressonância. Quando você conseguir falar as palavras e manter a ressonância frontal alta, cante-as e tente encontrar a mesma altura. Se estiver com dificuldade de executar o belt, provavelmente seu problema é com a palavra logo antes da nota problemática. Por exemplo, se você cantar "I'm not at all in love", pode ter problema com a palavra *all*. Se você se focar em conseguir o som ressonante correto na palavra *at*, poderá mantê-lo na palavra *all*. Você pode se sentir tentado a abrir o espaço posterior e permitir que o som de *ó* na palavra *all* termine em um som muito aberto e com voz de cabeça predominante. Em vez disso, você deve manter o som na parte da frente de seu rosto. Uma imagem que pode ajudá-lo é fingir que está usando aquela máscara do Jim Carrey, que se expande quando você executa o belt mais alto. A máscara é uma imagem de seu rosto se levantando ou se expandindo na sua frente.

Quando você estiver mais habilidoso no belting, conseguirá cantar as vogais verdadeiras da palavra sem ter que modificá-las. Você ainda deve manter a ressonância alta, mas conseguirá cantar a verdadeira vogal de uma palavra. Por enquanto, continue as modificando até estar seguro de que a ressonância ocorra tanto no alto como na frente. Você também descobrirá mais tarde que não precisa usar a ressonância frontal todo o tempo ao executar o belt. Você estará apto a projetar o som quando for apropriado. Escute os belters na próxima seção, "Belters e músicas com belt que você deveria ouvir" e ouça os diferentes timbres que usam ao cantar uma música inteira. Eles não usam o som frontal o tempo inteiro, o usam apenas quando é apropriado à parte da história.

Faixa 60

Na Faixa 60, a cantora canta uma música curta, chamada "Let's Celebrate", com *belt* para *belters* avançados. Essa música é mais avançada porque sua extensão é mais ampla, as notas se mantêm mais agudas e há saltos maiores. Continue trabalhando nos exercícios de fortalecimento e sustentação de belt neste capítulo. Se você se sentir fatigado após cantar essa música, volte à primeira música com belt e a pratique até sentir que sua técnica está sólida. Enquanto ouve a cantora, observe como sua ressonância é alta e frontal, mesmo quando ela muda de vogais.

Belters e Músicas com Belt que Você Deveria Ouvir

Ouvir alguns cantores com domínio técnico do belt pode ser útil quando você estiver descobrindo como produzir os sons descritos neste capítulo. No Apêndice A, você pode encontrar algumas ótimas sugestões de músicas com belt para tentar você mesmo cantar.

Belters masculinos

Para conhecer alguns belters habilidosos, ouça:

- Chuck Berry cantando "Roll Over Beethoven"
- Elton John cantando "Philadelphia Freedom" ou "I Guess That's Why They Call It the Blues"
- Bobby Lewis cantando "Tossing and Turning"
- John Cougar Mellencamp cantando "Hurts So Good"
- Rod Stewart cantando "Tonight's the Night" ou "Do You Think I'm Sexy"

184 Parte III: Técnicas Avançadas para Aprimorar Sua Voz

Você pode não pensar nesses caras como belters, mas eles usam as mesmas qualidades que você explorou neste capítulo.

Belters femininos

Para belters mulheres, ouça essas moças:

- **Kristin Chenoweth:** Ela demonstra sua versatilidade no belt em "Popular", de *Wicked*, e "My New Philosophy", de *You're a Good Man Charlie Brown*.

- **Linda Eder:** Ela oferece ótimos exemplos de alternância entre diferentes sons e timbres de voz. Você pode escutar sua gravação de "Bridge Over Troubled Water", onde ela passa da voz de cabeça para o belt.

- **Sutton Foster:** Ela usa seu belt efetivamente em "Show Off", de *The Drowsy Chaperone*.

- **Beyoncé Knowles:** Sem muito esforço, mostra o seu belt em "Listen", de *Dreamgirls*.

- **Ethel Merman:** Sua entonação é um exemplo de ressonância bem frontal, especialmente em seleções como "Some People", de *Gypsy*, e "There's No Business Like Show Business", de *Annie Get Your Gun*.

- **Barbra Streisand:** Ela demonstra como fazer um mix belt especialmente em sua gravação de "Memory", de *Cats*. Você pode comparar os sons de Barbra com outras gravações de "Memory", onde é possível ouvir os cantores usando uma voz de peito muito pesada.

Músicas com belt

Você pode notar que as músicas com belt tendem a começar com um mix e depois gradualmente passar para o próprio belt. Algumas ficam no belt o tempo todo, mas nem todas o fazem.

Leve em consideração estes exemplos de músicas que são comumente cantadas totalmente em belt:

- "Girls Just Want to Have Fun", na versão de Cyndi Lauper
- "Joy to the World", cantada por Three Dog Night
- "Some People", de *Gypgsy*
- "You Can't Get a Man With a Gun", de *Annie Get Your Gun*

O belting é o mesmo em todos os estilos musicais?

Os alunos sempre perguntam se o belt é o mesmo em todos os estilos de música. Essa é uma pergunta muito boa. A resposta: Existem algumas diferenças.

Rock: Para músicas e belt deste estilo, a ressonância é frontal e quase agressiva. Você consegue esse belt agressivo de rock usando entonação natural, mantendo os sons gritados que os roqueiros fazem na parte frontal de seu rosto e não os deixando se espalhar nem contrair sua garganta, e interrompendo a última nota ao invés de sustentá-la. Normalmente, quando se sustenta uma nota na maioria dos estilos musicais, usa-se vibrato. Para um belt de rock, quase não se usa, se é que se usa, qualquer vibrato.

Pop: O belt do pop é semelhante aos sons explorados neste capítulo. As primeiras músicas pop, chamadas doo-wop, usam um som de belt mais leve se comparadas à música contemporânea.

Musicais: Para musicais, o belt muda em materiais contemporâneos. As canções mais tradicionais de musicais têm notas de belt agudas — mas não tanto quanto nos espetáculos mais novos, que exigem que mulheres executem o belt o mais agudo possível (normalmente no território da voz de cabeça). Você precisa ser um belter muito habilidoso para usar esse tipo de som em um espetáculo diário. Os novos espetáculos musicais também são influenciados por outros estilos, como o rock e o pop.

R&B: Para o R&B, os cantores normalmente usam mais voz de peito no belt. Se você optar por usar uma voz de peito mais pesada, tente usá-la apenas em algumas partes da música, não em toda ela. Variar a quantidade de peso o poupará de ficar tão cansado quanto fica, se usar a voz de peito na música inteira, e você pode manter o equilíbrio de registro de forma que todas as regiões da voz fiquem igualmente fortes.

Country: Para o country, os cantores usam uma entonação levemente anasalada no belt, a partir de uma voz falada bem aguda com ressonância frontal. A música country moderna é muito parecida com o pop e o som produzido pelos cantores idem. Ambos os estilos alternam belt e mix através das músicas.

Músicas que usam tanto *belt* quanto mix:

- ✔ "Faith", cantada por George Michael
- ✔ "Hot Stuff", cantada por Donna Summer
- ✔ "I'm Going Back", de *Bells Are Ringing*
- ✔ "I Wanna Dance with Somebody", cantada por Whitney Houston

Parte III: Técnicas Avançadas para Aprimorar Sua Voz

Capítulo 14

Treinando para Cantar

Neste Capítulo

▶ Treinando para os diferentes estilos musicais
▶ Começando seu treino em qualquer idade
▶ Determinando se deve cantar com um coro

As exigências de treino para cantores podem ser confusas. Cada cantor precisa de um treino básico saudável, mas saber o que fazer com essa técnica depende de que tipo de música você quer cantar. Neste capítulo você descobrirá o que é necessário para cantar seu estilo musical preferido, quando deve começar a treinar, e se cantar em um coro seria o tipo correto de treino para você.

Treinar para cantar significa desenvolver sua técnica de canto. A informação sobre técnica de canto no decorrer do livro destina-se a todos cantores, não a apenas um tipo de cantor ou estilo de material. Deste modo, explore o resto do livro para informações básicas e continue lendo para entender que especificidades são exigidas em diferentes estilos musicais. Após ler este capítulo, você saberá o que precisará aprimorar em suas sessões de prática.

Definindo os Requisitos para o Treino

Não importa que tipo de música você queira cantar, precisa de uma técnica saudável para uma longa vida no canto. Se estiver interessado em cantar um estilo específico de música mas não têm certeza do que é necessário para cantá-lo, confira o tipo de som que você deve buscar (também disponibilizo uma lista de cantores talentosos em cada gênero).

Cantando como um cantor de country

O country tem aquelas velhas e boas músicas sobre uísque e mulheres, bem como baladas tocantes sobre amores perdidos. Os artistas dão um show em suas performances e usam uma variedade de sons ao cantar. O grande

188   Parte III: Técnicas Avançadas para Aprimorar Sua Voz

denominador comum no country é a história contada. Ela descreve como o cantor se sente, em um som semelhante ao da fala.

✔ **Som:** A música country está lenta e certamente tornando-se mais parecida com o pop. Por enquanto, você pode pressupor que esse estilo foca em soar como uma pessoa real e contar uma história com simplicidade na voz. Geralmente, cantores de country usam microfone, por isso não precisam preencher o ambiente como os cantores de clássico. O country também tem mais twang (voz levemente anasalada) do que a ópera. Os cantores criam a música a partir de suas vozes faladas — eles pensam no canto como uma extensão de suas falas. Por essa razão, eles não precisam de espaços amplos, abertos (em sua boca ou na garganta) nem tons redondos e ricos como os cantores clássicos. Você pode ter essa habilidade, mas provavelmente não vai utilizá-la quando cantar country.

✔ **Técnica saudável:** Você não precisa soar letrado ao cantar vogais no country (confira o Capítulo 8 para saber mais sobre a pronúncia de vogais). Você deve ser específico com sua articulação para que seu público o entenda, mas não precisa parecer que está em uma aula com o professor Higgins de *My Fair Lady*. Descobrir como criar um belt saudável (veja o Capítulo 13) também é uma boa ideia, porque alguns cantores usam características dele quando cantam suas músicas. Saber a diferença entre o belt e a voz de peito o ajuda a manter a voz equilibrada.

✔ **Dando nomes aos bois:** Clint Black (twang e choro do country), Johnny Cash (grande contador de história, técnicas de canto e de fala semelhantes), Reba McEntire (belting fácil, boa contadora de história, um pouco de twang), Trisha Yearwood (som e belt fortes e genuínos, boa habilidade para contar a história, combinação de emoções e voz para criar sons interessantes).

Dando cara de jazz

Músicas do jazz conhecidas às vezes são arranjos de músicas de outros estilos. Quando cantores de jazz criam um arranjo de um espetáculo musical, normalmente mudam as notas e os ritmos da música original. Cantores de jazz criam seu estilo com flexibilidade rítmica, e cantor e pianista não precisam ficar juntos nota a nota (chamado *back phrasing*).

✔ **Som:** O mundo do jazz é parecido com outros campos contemporâneos em que os cantores precisam fazer uma variedade de sons. A sonoridade no jazz é frequentemente mais voltada para o uso da voz como um instrumento musical do que para produzir sons grandiosos, como se ouve na ópera. Os cantores normalmente cantam sílabas ou sons rítmicos no lugar de palavras.

✔ **Técnica saudável:** Cantores de jazz precisam ter um bom ouvido, porque sua música é frequentemente improvisada e muda a cada apresentação. O cantor também precisa saber como *vocalizar* (*scat*), que é utilizar sílabas enquanto canta uma variedade de notas que podem ou não estar escritas na partitura. O cantor de jazz precisa de um ótimo senso rítmico, porque os instrumentos frequentemente tocam uma música de fundo enquanto o artista canta sua própria linha melódica.

- **Dando nomes aos bois:** Alguns cantores de jazz que aplicam ótimas técnicas deste estilo incluem a famosa rainha da vocalização, Ella Fitzgerald; os sons descontraídos e ardentes de Diana Krall e o homem que usa sua voz como um instrumento, Bobby McFerrin.

Deixando sua marca em musicais

Diferente da ópera, a produção de musicais prioriza a história. O canto fica no alto da lista de prioridades, mas não em primeiro lugar. Artistas de musicais não fazem parte do elenco só por cantarem bem (embora isso conte muito!), eles estão lá porque se adequam, podem dançar ou se mover bem e conseguem tanto atuar quanto cantar. Cantores de musicais também precisam saber como produzir uma variedade de sons.

- **Som:** No repertório dos musicais, o som deve ter o tom de uma conversa e não exageradamente de canto. A simplicidade da voz permite ao cantor retratar o texto, que é o mais importante. Os cantores de musicais precisam sim fazer sons lindos, mas estes devem reforçar o texto. Muitas produções musicais usam microfones e os cantores precisam entender como ajustar sua técnica quando usam microfones de mão ou fixados ao corpo. Esses ajustes incluem não explodir consoantes (como o T), porque fazê-lo resulta em um som estalado, e confiar nas sensações ao cantar, ao invés de esperar o som retornar dos amplificadores ou do eco no teatro.

- **Técnica saudável:** Uma técnica saudável para musical envolve produzir sons bonitos e redondos, chamados *legítimos* (espaço aberto e com voz de cabeça predominante). Essa técnica é parecida com a de cantores de ópera, mas também inclui o belt. Fazer belting é cantar como Ethel Merman, Kristin Chenoweth e Idina Menzel. O som é mais metálico, frontal, às vezes nasal, e parecido com a voz de peito alta. Faz-se esse som trabalhando para combinar aqueles da voz falada e cantada. Veja o Capítulo 13 para encontrar ajuda sobre o belting. As produções musicais tendem a ser agendadas para ocorrerem em apresentações próximas umas das outras, então o cantor precisa de uma técnica sólida para lidar com trabalhos seguidos. Na Broadway, os artistas normalmente fazem oito shows por semana. Apresentar-se tanto parece divertido, mas exige energia e uma ótima técnica.

- **Dando nomes aos bois:** Joel Grey (tom de conversa, belt alto), Mary Martin (sons legítimos e belt), John Raitt (som rico, redondo, quase operático) e Gwen Verdon (ótima habilidade de dança, capacidade de produzir vários sons diferentes com sua voz para criar o personagem).

Apresentação de pop rock

As linhas na indústria musical estão começando a ficar difusas, e o rock está conectado ao pop. Os estilos são muito parecidos vocalmente, ambos usam uma ampla extensão, mais belt do que voz de cabeça e entonações que vão do descontraído ao belo. Os cantores de rock têm guitarras pesadas os acompanhando e fazem uma variedade de sons, de gritos a gemidos. Ambos os tipos de cantores precisam saber como manter suas vozes saudáveis para as suas músicas exigentes. Técnica saudável significa garantir que sua voz dure com o tempo.

- **Som:** Visto que você tem um microfone, não precisa do mesmo tipo de intensidade e clareza para cantar pop rock que se precisa para ópera. Ter uma entonação difusa não é problema, desde que seja por escolha própria. O microfone ajudará a levar o som, se sua entonação não for clara e focada, mas é preciso ter um pouco de clareza para ser amplificada. Uma vez que as linhas e frases podem não ser longas e estendidas no repertório, você também não precisa da intensidade de linhas longas de legatos como os cantores de ópera.

As mais recentes tecnologias em sistemas de sons podem corrigir instantaneamente a afinação teimosa de um cantor. Máquinas de karaokê e microfones mais novos usam essa tecnologia, alguns cantores famosos também. Eles não querem que você saiba que o microfone dele está corrigindo sua afinação, mas é verdade. Uma apresentação ao vivo de alguém que não usa ajuda da tecnologia de correção de afinação apresentará imperfeições e pequenas flutuações, enquanto uma gravação de estúdio é mixada perfeitamente para acrescentar reverberação a fim de simular ressonância e corrigir qualquer escorregada do tom. Você deve ter uma técnica sólida para que soe excelente sem o auxílio de corretores de afinação.

Optar por atrasar o vibrato também é perfeitamente válido. Você pode cantar com entonação natural e depois deixar o vibrato surgir mais tarde ou no fim da frase. À medida que você subir de tom, pode deixar o som passar para outro registro ou cantar à tirolesa. Você também pode deixar o som ficar mais leve, à medida que sobe para tons mais agudos, ao invés de torná-lo mais forte, como é possível na ópera ou em musicais. Usar o mix ou um som mais forte da voz média também é uma opção para as cantoras. Homens podem escolher tanto usar o falsete quanto a voz de cabeça (o Capítulo 11 fala mais sobre os sons da voz, incluindo voz de cabeça, falsete e voz média). Você pode não precisar de um espaço amplo em sua boca e na garganta como acontece em outros estilos musicais, como o clássico.

- **Técnica saudável:** Quando cantar pop rock, você precisa de uma técnica sólida e saudável, mas suas habilidades devem aflorar quando for a hora de mostrar a que veio no palco. Espera-se que cantores de pop dancem *e* cantem, então você deve estar em forma (ou ser famoso o suficiente para poder optar por não dançar). Tente dançar e cantar acompanhando seu clipe preferido e descobrirá que é preciso habilidade para cantar bem quando se está dançando a toda. Uma vez que o som que os roqueiros fazem é arranhado, quase gritado (pense no Meatloaf), os cantores de rock precisam ficar conscientes de como manter os sons animados que os fãs adoram sem causar danos à voz. Gritar muito durante um bom tempo em shows longos pode sobrecarregar a voz e causar fadiga, rouquidão e alterações na sonoridade da voz. Para prevenir lesões, os cantores podem usar a ressonância a fim de criar sons que normalmente fazem gritando. Veja o Capítulo 7 para ler uma explicação sobre ressonância e o Capítulo 13 para sugestões sobre como trabalhar com a ressonância na voz falada e no belt.

✔ **Dando nomes aos bois:** Karen Carpenter e Carly Simon (cantoras de pop clássicas); Billy Joel, Elton John, Bonnie Raitt, Rod Stewart, Tina Turner e Ann Wilson (cantores de rock clássicos); Katy Perry e Kesha (cantoras de pop mais contemporâneas).

Optando por ópera

Se você estiver interessado em treinar para cantar ópera, terá muito território para percorrer. Treinar para ópera normalmente exige um longo processo de aulas ou estudo, o que não é necessariamente ruim. Estudar canto por um longo período de tempo não é uma punição: isso lhe dá a oportunidade de dominar sua voz. Para muitos cantores o longo processo de estudo também significa começar cedo. Revise a lista a seguir para ver o que você pode vivenciar enquanto treina para ópera.

✔ **Som:** Cantar ópera exige que você cante longas frases, alto o suficiente para ser ouvido acima da orquestra em grandes salas de concerto e que cante materiais musicalmente exigentes. Para a ópera, a apresentação tem tudo a ver com os sons produzidos pelo cantor. Os sons são consistentes e não tão variados como no jazz, nos musicais e no pop rock.

✔ **Técnica saudável:** Ao cantar ópera, o foco da apresentação é a técnica de canto. A técnica para esse estilo musical é o *bel canto*, que literalmente significa "belo canto". Como você deve esperar, o espaço em sua boca e na garganta precisa estar amplamente aberto. A resistência para óperas longas é um problema para cantores. Você deve praticar o suficiente para cantar bem enquanto durar a peça, que pode ser de duas a quatro horas.

✔ **Língua:** Cantores de ópera frequentemente cantam em italiano, francês, alemão ou russo. Você não tem que ser fluente em todas essas línguas, mas deve ter familiaridade suficiente com elas para que possa cantar facilmente e parecer que é fluente. Você pode trabalhar com um professor ou um coach (treinador) quando estiver treinando para cada ária ou ópera, ou pode fazer aulas (chamadas de *aulas de dicção*) para ajudá-lo a ver as palavras e saber como pronunciá-las corretamente. Você também deve estar apto a traduzir o que seu parceiro de cena diz, de forma a saber a diferença entre "I love you" e "I love those satin slippers". Você não pode reagir apropriadamente se não souber o que seu colega disse.

✔ **Dando nomes aos bois:** Alguns nomes familiares no mundo da ópera incluem Olga Borodina (mezzo com timbres mornos e redondos), Renée Fleming (soprano com timbre voluptuoso e voz flexível), René Pape (baixo com sons profundos, ricos e sombrios) e Bryn Terfel (barítono com uma dicção fina e bom ator).

Mostrando sua extensão com R&B

Os sons de um cantor de R&B variam desde riffs ágeis até belts agudos. Encontrar um professor de canto disposto a trabalhar técnica e aplicá-la a esse tipo de material é difícil. A maioria dos professores insiste em trabalhar materiais de música clássica ou de musicais para construir a técnica. As habilidades técnicas básicas de que um cantor de R&B precisa são as mesmas para qualquer outro estilo: um alinhamento perfeito, ótima coordenação respiratória, facilidade de articulação e equilíbrio de registro. Todas essas habilidades são abordadas no decorrer deste livro. Se elas estiverem boas, o artista de R&B pode procurar um treinador para ajudá-lo a aprimorar seu estilo e material.

✔ **Som:** O cantor de R&B usa vibrato em notas sustentadas em baladas, mas muitas frases têm tom de conversa e não exigem aquela técnica. As letras são muito importantes e os sons da voz precisam variar para refletir a mensagem. Cantores de R&B usam microfone, então projetar a entonação não é tão crucial quanto na ópera.

✔ **Técnica saudável:** Cantores de R&B precisam ser artistas versáteis. Uma técnica ágil é ponto obrigatório para que um cantor consiga cantar riffs e alcançar o máximo de sua extensão com belt. Usar voz de peito plena é tentador para cantar esse estilo, mas equilibrar o peso dela é crucial para a sua saúde vocal em longo prazo. Veja os Capítulos 11 e 13 para informações sobre como equilibrar o peso da voz de peito. A habilidade de se fazer entender sem usar articulação exagerada também é crucial para as histórias em ritmo rápido do R&B.

✔ **Dando nomes aos bois:** Beyoncé Knowles (uma notável técnica sólida e artista versátil), Maxwell (confortável exibindo seu falsete e seu mix), Rihanna (cantora poderosa, confortável cantando em voz de cabeça e então passando para o belting) e Usher (confortável criando entonações voluptuosas assim como tem facilidade de articulação).

Treinando para Cantar em Qualquer Idade

Se você consegue falar, você consegue cantar — e pode apreciar o canto não importa sua idade. Tive alunos com mais de oitenta anos em minhas aulas, e eles amavam. Desde que você esteja pronto para o trabalho necessário para desenvolver uma técnica saudável, nunca será velho demais para começar a cantar. No entanto, para desenvolver uma técnica duradoura e saudável, entender como sua voz pode mudar com a idade é essencial. Continue lendo para descobrir a melhor maneira para treinar seus jovens cantores (menores de 12 anos) e adolescentes e conhecer algumas mudanças na voz que pode encontrar em diferentes estágios da vida.

Reconhecendo as diferenças entre cantores jovens e adolescentes

A preferência musical pode ser a diferença mais óbvia que você encontrará entre um jovem cantor e um adolescente, mas outras existem. Os mais jovens e adolescentes são diferentes das seguintes maneiras:

- **Extensão:** Os cantores mais jovens têm uma extensão limitada. Eles precisam de músicas apropriadas que foquem em assuntos dos quais gostem. Adolescentes podem precisar de músicas mais modernas e descoladas, porém não vocalmente exigente demais, porque suas vozes ainda estão se desenvolvendo. Para os meninos adolescentes que vivenciaram uma mudança vocal recentemente, os sons mais graves podem ser novos e não confiáveis temporariamente. Um cantor mais jovem tem uma extensão de menos de 8 notas e um adolescente possivelmente tem uma extensão de entre 8 e 16 notas.

- **Treinamento:** A maioria dos cantores jovens pode se beneficiar de cantar em um coro ou entrar em uma aula de canto em grupo apenas para explorar música. Se seus jovenzinhos entrarem para um coro ou uma aula de canto em grupo, certifique-se de que essas atividades foquem em sons apropriados para a idade deles. Cantores muito jovens geralmente não conseguem produzir muito som ao cantar porque sua laringe ainda está crescendo e se desenvolvendo. Todavia, muito som é a primeira coisa que um diretor de coro pede. Se seu filho acabar se esforçando muito ou ficar muito cansado após os ensaios, procure outros coros ou aulas que trabalhem em um nível mais apropriado.

Muitos cantores jovens querem soar como o popstar do momento. Eles não entendem que esse artista tem todo tipo de equipamento e engenheiros de som os ajudando a produzir aqueles sons. Quanto mais você puder expôr seu jovem cantor a cantores da mesma idade, melhor. Leve-o a apresentações do nível fundamental ou médio para que possam ouvir crianças da mesma idade cantando ao vivo e saber como é o som das vozes de acordo com a sua idade.

Alguns adolescentes com a voz mais amadurecida estão prontos para aulas e treino. Desde que o professor seja muito bom com essa faixa etária, as aulas podem ser muito benéficas. Se ele não permitir que o aluno escolha qualquer música ou uma canção divertida para cantar, a criança pode perder o interesse. Procure um progresso consistente. Você não precisa saber muito sobre canto para ajudar seu filho. Fique fazendo perguntas, como provavelmente faz com relação a outros assuntos com os quais não está familiarizado, e ouça seu filho falar sobre as músicas (não querer praticar é um bom sinal de que ele não está gostando delas) e observe seu entusiasmo para a próxima aula.

Alguns adolescentes tendem a ter mais senso crítico que outros. Se o ego de seu filho ainda for um pouco delicado, você deve contratar um professor que possa fazer mudanças positivas na voz do adolescente com humor e entusiasmo.

Desenvolvendo técnicas de longo prazo em adolescentes

A maioria dos adolescentes só está interessado em saber o que pode fazer hoje para ter uma voz magnífica. Eles podem não saber os benefícios a longo prazo de uma técnica saudável, e treinar seus ouvidos para cantar é importante para mantê-la.

Exigir muito e muito rápido da voz não ajuda a longo prazo. É importante que tanto pais quanto professores entendam esse conceito. Com exigir muito da voz eu quero dizer produzir sons grandiosos, como cantar materiais que exigem muito antes que o adolescente tenha o suporte técnico para sustentar esses sons. Na juventude é bom trabalhar com tons de conversa, mas trabalhar em sons forçados pode acarretar uma dificuldade em produzir sons saudáveis posteriormente.

Ter uma técnica saudável significa cantar dentro de sua extensão. Um adulto pode ter uma extensão mais ampla, mas uma criança de treze anos pode ter apenas uma oitava (veja o Capítulo 1), que é em torno de oito notas. A extensão se desenvolve com o tempo e forçar o cantor a cantar mais agudo não oferece nenhum benefício a longo prazo. Quando a voz estiver pronta, o cantor pode produzir sons grandiosos pelo resto da vida. Certifique-se de que seu jovem cantor esteja consciente das vantagens de usar a respiração e a ressonância para encontrar uma variedade de sons. Avise-o de que pode buscar objetivos maiores mais tarde.

Algo que os jovens cantores, especialmente as crianças, podem fazer para aumentar suas técnicas musicais a longo prazo é desenvolver seu ouvido. Você pode ler sobre como encaixar um tom no Capítulo 4. Se o jovem conseguir fazê-lo e também cantar uma série de outras tonalidades após ouvi-las pela primeira vez, é mais provável que consiga dominar mais rapidamente novas músicas. O treino do ouvido também pode beneficiar cantores de coro. Cantar as partes de soprano pode ser fácil porque está na região mais alta, mas as partes médias podem ser difíceis de ouvir. Se o jovem já tiver sido exposto a intervalos e acordes, ele vai tirar de letra a parte média — ou qualquer outra.

Entendendo que as vozes mudam com a idade

Todas as vozes mudam com a idade, quer você cante ou não. É por isso que, no telefone, você pode distinguir facilmente se está falando com uma pessoa mais jovem ou mais velha. A lista a seguir descreve alguns tipos de mudanças de voz que podem afetar o canto e oferece dicas de como lidar com essas mudanças.

✔ **Puberdade:** Não há problemas em deixar meninos passando pela puberdade cantar. Mas, uma vez que você não pode prever o que sua voz fará, essa fase não é um bom momento para que ele faça algo grandioso. Estar em um coro exclusivamente masculino pode dar conforto ao cantor porque ele saberá que o resto dos meninos estão passando pela mesma coisa. Não impeça a voz dele de desafinar ou falhar e saiba que ela se tornará mais estável com o tempo. A voz feminina também muda durante a puberdade, mas essa mudança não é tão extrema quanto no caso dos meninos.

✔ **Ciclo menstrual:** Um grande aspecto físico que afeta a voz feminina após a puberdade é o ciclo menstrual. Nem todas as mulheres apresentam os mesmos sintomas durante seu ciclo menstrual. Algumas experimentam uma sensação de indisposição, como se estivessem muito cansadas ou como se suas cordas vocais estivessem inchadas. Algumas sentem dificuldades com notas agudas ou produzem notas mais graves que parecem muito pesadas. Outras não sentem nenhuma mudança.

Controle o seu ciclo de forma a saber quais são os sintomas antes, durante e depois dele. Você pode descobrir que saber o tempo de seu ciclo menstrual pode lhe permitir planejar a apresentação ou teste no dia certo do mês.

✔ **Menopausa:** Após a menopausa as mulheres podem sentir um enrijecimento em seu canto. Isso é resultado da perda de elasticidade em seus músculos depois que a produção de estrogênio diminui. Mulheres na menopausa podem conseguir manter suas vozes flexíveis com exercícios regulares. Continuar praticando exercícios específicos para diferentes regiões da voz aumenta a chance de manter a energia em cada região em particular.

✔ **Envelhecimento:** Uma ocorrência comum com o envelhecimento é a voz se tornar mais débil. Você pode ter ouvido a voz de cantores mais velhos fraquejarem quando eles cantam. Essa fraqueza é decorrência da falta de tonicidade muscular, especificamente nos músculos do canto. Exercitar seus músculos responsáveis pelo canto regularmente pode ajudá-lo a afastar essa debilidade. Relaxar com a respiração é outro fator comum que contribui para o enfraquecimento no canto. Se sua respiração falhar, é mais provável que sua voz vacile ou fraqueje. Um fluxo regular de ar ajuda a manter a taxa de vibração estável. Você também pode continuar praticando os exercícios que passam de entonação reta para vibrato para ajudá-lo na capacidade de sustentar o vibrato.

Vibrato e falha de voz não são a mesma coisa. O *vibrato* é uma ondulação de tom quando você canta. Você pode sentir os tremores leves em sua garganta enquanto o vibrato acontece, e isso é normal. A falha acontece quando a taxa do vibrato é mais baixa do que o normal, que é de cinco a oito pulsações por segundo. Veja o Capítulo 6 para conhecer os exercícios que exploram o vibrato.

Treinando com um Coro

Como cantor individual, você quer se destacar e ser único. Sua voz deve se espalhar pela sala ou ressoar de forma que cada pessoa na plateia o escute. Você deve focar sua atenção em projetar a voz, uma vez que ter um som ressonante projetado é desejável no canto solo. Todavia, cantando com um coro, você pode ver o diretor colocando a mão na frente de seu rosto para fazê-lo cantar mais baixo e se misturar aos outros cantores.

Nesta seção, discutirei os benefícios de cantar com um coro. Também falarei das diferenças entre cantar como solista e em um coro. Se você se decidir por cantar com um coro, eu lhe darei dicas de como escolher um ótimo diretor (se, ao invés disso, você decidir cantar como solista, confira o Capítulo 15 para encontrar o professor de canto certo para você).

Aproveitando os benefícios de cantar no coro

Muitas pessoas gostam de pertencer a um coro. Você tem a oportunidade de cantar diferentes tipos de música e pode ter contato com outras pessoas que compartilham do mesmo interesse por música. Fazer música com um grupo de pessoas pode lhe dar o exato equilíbrio de que precisa entre praticar sozinho em casa e com um grupo.

A lista a seguir detalha alguns dos benefícios que você tem cantando com um coro.

- **Você pode descobrir como escutar com cuidado.** Ao cantar em um coro, você deve escutar para que sua voz se misture com a da pessoa ao seu lado, assim como para que se adeque ao tipo de música que estiver cantando. Se a música exigir um estilo específico de canto, você deve trabalhar no sentido de produzir o som apropriado com uma técnica saudável.

- **Você descobre como monitorar seu som baseado na sensação que ele passa.** Se você não conseguir ouvir sua voz se destacando, deve confiar na sensação para determinar se sua técnica ainda está boa. Monitorar a sensação da voz é uma boa ideia porque cada ambiente é diferente — você não pode confiar no eco de sua voz.

Às vezes os cantores de coro colocam a mão em concha em seus ouvidos para ouvir sua própria voz. Você pode tentar usar essa técnica para direcionar o som de sua voz para seus ouvidos. Apenas se certifique de que a pessoa ao seu lado não pense que você está tentando bloquear o som da voz dela.

- **Você tem a oportunidade de exercitar seu ouvido.** Detectar sua parte quando as outras vozes do coro o estão rodeando é um bom exercício para o ouvido. Cantores solistas podem não ter outros cantando notas diferentes em seus ouvidos. O cantor de coro pode ficar misturado a outras vozes cantando outras partes e pode ter que confiar na capacidade de ler partitura ou em ouvir sua nota em um acorde.

- **Você tem a oportunidade de exercitar suas habilidades sociais.** Em coros, você frequentemente encontra pessoas que têm gosto musical parecido ou que se inspiram por músicas lindas. Você pode se sentir em casa rodeado de pessoas com interesses similares, que pode aumentar sua sensação de pertencimento.

Capítulo 14: Treinando para Cantar **197**

✔ **Você pode viajar com o coro.** Você pode ter que juntar dinheiro para viajar, mas viajar com parceiros de música que gostam de executá-la em lindas salas de concerto pode fazer valer a pena. Adolescentes e crianças normalmente curtem cair na estrada com um coro porque podem viajar fazendo aquilo de que gostam: cantar com seus colegas.

✔ **Você pode trabalhar na diminuição de sua ansiedade de apresentação cantando com um grupo.** No palco com seus colegas, você pode descobrir que suas ansiedades de se apresentar somem. Se você se sentir confortável em um grupo, pode conseguir transferir esse nível de conforto ao seu canto solo. Se você sofrer de ansiedade para cantar em público, prepare-se lentamente para ir do canto no coro a um teste para solo.

O desafio e a alegria de cantar em grupo pode ser aquela injeção de ânimo de que você precisa no fim de uma longa semana de trabalho. Cantar é um grande relaxamento e uma oportunidade de expressar seus pensamentos e sentimentos através da música. Entrar em um coro pode lhe dar aquela oportunidade regular de aproveitar o canto se você não tiver tempo para praticar sozinho.

Cantar em coro versus cantar solo

Dependendo de quanto você queira explorar sua voz de canto, pode ser que cantar em coro possa ou não ser o melhor para você. Antes de entrar para um coro você deve explorar as diferenças entre cantar com um ou seguir como solista, visto que um cantor de coro tem necessidades diferentes:

✔ **Com frequência lhe pedirão para cantar sem vibrato ao cantar com um coro; cantando solo, frequentemente se canta com vibrato.** Se você consegue realizar a mudança de som sem pressão, cantar sem vibrato não é um problema. O som sem vibrato pode ser livre, solto e com apoio (veja o Capítulo 6 para conferir um exercício que o ajudará a passar de entonação natural para vibrato).

✔ **Você precisa encontrar uma parte que funcione para sua voz e para o diretor do coro; em solo, você pode cantar músicas em sua extensão.** As notas podem ter que ficar muito agudas ou muito graves quando você canta algumas partes em coro. Se você for uma mulher de voz grave, pode até ser requisitada para cantar com os tenores. Você pode fazer isso vez ou outra, mas essa parte foi projetada para a voz masculina, não feminina. Bons músicos que leem partitura bem também podem ser requisitados para cantar uma parte em particular para ajudar o coro, embora não seja apropriada para sua voz. Se você se sentir cansada após cantar, poderá ter que perguntar se pode mudar para uma parte diferente ou pedir conselho sobre como prevenir a fadiga ao diretor.

Parte III: Técnicas Avançadas para Aprimorar Sua Voz

✔ **Você pode ser requisitado para cantar muito alto (em volume) no coro, se houver poucas pessoas na sua parte.** Use essa oportunidade para confiar em seu conhecimento sobre ressonância, de forma que não faça muito esforço. Se você se pegar cansado após cantar alto, precisa diminuir o ritmo por um tempo, durante o ensaio, para conseguir descansar um pouco ou conversar com o diretor e falar sobre como sua voz fica após a prática. Cantar sozinho significa que você pode cantar em qualquer volume, sem se preocupar em ter que guiar outras pessoas com sua voz

✔ **Você pode ter que ficar de pé por longos períodos cantando em um coro; enquanto ensaia sozinho, você pode descansar sempre que precise para dar um tempo para suas pernas.** Ter que ficar de pé para ensaiar pode ser uma boa oportunidade para praticar, fazendo de modo que seu peso fique bem distribuído em ambas as pernas. Se você achar isso cansativo, descubra quais são suas opções com o diretor.

✔ **Você deve estar ciente de suas expressões faciais ao mudar de coro para solo.** Às vezes o diretor de coro dirá para você erguer as sobrancelhas ou sorrir para manter a afinação. Você pode fazê-lo, desde que saiba que, cantando sozinho, deve abaixar as sobrancelhas. Você pode manter a afinação com uma respiração consistente e certificando-se de que suas vogais estão precisas. Manter sua respiração em um fluxo regular e cantar vogais precisas é mais fácil do que aumentar ou diminuir a afinação. O sorriso também pode ser fatal para um solista: ele não dá certo para músicas tristes. O sorriso também pode causar tensão em sua boca quando você tentar abrir o *espaço posterior* (o espaço no fundo de sua boca e na garganta). Encontre prazer cantando com a alegria que vem de dentro e deixe-a refletir-se em seu rosto sem a tensão de um sorriso congelado.

Capítulo 15

Encontrando o Professor de Canto Certo

Neste Capítulo

▶ Decidindo o que você quer das aulas
▶ Entendendo algumas regras dos professores de canto
▶ Entrevistando o possível professor com perguntas específicas

Encontrar a pessoa que será seu professor de canto certo pode ser difícil. Os diferentes tipos de instrutores disponíveis podem ser algo confuso. Você pode não fazer a menor ideia de como escolher o melhor professor ou o que esperar das aulas propriamente ditas. Não importa qual o seu nível de conhecimento, este capítulo lhe dará algumas ideias e conselhos para selecionar um professor de canto. Ele também o ajudará a saber o que esperar do professor, das aulas e de si próprio.

Procurando o Melhor Professor de Canto

Independente do seu nível, se você quiser melhorar seu canto com aulas, precisa fazer o dever de casa para saber qual se adequa melhor às suas necessidades. Eu lhe darei algumas maneiras de encontrar um professor de canto, assim como algumas perguntas que devem ser feitas tanto para si mesmo quanto para o professor em potencial antes de entrar no estúdio.

Encontrando um provável professor de canto

Você pode se informar sobre professores de canto de várias maneiras. A lista a seguir tornará simples a busca por um professor.

- **Pegue recomendações de amigos que fazem aula de canto.** Mantendo em mente que nenhum professor é perfeito, pergunte aos amigos do que gostam e do que não gostam nele. Compare as preferências deles com as suas.

- **Peça sugestões em lojas de música.** A loja pode até ter alguém em sua equipe que pode trabalhar com você. Se não, provavelmente eles conhecerão ao menos alguns professores de canto na localidade.

- **Procure anúncios no jornal local, panfletos impressos ou na internet.** Antes de ligar para a pessoa, prepare sua lista de perguntas. Se você se sentir incerto durante a entrevista, apenas diga que quer pensar a respeito.

- **Ligue para o curso de música da faculdade mais próxima.** Muitos alunos de graduação se saem ótimos professores de música. Eles normalmente estão no calor de seu treino e querem compartilhar todas as informações bacanas que aprenderam. Eles podem não ter uma grande experiência de ensino, mas serão bons o suficiente para você: ambos podem experimentar cantar juntos.

- **Faça uma pesquisa na internet.** Você também pode encontrar professores de canto online. Eu recomendo começar pesquisando em http://www.abcanto.com (Associação Brasileira de canto).

Se possível, procure a opinião de alunos ou ex-alunos sobre um professor em particular antes de fazer contato. Embora nenhum professor seja perfeito para todo mundo, se você ouvir um comentário negativo após outro, fique alerta de que esse professor provavelmente não é a melhor opção.

Identificando o que você quer

Você não irá muito longe na busca por um professor, se não souber o que quer das aulas. Você pode ter perguntas para um possível professor de canto, e talvez ele tenha algumas para você. Para ficar preparado, considere as seguintes questões antes de começar a conversar com um professor em potencial.

- **O que exatamente eu quero das aulas?** Se você quiser aprimorar sua técnica, cantar notas mais agudas, sustentar frases mais longas ou se fazer entender, discuta esses objetivos com seu possível professor de canto. Ele poderá dizer em que focará e como uma aula pode ser estruturada em relação aos seus objetivos, e você pode ver se isso se encaixa em seus desejos e necessidades.

- **Você está fazendo isso por diversão ou tem interesse em desenvolver uma carreira ou explorar algum grande objetivo no canto?** Se o que você quer é uma carreira no canto, seu professor pode acelerar o ritmo das aulas e exigir mais de suas práticas; por outro lado, se estiver fazendo aulas por diversão, seu possível professor pode passar tipos diferentes de música ou não se preocupar muito sobre os aspectos comerciais do canto. Você pode estar interessado em ser mais exigido, mesmo que esteja cantando só por diversão e deve ter certeza de que ele (ou ela) esteja disposto a ajustar o ritmo de acordo com suas necessidades.

- **Quanto tempo você quer passar praticando?** Se você for muito ocupado e não puder passar muito tempo praticando, discuta a disponibilidade com seu possível professor. Descubra se ele (ou ela) é flexível o suficiente para dar aulas uma semana ou outra para lhe dar tempo o suficiente de prática entre as aulas.

- **O que você quer cantar?** Confira o Capítulo 16, se não estiver certo sobre suas opções. Quando você souber o que quer cantar, converse sobre isso com o professor(a) para saber se ele(a) ensina esse estilo. Alguns professores ensinam apenas música clássica e preferem que seus alunos não cantem pop ou jazz. Trabalhar com música clássica tem excelentes benefícios, mas pode ser a opção errada para você.

Entrevistando um provável professor de canto

Descobrir informações básicas sobre um provável professor, como qualificações e custos, é tão importante quanto identificar o que você quer dele.

Os professores de canto muito bons provavelmente são muito ocupados e lotados de alunos. Eles podem não ter tempo para responder às suas perguntas. Se for o caso, você pode tentar fazer algumas aulas e encontrar as respostas durante esse tempo. Qualquer uma das formas funciona bem.

Se você ligar para um professor e começar a questioná-lo como se estivesse em um teste, pode não obter uma boa resposta. Trate os tópicos das seções por vir como sugestões para encaminhar a conversa de modo a conseguir as respostas de que precisa. Após todas as perguntas, se tiver uma impressão boa sobre o professor, tente.

Infelizmente, as aulas custam dinheiro. Você não deve empacar acrescentando custos de última hora para no final acabar chegando à conclusão de que não poderá arcar com eles. As seções seguintes incluem perguntas para ajudá-lo a saber quando dinheiro precisará gastar. Além disso, direi como conseguir respostas sobre a experiência do professor.

Experiência

Uma das primeiras perguntas que você deve fazer para seu possível professor é "Há quantos anos você ensina?". Você deve descobrir se essa pessoa só ensinou por poucos anos. Mas não presuma automaticamente que não quer trabalhar com um professor iniciante. Considere o seguinte:

- Alguns professores iniciantes são ótimos porque eles mesmos tiveram muitas aulas recentemente. Ele provavelmente cobrará menos do que alguém com experiência e pode ter mais disponibilidade de horário ou ser mais aberto para trabalhar com música contemporânea, como pop ou rock.

- Um professor mais experiente pode saber como abordar os tipos de problemas vocais nos quais você quer focar. Ele também pode ter anos de experiência para explicar como fazer alguma coisa e pode ter uma variedade de formas de explicar a técnica para garantir que você a entenda. Se o professor em potencial já tiver bastante experiência, é mais provável também que você encontre algum aluno ou ex-aluno que possa falar sobre seus pontos fortes.

Se você tiver problemas sérios de saúde vocal, como calos ou refluxo gástrico (veja o Capítulo 23), eu recomendo que encontre um professor experiente que saiba como reabilitar vozes.

Evite professores que prometem resultados notáveis em curtos períodos de tempo, que afirmam serem experts em algum método particular de ensino, que deem apenas uns poucos exercícios que supostamente consertariam seus problemas vocais e que jurem que apenas eles podem lhe dar a informação da qual você precisa.

Formação

Não deixe de perguntar onde seu professor estudou ou teve sua formação em canto. Você deve ter um professor com anos de experiência em apresentações ou em aulas ou treino em um programa de graduação com foco em voz. O professor não precisa ter um diploma de uma universidade bem conceituada para ser bom. Só precisa saber muito sobre o canto e como passar esse conhecimento para seus alunos.

Se você estiver interessado em cantar música clássica ou de coral em outros idiomas, descubra, durante a conversa, se o professor tem conhecimento de línguas estrangeiras. Você pode descobrir essa informação perguntando que tipo de músicas seus alunos cantam.

É comum diretores de corais e professores de piano também ensinarem canto. Desde que essa pessoa saiba bastante sobre como a voz funciona e como ajudá-lo, quando algo estiver errado, vale a pena tentar. Se você de fato fizer aulas com o diretor do coral, descubra quanto do seu treino foi dedicado ao canto individual. Muitos cursos de graduação permitem que diretores de coral se formem sem nenhum conhecimento sobre o funcionamento da voz. Eles passam muitas horas treinando corais para que executem sons adoráveis, mas saber como fazê-los é importante para aulas de canto.

Capítulo 15: Encontrando o Professor de Canto Certo **203**

Estilos musicais

Descubra se o professor foca em diferentes estilos musicais. Por exemplo, ele (ou ela) entende o belting e como ensiná-lo para musicais? Você deve descobrir se o professor está interessado no mesmo estilo de que você gosta. Se ele apenas passar músicas e não permitir que o aluno escolha, pense sobre como você se sente a respeito do estilo musical preferido dele antes de se comprometer. Se você precisa de ajuda com um tipo de voz específico, como contratenor (veja o Capítulo 2) ou se quiser tipos pontuais de auxílio com estilos de canto, como jazz, pop ou belting, certifique-se de que o possível professor pode trabalhar com seu tipo de voz ou com o estilo de canto em que você está interessado.

Acompanhamento

Pergunte se o professor toca piano ou se tem um pianista. Tenha em mente que você está buscando um professor de canto, não um pianista. A maioria dos professores de canto não toca piano muito bem; eles passam seus dias treinando a voz e podem ter matado as aulas de piano. Contudo, você deve fazer essa pergunta, pois muitos professores que não tocam bem contratam um pianista para acompanhar seus alunos. Você deve descobrir se o custo por mais essa pessoa já está incluído em sua aula, na maioria das vezes sim. Se não estiver, porém, você precisa decidir se quer assumir a despesa adicional.

Se o professor não tocar e não tiver um pianista à disposição, descubra que tipos de sistemas ele tem para trabalhar a música. Muitos usam uma gravação para que os alunos cantem junto. Seu professor também pode ter um teclado com músicas já programadas nele. Você pode pensar em encontrar um pianista de ensaio para gravar suas músicas de modo que você possa levar uma gravação para as aulas e cantar com ela.

Localização

Onde o professor dá as aulas é outro ponto a ser considerado. Ele pode dar aulas na própria casa, em um estúdio, em uma escola ou mesmo na sua casa.

Se ele estiver disposto a ir à sua casa, essa certamente pode ser a opção mais conveniente. No entanto, tenha em mente que você pode ter que pagar mais por essa conveniência (veja a próxima seção, "Custo").

Igualmente importante, você deve saber onde os alunos do professor se apresentam. Ele pode lhe dizer quantos de seus alunos estão se apresentando em produções ou casas de show locais. Fazer essas perguntas lhe dará uma ideia de quão bem o professor conhece as casas de eventos locais e conhecerá um pouco a variedade de alunos em estúdio.

Custo

O custo das aulas de canto varia dependendo da localidade. O preço das aulas na cidade do Rio de Janeiro ou de São Paulo pode custar a partir de R$100,00 por hora, mas você pode pagar apenas R$30,00 em uma cidade pequena do interior. Você também pode perguntar se pode fazer uma aula de meia hora (ou uma hora em semanas alternadas), se isso for mais adequado ao seu orçamento.

Se você for um iniciante, pode preferir uma aula de meia hora de qualquer maneira. Seus músculos ainda estão descobrindo o que fazer, e sua voz e seu cérebro podem ficar bem cansados após meia hora de trabalho. Quando suas habilidades se aprimorarem, você pode aumentar o tempo.

A fama do professor também pode afetar o custo. Aqueles que tiveram uma carreira artística de sucesso ou que tiveram alunos famosos cobram mais do que os iniciantes. O professor famoso pode ajudá-lo com contatos comerciais à medida que sua técnica avançar, mas preços altos não garantem melhores resultados ou um professor melhor. Você deve experimentar algumas aulas para saber se elas funcionam para você.

O preço das aulas não é garantia de que o professor é o melhor ou o pior. Você pode encontrar um professor jovem que está apenas começando, com tarifas incríveis, mas que talvez ainda não saiba nada sobre o ensino. O professor famoso, que cobra um preço mais alto que o seu aluguel, também pode não ser o correto, se você resolver coçar os bolsos para pagar por suas aulas. Procure bastante e faça muitas pesquisas.

Regras de pagamento

Pergunte sobre as formas de pagamento do professor. Se vocês concordarem em definir uma hora específica de aula a cada semana, o professor pode exigir pagamento adiantado. Essa prática é comum entre professores que têm grandes estúdios. Outros podem permitir que você marque as aulas sempre que tiver dinheiro suficiente. Pergunte sobre a marcação de aulas durante sua conversa inicial para não ter nenhuma surpresa.

Você também deve perguntar sobre as formas de pagamento. Se seu professor exigir o pagamento em dinheiro, você não pode esquecer de dar uma passada no caixa eletrônico antes das aulas. Os cheques são normalmente aceitos, e muitos professores aceitam cartões de crédito em seus estúdios ou através de uma conta online. Se você pagar adiantado, controle o número de aulas. A maioria dos professores são bons em manter as aulas em dia, mas você deve saber quando será o próximo pagamento.

Regras de cancelamento

Você deve conhecer a regra de cancelamento. Você não quer ser pego de surpresa ligando para o professor para avisar que está doente e ele exigir que você pague pela aula perdida. A maioria dos professores pede para avisar com 24 horas de antecedência se você planejar cancelar uma aula. Outros exigem que você reponha a aula dentro de um certo período para não ser penalizado. Professores muito ocupados podem nem sequer oferecer uma política de cancelamento. Não deixe de perguntar para saber se faltar por estar doente não vai lhe custar uma boa grana.

Descobrindo o que Esperar de um Professor

A aula de canto é um momento onde você normalmente está só com outra pessoa, então deve se sentir confortável com ela e também confiante sobre o trabalho que está fazendo com sua voz. Para avaliar o quão bem você trabalha com seu professor, você deve saber o que esperar dele. Esta seção lhe dará uma ideia do tipo de interação que se deve esperar em suas aulas.

Você pode precisar de três a seis meses para realmente entender os conceitos das aulas de canto e ouvir as mudanças em sua voz. Você deve perceber mudanças no primeiro mês, mas os grandes conceitos e exercícios técnicos mais difíceis podem levar mais tempo para dominar. Aproveite cada aula com o entendimento de que você está em uma jornada que não pode ser feita em um dia.

Sentindo-se bem ao deixar a aula

Sentir-se bem após a aula é uma via de mão dupla. O propósito da aula é adquirir mais informação sobre o canto, logo seu professor deve focar no trabalho. Contudo, você deve conseguir lidar bem com críticas.

Durante uma aula, você cantará muito, e seu professor precisa lhe dar um retorno com relação aos sons que você está executando e oferecer sugestões sobre como aprimorá-los.

A crítica construtiva trata da sua técnica de canto e não é direcionada a você pessoalmente. Se você sentir que o professor não está lhe dando um retorno positivo, peça que o faça.

Focar no trabalho o ajuda a ver a crítica construtiva do professor como uma maneira de ir para o próximo nível. Se você esperar que o professor não faça nada além de elogiar seus talentos, ficará dolorosamente desapontado. Qualquer professor que preze por seu nome não ficará tímido em lhe dizer o que você está fazendo errado (ou certo).

Se você encontrar um professor que não faça nada a não ser elogiá-lo, está perdendo tempo, porque esse tipo de aula não o ajuda a se aprimorar.

Para se sentir confiante a cada aula, você precisa saber o que praticar. Durante a aula, o professor precisa sugerir exercícios que você praticará para melhorar sua técnica. Ele então precisará ajudá-lo a aplicar esses conceitos às músicas que você estiver cantando. Se você não tiver certeza do que praticar, pode perguntar a ele em que exercícios focar para a próxima aula.

Trabalhando com imagens e outras ferramentas

Uma vez que não pode ver sua voz, você precisa de algumas ferramentas para ajudá-lo a fazer mudanças. Uma forma de obtê-las é garantindo que suas aulas envolvam o trabalho com várias técnicas, como imagens.

O professor pode usar imagens para ajudá-lo a entender como produzir os melhores sons. Ele pode pedir que você observe as sensações enquanto canta, lhe dar algo para visualizar ou para ouvir. As três abordagens podem funcionar perfeitamente para você enquanto desenvolve sua voz. Você também pode descobrir que uma das abordagens funciona melhor. Saber qual a sua preferida é bom porque você pode traduzir para sua própria linguagem o que o professor diz. Por exemplo, se ele descrever algo para você e explicar por que isso funciona, você pode lembrar do que sentiu quando produziu os melhores sons. Se você gosta de trabalhar com imagens, pode encontrar uma forma de visualizar para melhorar sua experiência.

Não se desgaste se o professor quiser explicar fisicamente o que está acontecendo. Você pode não querer saber no começo, mas depois pode ficar grato por ter entendido por que uma imagem em particular funciona.

Aplicando métodos de canto testados e aprovados

Ensinar as pessoas a cantar é uma profissão antiga. Se você encontrar um professor com um "sistema de ensino nunca antes revelado que vai mudar a sua vida", fique esperto. Você deve ter um professor que baseie seu ensino em fatos, não apenas experimentos. Sua voz pode ser bem diferente da voz de seu professor. Isso não será um problema se ele já tiver ensinado por pelo menos cinco anos. Ele provavelmente já se deparou com diferentes problemas vocais e descobriu uma forma de trabalhar com eles.

Se você discutir as aulas com um possível professor e ele não tiver um "sistema" de ensino, tudo bem. Muitos grandes professores incorporam todas as informações que encontraram em seu próprio método.

Conhecendo o que Esperar de Si Próprio

Sim, você tem que assumir responsabilidade para criar o seu próprio êxito no canto. Embora saber o que esperar do seu professor seja importante (veja a seção anterior para detalhes), entender o que você precisa fazer dentro e fora das aulas é igualmente importante.

Desenvolvendo seu próprio processo de prática

Você pode ter uma aula semanal com seu professor, mas deve praticar entre uma e outra para aplicar as técnicas discutidas a cada semana. A prática leva à perfeição (para mais detalhes sobre prática, confira o Capítulo 10).

A melhor maneira de criar uma rotina de prática que funcione para você é gravando qualquer aula ou sessão de treino e mantendo anotações em um diário. Você deve gravar a aula para que possa escutá-las e ouvir as mudanças que fizer durante esse tempo. Tomar notas enquanto escuta a gravação o ajuda a descobrir como fez essas mudanças de forma que possa fazê-lo novamente sozinho.

O conceito e o propósito do exercício são mais importantes do que o exercício propriamente dito. Por exemplo, você pode encontrar várias formas de trabalhar a respiração, mas o princípio da respiração é mais importante do que um exercício. Então, quando o professor passar um exercício, certifique-se de entender para que ele serve e como usá-lo. Simplesmente fazer um exercício não irá ajudá-lo a se aprimorar, se você não souber o que fazer ou o que escutar.

No fim de cada aula, recomendo que os cantores recapitulem o que precisam praticar antes da próxima. Se você revisar os principais conceitos nos quais pretende focar, tanto você quanto seu professor terão uma lista de metas. Sua meta é fazer o trabalho e a do professor é ouvir você cantando na próxima aula para determinar se você precisa continuar na mesma direção ou expandir o seu trabalho.

Evitando trabalhar excessivamente em suas falhas

Em sua aula, você deve focar em toda a voz e encontrar um bom equilíbrio de habilidades em todas as áreas. Se você passar muito tempo em sua "falha", pode ficar desmotivado e sentir que não consegue fazer nada. Encontre um equilíbrio em suas sessões de prática e nas aulas de forma que você trabalhe nas técnicas que consegue executar bem e em outras que não consegue tanto. Com esperança, a lista do que você não faz muito bem se encurtará com cada sessão de prática.

Se você achar que seu professor está focando tanto em sua falha que está o deixando desmotivado, peça uma opinião sobre o que você está fazendo bem. Não fique tímido para pedir reforço positivo nas aulas. O seu professor pode presumir que você saiba o que está fazendo bem e não dizer para você. Se você chamar a atenção dele para isso, ele pode lhe dar umas palavras de motivação necessárias.

Tornando Sua Primeira Aula um Sucesso

Se você nunca fez uma aula de canto, pode ficar nervoso na primeira. O professor sabe que a primeira aula é um pouco assustadora e pode estimulá-lo a ser corajoso e tentar fazer alguns sons novos. Admita que está nervoso e saiba que sentir-se assim é perfeitamente normal.

Depois de escolher um professor de canto e saber o que esperar da aula, confira a lista a seguir para ver algumas dicas de como fazer a primeira aula correr tranquilamente.

- Antes da primeira aula, pergunte ao professor se precisa levar um gravador. Ele pode ter um que você pode usar no estúdio. Se não, pode levar um.

- Leve uma garrafa de água para manter a garganta umedecida durante todo o canto.

Não coloque a água sobre o piano a menos que o professor diga que não há problema. Pianos são caros, e derramar água sobre um baby grand (piano de causa pequeno) deixará uma duradoura (e cara) impressão ruim.

- Se as aulas forem em uma escola ou outro lugar sem objetos complementares, você também pode levar um espelho pequeno. Confira a lista de objetos dos quais você pode precisar para a prática ou para as aulas no Capítulo 10.

- Pergunte quantas cópias da música deve levar. Alguns instrutores pedem para levar uma a mais para ele ou para o pianista. Veja o Capítulo 16 para ter ideia de onde encontrar partituras.

Parte IV
Preparando-se para se Apresentar

A 5ª Onda — Por Rich Tennant

"Muito bom teste, Vince. Vamos falar um minuto sobre essa coisinha que você faz no final com o microfone."

Nesta parte...

Esta parte traz muitas informações. Caso esteja se coçando para escolher algumas músicas, confira a lista de sugestões sobre como selecionar músicas e encontrar partituras. Também darei um processo passo a passo para dominar uma música em menos tempo e mais eficientemente do que tentando pegar todos os detalhes em uma sessão.

Uma das grandes alegrias do canto é acrescentar habilidades de interpretação. Você terá dicas de apresentação para acrescentar à sua técnica paralela, que irão ajudá-lo a ficar bem no palco e dar ao público uma razão para assisti-lo cantando.

Se você estiver interessado nas luzes da Broadway ou em fazer um teste em sua cidade, também terá conselhos sobre como superar o medo do palco, bem como dicas para um ótimo teste. Está na hora de levar sua técnica para além da sala de prática!

Capítulo 16

Selecionando Seu Repertório

• •

Neste Capítulo

▶ Definindo músicas iniciantes, intermediárias e avançadas

▶ Explorando algumas músicas conhecidas

▶ Encontrando partituras online ou em lojas de música

• •

*N*este capítulo você descobrirá como escolher uma música apropriada e onde encontrar a partitura. Mostrarei como descobrir o estilo e o tom certos, uma música para o seu nível e como exibir seus pontos fortes. Saber se vai comprar o original, um *fake book* (um livro com apenas a melodia, as cifras e a letra) ou uma partitura tornará sua compra bem mais fácil. Quando tiver afunilado suas opções, pode encontrar a música certa na loja de instrumentos local ou baixar a versão digital.

Escolhendo a Música

Começar uma música nova pode ser muito divertido. Explorar o fraseado, a história e os desafios vocais dela pode proporcionar horas de entretenimento. Mas o processo de escolher uma música pode travar muitos cantores. Continue lendo para ver dicas sobre como selecionar a música certa para você.

Encontrando músicas em seu nível

Seu nível de domínio e habilidade técnica neste momento são os primeiros fatores determinantes para encontrar músicas para cantar. Escolher uma muito difícil certamente o frustrará. Por outro lado, escolher material fácil demais pode lhe dar músicas divertidas para cantar, mas não ajudará a avançar em sua técnica de canto.

Escolher músicas em seu nível exige que você equilibre suas atuais habilidades com o que você quer alcançar. Para avançar em sua técnica, você deve escolher músicas que estão apenas um pouco além de sua zona de conforto. Escolher uma música para se apresentar é diferente de selecionar uma para praticar e que o ajudará a desenvolver sua técnica. Músicas para show precisam destacar seu nível de habilidade no momento da apresentação. Por exemplo, você pode optar por executar uma música que já foi um pouco difícil, mas a qual praticou tempo o suficiente para dominar seus desafios técnicos.

A lista a seguir inclui três níveis básicos de músicas dentre os quais você deve escolher. Para mais, confira o Apêndice A, que lista músicas em diferentes estilos para cantores iniciantes e intermediários.

- **Iniciante:** *Músicas para iniciantes* têm ritmo simples, extensão curta, uma parte do acompanhamento que segue a melodia, linha melódica e acompanhamento são as mesmas, e articulações simples.

  Exemplos de músicas para iniciantes são "The Sound of Music" e "Edelweiss" de *A Noviça Rebelde*. "The Sound of Music" tem ritmos bem fáceis de contar e a extensão não é grande. "Edelweiss" também tem ritmo fácil, extensão curta e linhas suaves que o ajudarão a trabalhar no fraseado.

  Entre outras músicas para iniciantes estão as seguintes:

  - A balada folk "Greensleeves"
  - A tradicional escocesa "Auld Lang Syne"
  - A tradicional "Drink to Me Only With Thine Eyes", por Ben Johnson
  - "In the Gloaming", por Mete Orred e Annie F. Harrison
  - A religiosa "He's Got the Whole World in His Hands"
  - "Killing me Softly", cantada por Roberta Flack
  - "You Light Up My Life", por Joe Brooks
  - "Love Me Tender", por Elvis Presley e Vera Matson

- **Intermediário:** *Músicas intermediárias* têm ritmos mais difíceis que o testarão um pouco além do seu nível atual. Se você for um cantor de nível intermediário, pode optar por uma extensão mais ampla, algumas notas agudas para testar o seu máximo, intervalos mais difíceis que desafiam seu ouvido e oportunidades de explorar uma articulação mais detalhada. O acompanhamento do piano pode não seguir a melodia nota por nota.

  Algumas músicas intermediárias incluem "Over the Rainbow", de *O Mágico de Oz*, e "My Favorite Things", de *A Noviça Rebelde*. "Over the Rainbow" é intermediária porque os ritmos são um pouco mais complexos e variados do que em músicas para iniciantes, como "Edelweiss", e os saltos são muito maiores do que aqueles de canções que seguem de tom em tom.

Capítulo 16: Selecionando Seu Repertório **213**

"My Favorite Things" é rápida, com mais variedade e mais ritmos complexos do que "The Sound of Music", do mesmo espetáculo, e a articulação do texto tem que ser muito mais rápida. Após ganhar alguma experiência com músicas mais lentas, como "Edelweiss", para deixar sua articulação fluida, uma música como "My Favorite Things" lhe dará o desafio de articular mais rapidamente.

A lista a seguir contém músicas conhecidas de nível intermediário:

- "Crazy", de Willie Nelson

- "You're So Vain", de Carly Simon

- "You Oughta Be Here With Me", de *Big River*

- "Desperado", por Don Henley e Alen Frey

- "O Sole Mio!", por E. di Capua (tenor)

✔ **Avançado:** Uma música *avançada* é aquela que realmente testa suas habilidades. A melodia cantada pode ser completamente diferente do acompanhamento e ter intervalos que não seguem o piano. Você pode se confrontar com notas longas que requerem controle respiratório, muitas notas agudas que exigem habilidade em sua execução, uma história detalhada que exige que você faça a jornada do texto enquanto usa sua habilidade técnica, um texto que o deixa retratar a história e uma oportunidade de exprimir o estilo apropriado para ela, como belt agudo, legítimo clássico ou o twang do country. Discuto o treino para diferentes estilos de canto no Capítulo 14. Veja o Capítulo 13 para mais informações sobre o belt. Você conhecerá bem sua voz quando for um cantor avançado, por isso não incluo canções desse nível no Apêndice A.

Em uma lista de músicas avançadas você pode incluir as seguintes:

- "Take Me or Leave Me", de *Rent*

- "Miss Independent", por Kelly Clarkson

- "Habañera", da ópera *Carmen*, de Bizet (mezzo)

- "I Know That My Redeemer Liveth", de *The Messiah*, por Handel (soprano)

- "Se Vuol Ballare, Signor Contino", de *The Marriage of Figaro (Le Nozze di Figaro)*, por Mozart (baixo)

As seções a seguir podem ajudá-lo a descobrir o seu nível.

Considerando sua extensão

Se sua extensão for de aproximadamente oito notas, uma música iniciante serve para você. Uma música intermediária tem uma extensão de menos de duas oitavas e uma avançada pode ter mais de duas oitavas. Para mais sobre notação musical, veja o Capítulo 1.

Uma *oitava* significa oito notas brancas do piano e duas oitavas abrangem dezesseis notas brancas. Para subir uma oitava de uma nota preta, encontre a próxima tecla preta no mesmo grupo de duas ou três.

Dando saltos

Quão confortável você está para dar grandes saltos em uma melodia? Muitas canções para inciantes movem-se *tom a tom*, o que significa que as notas na melodia estão próximas umas às outras. Um exemplo que você pode conhecer é "Mary Had a Little Lamb". Sim, é uma rima infantil, mas tente cantá-la — você notará que a maioria das notas ficam uma ao lado da outra, isso é o movimento tom a tom.

Músicas intermediárias têm saltos maiores, de cinco ou seis notas, e as avançadas podem ter saltos de até oito notas, ou uma oitava. *Intervalos* (distância entre duas notas) maiores desafiam seu ouvido. Dedique algum tempo a trabalhar com intervalos maiores em uma música para garantir que sua garganta fique aberta (veja o Capítulo 6), que sua respiração flua consistentemente (veja o Capítulo 4) e que sua laringe fique estável (veja o Capítulo 5). Cantar intervalos mais amplos também o faz ouvir mais. Se você compreender esses intervalos, a possibilidade de repeti-lo em outra música será maior.

Subindo mais alto

Qual é a nota mais aguda que você consegue cantar com êxito? Digamos que seja F5 (Fá), ou a última linha de cima em uma pauta de clave de sol (veja o Capítulo 1 para uma explicação sobre a pauta e o F5). Leve em conta as seguintes estratégias:

- Se você for um iniciante, deve escolher uma música cuja maioria das notas estejam abaixo do D5 (Ré) ou E5 (Mi) e, talvez, apenas um F5 (Fá).
- Se for intermediário com a mesma extensão, deve escolher uma música onde pode cantar F5 em uma ou duas oportunidades.
- Se for avançado, conhece sua voz bem o suficiente para determinar quantas vezes consegue cantar o F5 com facilidade. Uma soprano pode cantar sua nota mais aguda de quatro a cinco vezes em uma música avançada, mas uma mezzo pode querer apenas uma ou duas repetições. O mesmo vale para um tenor, barítono ou baixo; o tenor consegue lidar com mais repetições de notas agudas do que um barítono ou um baixo (para mais sobre tipos de voz, confira o Capítulo 2).

Combatendo a fadiga

O que leva você a ficar cansado ao praticar? Muitos cantores se cansam quando cantam uma música com muitas notas agudas, no alto de sua extensão. Mesmo que não haja muitas repetições delas, se a maioria das notas ficar no topo, você pode se cansar. Pense em cantar como levantar pesos. Você consegue levantar o peso várias vezes, mas por quanto tempo consegue segurá-lo? Quando você permanece no alto de sua extensão, está segurando peso — em outras palavras, está usando bastante energia do corpo para manter o esforço físico. Se as notas agudas vierem em uma velocidade muito grande, pode ser só o que você precisa para cantá-las sem se preocupar, mas isso também pode ser um desafio.

Quanto mais você praticar e conhecer sua voz de canto, melhor você responderá a essa pergunta.

Acelerando

O que é a velocidade de uma música? A velocidade da música pode fazer com que você "cuspa" palavras na velocidade de um relâmpago. Se você tem trabalhado na articulação (veja os Capítulos 8 e 9), pode soltar essas palavras sem ficar tenso em decorrência do constante movimento de seus *articuladores* (língua e lábios).

- ✔ Músicas para iniciantes são normalmente mais lentas, assim você pode fazer a articulação e perceber bem o movimento de seus lábios e de sua língua.

- ✔ Músicas intermediárias são mais rápidas e tem combinações de sons mais difíceis.

- ✔ Músicas avançadas podem ser bem rápidas e exigem que você fale as palavras de forma clara, enquanto a melodia salta através da partitura.

Seguindo seu acompanhante

Quão confiante você está para cantar com um piano ou outro acompanhamento?

- ✔ Uma música iniciante normalmente tem a linha melódica tocada pelo piano e de maneira óbvia.

- ✔ Uma intermediária pode ter a linha melódica no piano, mas os acordes podem ser mais densos e a melodia mais difícil de pegar.

- ✔ Uma música avançada pode ter um acompanhamento completamente diferente da melodia escrita para o cantor.

Prestando atenção aos detalhes

Quão confortável você está para combinar vários detalhes ao cantar uma música? Quando você olha uma partitura ou escuta uma música pela primeira vez, provavelmente precisará ouvi-la mais algumas vezes de forma a pegar seu feeling.

Se você precisar escutar a música por algumas semanas para pegar as notas corretamente, ela é muito difícil para você no momento.

Desmembrando os detalhes para entender uma música (veja o Capítulo 17) você tem mais chance de dominar todas as suas partes mais rapidamente. Se você tiver um ouvido bom, pode deduzir que consegue pegar músicas mais difíceis. Dedique algum tempo para trabalhar nas músicas e dominar uma variedade de detalhes técnicos, como respiração, articulação e narração da história antes de passar para outras mais avançadas.

Contando uma história

Qual a sua familiaridade com atuar e cantar ao mesmo tempo? Os atores na televisão ou no palco podem fazer isso parecer fácil, mas atuar e cantar simultaneamente é uma habilidade que fará a música ter uma boa sonoridade e um bom visual ao mesmo tempo.

- ✔ Músicas iniciantes adequam-se normalmente a um dos sexos e têm histórias mais fáceis de serem contadas.

- ✔ As intermediárias normalmente contêm letras mais detalhadas.

- ✔ Músicas avançadas normalmente são escritas para um sexo específico, com uma linha narrativa na história.

Veja o Capítulo 18 para saber mais sobre encenar e cantar.

Pegando o ritmo

Quão confortável você está com o ritmo? Alguns cantores conseguem pegar ritmos rapidamente, enquanto outros têm dificuldades para ouvir as diferenças entre os sons.

- ✔ Músicas iniciantes geralmente têm ritmos simples para permitir que o cantor foque em um ou dois tipos rítmicos.

- ✔ As intermediárias têm uma variedade maior de combinações rítmicas.

- ✔ As músicas avançadas podem ter ritmos complexos.

Para mais ajuda sobre ritmos, confira *Teoria Musical Para Leigos (Alta Books), Guitarra Para Leigos*, 2ª Edição, de Mark Phillips e Jon Chappell (Alta Books) ou *Piano Para Leigos, Tradução da 2ª Edição*, de Blake Neely (Alta Books). Se você souber um pouco sobre ritmo, pode olhar para a partitura e determinar se a peça é muito complicada musicalmente.

Determinando o tom apropriado para você

Você pode ouvir uma música ótima no rádio e correr para conseguir sua partitura para cantá-la em casa. O truque é ler música bem o suficiente para saber se as notas da canção estão dentro de sua extensão. Você não precisa saber tudo que está na partitura. Só precisa saber bem o suficiente para distinguir entre o tom certo e errado para você.

Quando um cantor diz "eu preciso dessa música em um tom mais alto", quer dizer que quer as notas da música mais agudas. Após olhar a partitura, você também pode determinar se quer que as notas sejam mais baixas — isto é, precisa cantar a música em um tom mais baixo. O *tom* de uma música significa que ela está escrita tendo uma nota como a *central* ou *tônica*.

Capítulo 16: Selecionando Seu Repertório **217**

A tônica dá nome ao tom. Se o Dó central for a tônica, você voltará com regularidade a essa nota na música. Você não precisa saber tudo sobre leitura de música, mas deve saber se quer a música quatro ou dois tons acima. Querer uma música em um tom mais alto significa que ela fique em uma região mais aguda de sua extensão.

Às vezes, um cantor pergunta "Qual é o meu tom?", quando na verdade quer dizer, "qual é a minha extensão?". Nem toda música que tem um Dó central tem a mesma extensão. Você deve estar apto a descrever sua extensão (veja os Capítulos 2 e 12) e saber se precisa que uma música esteja em um tom mais alto ou mais baixo.

Encontrando um estilo musical adequado

Você pode amar escutar árias operáticas, mas não consegue cantar uma ainda. Talvez sua voz seja adequada para cantar músicas com belt, embora o rádio de seu carro esteja sempre sintonizado em uma estação de country. Se você estiver escolhendo uma música para cantar por diversão e apenas para seu próprio prazer, fique em um estilo do qual você goste, mas que o desafie a usar seu conhecimento técnico. Você pode selecionar algumas para cantar por diversão e outras para trabalhar mais em sua técnica.

O Capítulo 20 o ajudará a escolher uma música para um teste que seja adequada para você. Outros estilos musicais requerem o mesmo raciocínio. Se você estiver no caminho do clássico, certifique-se de que a música é apropriada para o seu tipo de voz. Se você for uma mezzo-soprano, opte por árias escritas para esse tipo de voz. As árias escritas para mezzo geralmente têm a mesma extensão das árias para sopranos, mas as notas para esta ficam em uma região mais aguda do que para mezzos. Leia o Capítulo 2 para informações sobre tipos de voz e como determinar o seu. Para pop, folk, country e outros estilos de canto, veja o Capítulo 14, sobre como cantar diferentes estilos musicais.

Cantando com seus pontos fortes

Você deve enfatizar seus talentos vocais particulares, quer você cante no casamento do seu primo, em uma reunião de família, em um teste, na igreja ou no karaokê do bar.

A lista a seguir destaca habilidades e pontos fortes que você pode enfatizar. Se seu ponto forte for:

- **Uma entonação adorável**, escolha baladas bonitas que realcem sua entonação. Exemplos de músicas que exibem uma entonação linda são "A Dream Is a Wish Your Heart Makes", de *Cinderela* e "To Make You Feel My Love", de Bob Dylan.

Parte IV: Preparando-se para se Apresentar

- ✔ **Encenação,** escolha uma música com uma ótima história, com um conflito que você possa explorar enquanto a canta. Exemplos de músicas com ótima história incluem "I Can't Make You Love Me", por Mike Reid e Allen Shamblin (para mulher), e "Long Cool Woman in a Black Dress", por Allan Clarke, Roger Cook e Roger Greenaway (para homem).

- ✔ **Uma voz de cabeça forte,** cante uma música que tenha algumas notas agudas, como "Oh, Holy Night", por D. S. Dwight e Adolphe Adam, no tom agudo.

- ✔ **Habilidade de cantar notas rápidas e com facilidade,** cante "Rejoice" (para mulher), de *Messiah*, por Handel.

- ✔ **Proficiência em trocar rapidamente de registros,** cante "The Lonely Goatherd" (para mulher), de *A Noviça Rebelde*, por Richard Rodgers e Oscar Hammerstein.

- ✔ **Voz de peito forte,** cante "Ol' Man River" (para homem), de *Showboat*, por Jerome Kern.

- ✔ **Extensão forte do grave ao agudo,** cante "Crying" (para homem), por Roy Orbison e Joe Melson.

- ✔ **Ótimo senso de humor,** divirta-se muito e cante "Great Balls of Fire" (para homem), por Otis Blackwell e Jack Hammer.

Comprando Partituras

Quando finalmente souber o que quer, você deve ir às compras. Escolher músicas pode ser a mais difícil das tarefas. Você tem a opção de entrar em uma loja e procurar a música ou deixar seus dedos fazerem a compra online ou pelo celular. Você pode conferir partituras na biblioteca e comprá-la depois, se gostar.

Encontrando lojas

Se você gosta de ver a música em suas mãos antes de se decidir por comprá-la, procure uma loja de música na internet ou na lista telefônica. Você pode ligar para saber se ela trabalha com música vocal antes de pular no carro. Se a loja não tiver sua música, ela pode se oferecer para encomendá-la. Pergunte ao vendedor se você terá que comprá-la se chegar à conclusão de que não gostou do tom ou do arranjo dela.

Algumas lojas permitem que você faça pesquisas online ou ligue para pedir conselhos. A maioria das grandes livrarias trabalha com música, e se não tiver a que você quer, ela pode encomendá-la, ou você pode ligar para o serviço de atendimento ao cliente e encomendá-la você mesmo.

Capítulo 16: Selecionando Seu Repertório

Muitas distribuidoras de música possuem catálogo online onde você pode fazer pesquisas, algumas oferecem auxílio online ou por telefone. A lista a seguir dispõe uns dos sites mais úteis e suas especialidades:

- Hal Leonard é a maior editora de música impressa. Você pode pesquisar o catálogo da empresa online em www.halleonard.com ou escrever para a empresa, P.O. Box 13189, Milwaukee, WI 53213. Você pode comprar partituras diretamente da editora, mas pode pedir para sua loja encomendá-las para você ou encontrar links de revendedores na internet. No Brasil, há a Editora Irmãos Vitale, especializada em partituras e songbooks (www.vitale.com.br).
- Se você estiver interessado em música clássica que é mais difícil de encontrar ou se precisar de ajuda para achar o que você quer, confira o site do SESC, www.sesc.com.br/sescpartituras.
- Você pode conferir um grande catálogo de músicas no site da **TIS**, www.tismusic.com, fazer pedido online ou ligar para 800-421-8132 (ou no número local, 812-355-3005) para encomendar por telefone.
- **Amazon.com** também vende songbooks e partituras. Você não conseguirá respostas diretas às suas perguntas se precisar ligar, mas pode pesquisar facilmente a coleção de música para encontrar a partitura que quer ou um songbook.

Baixando partituras

Lojas de partitura online lhe permitem pesquisar uma música específica em um site — às vezes, inclusive, no tom que você quer. Você pode precisar baixar um aplicativo do site para ler a música, mas vale a pena explorar esta opção, especialmente se você preferir comprar online. Pesquise "partitura musical" ou "partitura digital" em seu buscador preferido ou confira estes sites:

- www.musicnotes.com permite que você veja uma página da música e use o seu aplicativo para escutar amostras delas.
- www.sheetmusicdirect.com lhe permite baixar um aplicativo gratuito para ouvir, visualizar e transpor a música antes de imprimi-la e comprá-la.
- www.sheetmusicnow.com o deixa visualizar uma amostra de uma música clássica antes de comprá-la.

Sites que oferecem preços mais baixos podem estar vendendo fake books, que não incluem a parte do piano. Um *fake book* tem apenas a melodia, as cifras e a letra. Se você optar por isso, o acompanhante terá que inventar um acompanhamento. Alguns acompanhantes são bons nisso, outros não.

Folheando compilações

Enquanto faz compras online, você tem a opção de comprar a partitura individualmente ou uma *compilação* contendo uma coletânea de músicas que normalmente seguem um tema, como trilhas sonoras de filmes, canções de amor, pop hits de uma certa década ou as músicas de um artista em particular. Você deve decidir se quer pagar um pouco mais para ter mais algumas músicas ou apenas adquirir a música no tom exato que você quer por um preço menor.

Ao folhear uma compilação, verifique o tom das músicas das quais você gosta para certificar-se de que estão dentro de sua extensão. As músicas normalmente são impressas em tons fáceis de tocar no piano, o que não significa que são os melhores tons para você. Conheça seu tom e sua zona de conforto para cantar antes de comprar. Se você comprar o livro online, não saberá em que tom está cada música. Você pode ter que conferir o livro em uma loja de música ou livraria que trabalhe com songbooks para decidir se a coletânea serve para você.

Conferindo músicas em sua biblioteca local

A biblioteca é um ótimo lugar para procurar música. É de graça e você pode conferir o livro para tentar a música em casa, no seu próprio ritmo. Se você achar que ela não está em seu tom, economizará alguns reais e frustração. Você pode inclusive levá-la para um pianista de forma que ele a toque para você, caso sua habilidade de ler ainda seja uma novidade. Se decidir que gosta da música, pode pegar o nome do songbook, da editora e a edição da publicação. Alguns livros são reeditados com músicas a mais. Pergunte antes de comprar para não ficar decepcionado.

Se você tiver a partitura original, fazer uma cópia para uso próprio é legal. Para mais informações sobre fazer cópias legais de suas músicas, visite www.ecad.org.br ou digite *direitos autorais* em seu buscador favorito.

Em testes para musicais, é permitido levar uma cópia da partitura. Na maioria dos testes para música clássica, o costume é levar o original. Você pode ser autorizado a utilizar uma cópia para o teste, mas as competições envolvendo música clássica exigem que você possua o original. O motivo? Os compositores merecem ganhar a vida vendendo suas músicas.

Capítulo 17

Dominando uma Música Nova

Neste Capítulo
▶ Separando as letras das melodias
▶ Entendendo a música da forma como ela está escrita
▶ Encontrando maneiras de utilizar sua técnica vocal
▶ Sabendo quando precisa tomar fôlego

Dominar uma música nova é difícil. Neste capítulo, você descobrirá como dividi-la e estudá-la passo a passo. Vou inclusive trabalhar uma música desta forma com você, para lhe dar uma prática interativa. Após ler este capítulo, estará pronto para dominar qualquer música nova sozinho.

Pegando uma Música por Etapas

Pegar uma música nova é muito divertido. As melodia e letra novas dão vontade de sair cantando.

Muitos cantores tentam dominar cada detalhe da música nova em apenas uma sessão. Mas pegar uma música desconhecida e acertar a letra, o ritmo e a melodia ao mesmo tempo exige mais tempo do que apenas uma sessão. O processo se dá mais rapidamente, se você dedicar um tempo a analisar a música, dividi-la em partes viáveis e então conquistá-la uma parte por vez.

Com *analisar* eu me refiro a conferir os seguintes detalhes:

✔ **Direção da melodia:** Uma melodia pode subir ou descer tom a tom, o que significa que as notas estão próximas umas às outras, apenas a um tom de distância umas das outras, ou em saltos, chamados intervalos. Quanto mais você olhar sua música, mais se acostumará a ver as notas na partitura e saber como a distância entre duas notas soa.

✔ **Como o ritmo e a letra trabalham juntos:** A melodia pode ter uma nota para cada palavra ou sílaba ou você pode ter que cantar duas ou três notas para cada sílaba.

- **Repetições:** Há casos em que a música é escrita sem nenhuma repetição; outras, algumas partes se repetem. Procure sinais de repetição na partitura.

- **Velocidade:** Marcas de andamento, ou velocidade, normalmente aparecem no início da peça. Às vezes, as palavras descrevendo o andamento estão em italiano. Pesquise a palavra para saber a velocidade pretendida pelo compositor.

- **Variações de volume:** Na música, o volume (grau de força ou suavidade) chama-se *dinâmica*. Níveis de dinâmica também são geralmente escritos em italiano.

Se você se der algum tempo para absorver cada um desses detalhes por vez, poderá dominar a música muito mais facilmente do que se tentar enfiar tudo de uma vez na cabeça. Continue lendo para descobrir como criar etapas em seu processo de descoberta. Para cantar uma música como pretendida pelo compositor, você precisa entender essas notações. Confira *Teoria Musical Para Leigos* (Alta Books), de Michael Pilhofer e Holly Day para mais ajuda com a leitura de notação musical.

Siga a música na Figura 17-1 enquanto lê as próximas seções.

Memorizando a letra como texto

Olhe para a letra como um monólogo ou uma história. Escreva ou digite-a, incluindo as pontuações, para que possa examinar a letra separada da melodia e ter uma ideia geral dela. Se a música tiver palavras que você desconhece, pesquise-as. Descubra o significado e a pronúncia de todas as palavras da música. Observe a pontuação, porque é quando você poderá respirar na música (veja a seção "Prestando atenção à pontuação", posteriormente neste capítulo).

Leia a letra em voz alta para que possa ouvir a inflexão das palavras. Enquanto lê a letra, procure *palavras operativas* — aquelas que você enfatiza em uma fala normal, natural, do dia a dia. Palavras operativas são substantivos, verbos, adjetivos e advérbios. O resto das palavras na frase são importantes, mas normalmente não enfatizadas. Continue lendo o texto em voz alta até que soe como uma conversa.

Se você ficar esquecendo a letra, fale o texto rapidamente até que não tropece mais nas palavras. Você também pode usar palavras-chave para ajudá-lo a se lembrar do que virá a seguir. Crie um sistema que o ajude a lembrar-se da ordem de cada palavra-chave da frase. Simplesmente saber onde a lista tem características em comum pode ajudá-lo a lembrar-se das palavras-chave da próxima frase.

Às vezes, quando você lê uma poesia ou uma letra pela primeira vez, ela pode não fazer sentido completamente. Quanto mais você a ler, mais conseguirá entender o significado por trás das palavras. Quando você realmente entender a letra, memorize-a. Você pode descobrir que leva pouco tempo para fazê-lo.

Marcando o ritmo

Mesmo que você não leia música bem, você pode marcar o ritmo. Apenas olhe para o ritmo na partitura e tente marcá-lo sem se preocupar com a letra ou a velocidade. A primeira vez que você tentar pode ser difícil, mas depois de alguma prática você se acostumará a certos padrões rítmicos e poderá facilmente dominá-lo.

Para sua sorte, apenas alguns ritmos precisam ser exercitados na música amostra "Simple Things" (vá à Figura 17-1). O ritmo dessa música é um ótimo exemplo do que chamo de música para iniciante (o Capítulo 16 tem mais informações sobre músicas iniciantes, intermediárias e avançadas). Escolhi uma iniciante para que você possa sentir-se totalmente confiante descobrindo os ritmos.

Para mais ajuda sobre leitura de ritmo, adquira uma cópia de *Piano Para Leigos, Tradução da 2ª Edição*, de Blake Neely (Alta Books).

Após marcar o ritmo de sua nova música, tente falar a letra com ele. Falar a letra no ritmo pode ajudá-lo a fixar alguns ritmos e divisões silábicas.

Lendo a notação de tempo

Para entender o ritmo de uma música você precisa saber um pouco de leitura de partitura. No comecinho da música, você encontrará alguns números que parecem uma fração. Essa fração, ou *fórmula de compasso*, diz ao cantor como dividir as batidas entre cada barra de compasso. Quando olhar a música na Figura 17-1, observe a linha simples vertical entre as palavras *simple* e *feeling* no começo dela. Essa linha é chamada de *barra de compasso*. Nessa linha, ou compasso, a fórmula de compasso indica que você encontrará quatro tempos: o número de cima da fórmula 4/4 indica quantas batidas você encontrará em cada barra; o número de baixo indica que tipo de nota equivale a um tempo (batida). (4/4 também é escrito como C, que significa *tempo comum*.) Uma vez que o número de cima é quatro, cada compasso tem quatro tempos. A nota de baixo também é um quatro, que significa que um quarto da nota equivale a um tempo (semínima).

Parte IV: Preparando-se para se Apresentar

Figura 17-1: Amostra de música — Simple Things.

Capítulo 17: Dominando uma Música Nova

Sabendo por quanto tempo segurar as notas

Em "Simple Things", a música na Figura 17-1, você encontra três tipos de ritmo: colcheias, semínimas e mínimas. A duração das notas é parecida com a matemática.

As duas primeiras notas da música são colcheias, e, já que um quarto da nota equivale a um tempo, cada colcheia recebe uma batida. Quando você vir uma nota com um ponto do lado, deve segurá-la por toda a sua duração mais metade de seu valor original. Por exemplo, a semínima com um ponto do lado indica que você deve segurá-la por uma batida mais a metade de uma, que dá uma batida e meia.

Faixa 61

Na Faixa 61, a cantora marca o ritmo de "Simple Things" dizendo "tah" para cada nota. Ouça a faixa várias vezes até conseguir distinguir colcheias de semínimas.

Embora ouvir uma gravação para pegar uma música de ouvido seja fácil, tente evitar esse método. Você pode querer ouvir seu artista preferido cantando a música que escolheu, mas a maioria das gravações são diferentes da forma como a música foi escrita. É claro que se você quiser ouvir e cantar junto só por diversão, de qualquer jeito, pegue a gravação e cante junto.

Cantando a melodia (sem a letra)

Cante a melodia sem a letra. Esse pode parecer um conselho estranho, mas cantar a melodia sem ter que se preocupar se a letra está certa o ajuda a fixá-la em sua mente e também a focar em sua técnica de respiração (veja o Capítulo 4), no espaço posterior (veja o Capítulo 6) e na linha de legato (veja o Capítulo 6). Acrescente a letra após dominar a melodia.

Faixa 62

Na Faixa 62, você ouve a cantora cantando a linha melódica em apenas uma vogal. Você pode cantar junto enquanto olha a linha melódica da música na Figura 17-1. Você sabe o ritmo, então acrescente a melodia a ele.

Definindo elementos musicais em diferentes estilos

A música escrita em partitura é igual em qualquer estilo musical. A notação é a mesma, mas a forma como a música é executada é diferente. Na ópera e na música clássica, os cantores cantam exatamente o que está na partitura. Eles memorizam a letra, todas as notas, orientações musicais e marcações. É muita coisa para memorizar e acertar com exatidão. Cantores clássicos precisam ser bons músicos, porque devem seguir um roteiro exatamente como o compositor pretendeu ao compor a música.

Em musicais, o cantor segue o que está na partitura, especialmente para músicas mais antigas e tradicionais. Nas músicas mais recentes (material influenciado pelo pop e pelo rock), um cantor pode cantar a notação básica da partitura mas ter liberdade com ritmo e a duração dos compassos. Os cantores frequentemente utilizam back phrase[1], ou têm liberdade com relação ao ritmo e tempo enquanto o piano continua tocando o que está na partitura. O cantor e o pianista acabam se encontrando no próximo compasso.

Para pop, rock, R&B e jazz, o cantor tem muita liberdade, tanto com a melodia quanto com o ritmo escritos na partitura. O cantor de R&B acrescenta notas à melodia, o que costuma ser chamado de riff. Os riffs são improvisos sobre a melodia escrita na partitura. No Capítulo 12, você pode praticar alguns dos riffs mais comuns que podem ser ouvidos em músicas. Cantores de pop também fazem riffs, mas não tanto quanto os de R&B. O fraseado nesses estilos musicais são mais casuais do que na música clássica e é mais comum o cantor não segurar as notas até o fim das frases, embora uma nota longa possa estar escrita na partitura. O cantor de jazz improvisa com o pianista. O músico pode improvisar um segmento da música e o cantor seguir quando o piano terminar. O cantor também pode improvisar na melodia, enquanto o pianista continua. Cantores de jazz precisam ter um bom ouvido para música de forma que saibam quando retornar com base na progressão de acordes que escutam.

[1] N.E.: Técnica em que o cantor está à frente ou atrás da batida original da música.

Juntando letra e música

Você está pronto para o último round? Está na hora de juntar todas as peças do quebra-cabeça. Agora que você já sabe a letra, o ritmo e a melodia, cantar tudo junto vai ser moleza.

Na Faixa 63, ouça todas as partes juntas. Da segunda parte em diante, você vai cantar sozinho.

Faixa 63

Observe quanto dura a introdução para se preparar para cantar sozinho. Se você não souber o que fazer durante a introdução, confira o Capítulo 18 para algumas ideias sobre encenação.

Esse mesmo processo passo a passo pode levá-lo a descobertas de novas músicas. Não se apresse quando encontrar uma música nova e domine cada passo. Com uma nova música, você ficará cada vez mais rápido. Bem em breve você dominará uma música em um piscar de olhos. Divirta-se cantando com o CD.

Usando Técnica Vocal em Sua Música Nova

Quando você começa uma música nova, provavelmente a primeira coisa que quer é cantá-la sem parar. Tudo bem, desde que você dedique algum tempo a aplicar sua técnica de canto. Você pode cantar acompanhando os exercícios no CD, o que o ajuda a aprimorar sua técnica e então aplicar suas habilidades às músicas. Ao dividir seu plano para uma música, você pode trabalhar na técnica e na música ao mesmo tempo.

Dando voz às vogais

Trabalhar em vogais separadamente com o CD é uma ótima maneira de garantir que você saiba como produzir o som de cada uma delas. Quando você conhecer os sons de cada vogal (veja o Capítulo 8), poderá aplicar o mesmo trabalho às músicas. Dedicar o tempo para focar em que fonemas vocálicos precisa fazer em cada palavra o ajudará a melhorar sua dicção a cada prática.

Isolando uma vogal

À medida que você explorar a melodia de uma nova música, cante-a em apenas uma vogal para encontrar a linha de *legato* (suave e conectado) e exercitar sua respiração suavemente através de frases longas. Você pode aplicar essa ideia quando cantar a melodia de "Simple Things" junto com o CD (vá a Figura 17-1). Veja a seção "Cantando a melodia (sem a letra)", anteriormente neste capítulo para encontrar a faixa correta para cantar.

Linha de vogais

Você também pode cantar a música em uma *linha de vogais*. A linha de vogais em uma música significa cantar cada letra retirando os sons consonantais. Quando você conseguir falar bem as vogais em um fluxo contínuo de som, aplique essa linha de vogais à melodia: cante direto, sem pausa entre cada vogal. Esse exercício o ajudará a ouvir cada vogal para que possa produzi-las de forma distinta. Retomar as consoantes lhe permitirá produzir os sons vocálicos seguidos de sons consonantais bem claros.

Deixando a música com a sua cara

Preparar a música para um teste significa um pouco entender como ler partitura. Quando você sabe o que está escrito, pode começar a dar sua personalidade à música.

Por exemplo, se você ouvir uma cantora famosa, pode cantar a música exatamente do mesmo jeito. Em um teste, porém, o diretor quer ouvir *você*, não uma cópia de alguém famoso. Descubra o que está na partitura e então dê seu próprio toque usando as seguintes técnicas:

- Variando a dinâmica
- Ligando mudanças de andamento
- Procurando *palavras operativas* — aquelas que você enfatiza na fala natural
- Escolhendo alguns itens de encenação do Capítulo 18

O compositor colocou ideias ótimas na música — você só precisa saber como encontrá-las. Veja a seção posterior, "Usando Elementos Musicais para Criar Seu Arranjo", para mais ideias de como deixar a música com a sua cara.

Olhe a letra de "Simple Things" na Figura 17-1. Fale o texto sem as consoantes. Quando você se acostumar a pronunciar as vogais sem as consoantes, cante a linha vocálica com a melodia. Quando se sentir seguro de que as vogais estão certinhas, coloque as consoantes de volta. Você pode se surpreender com o quão claras suas vogais vão estar depois de ter dado a elas uma atenção individual.

Invertendo as frases

Outra boa maneira de aprimorar sua técnica é trabalhando com as frases invertidas. Não, eu não estou dizendo para você cantar a música ao contrário — apenas trabalhe a partir da última frase que achar difícil e gradualmente acrescente as anteriores após dominar a mais complicada.

Cante os últimos compassos de uma música até que o fraseado esteja sólido. Quando conseguir fazer isso com facilidade, faça um outro grupo com os compassos anteriores. Então, imagine que seu texto é "The loud cows aroused the sows. The sound of the hounds resounded all around".

1. Primeiro, pratique a última frase, "resounded all around".

2. Quando essa frase estiver com uma boa sonoridade, trabalhe no trecho "The sound of the hound resounded all around".

3. Quando essa frase estiver clara como água, acrescente a anterior, "aroused the sows".

4. Depois trabalhe toda ela: "The loud cows aroused the sows. The sound of the hounds resounded all around."

O fraseado e o fluxo respiratório provavelmente estão bem melhores agora. Você pode aplicar a mesma ideia a "Simple Things" (vá à Figura 17-1). Trabalhando algumas frases a partir das últimas palavras, você gradualmente pratica seu controle respiratório de forma a conseguir executar toda a frase. Em "Simple Things", você pode trabalhar com a frase "These are the simple things that I would celebrate in song", começando por "I would celebrate in song". Quando conseguir cantar bem essa frase, volte e acrescente "simple things". Quando essa parte da música estiver fácil de produzir, volte e cante a frase inteira, "These are the simple things I would celebrate in song" e veja se consegue perceber a diferença no controle de respiração.

Respirando pesadamente: Embaçando as janelas

Você provavelmente já descobriu em que precisa prestar atenção quando canta. De fato, uma respiração apropriada pode fazer a diferença entre cantar bem e cantar mal. Esta seção lhe dirá como e quando respirar apropriadamente para cantar corretamente.

Saber como respirar ao cantar é uma ótima habilidade. Levar sua respiração ao próximo nível em uma música significa respirar com a intenção de dizer algo ao cantar. Para cada frase que você cantar, precisa fazer um planejamento da quantidade de ar de que precisará para completá-la. Esse parece um grande conceito, mas é o que você faz todos os dias em suas conversas. Enquanto decide o que vai dizer a seguir, você toma ar e em seguida expressa seus pensamentos.

Tente respirar e falar, "eu tenho más notícias". Sua respiração provavelmente foi lenta e deliberada porque você sabia que algo desagradável estava por vir. Respire e diga, "eu ganhei a loteria acumulada". Uau! Esta respiração certamente foi diferente daquela da má notícia. Quando você canta músicas, deve saber com clareza o que está tentando dizer para que respire de forma adequada a cada linha e expresse um pensamento específico.

Saber onde respirar também é útil. Em uma música, você pode respirar nos seguintes lugares:

 ✔ Sempre que vir uma pausa

- Sempre que encontrar uma pontuação, como uma vírgula ou um ponto
- Em qualquer lugar que não tire o sentido da frase musical ou da letra

Marcar os lugares onde você pretende respirar lhe dá a oportunidade de tentar fazê-lo e ver se dá certo. O lugar para respirar pode parecer lógico, mas quando você tentar fazê-lo, pode não se sentir seguro. Apenas escolha outro lugar e tente novamente. Quanto mais você praticar cantar toda a música e ligar as respirações, melhor se tornará em descobrir como fazer isso.

Vá à Figura 17-1 para ler novamente "Simple Thing" e observe a pontuação. Você pode respirar em um monte de lugares porque a música tem bastantes vírgulas.

Prestando atenção à pontuação

A pontuação em uma música diz onde estão os grandes pensamentos. Assim como em textos escritos e falados, os pontos indicam um raciocínio completado e as vírgulas apontam listas ou frases auxiliares. A pontuação indica uma oportunidade de respirar, logo ela pode ajudá-lo com o fraseado e a interpretação.

Uma série de interrogações em uma música requer que você faça algo diferente do que faria com uma série de vírgulas. Em sua fala normal, a inflexão do tom de voz normalmente sobe quando você faz uma pergunta e desce quando faz uma afirmação. Ao cantar uma música que tem uma série de vírgulas, você deve refletir esse raciocínio contínuo. Você pode praticar isso respirando no meio de uma frase quando estiver falando. Observe como a inflexão de sua voz se mantém alta. Essa mesma ideia acontece quando você canta. A inflexão da voz diz ao ouvinte que está continuando a mesma linha de raciocínio. Em contraste, um ponto precisa de um sentido de finalização. Diga as seguintes frases: "Você fez isso." e "Você fez isso?". Observe a mudança no tom de sua voz ao ler a pergunta. Essa diferença de inflexão ajuda o ouvinte a saber se você fez uma afirmação ou uma pergunta ao cantar.

Respirar através de uma série de vírgulas demanda algum planejamento. Você pode respirar após cada vírgula, mas talvez não precise. Pode fazer uma breve pausa, da mesma forma que faz ao falar quando para no meio de uma frase, mas não respira. Uma série de interrogações é semelhante: respire onde precisar e faça uma breve pausa em lugares onde não precisa.

Você pode respirar após uma vírgula, desde que se lembre de não interromper sua linha de pensamento. Essa mesma linha de pensamento prossegue, da mesma forma que acontece quando você respira entre frases no meio de uma conversa.

Os lugares onde você não deve respirar são entre duas sílabas de uma palavra, no meio de uma frase gramatical que precisa ser mantida como um raciocínio único e entre um pronome e seu modificador. Olhe o texto para determinar onde pode respirar enquanto fala as palavras. Se a respiração naquele ponto prejudicar o sentido da letra, tente encontrar outro lugar para respirar ao cantar.

Se você estiver tendo dificuldade com uma frase porque precisa respirar, trapaceie na última nota da frase ao invés de tentar correr para a primeira nota da próxima frase. Se a última nota for uma mínima, pode cortá-la ao meio para tomar fôlego. Em "Simple Things" (vá a Figura 17-2), você pode ter um tempinho na palavra *me* para conseguir fôlego suficiente para cantar a próxima frase.

Tomando fôlego

Se estiver cantando uma música acelerada, com palavras mudando rapidamente, você deve saber exatamente como respirar de modo rápido para executar a próxima linha com clareza.

Lembre-se de que a liberação para a próxima respiração tem que acontecer rapidamente. Abra seu corpo para permitir que o ar entre velozmente e expire lentamente. Abrir a garganta rapidamente irá impedi-lo de arquejar. Arquejar não deixa que o ar entre na mesma velocidade, parece mais forçado. Para mais ajuda com a respiração, veja o Capítulo 4.

Controlando o tempo da respiração desde o começo

Olhe e ouça a introdução de sua música, ou prelúdio — a parte antes da letra entrar. Antes de cantar a primeira nota você deve estar preparado — você precisa controlar o tempo de sua respiração. Às vezes, controlar a respiração no tempo certo para que inicie a primeira frase pode ser difícil.

 A melhor forma de controlar a respiração é treinando respirar dois tempos antes de cantar. Mantenha o andamento de sua música na cabeça. Quando ele estiver fixado em sua mente, conte: um, dois, respire, respire (respire contando até dois) e então comece a cantar. Se você achar que é tempo demais para respirar, pratique respirar contando apenas um. Você não deve respirar, segurar a respiração por algum tempo e depois cantar. Prender a respiração pode deixar a parte superior de seu corpo presa. Lembre-se de que a respiração está sempre em movimento (veja o Capítulo 4 para ler uma explicação de como seu corpo se movimenta para respirar e cantar). Em "Simple Things", você deve começar a respirar a primeira vez por volta de dois tempos antes de cantar a primeira palavra, "Sometimes".

Mudando a entonação para cada seção

Cada seção da música deve ter um sentimento ou entonação diferente. Para transmitir diferentes entonações em diferentes partes da música, você precisa fazer uma mudança de pensamento de modo a criar a mudança. Em "Simple Things" (vá à Figura 17-1), você tem a chance de mudar o pensamento quando começa o segundo verso. Analise sua música e descubra quantas seções ela tem. Você saberá que é uma nova seção porque acontecerá algo do tipo: um interlúdio de piano (um solo dividindo duas partes cantadas) frequentemente leva a um novo trecho, a música muda e um novo ritmo é acrescentado ou ela passa para um tom diferente, ou o texto muda e um novo assunto surge.

Você pode comparar este estudo da música ao estudo da poesia. Cada *poema*, ou agrupamento de palavras, possui um certo ritmo próprio, chamado *métrica*. Quando você conhece a métrica, pode olhar além para encontrar o sistema de rimas. Saber isto lhe dará uma dica de quantas seções uma peça terá.

A forma de uma música lhe dirá quantas seções você pode esperar encontrar.

- **Estrófica**, que é semelhante a um hino, significa que a mesma música é repetida para cada seção de texto, ou *stanza*.

- **Duas partes AB** significa que duas seções principais podem ocorrer nas ordens AB ou ABA, com a primeira seção se repetindo. Um exemplo de música nos moldes AABA é o tema de *Os Flintstones*; um exemplo de AB é "(Baby You Can) Drive My Car", dos Beatles. Você pode pensar em outras músicas que se encaixem, porque elas têm um verso e um refrão.

- **Sem repetição** significa que toda a peça é nova, sem repetições de qualquer seção em qualquer stanza. Exemplos deste tipo de música são "Yesterday", de John Lennon e Paul McCartney, e "Stairway to Heaven", de Led Zeppelin.

Se uma seção se repete, especule sobre o porquê do compositor repetir aquelas palavras. Qual a necessidade de fazer isso? Explorar essas razões pode ajudá-lo a descobrir como criar mudanças na entonação mudando o que você pensa. Você precisa cantar uma parte repetida de maneira diferente na segunda vez (e se essa parte se repetir pela terceira vez, ou mesmo pela quarta, cada uma deve ser distinta das outras).

Encontrar o número mínimo de seções em uma música lhe dirá o número mínimo de mudanças.

Usando Elementos Musicais para Criar Seu Arranjo

Quando começa a trabalhar com sua primeira música, como criar um arranjo que funcione para você? Como deixar a música com sua cara? Você pode começar escutando outros arranjos para ver e ouvir os elementos que cada artista usou para criá-los. Se você olhar a música "Hound Dog", na versão de Elvis Presley, o que consta na partitura pode parecer leve se comparado aos sons ouvidos em sua gravação. Elvis usava uma variedade de sons com sua voz para criar uma música divertida. Você pode usar a variação de elementos musicais, como dinâmica (volume) ou andamento (velocidade) ou mudar os timbres de sua voz ou variar a articulação. Se você quiser saber mais sobre Elvis e sua música, confira *Elvis For Dummies*, de Susan Doll, PhD (Wiley).

Você deve pensar na canção como uma jornada de música e letra. Sendo uma jornada, você deve ter mudanças e variações. Se você repetir a letra várias vezes, pode ser divertido, mas não será uma viagem para o ouvinte e também não será a melhor música para escolher para um teste ou uma competição. Músicos falam da pegada na música. A *pegada* é a parte recorrente e memorável que prende o ouvinte. Quando você estiver procurando a música certa para arranjar e dar sua cara, lembre-se de que a pegada pode ser a repetição de ritmo, melodia ou letra. Você deve ter pegada, mas também uma história para contar. Apenas fazer sons divertidos pode não ser interessante o suficiente para manter seu público ouvindo pelos três minutos que a música durar.

Você pode já ter visto programas como *Ídolos* ou *The X Factor*, que pedem para que cantores levem seu próprio arranjo de uma música ou para que cantem músicas que eles não conhecem. Visto que você às vezes pode ter que cantar uma capela, deve saber como torná-la interessante sem o apoio de instrumentos. Usar essas sugestões sobre como deixar a música com sua cara, assim como o que explorar em seu próprio arranjo, pode ser uma mão na roda, quando você estiver sob os holofotes e precisar dominar e apresentar uma nova canção em um curto período de tempo. Construa sua habilidade técnica para que consiga aplicá-la com segurança.

Comparando músicas

"Get Down Tonight", gravada por K.C. & The Sunshine Band, é uma ótima música para dançar, mas a letra se repete muito e não tem uma história forte. Ela é também uma música que pode parecer chata apenas com o piano e sem nenhum outro instrumento. "Simply Irresistible", na versão de Robert Palmer, e "Lollipop", na versão de The Chordettes, são dois excelentes exemplos de músicas com uma grande pegada, mas que talvez não tenham ótimas histórias para que sejam trabalhadas sem instrumentos. São canções divertidas, mas não ótimas escolhas para cantar só sem o arranjo de uma banda de apoio.

Em contrapartida, "Desperado", na versão de The Eagles, tem uma história excelente e uma simplicidade que se conduz sozinha a um solo com piano. "Lipstick on Your Collar", na versão de Connie Francis; "Blue Moon", composta por Richard Rodgers e Lorenz Hart, e "Respect", na versão de Aretha Franklin também podem ser arranjadas de forma que você cante lindamente com um piano. Esses são apenas alguns exemplos de músicas com histórias excelentes, que ficam boas com piano e funcionam bem para a apresentação

Capítulo 17: Dominando uma Música Nova **235**

de apenas uma pessoa. As músicas listadas no Apêndice A também são ótimas histórias para cantar solo e estão em níveis adequados aos leitores deste livro.

Você não precisa gastar um monte de dinheiro pagando músicos para arranjar músicas para você; poderá fazer experimentos com algumas músicas conhecidas de forma a dar sua cara a elas. Pense em uma canção famosa que você conheça bem. Você pode usar o hino "Amazing Grace" ou músicas conhecidas, como "Parabéns para Você", "Old MacDonald" ou mesmo a música deste capítulo, "Simple Things".

Articulação

Cante uma música como você normalmente faz, observando a articulação e o fluxo da melodia. Cante-a novamente mudando a articulação. Faça as consoantes bem nítidas e muito precisas. Quando você as articula desta forma, terá mais a possibilidade de se inspirar para fazer sons concisos com sua voz de canto, semelhante à música clássica. Quando cantar a música de novo, mude a articulação de modo que as consoantes e vogais estejam corretas, mas não tão nítidas e precisas. Essa articulação mais descontraída é parecida com o que acontece na música pop e outras contemporâneas que tocam nas rádios. Você pode escolher a melhor articulação para o tipo de música que estiver cantando com base em como você quer expressar sua história.

Dinâmica

Quando cantar a música desta vez, cante alto. O significado dela pode mudar quando você canta desta forma. Cante-a novamente, mas baixo. Na terceira vez, varie a dinâmica, cantando algumas partes alto e outras baixo. Você deve mudar o volume gradualmente para que sua música entre no clímax.

Andamento

O próximo elemento a ser explorado é o andamento. Cante a música lentamente, depois a cante em um andamento rápido. Após ter explorado as duas formas, cante-a mudando sua velocidade gradualmente. Você pode começar lentamente e pouco a pouco acelerá-la, ou vice-versa — comece rápido e aos poucos desacelere. Você deve explorar em que partes faz sentido cantar rápido ou mais lentamente. As mudanças de andamento não precisam ser drásticas — altere-o apenas o suficiente para manter a música evoluindo.

Explicando prelúdio, interlúdio e poslúdio

O *prelúdio*, ou introdução, é o início da música. A acompanhante o toca no piano antes de você começar a cantar. Um prelúdio é importante porque as primeiras palavras e notas surgem da introdução musical.

O *interlúdio* é um segmento da música entre seções de uma composição. Nas canções, o interlúdio normalmente ocorre entre as partes da música e o pianista toca sozinho.

O *poslúdio* é o final da música, que conclui os raciocínios musical e dramático. A música não termina até que o pianista toque a última nota do poslúdio.

Usando variedade vocal

Você pode mudar os timbres de sua voz usando as informações dos Capítulos 11 e 12, sobre registros de voz e ressonância. Você pode cantar a primeira frase em um mix com voz de cabeça predominante, a segunda em mix com voz de peito predominante e a próxima com belt. Essa progressão pode ocorrer mais lentamente em sua música, mas usar variação de registro e ressonância lhe oferece uma variedade de sons para ela. Se você produzir exatamente a mesma sonoridade na música inteira, pode ficar repetitivo após as primeiras frases. Mudar os sons vocais gradualmente exibe sua versatilidade e garante uma viagem variada e fluída em sua canção.

Você pode optar por cantar suavemente e usar sua voz de cabeça ou falsete. Se você acelerar o andamento, pode usar o belt. Para saber que sons funcionam melhor, grave-se cantando e depois escute. Você pode ter que fazer experimentos por um tempo e gravar-se várias vezes antes de encontrar os sons que se adequam à sua nova versão da música. Os cantores frequentemente me dizem que acham esquisito mudar de registros ao cantar uma música. De alguma forma eles pensam que têm que cantar no mesmo registro a música inteira. Os cantores que você escuta no rádio mudam de registro, e você também pode fazê-lo. A menos que uma música com ritmo dançante exija que você a cante inteira em belt, você deve usar variedade em sua sonoridade. Pratique alternar os registros com os exercícios do Capítulo 12 com o propósito de se preparar para incorporar essas transições à sua música.

Estilo

Quando os artistas arranjam uma música, frequentemente a cantam toda e mudam de estilo. Eles cantam músicas conhecidas, mas as modificam para que soem diferente do que você normalmente escuta. Por exemplo, pode cantar "Amazing Grace" precisa e claramente ou cantá-la fingindo ser uma estrela do R&B, acrescentando vários riffs. Você também pode acrescentar muito twang e ressonância frontal para fazê-la soar com country. Fingir que uma música pertence a um estilo específico o motiva a usar sons que normalmente utiliza nele. Entender o que faz uma música soar como pop ou country lhe permite, então, usar esses elementos naquela que você escolheu para apresentar.

Acompanhante

Quando você decidir como quer cantar sua música, marque as orientações na partitura para que o acompanhante saiba como segui-lo. Você pode destacar as marcas de andamento e dinâmica para garantir que ele as veja; se essas informações não constarem na partitura, escreva-as na parte do piano. Normalmente, vê-se a marcação de andamento sobre a linha vocal. Para certificar-se de que ela seja vista, escreva-a entre os dois grupos de pautas na parte do piano. Se você quiser mudar o estilo de seu canto, precisa mudar o que o acompanhante toca. Alguns deles são ótimos com isso e você só precisa pedi-lo para tocar a peça em estilo country, mesmo que não seja isso que esteja escrito na partitura. O acompanhante simplesmente modificará a forma como os acordes são tocados e talvez altere o ritmo para combinar com sua mudança vocal. Aqueles que não tocam muito material contemporâneo podem ser muito bons em mudar andamento e dinâmica, mas não tão bons para criar um acompanhamento que soe como pop.

Não presuma que o acompanhante possa mudar o acompanhamento no calor do momento. Se você quiser alterar uma música conhecida em um teste para que soe muito diferente do que é normalmente tocada e cantada, peça isso com antecedência.

238 Parte IV: Preparando-se para se Apresentar

Capítulo 18
Encenando a Música

Neste Capítulo

▶ Narrando a história de uma música

▶ Identificando o personagem por trás da música

▶ Passando a ideia da música sem verbalização

Se você pensar nas apresentações que já viu na televisão ou ao vivo no teatro, provavelmente vai se lembrar da coreografia, o incrível cenário ou um cantor fazendo jam com uma música diante de um grupo de juízes ou de uma enorme plateia — todos os atrativos. E se você tiver que ficar no palco e cantar uma música sozinho tendo apenas o piano como companhia? Você veio ao capítulo certo para ter algumas ideias sobre como tornar sua rotina solo uma apresentação de estrela.

Seu maior trabalho como cantor é dizer algo quando canta. Ficar de pé e cantar letras decoradas é apenas o começo. Aplique suas habilidades de encenação a uma música para obter uma apresentação poderosa. Dê ao seu público um motivo para olhar para você e escutar sua performance.

Vendo a Música como uma História

Toda música bem escrita leva o ouvinte a uma viagem que usa texto e música para contar uma história. Nesta seção você descobrirá como trabalhar com o texto de sua canção para entendê-lo como uma história, como trabalhar sua voz para retratá-la com emoção e como unir música e texto.

Falando a música antes de cantá-la

Músicas bem escritas lhe dão uma oportunidade de criar uma parceria com a letra e a música. Trabalhando a letra como um discurso ou um monólogo, você pode descobrir que o texto não diz o que você achou que dizia inicialmente. Da mesma forma que ao ler um poema pela primeira vez você possa não absorver todos os seus significados logo no começo. A partir da segunda vez, várias coisas novas podem surgir. Quanto mais você ler o texto, mais poderá melhorar a relação entre seu canto e as palavras que saem de sua boca.

Não caia na armadilha de pensar que só cantar bem uma música é o suficiente. Não é. Cantar bem é um maravilhoso começo, mas você deve dar um passo além. Falar as palavras em voz alta o forçará a entender o que significam. Por exemplo, você pode enfatizar as palavras "eu tinha um gato" de três formas diferentes:

- Se você enfatizar o *eu*, está dizendo que você — e provavelmente só você — tinha um gato.
- Se você enfatizar *tinha*, pode querer dizer que o gato não está mais com você.
- Enfatizar a palavra *gato* pode querer dizer que você tinha um gato em vez de um cachorro.

Brincar com as várias palavras o levará a pensar sobre o que está tentando dizer e a melhor forma de fazê-lo. À medida que você ler o texto de sua música, faça escolhas específicas sobre o que ele significa, como fez ao dizer "eu tinha um gato". Suas escolhas darão aos ouvintes uma chance de realmente focar em sua história para que ouça a letra, não apenas os sons gloriosos de sua voz.

Enfatizar palavras repetidas é igualmente importante. Quando sua música repete certa parte da letra, você deve falá-la de forma diferente, como se a cada vez ela tivesse um novo significado. Pense em uma frase de sua música e a repita várias vezes. Muito provavelmente, você irá enfatizá-la de maneiras diferentes a cada vez para passar sua mensagem. Quando você repete a letra, tem outra chance de fazer seu público entendê-lo.

Quando você começar a trabalhar seu texto como um monólogo ou acrescentar expressão ao seu canto, pode descobrir que suas sobrancelhas tendem a subir. Se for o caso, cole um pedaço de durex em sua testa para "convencê-las" a voltar às suas posições normais. Coloque a fita verticalmente de forma a senti-la cada vez que suas sobrancelhas se mexerem. Com a prática, você pode encontrar formas de expressar seus pensamentos sem contrair nada em seu rosto.

Respostas musicais

Nas canções, a música tem algo a dizer sobre o personagem e o texto. A música é um veículo para que a voz conte a história. Enquanto ouvir sua música (a parte do piano gravada pelo seu pianista ou sua própria voz a cantando), pense no que ela tem a dizer sobre a história. Normalmente a junção da letra com a música ressalta a passagem do texto. Na música "Wouldn't It Be Loverly", de *My Fair Lady*, o texto de Eliza Doolittle tem um

Capítulo 18: Encenando a Música **241**

mesmo ritmo que teria se uma pessoa o estivesse falando. Ao estabelecer o texto em um ritmo normal de fala, a música o ajuda a soar como se estivesse falando e narrando uma história com ela. Na música "Ya Got Trouble", de *The Music Man*, você sabe só pelo som do acompanhamento, que Harold Hill não vai cantar sobre como a manhã está linda. Os sons curtos e destacados do acompanhamento lhe diz que problemas estão surgindo. Algumas músicas incluem momentos onde o cantor faz uma pausa. Durante esses momentos, a música está falando e você deve responder a ela e ao texto por vir. Continue lendo para sugestões sobre o que fazer durante um interlúdio.

Contando com interlúdios

Se a música tiver um *interlúdio*, uma passagem onde você não canta, você precisa descobrir como gerenciar esse período. Os interlúdios podem ser desconcertantes. O que no mundo você fará para matar esse tempo? Você terá pensamentos específicos que apoiem e deem continuidade à trama durante esses momentos. O subtexto pode levá-lo da introdução musical (prelúdio) direto à primeira linha da música. Um exemplo de subtexto de uma música poderia ser o que a garota está pensando durante o prelúdio de *Love Story*, gravada por Taylor Swift. No prelúdio, ela está pensando sobre o garoto e o que dirá para ele. Talvez ela finalmente tenha criado coragem suficiente para dizer que gosta dele e está pensando na melhor forma de fazê-lo. Ou talvez ele esteja fazendo as malas porque está muito chateado com ela e ela está pensando (subtexto) o que pode dizer para fazê-lo perdoá-la e ficar.

O interlúdio pode ser muito simples, mas você ainda deve escutar a música e deixá-la ser parte de sua história. Pense no piano como seu parceiro de cena. Mesmo que esteja em um palco cantando sozinho, o piano dá um retorno dentro da estrutura da música. Você nem precisa ler partitura para descobrir isso. Você só precisa escutar a música e compreender como ela o está ajudando a contar a história.

Explorando um Personagem

Você deve deixar sua performance bem fechada e interessante para o público, então precisa fazer um trabalho de detetive em sua música. Observe bem o personagem a cantando. Cada canção tem um personagem e uma história para contar. Às vezes ele é igual a você, ou pode ser bem diferente.

Entrar no personagem significa viver temporariamente a vida e as circunstâncias dele. Neste caso, a história é apresentada na letra da música. Se a letra for de uma ópera ou um musical, seu personagem terá uma vida inteira para que você explore. Músicas de rádio normalmente não fazem parte de um espetáculo, então você deve entender as circunstâncias.

Se você simplesmente não conseguir encontrar as respostas para todas as suas perguntas sobre o personagem que canta a música, faça deduções com base em outros detalhes que tenha lido no script ou crie uma história ou um cenário que apoie a letra da música. Inventar os detalhes que faltam na vida de seu personagem o ajuda a criar uma imagem completa de quem essa pessoa é exatamente. Desde que seu cenário o leve a dizer e cantar as palavras que estão escritas, pode dar certo. Se seu cenário for tão exagerado que o distraia e o deixe muito ocupado cantando, deixe-o menos complicado por enquanto. Simplicidade é uma coisa boa.

Caracterizando seu personagem

Responder a perguntas fundamentais sobre o personagem que canta sua música o levará a detalhes específicos sobre como retratá-lo quando estiver sozinho no palco.

Você deve desvendar os fatos dados na letra. Algumas perguntas básicas que devem ser respondidas incluem:

- **Qual é o nome do personagem?** O personagem em uma música de rádio é você.

- **Qual é a idade dele?** A idade e a condição física de seu personagem têm uma função em como você interpreta a música. Personagens jovens se movimentam diferente de um velho.

- **Qual é a profissão do personagem ou sua condição de vida?** Saber que seu personagem é um xerife significa que ele se veste, se comporta e age de maneira diferente do bêbado que vive no beco atrás do posto de gasolina. O bêbado pode tropeçar nas palavras, mas o xerife é bem articulado.

- **Qual é a aparência dele?** Saber a profissão do personagem lhe dá as primeiras pistas sobre sua aparência e como ele se comporta. O bêbado da cidade provavelmente é desgrenhado, com roupas amassadas e o rosto avermelhado em decorrência do excesso de álcool. O resto dos detalhes podem ser retirados do texto. Se você estiver em uma produção teatral, normalmente os outros personagens do espetáculo dizem coisas sobre o seu, e você pode usar esta informação para ajudá-lo a decidir posteriormente qual deve ser a aparência do seu personagem.

- **Para quem você está cantando?** Se sua música for de um musical ou de ópera, você normalmente sabe para quem irá cantar. Com músicas de rádio, você deve ver para quem está cantando — mesmo que a pessoa não esteja no local. Você só deve imaginar que ela está por perto e fingir que vê sua reação. Todas aquelas conversas que você tem com pessoas que não estão por perto — como quando você discute com seu patrão enquanto escova os dentes — utilizam o mesmo tipo de visualização que você faz ao cantar a música. Você finge que seu patrão reagiu e responde. O mesmo acontece com sua música: escolha alguém para quem cantar e pense em como ela reage ao que você diz.

Capítulo 18: Encenando a Música 243

- O que você quer da pessoa para quem está cantando? Você quer que ela o deixe só e saia do apartamento? Ou você quer que ela o perdoe por algo que disse ou fez?

- Como seu personagem muda no decorrer da música e em que fase está? Eliza Doolittle muda drasticamente no decorrer de *My Fair Lady*. Sabendo a história, saberá em que fase do desenvolvimento do personagem ela está quando cantar sua música. Se sua música não fizer parte de um espetáculo, faça seu trabalho de detetive para determinar os fatos a partir da letra, depois escolha o que você acha que deveria acontecer no decorrer da música. Mantenha seu cenário simples.

- Onde essa música se passa? Saber onde a história se passa também pode alterar a forma como você canta a música. Se a história acontecer no meio de uma tarde quente de verão será bem diferente do que seria se você estivesse observando uma tempestade de neve através da janela. Marc Cohn cantou "Walking in Memphis", que dá uma ideia clara de onde a música se passa. Mesmo que não seja óbvio, defina onde a música acontece e construa esse lugar na sua cabeça.

Conhecer as experiências de seu personagem o leva a retirar informações básicas disponíveis sobre ele. Dê-se algum tempo para esmiuçar a letra enquanto trabalha na música. Veja o panorama geral primeiro. Resuma os detalhes e então passe para os detalhes menores. Você deve saber tanto sobre a vida interna quanto externa do personagem.

Se você souber essa informação básica sobre ele, saberá se essa pessoa parece com você ou é exatamente o seu oposto. Pessoalmente, adoro representar personagens que têm a personalidade oposta à minha. Existe jeito melhor de viver uma vida secreta?

Descobrindo a motivação de seu personagem

Cantar é uma forma de expressar elevadas e enormes emoções. Uma música demonstra sentimentos tão grandes que o personagem simplesmente não consegue dizê-los; ele precisa cantar sobre eles. Só para o caso de você não correr para uma música a cada poucos minutos no dia a dia, continue lendo e descubra como alcançar aquele enorme e elevado senso de consciência que simplesmente o faz querer sair cantando.

Antes de cantar uma música, você deve saber algumas coisas. Você deve saber o que aconteceu antes da música que motivou seu personagem a cantá-la e dizer aquelas palavras. Por que seu personagem canta e como ele pretende superar qualquer obstáculo? Nesta seção, você desvendará as respostas de músicas conhecidas para que possa preencher as lacunas de suas próprias canções. Algumas não fazem parte de um musical ou de uma ópera. Para essas, você precisa trabalhar o suficiente com a letra de forma que sua imaginação o leve às respostas certas.

Algum evento normalmente motiva um personagem a cantar uma música. Talvez ele tenha um problema para resolver, esteja em uma situação que queira mudar ou queira ajudar alguém. O personagem precisa de algum tipo de situação, boa ou má, para cantar. Os obstáculos que ele encontra também são muito importantes. A situação ou o obstáculo pode ser um amor não correspondido, uma alegria tão intensa que precise ser contada ao mundo ou um relacionamento ruim que não se sabe como terminar. Tia Eller em *Oklahoma!* Canta "The Farmer and the Cowman Should Be Friends" porque ela quer que os homens parem de brigar e se deem bem. No filme *O Mágico de Oz*, o Leão é motivado a cantar "If I Were The King of the Forest" porque ele quer coragem e está cansado de ser medroso. Outra música com uma motivação específica é "Return to Sender", que você já deve ter ouvido Elvis Presley cantar. Ele é motivado a cantar a música porque suas cartas sempre voltam, mesmo tendo dito que sente muito e que isso está partindo seu coração.

Planejando ações para concluir algo

Você deve planejar uma ação que ajude seu personagem a conseguir o que ele quer. Uma ação soa como algo que você deve dar voltas no palco para realizar, mas não é. Você pode ficar parado e ter um plano de ação. Após compreender por que está cantando a música, você cria um plano para alcançar o que deseja e para superar um obstáculo. O exemplo de uma *ária* (música de uma ópera) que ilustra uma ação específica vem da ópera *Carmen*. Carmen é presa, e Don José deve levá-la para a prisão. Ela canta a ária "Seguidilla" para convencer Don José a soltá-la. Seu plano de ação é fazê-lo libertá-la e ela o consegue porque o seduz com seu corpo e sua voz.

Usando a Parte Física

A maioria dos cantores sentem-se rígidos se tiverem que ficar parados e cantar uma música. Sabendo como, onde e o que movimentar ao cantar mantém sua boa aparência ao fazê-lo. Quando cantar uma música, suas opções são ficar parado ou se movimentar pelo palco. Você encontra alguns conselhos sobre o quanto se movimentar na seção "Mexendo-se e remexendo-se com sua música", posteriormente neste capítulo, e terá auxílio sobre gesticulação na seção "Gesticulando apropriadamente", também neste capítulo. Uma vez que focar seu olhar é importante na música, você deve descobrir de antemão para quem olhar enquanto se apresenta — e por que você não deveria fechar seus olhos enquanto canta.

Descobrindo onde focar

Ao cantar uma música, você às vezes pode olhar para um ponto ou olhar em volta. Conhecer a história de sua canção o ajuda a entender que tipo de música está cantando, e esse entendimento lhe diz onde focar seus olhos.

Se você estiver falando apenas com uma pessoa, pode focar na parede dos fundos ou em um lugar à sua frente. Um exemplo de música na qual você pode falar apenas com uma pessoa é "I Can't Make You Love Me", de Mike Reid e Allen Shamblin. Se a pessoa não estiver no local, mas você estiver sonhando acordado com ela, pode ficar com um olhar distante. Um exemplo disto é Elton John cantando no funeral da Princesa Diana. Ela não estava presente, mas você sabia que ele estava cantando para ela. Seus olhos podem se movimentar quando estiver cantando para um grupo de pessoas, mas não como se você estivesse assistindo uma partida de tênis. Na ópera *Così fan tutte*, Guglielmo fala para todas as mulheres da plateia enquanto canta "*Donne mie, la fate a tanti*", que se traduz como "Eu gostaria de ter uma palavra com todas vocês mulheres adoráveis".

Observe outras pessoas enquanto contam uma história: seus olhos automaticamente se movimentam em diferentes direções. Quando você está tentando se lembrar de algo, pode olhar para o teto. Este é um reflexo comum quando se tenta puxar algo da memória. Quando você está observando uma pessoa, pode fitá-la diretamente e não tirar o olhar dela. Se começar a pensar sobre o que está dizendo, pode desviar o olhar da plateia enquanto o faz. Todos esses são movimentos naturais e normais de seus olhos. Ao cantar uma música, você também pode ter esses mesmos movimentos, desviando da pessoa a quem se dirige e depois retornando a ela.

Fechar seus olhos não é uma opção quando você deve representar e cantar. Em uma conversa cotidiana com outras pessoas você mantém os olhos abertos. Você não conversa com uma pessoa e fecha os olhos, a menos que esteja deitado no sofá falando com alguém no outro lado da sala. Cantar uma música envolve conversar com alguém e contar uma história. Seus olhos devem ficar abertos para que você converse com o público. Fechá-los corta o principal meio para se comunicar com a plateia. Ela é deixada de fora porque ao fechar os olhos você está falando apenas para si próprio. Dê ao público um motivo para olhar para você e o observar enquanto canta.

Se você se distrair olhando para alguém nos olhos ao cantar, tente olhar para a linha de seu cabelo. Tente com alguns amigos e pergunte se eles conseguem descobrir que você não está olhando nos olhos. Com muita frequência, eles provavelmente não vão fazer ideia. Peça ao seu amigo para fazer o mesmo para saber como você fica. Tente isso até ficar confortável cantando sua música e mantendo o foco em sua tarefa.

Gesticulando apropriadamente

A grande pergunta que cantores iniciantes fazem é o que fazer com as mãos. Bem, o que você faz com as mãos ao falar? Se elas normalmente se movimentam quando você fala, pode se sentir rígido se elas ficarem paradas nos lados de seu corpo durante a música. Trabalhe a canção como um monólogo para descobrir o que está acontecendo e como o personagem pode reagir às ações da história. Basicamente, você gesticula quando reage. Por exemplo, pense como seria seu movimento ao reagir a um "Epa! Não traga essa aranha para perto de mim!", ou como suas mãos gesticulariam se você estivesse dizendo "Eu queria comprar aquela boneca, mas a mulher a arrancou de minha mão" ou "Estou aqui!" ou "Quando você vai limpar esse quarto tão bagunçado?". Se você reconhecer o mesmo tipo de oportunidade em uma música, se sentirá mais natural gesticulando do que se tentar planejar algo interessante para fazer durante ela.

Você pode ter notado que quando gesticula e diz as frases, seus braços se movimentam para realizar a ação e depois caem. Esse movimento é muito abrupto quando se canta. Você deve gesticular e então se livrar do gesto, movendo seus braços e mão de volta à posição de repouso. Por outro lado, às vezes as pessoas exageram mantendo o gesto por muito tempo. Você pode parecer estar congelado, como se não soubesse como abaixar as mãos.

O exercício a seguir irá colocar suas mãos no lugar certo para a gesticulação:

1. **Coloque suas mãos nos lados do corpo.**

2. **Com seus polegares apontando nessa direção, mova as mãos para a frente em direção uma à outra, formando um grande arco com os braços, mantendo os cotovelos longe de seu corpo e as palmas das mãos viradas para cima e abertas.**

3. **Desenhe o logotipo da Chanel — dois *C*'s virados um contra o outro,)(— no ar.**

   Comece com suas mãos nos lados do corpo, traçando as letras C a partir de suas partes inferiores até que suas mãos estejam levemente distantes de seu corpo, aproximadamente na altura dos ombros. Para que o gesto pareça natural, deve haver uma distância entre seus cotovelos e os lados do corpo.

Os gestos podem variar grandemente, mas esta é a forma mais básica de gesticulação. À medida que você praticar esse movimento, conseguirá fazê-lo mais rápido e variá-lo levemente usando apenas um braço ou elevando-o mais naqueles momentos em que precisa de um pouco mais de ênfase para o seu texto.

Evite essas ciladas:

- **Pantomima:** Gestos pantomímicos nada mais são do que a mímica do texto. Por exemplo, se você planejar movimentos específicos sem pensar em como eles ajudam em sua história, como levantar a mão para o céu ao dizer as palavras "Lua e estrelas" ou colocá-la no peito quando disser "coração", não estará fazendo seu papel como ator. Que papéis esses dois elementos desempenham em sua história? Seu público sabe exatamente onde encontrar a lua e as estrelas — dê-lhes algo mais. A

Capítulo 18: Encenando a Música **247**

pantomima pode funcionar se você estiver criando um personagem cômico, e é uma das formas de representar este tipo de figura. Contudo, músicas sérias funcionam melhor quando os gestos vêm do que você está dizendo e pensando sobre a música, não da pantomima.

✔ **Movimentos coreografados:** Se sua música for divertida e dançante, deixe sua alegria de cantar refletir-se através de sua história, não de uma coreografia. Você não precisa planejar nenhum movimento antes de executar seu trabalho sobre o texto da canção. O gesto deve parecer natural, como se você o estivesse vivenciando pela primeira vez cada vez que cantar a música. Se você tiver escolhido um número de dança para sua canção, pode presumir que alguns movimentos têm uma ordem. Cantar enquanto dança requer uma grande quantidade de energia. Planeje onde respirar na música para que possa praticar o controle respiratório.

Traduzindo uma música em língua estrangeira

Cantar em outra língua é comum na música clássica. Mas fazer isso não o libera de sua responsabilidade como ator. Você deve saber exatamente o que está acontecendo em cada frase de forma que fale cada palavra com convicção.

✔ **Crie uma tradução literal.** O primeiro passo é procurar cada palavra para que saiba exatamente o que elas querem dizer. É difícil encontrar a palavra operativa da frase se você não souber o que metade delas significa. Quando você encontrar a definição de cada palavra, crie uma versão do texto na sua língua. Se a tradução literal resultar em "para você com amor eu só", você pode transformar em "com amor só para você", fazendo total sentido.

✔ **Compare a tradução literal com uma versão do texto.** Você pode encontrar a versão na cópia de sua música embaixo do texto em língua estrangeira. Lembre-se de que você não deve se prender à versão até que saiba o que cada palavra significa na língua original. Às vezes a tradução poética abaixo do texto original tem pouco a ver com o sentido inicial do poema. Sempre faça sua própria tradução também, só para conferir.

✔ **Pratique falar a tradução literal e a versão em sua própria língua e o texto na língua estrangeira.** Após fazer todo o seu dever de casa, você deve trabalhar o texto como um monólogo, tanto na sua língua quanto na língua estrangeira. Esforce-se para ser um grande ator e cantor, independente do idioma ou do estilo musical.

Alguns dos livros mais novos de músicas clássica ou operática, chamadas *árias*, sendo publicados, incluem traduções literais e versões do texto. Se você quiser uma imersão no idioma, encontre um bom dicionário com guia de pronúncia, e ainda com as definições das palavras. Se você comprar o dicionário com guia de pronúncia, economizará muito tempo, que gastaria pesquisando regras de fonética. Você também pode consultar vários sites que traduzem textos.

Mexendo-se e remexendo-se com sua música

Quando você canta para uma plateia, quer que o ouvinte tanto veja quanto escute você unindo história e canto. Quaisquer movimentos que você fizer em um palco ou numa sala de concerto precisam realçar seu canto e a história. Conseguir se movimentar e cantar é importante, de qualquer forma, começar por baixo é o melhor. Considere as seguintes dicas para coordenar movimento e música:

- Em casa, pratique cantar enquanto realiza tarefas simples, só para treinar fazer duas coisas ao mesmo tempo.

- Quando você estiver confortável para movimentar-se e cantar, fale a letra de sua música e observe que gestos você faz. Saber como você gesticula ao falar o ajuda a descobrir como se movimentar ao cantar.

- Algumas músicas não exigem muito movimento. Erre cometendo exageros de início quando estiver praticando e então diminua os movimentos até ter certeza de estar se mexendo em resposta ao que está dizendo. O movimento por si só não realça sua música. Por exemplo, músicas clássicas não requerem muitos movimentos ou gestos.

Se cantar for algo novo para você, acrescentar algum movimento pode ser demais neste momento. Dê um passo por vez quando estiver descobrindo como apresentar sua nova técnica com uma nova música.

Capítulo 19

Confrontando Seu Medo de se Apresentar

Neste Capítulo

▶ Identificando a raiz de sua ansiedade

▶ Usando a preparação para lidar com a ansiedade

▶ Avaliando seu progresso a cada apresentação

*A*nsiedade de apresentação é um grande problema entre artistas de todos os tipos e níveis de experiência. Encontrar formas de lidar com ela e transformar o nervosismo e a adrenalina em fatores positivos para sua performance é tão importante quanto uma ótima técnica. Para aqueles momentos em que o frio na barriga sair de controle, este capítulo oferecerá alguns métodos confiáveis para lidar com sua ansiedade.

Encarando os sintomas

Saber o que você teme já é metade da luta. Após precisar a origem de seu medo, você pode assumir o controle.

Estes medos são os mais comuns:

✔ Engasgar-se com as notas durante a apresentação e não conseguir atingir os agudos

✔ Parecer idiota na frente dos amigos

✔ Esquecer as letras das músicas

✔ Temer o sucesso ou o fracasso, a rejeição ou o desconhecido

Dar nomes aos temores o capacita a ir atrás do problema e contorná-lo. No decorrer deste capítulo você poderá ler as preocupações comuns e determinar o que o está assustando. Após encontrar a fonte, siga adiante e encontre a solução para eliminar todo o problema, não apenas o sintoma.

Correr parado simula adrenalina

Uma corrente de adrenalina provoca aceleração do coração. Você pode duplicar essa sensação correndo parado até ficar sem fôlego... e então cantar sua música. Ficar sem fôlego enquanto pratica o ajuda a acostumar-se a cantar as frases quando quiser desesperadamente expirar, e não cantar. Ficar sem fôlego é parecido com o que acontece quando a ansiedade ataca durante uma apresentação. Cada vez que você respira, pode sentir o ar entrando em seu corpo. À medida que isso acontece, perceba que você consegue cantar mesmo com o coração batendo forte. Só não é fácil.

Você pode encontrar algum conforto em saber que milhares de outros cantores passam pela mesma ansiedade chata que você sente antes de uma apresentação. Os sintomas incluem frio na barriga, joelhos tremendo, boca seca, uma vontade repentina de chorar e sair correndo, mãos trêmulas, coração acelerado, náusea, mãos geladas e axilas suadas e vontade de urinar, não importa quantas vezes você já tenha ido ao banheiro. Você achou algum dos seus sintomas na lista? Eu certamente vejo os meus.

Furo de notícia: Adrenalina não é a inimiga! Com toda honestidade, você deve desejar um pouco de adrenalina para impulsionar sua performance.

Achar que você deve estar calmo antes de uma apresentação lhe dará pontadas de ansiedade se acontecer de você não conseguir ser descoladão. Esperar ficar nervoso e agitado, por outro lado, pode capacitá-lo a cantar mesmo ansioso. De fato, você pode usar todos os traços da agitação decorrente da adrenalina correndo por seu corpo para melhorar sua performance. Reprimindo seus pensamentos sobre a apresentação você pode passar da agitação da adrenalina a uma empolgação que o ajudará a aproveitar a oportunidade.

Aliviando a Ansiedade Por Meio de uma Preparação

Com seus sintomas expostos, você pode falar sobre como aliviar sua ansiedade. Faça a escolha de mudar seus pensamentos sobre a apresentação. Se você continuamente receia os sintomas que sabe que irão surgir, não passará do primeiro parágrafo sem pensar que essa tática não vai dar certo. Então, lembre a si mesmo de que você está ansioso porque teme *algo*. Os sintomas não aparecem por acaso.

Praticando bem

A grande chave para aliviar a ansiedade é a preparação. *Preparação* não é o mesmo que *exagerar na preparação* ou almejar a perfeição. Exagerar na preparação é praticar tanto a ponto de perder de vista a alegria de cantar e focar somente em cantar perfeitamente. Almejar perfeição retira a diversão do canto porque tudo vira competição, ainda que seja consigo próprio.

Os pontos a seguir podem ajudá-lo a se preparar para se apresentar:

- **Mantenha-se positivo e motivado ao praticar.** Descubra um jeito de motivar-se. De que tipo de recompensa você precisa para manter-se praticando regularmente? Pessoas que não gostam de ficar a sós normalmente não gostam de praticar. Você deve reconhecer isso e então se disciplinar para fazer seu trabalho. Seu pensamento positivo durante as sessões de prática passará para sua performance.

- **Estabeleça metas para cada sessão de prática.** O objetivo da primeira sessão de prática pode ser cantar bem uma música sem a letra a fim de encontrar um fluxo respiratório consistente (veja o Capítulo 4). O objetivo da segunda sessão de prática pode ser manter o mesmo fluxo respiratório fácil ao cantar a letra. Tentar encarar muitos objetivos de uma vez causa frustração.

- **Pratique no nível no qual pretende se apresentar.** Você deve praticar todos os detalhes da música separadamente e, então, gradualmente ir juntando todos eles até criar os sons que deseja executar consistentemente em sua apresentação.

- **Estabeleça um prazo para decorar a música.** Sua memória de longo prazo deve guardar bem a melodia e a letra da música. Se você tentar decorá-la na noite antes da apresentação, pode ficar sufocado tentando lidar com a agitação de se apresentar e os detalhes de lembrar a letra ao mesmo tempo.

Recomendo ter a canção decorada pelo menos uma semana antes da apresentação. Você então terá sete dias para trabalhar na música sem precisar lê-la. Se você for cantar várias músicas, deve ter que memorizá-las mais cedo ainda para ter tempo de trabalhar com o acompanhante e treinar o que pretende encenar (veja o Capítulo 18) enquanto usa sua técnica vocal.

- **Fale seu texto rapidamente para ajudá-lo a lembrar-se da letra.** Esquecer a letra de uma música que você decorou normalmente acontece quando sua concentração desliza momentaneamente. Por exemplo, você pode começar a pensar na felicidade de a nota aguda ter soado bem e, de repente, quando estiver voltando à música, não ter ideia de em que parte está. Praticar sua concentração e falar o texto de modo rápido rotineiramente o ajudará a manter o texto em sua memória de longo prazo, não apenas na de curto prazo. Após decorar o texto de sua música, fale as palavras em voz alta rapidamente sem pausa na pontuação.

Usando seus pontos fortes

Fazer coisas nas quais você sabe que é bom constrói segurança e alivia a ansiedade. Preparar-se para o sucesso utilizando seus pontos fortes faz ainda mais sentido quando você ficar nervoso com relação à apresentação.

Use as dicas a seguir para se colocar na posição de vencedor:

- **Escolha peças que realcem seus pontos fortes.** Cantar uma música em uma apresentação significa que você tem uma oportunidade de encontrar uma peça que realmente exponha suas especialidades. Quando você precisa escolher dez minutos de música, a tarefa se torna mais difícil, mas encontrar o material apropriado faz parte da preparação. O Capítulo 16 trata da escolha de música.
- **Foque em seus pontos fortes.** Cantar músicas que exigem agilidade é um grande objetivo, quando você se sente confiante com o material. Se não for o caso, exiba sua entonação incrível, o controle de respiração ou qualquer outro aspecto que você se sinta seguro para mostrar.

Controlando seus pensamentos

Artistas que não sofrem de ansiedade de apresentação podem lhe dizer para deixar isso para lá e parar de ficar com medo. Gosto de chamar essas pessoas de viciadas em adrenalina. Elas amam aquela corrente de adrenalina que surge logo antes da apresentação. Mas tentar parar de ter medo pode apenas frustrá-lo. Você deve lidar com sua ansiedade, que é diferente de adrenalina. A ansiedade soma uma sensação ruim à adrenalina. Você não deve impedir a adrenalina — deve eliminar o medo inerente que leva à ansiedade de se apresentar.

A ansiedade traz pensamentos negativos à sua cabeça, e estes podem tentar convencê-lo de que você vai esquecer a letra, embora conheça bem a música. Só o fato de ouvir tantos pensamentos em sua mente pode arruinar sua concentração e fazê-lo esquecer a letra.

Às vezes você pode usar uma prática negativa para encontrar os extremos de seus sintomas. Tente tornar os sintomas piores na próxima vez em que praticar — por exemplo, visualize ou imagine um público crítico. Você pode experimentar alguns sintomas de ansiedade. Perceba quais são e como você se sente em relação ao público. Enquanto tiver essa sensação de terror, cante a música. Visualize-se sendo capaz de completar sua tarefa, independente de quão ranzinza sua plateia imaginária pareça.

Fazer uma lista de pensamentos negativos que frequentemente surgem em sua cabeça é uma forma de gerenciá-los. Encarar esses pensamentos o ajuda a reconhecer que eles não são úteis e o prepara para mudar para pensamentos positivos. Fazer uma lista de afirmações para contrariar seus pensamentos negativos também pode ajudá-lo a reprimir sua mente para manter-se positivo. Afirmações incluem dizer coisas como "meu canto melhora a cada dia" e "estou seguro de que meu controle respiratório melhora com cada seção de prática".

Você pode criar uma deixa que resuma seu objetivo e o ajude a focar no positivo. Por exemplo, sua deixa de apresentação pode ser "libere e respire" (libere a tensão quando abrir os músculos do corpo para inspirar) ou "abaixe e abra" (solte o corpo até os pés enquanto inspira e abra o espaço posterior para a próxima frase). Faça uma deixa positiva — algo para fazer em vez de algo para *não* fazer. Ao invés de dizer "não faça besteira", você pode usar "fique focado" como uma deixa positiva que o ajudará a ficar no momento.

Assumindo o controle dos nervos

Seus pensamentos podem ir para o público sempre que você ficar preocupado com o que eles acham de você e seu canto. Você não pode se livrar da plateia; afinal de contas, é preciso um público para sua apresentação. Você pode, todavia, fingir que as pessoas da plateia na verdade não estão lá. Você não precisa cantar diretamente para eles ou olhar em seus olhos. Você pode olhar sobre suas cabeças de forma que não se preocupe em ler a expressão no rosto delas quando olhar sem seus olhos.

Fazer seu trabalho ao cantar significa que você deve contar uma história. A insegurança pode levá-lo a crer que todo mundo o está olhando severamente. Reprimir seus pensamentos de forma que aceite o público e se livrar da imagem hostil que criou dele pode ajudar muito a superar suas dúvidas. Você provavelmente já ouviu esta sugestão para superar o medo do palco: imagine que todas as pessoas na plateia estão de roupas íntimas. Você também pode lembrar a si mesmo de que o público escolheu ir à sua apresentação e quer ouvir você cantar bem.

Construindo foco de apresentação

Você já ficou tão focado em uma tarefa que perdeu a noção do tempo ou ficou surpreso quando alguém apareceu atrás de você? Você deve ter esse mesmo foco ao se apresentar. Foque totalmente em sua tarefa atual, deixando todo o resto para depois.

Para ajudá-lo a praticar a concentração, tente estas sugestões:

- **Disponha algumas distrações.** Pratique na frente de seus amigos e peça para que eles vez ou outra sussurrem, amassem papel, derrubem um livro ou fiquem de pé e dando voltas enquanto você canta. Nas primeiras vezes você pode perder a compostura, mas apenas ria disso e continue tentando até que possa manter a concentração e ignorar as distrações.

Parte IV: Preparando-se para se Apresentar

✔ **Pratique a concentração.** Programe um alarme para cinco minutos e pratique focar totalmente em seu canto durante esse tempo. Cinco minutos podem parecer pouco tempo — até você ter de preenchê-los com apenas uma tarefa. Você pode pegar sua mente vagando e pensando em outras coisas. Tudo bem. Programe o alarme e tente novamente.

Trabalhar para conseguir se concentrar pelos cinco minutos inteiros pode levar alguns dias. Você também pode praticar focar e intencionalmente deixar sua mente vagar para perceber a diferença.

✔ **Deixe as distrações do lado de fora.** Aquela briga que você teve mais cedo, o relatório que tem que ser entregue amanhã, suas férias que estão se aproximando — quaisquer preocupações do dia a dia podem ocupar sua mente. Crie um ritual que lhe permita deixar todas essas distrações do lado de fora.

Por exemplo, você pode colocar um cesto do lado de fora da sua sala de prática e mentalmente despejar todas as suas preocupações nele antes de entrar. Você também pode escrever uma lista de coisas para fazer antes da sessão para que saiba exatamente no que precisa pensar logo após a prática. Reconheça que você ainda tem que resolver esses problemas em sua cabeça e então passe à tarefa do momento.

Falha na voz não é o fim do mundo

A *falha* acontece quando os músculos param de funcionar corretamente apenas tempo suficiente para impedir o som. Manter um fluxo contínuo de ar, especialmente em notas agudas, ajuda a evitar a falha. Às vezes a voz dos cantores falha quando eles estão sofrendo de graves problemas alérgicos ou outros males que alterem suas vozes. Cantores mais jovens podem falhar quando eles estão descobrindo como cantar notas mais agudas. Homens jovens podem passar por algumas falhas de voz durante a puberdade e após, enquanto descobrem como cantar notas agudas sem muita pressão na garganta.

Permitir-se vivenciar as falhas capacita seu corpo a liberar um pouco da tensão associada ao medo. Em 99% das vezes, sempre que eu permito que meus alunos falhem, ou quando peço para que deixem a nota falhar só para que conheçam a sensação, eles não falham. Permita-se não ser perfeito. É impossível ser perfeito. Se você balancear uma nota que não seja tão perfeita com a centena de outras na música, terá bem poucas chances de falhar.

E se sua voz falhar em uma nota aguda, não é o fim do mundo. Eu já vi cantores falharem sem que a plateia vaiasse, porque eles entendiam que isso fazia parte da experiência em desenvolvimento do artista. A primeira vez que vi um profissional falhar em um concerto, me arrepiei — não porque ele falhou, mas porque continuou cantando, com o entendimento de que sua voz não funcionou corretamente naquele momento específico. Todas as outras notas do concerto foram gloriosas, mas aquela que falhou me deu esperança.

> O medo de falhar pode desaparecer após você cantar a mesma frase várias vezes sem nenhum problema. Faça uma lista de todas as coisas que você precisa fazer quando canta (sua lista de coisas para fazer na prática, do Capítulo 10) e continue as praticando até que consiga fazê-las todas ao mesmo tempo. Você pode ter que praticar a execução de duas habilidades ao mesmo tempo antes de tentar quatro. Praticar estas habilidades prevenirá a falha: manter um fluxo contínuo de ar ao cantar (veja o Capítulo 4), abrir a garganta (veja o Capítulo 6) e conhecer suas capacidades sabendo o que sua voz consegue fazer em cada região, como a voz de cabeça (veja o Capítulo 11). Ficar pronto para fazer várias coisas ao mesmo tempo requer coragem e determinação. A maioria das pessoas consegue fazer várias coisas ao mesmo tempo, você também. Você pode dirigir seu carro, mudar a estação de rádio e conversar com a pessoa no banco de carona, tudo ao mesmo tempo. Você certamente consegue aplicar esse mesmo processo ao canto.
>
> Você pode achar que encenar o ajuda a cantar notas agudas sem falhar; pode ficar tão envolvido em sua história no calor do momento que simplesmente canta a nota aguda e a respiração continua. Diga se não é legal!

Uma de minhas colegas me deu dois ótimos conselhos alguns anos atrás: "Nunca deixe ninguém morar em sua cabeça sem pagar aluguel" e "Converse apenas com pessoas que estão presentes". Dispense qualquer conversa em sua cabeça com pessoas que não estejam na mesma sala com você. Que ótimo conselho!

Apresentando-se para Construir Confiança

Mesmo com todas as dicas que eu dou, você deve se apresentar para superar a ansiedade de apresentação. Você deve se lançar ao mar regularmente para aprender a nadar. Jogadores de basquete praticam seus arremessos para que o corpo se lembre das sensações no calor do momento. Você também deve pôr suas habilidades a teste no calor do momento. E saberá que está pronto para se expôr em público quando:

- Tiver um desejo incontrolável de superar a ansiedade
- Suas habilidades técnicas estiverem boas o suficiente que possa contar com elas
- Encontrar uma música que complemente suas habilidades atuais

Encontre um show pequeno onde você possa começar. Por *show*, quero dizer qualquer lugar onde você possa cantar. Cante para um amigo, depois para a família e até para um pequeno público, como em um asilo. Cante no coro da igreja, com o grupo, e então cante um solo na escola dominical antes de cantar para toda congregação. Cante ainda com um coral comunitário: cante com o grupo, depois faça alguns pequenos solos e depois pense no solo diante de toda comunidade.

Criando um plano de ação

Para cada apresentação, faça um plano de ação para o sucesso. Supor que você vai se sair bem significa que você irá. Supor que você vai fracassar é o mesmo que sucumbir àquelas vozes em sua cabeça.

Reprima aquelas coisas estúpidas que as pessoas disseram para você no passado sobre suas habilidades. Ser crítico faz parte da natureza humana, mas se lembre de que corresponde à opinião de apenas uma pessoa. Se eu tivesse dado ouvidos ao que as pessoas me disseram jamais teria escrito este livro ou ousado ser uma cantora em Nova York.

Tente estas dicas para fazer seu plano de ação:

- **Faça uma linha de tempo específica para preparar-se para cantar no momento de sua apresentação.** Veja o Capítulo 10 para saber mais sobre como criar uma rotina de prática. Após desenvolvê-la, saberá quanto tempo leva para que sua voz fique na melhor forma. Você pode planejar um tempo para aquecimento no dia de sua apresentação a fim de ficar pronto. Considere as seguintes sugestões:
  - Dedique algum tempo para vocalizar ou aquecer as notas que cantará.
  - Vocalize por tempo suficiente para que sua voz alcance seu auge quando entrar no palco.
  - No dia da apresentação, cante sua música quantas vezes for preciso para ficar seguro, mas não tanto que sua voz fique cansada.

- **Convide alguém para ajudá-lo a impulsionar sua confiança.** Você conhece alguém que pode encorajá-lo no momento em que for subir no palco? Discuta seus medos com esse amigo ou confidente e depois fale de seus sentimentos após a apresentação. Você pode descobrir que sua percepção daquela nota horrível não é a mesma que seu amigo ouviu. Ter um sistema de apoio com você ajuda a calar os pensamentos negativos que podem se infiltrar em sua cabeça.

- **Veja cada apresentação como uma oportunidade de se sair bem.** Você tem que esperar o sucesso antes de alcançá-lo. O sucesso não acontece de uma hora para outra, mas você pode fazer acontecer.

✔ **Pratique o que você pretende fazer.** Se você planeja tirar um momento e dar uma respirada antes de começar a cantar sua música, pratique isso no dia. Tirar um momento para aquietar a mente e acalmar seu coração acelerado vale a pena. Praticando e visualizando seu sucesso, você pode fazer acontecer mais facilmente. Pode ainda praticar cruzar o palco, cantar a música e reverenciar. Você pode ter que treinar isso em sua sala, mas deve praticar o que vai vivenciar na apresentação (veja o Capítulo 24 para mais dicas sobre como se apresentar bem).

✔ **Faça uma tabela de suas realizações.** Faça uma lista do que você quer realizar e, a cada apresentação, procure alcançar mais uma tarefa dela.

Por exemplo, a primeira tarefa pode ser lembrar a letra. Praticando com distrações em casa, você impulsiona sua capacidade de se concentrar. Quando você se lembrar de todas as letras na primeira apresentação, pode tentar lembrar e respirar consistentemente na segunda. O simples fato de respirar e depois usar a respiração ajuda com vários outros problemas técnicos. Dê-se um prêmio cada vez que alcançar cada objetivo.

Antes de cantar sua música em público, tente fazê-lo na frente de alguns amigos. Se você fizer algumas pequenas apresentações antes de uma grande, a música parecerá familiar e não tão assustadora.

Avaliando sua performance

O progresso acontece em consequência de cada passo que você dá. Após cada apresentação, veja como você se saiu e como se sentiu usando as listas das seções a seguir. Visto que tudo em sua vida afeta sua voz, veja quais passos deram certo e modifique os que não deram.

Olhando os problemas na preparação e na apresentação

Confira os aspectos técnicos de sua apresentação para descobrir em que você pode melhorar. Veja o que deu e o que não deu certo e faça ajustes para a próxima vez. Faça estas perguntas após a apresentação:

✔ Você ensaiou o suficiente com o acompanhante?

✔ Você trabalhou a música de memória o suficiente?

✔ O que você fez bem durante a apresentação?

- ✔ Você dormiu o suficiente na noite anterior ou nos dias anteriores à apresentação?
- ✔ Seu aquecimento foi longo, alto, com antecedência o suficiente no dia?
- ✔ Você estava focado no momento (ou na reação do público ao seu canto)?
- ✔ Os passos de sua rotina antes da apresentação funcionaram bem?
- ✔ Você deixou tempo suficiente para se vestir?
- ✔ Você dedicou algum tempo a visualizar sua apresentação em sua mente?

Seja justo ao anotar seu progresso. Ver melhoras graduais em sua busca por controlar a adrenalina e o medo é importante. Muitos meses podem se passar antes que você se sinta confortável para cantar em público, dê-se algum tempo. Após cada apresentação, liste o que você fez bem. Quando você realizar mais do que está na lista, reconhecer essa realização é importante. Dar passos consistentes em direção ao seu objetivo é a chave.

Seja corajoso. Arrisque-se. Você não saberá até ousar.

Checando suas ansiedades

Para diminuir sua ansiedade, responda às seguintes perguntas para ajudá-lo a lembrar como se sentiu.

- ✔ Como você se sentiu logo antes da apresentação? Se esta for a primeira performance que você está avaliando, a resposta a essa pergunta pode ser "Senti-me despreparado, aterrorizado ou nauseado". Reconhecer esses sintomas pode ajudá-lo a perceber que eles não são debilitantes e podem diminuir com o tempo.
- ✔ Quais foram os seus sintomas de ansiedade, se houve algum? Os sintomas podem incluir suor, coração acelerado e vontade de sair correndo. Seguindo os sintomas, você pode ver que eles diminuem a cada vez ou que você simplesmente faz a escolha de não sair correndo, porque aproveitou a apresentação após subir no palco.
- ✔ Qual era seu nível de ansiedade no começo da apresentação? No meio? No final? E depois? Muitos cantores dizem que sua ansiedade é muito pior logo antes da apresentação, mas que vai embora assim que começam a cantar. Se ela aparecer no meio da apresentação, você provavelmente estava antecipando a nota aguda e se preocupando com como cantá-la. Continuar trabalhando em sua técnica permitirá que você ganhe confiança para aliviar o estresse com relação a essa região da voz. O estresse após a apresentação pode significar que você está preocupado com o que as pessoas podem dizer para você depois.

Fazer essas perguntas o ajuda a ver seu progresso no curso de algumas semanas ou meses.

Capítulo 20
Apresentando uma Música

Neste Capítulo
- Pegando a manha dos testes
- Escolhendo uma música vencedora
- Preparando-se para o grande dia e mais
- Descobrindo quem e o que esperar

Quer fazer um teste para o teatro ou para uma companhia de ópera? Um espetáculo da Broadway? Um programa de TV? Uma banda de rock? Antes de planejar sua estreia, você precisa saber como se preparar para um teste. Neste capítulo, você explorará como escolher e preparar uma música apropriada para o teste. Também descobrirá o que esperar dele para que esteja pronto para detonar!

Ser testado é uma habilidade que você deve desenvolver. Para testes, deve certificar-se de que sua técnica de canto esteja tinindo para o estilo de música que quer cantar. Confira o Capítulo 14 para treinar diferentes estilos de canto. Este capítulo destaca o que você precisa saber, quando estiver pronto para fazer um teste para apresentação.

Você também pode querer algum conselho de alguém que entenda do processo de teste, como um professor de canto, de artes cênicas ou um treinador. Essa pessoa pode ajudá-lo a escolher sua música, afiar algumas técnicas básicas que o ajudarão a se apresentar no teste e decidir se o seu material é bom para sua voz.

Moldando Seu Teste para Qualquer Ambiente e Estilo Musical

Diferentes estilos musicais possuem seus próprios parâmetros para um teste. Não importa que estilo você canta, aqui estão as principais coisas que você deve ter em mente para um teste:

- **Você deve escolher uma música que exiba seu talento.** Às vezes será dito o que você deve cantar, em outras você pode escolher. De uma forma ou de outra, a música deve exibir você e seu talento. As pessoas para quem você está se apresentando estão o conhecendo através da música. O tipo de música que escolhe diz muito sobre você.

- **Você precisa provar que é um artista.** Se você for tímido, precisa sair de sua concha em um teste para ser solista. Se você está fazendo o teste, está dizendo que quer estar diante de um público e entreter as pessoas. A pessoa que irá contratá-lo precisa saber que você sabe como vender sua música. Pense nos artistas de sucesso que você já viu. Eles mostram ânimo e personalidade e realmente se dão à música.

As seções a seguir incluem princípios básicos para testes de diferentes estilos musicais.

Na ópera

No mundo operático, saber seu tipo de voz específico ou categoria, o que também é chamado de *fach* (pronuncia-se "fac") e ater-se a ele é importante. Veja o Capítulo 2 para mais detalhes sobre os diferentes tipos de vozes e suas categorias. Listar apenas *árias* (músicas de ópera) dentro de uma categoria vocal específica em seu formulário de teste ou currículo é uma boa ideia.

Listando árias de diferentes categorias, você dá a impressão de que ainda não determinou seu tipo de voz — ou, pior, de que não sabe o que está fazendo.

Entre as habilidades que você tem que demonstrar em um teste para ópera estão as seguintes:

- Sólida musicalidade
- Capacidade de apresentar a música exatamente como ela está escrita na partitura
- Versatilidade em vários idiomas
- Capacidade de atuar

Companhias de ópera procuram cantores que cantem bem, que se adequem e que também saibam atuar. Dentro do mundo da ópera existe muita competição e as companhias podem ser muito exigentes.

No palco de um teatro

Em musicais, você precisa mudar seu estilo de canto com facilidade. Logo após cantar uma adorável seleção para voz de cabeça, como "I Could Have Danced All Night", de *My Fair Lady*, pode ser que lhe peçam para cantar uma música com belt (um exemplo é "Tomorrow", de *Annie*) ou pop rock (como "Take Me or Leave Me", de *Rent*). Espera-se que transite entre estilos, e você precisa treinar os três até ficar confortável. Você pode encontrar artistas de musicais que não são belters, mas é melhor você saber fazer tudo.

Em um teste para musical, espera-se que você use excelentes habilidades de atuação para retratar a história e levar o ouvinte a uma viagem em uma variedade de músicas, que vão desde canções padrão até o pop rock. A viagem pode durar apenas 16 compassos, mas você deve levar a audiência para um passeio, não importa quão curto seja. Você também deve dançar bem, ou pelo menos se movimentar muito bem. Às vezes são feitos testes que não exigem dança, mas, na maioria dos casos, deve-se dançar ou movimentar-se bem para entrar em um musical.

Pesquise artistas que já fizeram o papel para o qual você está fazendo teste e veja se sua aparência é semelhante. Depois de cruzar as portas, você pode ser *tipificado*. Ser tipificado em um teste de musical não significa que você fará um personagem típico. *Tipificação* quer dizer se você é o *tipo* certo para o papel. A *junta de elenco* (normalmente formada pelo diretor de elenco, o diretor, o diretor musical e um coreógrafo) olhará para você para determinar se você é fisicamente correto para o papel. Se você se encaixar no que eles estão procurando, poderá ficar no teste para cantar e dançar.

Em um clube

Se você for um cantor de jazz, country, pop rock ou R&B pode querer fazer teste para shows em clubes. Se você tiver uma chance de fazer um teste para um bar local ou uma casa noturna (ou casa de show semelhante), ele será bem diferente de um teste para ópera ou teatro. Nestes gêneros, o espetáculo normalmente já está escrito, você está sendo testado para um papel específico. Quando você é testado para cantar em um clube, você faz o show!

Você pode compor a música ou cantar um grupo de canções com um tema em particular para manter o público aplaudindo e cantando junto. Entre as habilidades que você deve exibir estão uma ótima narração de história ao cantar e presença de palco. Você deve brilhar em sua performance para que as pessoas queiram vê-lo. Para esse tipo de teste, deve ter um grupo de músicas prontas para mostrar que pode prender a atenção da plateia durante um *set* de pelo menos meia hora. Você pode cantar apenas uma música no teste, mas deve ter mais opções prontas.

Durante um teste para uma banda, o cantor canta algumas músicas com os membros da banda para que eles possam sentir como sua voz soa e como se mistura ao grupo. Você precisa ter um bom ouvido para segurar a melodia e se juntar aos instrumentos e ser seguro ao cantar para que a banda o acompanhe. Vocalmente, você deve executar sons variados propositalmente, desde sons claros até aqueles sussurrados e com ruídos de respiração, para retratar o texto da música.

Cantores de clubes frequentemente se apresentam em lugares escuros, cheios de fumaça e precisam manter o corpo e a voz saudáveis.

Se você estiver fazendo um teste com uma banda, encontre músicas que funcionem bem com piano e não exijam uma banda de apoio para soar bem. Pode ainda levar suas próprias faixas. Quando você apresenta pop rock ou R&B, pode ter que dançar e cantar ao mesmo tempo. A presença de palco conta muito nesse negócio, mas ela deve realçar uma excelente técnica de canto.

Na televisão

Fazer um teste para a TV é emocionante, mas pode parecer outro mundo se você tiver se apresentado apenas em pequenos teatros ou no coro da igreja. Aqui estão algumas orientações para fazer um teste para uma apresentação televisionada:

- **Autoconfiança é imprescindível.** Ser confiante significa se livrar da timidez, mas sem ser convencido. Você deve estar preparado mentalmente para que possa lidar com o estresse de um teste de muita pressão. A autoconfiança fará com que os observadores fiquem tranquilos, porque não têm que se preocupar com você — podem aproveitar sua apresentação. Ser convencido pode fazê-los perder o interesse porque pode fazer parecer que você é bom demais para eles. Você deve mostrar uma centelha do poder de uma estrela sem ser arrogante.

- **Escolha materiais que destaquem seus pontos fortes e que sejam apropriados para o teste.** Você deve determinar seu ponto forte e que música irá exibir seus recursos. Se você não estiver certo quanto ao material, contrate um treinador de reputação para dar uma opinião.

- **A câmera é sua amiga.** Se alguém pedir para você *se apresentar*, você deve anunciar seu nome e sua música para a câmera. A câmera capta cada mínimo detalhe, então pratique com uma antes do teste. Uma pequena câmera portátil serve. Grave-se treinando para seu teste. Preste atenção à sua linguagem corporal. Você parece confiante? Peça a opinião de alguém que já fez teste para a TV.

- **Seu traje realmente conta.** Vestir algo que valorize seu corpo é a chave para um teste de TV. A roupa deve mostrar seu estilo e representar sua personalidade.

Escolhendo Músicas para Testes que Destaquem Seus Pontos Fortes

Escolher uma música para praticar é diferente de escolher canções para um teste. Você deve praticar músicas que ampliem os desafios de sua técnica vocal. Mas músicas para teste precisam destacar seus pontos fortes e realizações de todas aquelas horas de prática. Quando você se apresenta para um teste, precisa de uma variedade de histórias e opções de encenação, assim como diversos timbres vocais e uma boa extensão. Você também deve fazer uma pesquisa para saber para quem e com o que você vai fazer o teste. Depois disso, você pode destacar seus pontos fortes apropriadamente. As seções a seguir o explicarão mais detalhadamente.

A parte mais difícil de um teste é escolher músicas para cantar. Escolher canções que são perfeitas para você e que mostrem seus talentos é uma arte. Essa habilidade artística leva tempo para desenvolver, deste modo continue procurando canções para aumentar sua lista de músicas de teste.

Se puder, descubra que tipo de música é apropriado para seu teste. Se você for fazer um teste para um teatro de uma cidade grande, por exemplo, o anúncio pode dizer que tipo de música preparar. Pode dizer ainda que você deve cantar algo do espetáculo para o qual fará o teste; ou mesmo para *não* cantar algo do espetáculo. Você deve escolher uma música que seja semelhante às do espetáculo *e* parecida com o personagem que desejar representar. Ter uma variedade de opções de músicas prontas lhe dá uma chance de escolher algo na hora, quando uma música contrastante for pedida.

Mostrando versatilidade

Sim, variedade é o tempero da vida e suas opções de músicas devem oferecer isso. Um pouco de variedade lhe dá uma oportunidade de exibir um conjunto bem equilibrado de habilidades. A música número um pode ser uma que siga gloriosas notas agudas e a número dois pode ter um belt ousado que mostre sua capacidade de mudar de registros rapidamente.

Encontre músicas que mostrem seus pontos fortes como cantor e tente achar variedade dentro de cada uma delas. A grande armadilha a evitar é escolher canções que desenvolvam o mesmo tipo de característica (ou a mesma personalidade) e mostre o mesmo tipo de sonoridade vocal. Se você mostrar apenas um lado seu, o julgador não poderá ver que você é um artista habilidoso que consegue cantar diferentes tipos de músicas e acrescentar variedade e tempero no decorrer do espetáculo.

A lista a seguir apresenta formas de mostrar versatilidade em tipos específicos de testes:

- **Ópera:** Quando você souber seu tipo de voz e fach, escolha uma variedade de árias com base no idioma e em personagens que você ache que se adequam a você e sua voz (se você não souber o seu tipo de voz, fach, ou ária, confira a seção anterior "Na ópera"). Os idiomas mais comuns que companhias de ópera esperam que você conheça ou em que cante bem são francês, alemão, italiano e inglês. Consiga alguma ajuda de um treinador para aprimorar as línguas de forma a soar como se de fato falasse o idioma, mesmo que não fale.

- **Musical:** Em muitos testes para musicais pode ser que lhe peçam para cantar uma música pop, mas para mostrar uma variedade de estilos musicais você deve ter algumas músicas antigas (não apenas de espetáculos que foram escritos nos últimos dez anos), canções mais recentes e pop rock também. Frequentemente os cantores se restringem a cantar músicas contemporâneas, mas, para mostrar versatilidade, eles escolhem uma balada e uma mais agitada das três melhores categorias da Broadway: musicais escritos antes dos anos 1960, espetáculos escritos após essa década e pop rock. Se você tiver uma música de cada um desses períodos, continue a expandi-la e acrescente mais canções contrastantes, que destaquem sua voz e suas habilidades cênicas, ao seu repertório.

- **Músicas de rádio:** Se você estiver fazendo teste com uma música comercial pop rock, country ou R&B, você deve mostrar versatilidade com sua voz. Escolha uma música que exiba suas habilidades vocais. Você deve mostrar que consegue produzir notas agudas em belt e fazer parecer que é fácil, use o tipo certo de sonoridade e mostre que você pode divertir uma plateia. A sonoridade para o rock não é o mesmo para uma ária — veja o Capítulo 13 para encontrar ajuda com belt e os Capítulos 11 e 12 para registros de voz.

Alguns testes exigem que você cante *à capela* (sem acompanhamento). Escolha uma música que soe bem sem acompanhamento e que você consiga cantar com segurança sem apoio. Grave suas sessões de prática para ficar ciente de como sua voz soa em sua música e quão bem funciona, quando você canta sozinho.

Conectando-se à letra

Você não pode escolher uma música só porque a canta bem. Se você a canta bem, pode vender uma gravação em vez de fazer um teste para ser ouvido a cantando. Quando encontrar uma canção que cante realmente bem, precisa descobrir como deixá-la boa para você como ator. Mantenha estas dicas em mente:

- Não cante uma música de que você não goste da letra. Certifique-se de que você se identifica com a história. Dedique algum tempo para que possa realmente abraçar uma ótima história que apoie a música e lhe dê uma razão para cantá-la. Confira o Capítulo 18 para obter ajuda sobre a narração de uma história ao cantar.

- Escolha músicas apropriadas à sua idade. Uma garota de quinze anos poderia cantar uma música sobre crescer e gostar de garotos, mas não deveria cantar uma que fale sobre as dificuldades para pagar a hipoteca.

- As histórias das músicas devem variar para mostrar diferentes aspectos de sua personalidade e suas habilidades cênicas. Depois de encontrar aquela balada maravilhosa sobre seu amor há tanto perdido, encontre uma música engraçada que mostre sua veia cômica ou outra que contraste com a canção de amor. As duas devem variar em andamento para criar ainda mais contraste. Mas, não pare ainda. Continue procurando uma música que demonstre fogo e determinação.

Evitando a música errada para um teste

A música para um teste será errada se uma destas condições se aplicar:

- Você não gosta dela.

- Está fora de cogitação para você como cantor ou músico. Por exemplo, a música está fora de sua extensão, a maioria das notas é muito aguda ou é muito difícil musicalmente.

- A música precisa de uma banda para dar certo. É provável que você tenha apenas um pianista como apoio na maioria dos testes, assim, atenha-se a músicas que funcionem com esse tipo de acompanhamento. Se você for ter uma banda no teste, certifique-se do tom que você quer e leve partituras do arranjo principal.

- Ela faz o ouvinte pensar na pessoa famosa que transformou a música em um hit. O ouvinte deve ouvir você e focar a atenção em você. É difícil encontrar músicas excelentes que não tenham sido cantadas por uma pessoa famosa, mas fique atento a esse ponto ao escolher sua canção. Se você se lembra daquela famosa performance, há boas chances de que outra pessoa também lembre. Os competidores de programas que cantam músicas famosas muito bem são aqueles que descobriram como deixá-las com sua própria cara.

- Você não conseguiu cantá-la no seu pior dia. Se você tem que ficar constantemente atento à sua técnica de canto quando a canta, escolha outra coisa.

- Fazer um corte de trinta segundos é impossível.

- Você não consegue terminá-la sem chorar.

Parte IV: Preparando-se para se Apresentar

✔ Todo acompanhante com quem trabalhou tem problemas para ler sua partitura rapidamente.

✔ A música é muito negativa. Uma vez que cantores devem escolher músicas que reflitam sua personalidade e suas habilidades, uma música negativa pode passar uma ideia de que você é pessimista. A maioria das pessoas prefere trabalhar com alguém positivo.

✔ A música está muito *gasta*. A eterna pergunta é "O que é gasta?". A cada ano, a resposta a essa pergunta pode mudar. Suponha que todo mundo conheça e saiba cantar essa música, provavelmente já está um pouquinho gasta. Se você tiver uma cópia da música em um livro popular de música, mais mil outras pessoas também têm. Se você vir o espetáculo listado nos jornais *Backstage* ou *Classical Singer* o tempo todo, sua música é superpopular. Você não tem que encontrar músicas obscuras, mas se dez outras pessoas tiverem cantado sua música no último teste, ela está desgastada.

Preparando a Música

Preparar músicas para testes é um jogo difícil. A preparação de um caderno tem uma grande importância no sucesso de seu teste. Se sua música for fácil de ler e o acompanhante tocá-la bem, seu teste correrá tranquilamente. É comum em testes ter um caderno com as músicas. Para ópera e musicais, você terá cópias das músicas ou árias. Outros gêneros, como pop rock, R&B ou jazz exigem que ou você tenha uma cópia da partitura ou que faça uma com o *arranjo principal* — com a melodia, progressão de acordes e a letra escrita para o acompanhante. Seu treinador pode ajudá-lo a preparar esse caderno para os testes ou você pode contratar um que vá ao teste com você. Ocasionalmente, será pedido que você leve uma gravação em vez de uma partitura.

A grande regra da preparação do caderno é que o que quer que esteja nele ou em sua bolsa seja útil no teste. A junta de teste muito provavelmente vai perguntar o que você quer cantar primeiro. Se você cantar sua música preferida e eles pedirem para você cantar outra coisa, certifique-se de que seu caderno não tenha músicas que não tenham sido ensaiadas. Você o dará para o pianista, a fim de que ele toque, e ele pode folheá-lo e sugerir uma dessas músicas que não foram preparadas, enquanto você está entregando seu currículo ou falando com outras pessoas no local. Você não vai querer ter que dizer que ela não está pronta. Mantenha todas as suas músicas que estão prontas em um caderno e as que ainda estão em progresso em outro. Para preparar suas músicas para o caderno de teste, siga estas orientações:

✔ **Fure orifícios na folha da partitura e coloque-as em um fichário.** Coloque as páginas uma de costas para outra, na posição em que estão no livro, e faça os orifícios ou copie a música, frente e verso. Ao virar a página, o acompanhante deve ver duas novas páginas da música, assim como no livro. Cole as folhas com fita adesiva (não grampeie!) em cima e embaixo se elas não forem frente e verso.

Outra opção é fazer uma cópia da música e colocá-las em plásticos não reflexivos, uma de costas para outra, em um fichário. Você pode comprar esse material em qualquer papelaria. Certifique-se de usar plástico não reflexivo para que as luzes do ambiente não criem pontos luminosos, o que atrapalharia a leitura da música.

Alguns pianistas se recusam a tocar músicas cujas partituras estejam em plásticos não reflexivos ou cadernos, outros amam. Se não for possível conseguir plásticos não reflexivos, faça uma cópia da música e cole-as com fita adesiva em uma pasta (ou algo que fique de pé e não saia voando) ou as cole e dê para o pianista dispô-las no rack de partitura. As folhas devem estar coladas com fita adesiva porque se estiverem soltas, qualquer vento na sala pode fazê-las voar.

✔ **Músicas originais escritas à mão são difíceis de ler**. Quando os primeiros musicais foram escritos, seus compositores os escreveram à mão. As cópias mais antigas de partituras originais feitas à mão são difíceis de ler. Se você tiver que errar com segurança, encontre uma cópia manuscrita que seja um pouco mais fácil de ler.

✔ **Saiba quando levar uma cópia da partitura ou do arranjo.** Leve uma cópia completa da música, não de um *fake book* com apenas a letra, as cifras e a linha melódica; o acompanhamento não aparece neste tipo de material. Para outros testes que não de ópera ou musical, leve a partitura do arranjo. Você pode copiar o arranjo de um fake book ou pedir para que seu treinador o ajude a preparar o seu próprio arranjo se quiser que música seja diferente do fake book.

Escolhendo o tom

Recomendo fortemente que você tente encontrar a música no tom em que você quer cantar. Se você cantar uma música no tom errado, pode acabar soando como o sapo Caco, ao invés de Kelly Clarkson ou Renée Fleming, nas notas agudas. Veja o Capítulo 16 para encontrar sites que permitem que você descubra em que tom está a partitura ou que escolha o tom desejável antes de comprá-la. As árias de ópera são frequentemente transpostas. Você pode encontrar músicas em diferentes tons em lojas de música, mas as árias são normalmente cantadas como estão na partitura. Continue lendo para obter ajuda, caso queira cantar outra coisa que não árias em seu teste.

Você não pode supor que o acompanhante de seu teste pode ou irá transpor na hora (passar uma música para um tom mais alto ou mais baixo enquanto toca). Adquira a partitura no tom em que deseja cantar ou peça para que alguém a transponha antes do teste. Um acompanhante pode se recusar a transpor em um teste, se ele achar que pode fazer bobagem. O piano deve soar muito bem enquanto você canta.

E mais, se você finalmente encontrar uma música maravilhosa que é *quase* perfeita para você — talvez algumas notas sejam um tanto graves ou agudas demais — você pode tê-la transposta. Quando uma música é *transposta*, alguém — você ou uma pessoa que contratar — a passa para um tom diferente do que foi originalmente escrito, de forma que a melodia fique mais alta ou mais baixa.

Se você (ou outra pessoa) transpuser sua música, tenha em mente o seguinte:

- **Você pode querer que o começo seja mais agudo, mas isto significa que aquela parte complicada do meio também ficará mais aguda.** Uma coisa é ter umas notas agudas legais, mas outra bem diferente é ficar escolhendo notas agudas uma após outra quando sobe o tom. Observe a extensão e a *tessitura* (onde se localiza a maior parte das notas) para determinar o quão alto ou quão baixo você pode alterar o tom. Pratique a música no novo tom, seja mais agudo ou mais grave, para ter certeza de que consegue lidar com todas as notas dele.

- **Contratar alguém para transpor uma música inteira é caro.** Ao transpor, a pessoa tem que copiar toda a música (à mão ou usando um programa de computador) em outro tom, o que pode consumir muito tempo e ser caro. Pode esperar pagar muito mais por uma transposição do que pagaria para adquiri-la no tom certo para você. Uma partitura que custaria R$20,00 pode sair bem mais do que R$100,00 para ser transposta. Se você souber um pouquinho de música, pode achar programas, como o *Finale*, úteis para fazer a transposição.

- **Certifique-se de que seu acompanhante leia a versão transposta de sua música antes do teste.** Não presuma que quem transpôs não cometeu erros. Não vai demorar muito para que alguém a toque e então você saberá exatamente como ela soa no novo tom e se ele realmente se adequa à sua voz.

Fazendo o corte

No começo de sua busca pelo teste, você pode não ter a oportunidade de cantar sua música inteira. Para cada música que você planeja cantar, escolha 16 ou 8 compassos (chamado corte) de antemão e prepare esta seleção (ainda assim, sabendo que o melhor é a música toda, no caso de pedirem para você cantá-la. Companhias de ópera e muitos testes locais podem permitir que você cante tudo. Essa oportunidade é ótima para você, mas, mesmo nessas situações, vá preparado com um corte, no caso de eles começarem a ficar sem tempo).

Um *compasso* é o que existe entre as barras. Observe a linha vertical atravessando as cinco linhas da pauta. Isso é uma barra de compasso. Entre duas barras fica um *compasso*.

Quando você cortar uma música, pode contar os compassos ou deduzir que tem aproximadamente 30 segundos. É pouco tempo, então tire o máximo dele. Quando estiver escolhendo os 16 compassos, tenha os pontos a seguir em mente:

- Os 16 compassos devem passar uma ideia de completude. O corte deve fazer sentido liricamente e a música deve parecer completa. Bons cortes normalmente são os últimos 16 compassos ou partem da metade da música (chamada ponte) até o final.

- O maior erro é supor que você pode começar a partir do início e ir até o final. Você será interrompido e essa interrupção pode acontecer logo antes da melhor parte da música.

- No calor do momento, escolher qual seção cantar é difícil. Tomar a decisão antes do teste lhe dá tempo para pensar a respeito do corte, praticá-lo para garantir que realmente terá algo a dizer, praticar ouvindo a nota e então começar nessa frase.

- Escolha uma seção que realmente exiba sua extensão vocal e suas habilidades cênicas.

Marcando a música

À medida que você ensaiar e preparar sua música, destaque tudo que o acompanhante possa achar complicado. Se você a está levando para que um pianista toque, peça-lhe para marcar. Supondo que você esteja sozinho e sinta-se seguro para marcar a música, use uma caneta marca-texto para destacar o seguinte:

- **Símbolos direcionais**, como marcas de repetição, *DS al Coda*, ou barra dupla (confira *Teoria Musical Para Leigos*, de Michael Pilhofer e Holly Day (Alta Books), onde encontrará uma explicação sobre essas marcações). Destaque-as para que o acompanhante as veja com antecedência. Você também pode destacar as marcações para que ele saiba como mapear as passagens das páginas.

- **Mudanças de andamento** que são importantes e podem não estar bem marcadas na partitura. Você pode dar seu andamento inicial, mas marque qualquer alteração para que o acompanhante consiga acompanhá-lo facilmente.

- **Lugares onde você improvisará sobre o que está na partitura.** Se você estiver cantando uma parte com muita liberdade, marque-a para que o acompanhante possa segui-lo ou crie acordes de apoio para quando estiver improvisando ou executando um riff.

De olho nos seus testes

Além de sua lista de músicas para o teste, mantenha um diário do que você cantou, quem estava no teste, onde ele aconteceu, quem o ajudou a entrar no teste, que tipo de teste era, se recebeu uma ligação dos responsáveis pelo teste ou uma oferta de trabalho, quaisquer comentários feitos durante a entrevista e os nomes das pessoas que você conheceu. É surpreendente a rapidez com que se pode esquecer esses detalhes.

Quando você voltar a cantar para a mesma companhia algum tempo depois, deve lembrar-se de que mudanças eles pediram para que você fizesse na música, para ver se é fácil dirigi-lo; quem estava lá, para dizer olá; de que músicas eles gostaram ou não, para que possa escolher outra, se necessário, e qualquer outra informação que possa melhorar seu teste.

Ensaiando com um acompanhante

É importante ouvir um acompanhante tocar sua música ou ária antes do teste. Se você não souber ler partitura é mais importante ainda. Você pode, erroneamente, supor que sua música é exatamente a mesma versão que você escutou no rádio, então pode ser um choque ouvi-la pela primeira vez no teste e não ter a menor ideia de que sons são aqueles. Lembre-se de que as editoras normalmente publicam as músicas em tons fáceis de tocar. Se o cantor no rádio cantar a música em um tom muito difícil, com muitos *acidentes* (sinais de sustenido, bemol ou natural colocados antes de cada nota indicando que é meio tom mais alta ou mais baixa), a editora pode alterá-la para um tom mais acessível a pianistas iniciantes.

Cantores que também tocam violão podem também gostar de ser seus próprios acompanhantes. A adrenalina pode fazer suas mãos tremer, então pratique diante de um público para trabalhar seu nervosismo. Quando você faz um teste ou treina com um violão, deve manter seu alinhamento, coordenar sua respiração da mesma forma que fez no Capítulo 4 e olhar para o público. Você pode olhar para o instrumento, mas levante a cabeça frequentemente para que a plateia possa ver seus olhos e ligar-se a você.

Se um pianista ler a música para você antes do teste, você terá uma oportunidade para conferir o tom e ter certeza de que está exatamente dentro da extensão em que você quer cantar. As seções a seguir explicam o que um acompanhante pode fazer por você.

Orientação

Seu professor de canto foi quem esteve cantando a música para você, que pode estar confortável com a versão dele. Quando quiser que outra pessoa toque para você, você deve ser muito mais específico ao orientar.

Um bom pianista espera ouvir a consoante no tempo fraco antes de tocar o acorde. Se você esperar para ouvir o acorde do pianista, pode ficar esperando por muito tempo. Você pode ter um pianista em um teste que queira guiá-lo, mas isso normalmente acontece porque você não o está fazendo ou se ele achar que você está com problemas. Às vezes, o músico acelera se achar que você está com dificuldade de manter as frases mais longas, porque ele presume que assim você não terá tanto problema para manter o fluxo de ar. Você deve estar seguro o suficiente para liderar e saber que quando você lidera, o acompanhante segue.

A velocidade com que você toma seu primeiro fôlego também indica seu tempo. Se você respirar rápido, o acompanhante irá supor que a música é acelerada. Se respirar lenta e deliberadamente, ele pode presumir que a música será lenta.

Obtendo ajuda com notação musical

O pianista pode conferir os cortes que você fez ou as novas marcas de direção que inseriu. Se ele tiver problemas para seguir as marcações, pergunte a ele como escrevê-las de forma a deixá-las claras para alguém que nunca viu a música.

Se você tiver mudado o tom e colocado novas cifras sobre a linha para indicar uma nova sequência de acordes, certifique-se de que o pianista as confira para você. Um erro mínimo pode levá-lo à nota aguda errada no final.

Você também pode pedir ao pianista para ajudá-lo a marcar a música a fim de deixar claras as suas necessidades. Se você quiser desacelerar no final ou deixar a voz mais alta em uma parte, peça-lhe para ajudá-lo a marcar a peça de forma que qualquer acompanhante possa lê-las com antecedência e ver as mudanças se aproximando. Se o seu andamento for muito importante, você pode pedir ao músico para pôr uma marcação de metrônomo para indicar exatamente a velocidade em que você quer cantar (veja o Capítulo 10 para saber mais sobre metrônomos). O pianista do teste não terá um metrônomo no piano, mas ele pode ver a marcação e estimar o andamento desejado.

Levando uma gravação

Levar sua própria gravação para que você cante junto com ela no teste lhe dá uma chance de ensaiar e se familiarizar com o acompanhamento. Você

272 Parte IV: Preparando-se para se Apresentar

deve perguntar o que levar para o teste. Algumas salas de teste têm um CD player, em alguns você pode conectar seu iPod. Certifique-se de que seu CD possua uma gravação de qualidade. Quer você tenha utilizado uma *banda de garagem* ou contratado um acompanhante para gravar, use um sistema de gravação de boa qualidade de modo que o som no seu CD passe uma boa impressão.

Passando no Teste

Para passar no teste, você deve estar preparado. Nele pode surgir muita competitividade; estar muito bem preparado aumenta suas chances de ganhar a vaga. As seções a seguir lhe dão algumas dicas de preparação.

Fazendo o trabalho de preparação

Conhecer seu estilo, escolher a música e preparar-se para ela são as etapas mais importantes na preparação para o teste. Mas você não deve escorregar nos detalhes também! Dependendo do estilo musical escolhido ou do tamanho de sua cidade, você talvez não possa executar todas as partes. Nas cidades maiores, com mais competição (particularmente em musicais), você não pode deixar de fazer tudo que pode para estar preparado.

✔ **Conheça o cenário.** Se você estiver fazendo teste para um musical, leia o jornal *Backstage* por pelo menos um ano. Para ópera, leia o *Classical Singer*. Você precisa de tempo para se acostumar com as listas de testes e preparar um *livro de teste* (um caderno com cópias de todas as músicas que você preparou para o teste) para qualquer tipo de espetáculo. Enquanto o estiver preparando, estabeleça alguns objetivos — tanto de curto quanto de longo prazo — para ter um plano de ação. Para outros estilos musicais, você pode encontrar uma lista de testes online em sites como www.backstage.com e www.testedeelenco.com.br ou pode contratar um treinador que possa ajudá-lo a definir suas metas e encontrar testes locais.

✔ **Prepare seu currículo e uma foto de busto.** Um currículo e uma foto são como um cartão de visita para a indústria do entretenimento. Se eles gostarem de você, manterão seu currículo e entrarão em contato. Quando você elaborar seu currículo, liste os seus créditos importantes e suponha que uma pessoa levará apenas trinta segundos para lê-lo. Se você listar cada coisinha que houver feito, a junta do teste pode deixar passar os créditos que você realmente quer destacar. Seu currículo também deve conter apenas uma página. Não invente nem exagere habilidades especiais; acrescentar informações sobre belting é importante em testes para musicais (belter mezzo, soprano com belt agudo, baritenor e assim sucessivamente). Você deve incluir sua extensão assim como seu tipo de voz. Eles precisam saber sua extensão em performance, as notas que você se sente confortável para cantar.

Na maioria dos testes, os cantores levam uma fotografia *de rosto*. Essa foto normalmente é de 20x25 cm, colorida e exibindo apenas seu rosto ou busto e rosto. Ela geralmente também tem o nome do cantor impresso na margem da base. A foto deve parecer com você. Grampeie a fotografia no currículo, com as pontas do grampo na parte posterior, ou use uma fita dupla face para colá-la.

Se você não tiver certeza de se deve ou não levar currículo e foto, pergunte (se você for fazer um teste para musical, ligue para o escritório do teatro ou contate a pessoa responsável no anúncio). Mas presuma que a resposta será "sim"; é melhor ter o currículo pronto só por segurança.

✔ **Pegue técnicas de testes** em aulas ou aconselhando-se com professores.

✔ **Pratique a forma como irá realizar o teste.** Se você souber que vai usar um microfone no teste, pratique com um. Em um teste sem microfone, você deverá mostrar que consegue projetar a voz. Trabalhe na criação de ressonância para projetar a voz no teste. O Capítulo 11 contém informações sobre a projeção em regiões específicas da voz e o Capítulo 24 tem algumas dicas sobre cantar com microfone.

✔ **Prepare sua voz falada** para *discursos* (material do espetáculo do qual você terá que fazer uma leitura dinâmica ou preparar para falar em um segundo momento). Veja o Capítulo 13 para obter ajuda sobre a voz falada.

Usando a roupa certa

No teste, lembre-se de que outras pessoas estarão olhando para você no minuto em que você entrar no local — não apenas quando cantar. Você deve mostrar seu corpo e estar bem trajado. Se você estiver fazendo um teste para um musical ou uma produção com um personagem específico, pense na aparência deste personagem. Você deve sugerir seu visual, mas não se vestir exatamente como ele. Para um teste de ópera, você deve vestir-se com elegância. Usar jeans e seu tênis descolado é válido em um teste para pop rock, mas não para ópera. Se você não estiver sendo testado para o papel de um personagem, escolha uma roupa que mostre sua personalidade e destaque sua figura.

Lembre-se também de que você pode não ser chamado no primeiro teste, mas, ainda assim, precisa passar uma boa impressão. É comum o diretor chamá-lo de volta para outro teste com a intenção de certificar-se de que você está se destacando em cada teste, e que não teve apenas um dia bom. Embora sua mãe possa não gostar, use a mesma roupa quando for chamado novamente.

Conhecendo quem vai estar no teste

Para cada produção musical, desde um vídeo para um musical até uma competição de canto, um produtor, um diretor musical, um contrarregra, um coreógrafo, um diretor, um diretor de elenco e um gerente geral dirigirão o espetáculo. Esses são os chefes de teatro que dão as cartas. Você poderá encontrar qualquer um deles ou todos em seu teste.

- **Produtor:** Paga o dinheiro, ou o consegue, para que o espetáculo possa continuar.
- **Gerente geral:** Controla como o dinheiro é gasto.
- **Diretor de elenco:** Chama os atores para o teste para os papéis ou contata seus agentes.
- **Diretor:** Atua como guia ou orientador dos atores no palco.
- **Diretor musical:** Assume a responsabilidade pela qualidade da música na produção. Suas tarefas podem envolver tudo, desde o trabalho de arranjo para números específicos até tocar o piano nas apresentações. Quando um diretor musical não está disponível, um pianista de ensaio é chamado.
- **Coreógrafo:** Cria a cena ou as orientações sobre quem se movimenta e quando, durante o espetáculo.
- **Maestro:** Agita seus braços no andamento da música para que os músicos da orquestra sigam e os cantores no palco acompanhem.
- **Contrarregra:** Mantém todo mundo e tudo em ordem.

Seja legal com todos no teste. Nunca se sabe com quem está falando. Essa pessoa pode ser o assistente do diretor — ou pode acabar dirigindo o próximo espetáculo para o qual você fará um teste.

Cumprimentando o acompanhante de teste

O pianista do teste pode ser seu amigo ou inimigo, dependendo de como você se comportar. Na maioria das vezes, o pianista de um teste é uma pessoa muito safa que toca como um sonho.

Algumas ações simples que parecem inofensivas para você podem aborrecer um acompanhante. Deixe-me compartilhar algumas dicas:

- Não tente apertar a mão do pianista do teste, mesmo que você ache que isso faz parte das boas maneiras. Apertar a mão significa espremer a mão de alguém, não importa com que delicadeza. O pianista não deseja dedos inchados depois de apertar centenas de mãos durante um teste.
- Sorria e se dirija ao pianista com respeito quando der seu andamento ou mostrar as orientações da música. Breve, mas gentilmente, descreva o que você destacou ou aponte quaisquer pontos complicados.

Capítulo 20: Apresentando uma Música

Sua conversa com o músico deve ser rápida — seja breve e conciso. Pratique descrever rapidamente seu andamento e orientações da música, e também como você indicará para que comece.

✔ Nunca estale os dedos para dar o andamento. Este pode ser um jeito fácil de fazê-lo, mas muitos músicos se ofendem com o gesto. Ao invés disso, diga com delicadeza algumas palavras sobre o andamento em que quer cantar.

✔ Explique como você planeja indicar que está pronto para começar. Você pode indicar baixando a cabeça ou olhando para cima, de modo que o pianista saiba que você está pronto para começar.

✔ Você pode esperar que o músico consiga fazer transposição na hora, mas não pode presumir essa habilidade. Sinta-se à vontade para perguntar se ele consegue, mas se ele hesitar ou disser que não, escolha outra coisa para cantar.

Ler partitura e transpor na hora são duas habilidades diferentes. A menos que a pessoa esteja acostumada a transpor, pode ser que não seja sua habilidade mais forte. Você também poderá ouvir mais notas erradas, enquanto o pianista tenta ler a música em seu tom preferido. Fique seguro e tenha a música transposta e escrita com antecedência. Melhor ainda, escolha uma música que esteja no tom em que você consegue cantar bem. Veja a seção "Escolhendo o tom", anteriormente neste capítulo, para detalhes sobre como escolher uma música no tom certo.

✔ Agradeça o pianista antes de sair. Você pode não conhecê-lo pessoalmente e supor que ele é apenas uma pessoa legal que toca o piano. Mas ele pode ser o diretor musical. Não deixe de ler as sugestões sobre como preparar sua música para o teste de modo que o pianista aprecie conhecer você e tocar sua música.

Representando no teste

Representar ao cantar é imprescindível. Sua preparação para encenar a música precisa ser tão detalhada quanto sua preparação musical. Confira o Capítulo 18 para mais informações sobre como atuar enquanto canta. O público deve observá-lo durante seu teste, e se você não estiver representando, eles não terão motivos para isso.

Em um teste, sua escolha de onde olhar é parecida com o que faz ao contar uma história. A única decisão que você tem de tomar é se deve ou não olhar para a pessoa para quem está cantando. Na maioria das vezes, a resposta a essa pergunta é *não* fazer contato visual. Contudo, se você escolher uma música divertida com ousadia e personalidade, olhe sim para o público. Músicas que se dirigem a um parceiro invisível de cena ficam melhor se você interagir com essa pessoa imaginária na parede à sua frente. Visto que você estará fingindo falar com o parceiro de cena, você deve olhar para ele como se o mesmo estivesse no local, mas não fitá-lo. Quando você conversa com alguém, olha para ele e depois desvia o olhar, mas não o fita. Então, você não deve fitar a parede ao cantar sua música para o teste.

Parte IV: Preparando-se para se Apresentar

Sabendo quando contratar um agente

Você precisará de um agente quando tiver experiência suficiente, da qual precisa para entrar em testes maiores e mais proeminentes. Um agente o ajudará a encontrar trabalhos artísticos, mas não fará todo o serviço. Ele pode apenas conseguir um teste para você. Você deve ser bom o suficiente para entrar. Um agente normalmente fica com 10% do que você recebe por uma apresentação, quer tenha ele a conseguido ou não. Se você achar que tem interesse em um, comece a ler os artigos em publicações como o *Backstage* ou o *Classical Singers* sobre agentes, gerenciadores, freelance, testes e contratos, adquira um volume de *Breaking into Acting For Dummies*, de Larry Garrison e Wallace Wang (Wiley).

Pressupondo que o diretor de elenco para o qual está realizando o teste encontra-se próximo ao meio de uma parede na sala, direcione seu olhar para alguns metros ao seu lado (ou para o lado das pessoas, caso haja mais de uma). A maioria dos professores de artes cênicas lhe diz para manter seus olhos fixos em um ponto na parede para que você não fique com ângulos de corpo esquisitos. Esse é um bom conselho no começo de seu treino. À medida que você for se acostumando a diferentes tipos de focos e a realizar várias tarefas, pode ampliar seu foco.

Preparando-se mentalmente

Estar mentalmente pronto para um teste, significa fazer seu trabalho de preparação (praticar, preparar sua foto e currículo, pesquisar sobre o teste e daí por diante) e ver-se alcançando êxito. Você deve se preparar mentalmente para o sucesso, porque com ele vem a responsabilidade de se apresentar bem sob pressão. O preparo mental é tão importante quanto preparar sua voz. Confira o Capítulo 19 para encontrar ajuda com ansiedade de palco.

Parte V

A Parte dos Dez

A 5ª Onda

Por Rich Tennant

"Bem, é a última vez que contratamos uma soprano para cantar na convenção de vidreiros."

Nesta parte...

Artistas famosos nem sempre têm uma ótima técnica, mas, nesta parte, mostrarei dez que têm. Confira-a para ver se incluí os cantores de que você gosta. Nesta parte, também responderei a dez perguntas frequentes sobre o canto — você sabe, aquelas perguntas que você quer fazer, mas não sabe a quem. Se estiver preocupado com a saúde vocal (e deveria estar!), esta parte também dará dez dicas para manter a sua. Ela termina com dez excelentes dicas de apresentação. Explore as sugestões para deixar sua performance incrível.

Capítulo 21

Dez Cantores com Boa Técnica

Neste Capítulo

▶ Dando crédito a artistas com versatilidade e extensão

▶ Conhecendo alguns dos meus preferidos

Quais cantores têm uma boa técnica? Alguns grandes artistas possuem uma excelente técnica vocal e outros ainda a estão desenvolvendo. Confira esta lista de dez cantores para ver se incluí o seu preferido. Você encontrará nela artistas de pop rock, country, musicais e música clássica.

Embora eu limite o número de cantores com ótima técnica vocal a dez, você pode ter certeza de que o número de artistas maravilhosos com excelente técnica é bem maior. A natureza eclética desta lista serve para mostrar que uma boa técnica ultrapassa o limite de estilo, idade, raça e música.

Kristin Chenoweth

A pequenina Kristin Chenoweth reúne muita coisa em sua voz. Seu treino sólido permite a ela passar de *sons legítimos* (dominados por voz de cabeça, similar ao canto clássico) ao belt. Como soprano alto, ela demonstra versatilidade em músicas como "14G", onde sua voz aguda de cabeça e seu belt estão igualmente trabalhados. Seus papéis mais notáveis incluem Sally em *You're a Good Man, Charlie Brown*. Ela também deu origem ao papel de Glinda em *Wicked*. Descubra mais sobre sua carreira em www.kristin-chenoweth.com.

Linda Eder

A carreira de Linda Eder abrangeu tanto o mundo pop quanto a Broadway. Suas primeiras gravações são uma vitrine de sua carreira como uma soprano forte e segura, cantando bem acima da pauta em músicas como *Vole Mon Age*. Seu maior sucesso na Broadway foi Lucy, em *Jekyll and Hyde*. Meus trabalho preferido dela é "Bridge Over Troubled Water", onde ela exibe sua incrível flexibilidade vocal e controle de seu instrumento. Descubra mais sobre ela em www.lindaeder.com.

Renée Fleming

A soprano americana Renée Fleming encanta o público com sua entonação suntuosa, sua flexibilidade e uma precisão dinâmica primorosa. Ela começou como cantora de jazz e aflorou como cantora de ópera mundial. Renée é uma daquelas cantoras que podem variar habilidosamente sua entonação para se adaptar à jornada emocional de seu personagem. Seus papéis mais notáveis incluem as protagonistas de *Rusalka*, *Manon*, *Thaïs* e *Arabella*. Descubra mais sobre ela em www.reneefleming.com.

Faith Hill

Nascida no Mississippi, Faith Hill causou comoção como cantora de pop e de country. Ela transita entre dois estilos e exibe seu ousado belt, assim como seu vibrato regular. Suas músicas notáveis mostram a variedade de sons que produz com sua voz. "Cry" mostra seu belt agudo, "It Matters to Me" destaca seu mix belt e mesmo o vibrato, "Take Me As I Am" demonstra seu belt despojado e "The Way You Love Me" exibe seu mix belt. Grandes sucessos do country e do pop incluem "Breathe" e "This Kiss". Descubra mais sobre Faith em www.faithhill.com.

Michael Jackson

Michael Jackson (1958-2009) é considerado o Rei do Pop. Sua carreira durou sua vida inteira: ele começou se apresentando nos palcos com seus irmãos no Jackson 5 e depois passou à carreira solo. Os problemas do cantor podem ter tumultuado sua vida pessoal por vezes, mas sua incrível voz sempre esteve presente. Suas gravações quando ainda menino demonstram um falsete e um mix maravilhosos. Ele continuou a desenvolver seu mix e belt e provou ser um camaleão vocal versátil em álbuns como *Thriller* (que recebeu o título de melhor vídeo e álbum mais vendido de todos os tempos). Descubra mais sobre Michael em `www.michaeljackson.com`.

Toby Keith

As músicas de Toby Keith abrangem desde canções cômicas com viradas musicais divertidas a baladas suaves que exibem sua segurança em sustentar longas frases. Sua entonação varia de despojado a quente e rico. Toby varia com facilidade sua sonoridade durante as músicas para demonstrar suas sólidas habilidades na narração de histórias. Suas músicas mais notáveis incluem suas primeiras gravações de grandes histórias do country, como "Should've Been a Cowboy"; a cômica "Who's Your Daddy?"; a sarcástica "How Do You Like Me Now?" e baladas como "You Shouldn't Kiss Me Like This" e "When Love Fades". Descubra mais sobre Toby em `www.tobykeith.com`.

Beyoncé Knowles

Beyoncé Knowles pode cantar R&B, mas sua técnica é sólida o suficiente para que cante outros estilos facilmente. Sua performance em *Dream Girls* nos permitiu ver sua transformação vocal de um mix com voz de cabeça predominante para um belt pleno e atrevido. Sua presença de palco apenas realça suas amplas habilidades; ela não se esconde atrás do microfone. As músicas mais notáveis de Beyoncé incluem "Sweet Dreams" (escute-a mudando de registros com facilidade); "Get Me Bodied" (belt despojado); "The Closer I Get to You", com Luther Vandross e "Halo". Descubra mais sobre esta mega estrela em `www.beyonceonline.com`.

Elvis Presley

Elvis Presley (1935-1977), o Rei do Rock e meu cantor preferido, fez músicas simples saírem dançando do papel. Sua voz passava facilmente do agudo ao grave. Através de sua carreira cantando e atuando ele desfrutou de um enorme sucesso como um cantor sexy. Sua carreira abrangeu 33 filmes e resultou em 140 álbuns e singles, e suas músicas cruzaram os limites entre o gospel e o rock and roll, com toques de blues. Crescendo em Memphis, Elvis era cercado de cantores famosos de gospel e blues que deixaram uma marca duradoura no jovem cantor. Suas músicas notáveis incluem "Love Me Tender", "Jailhouse Rock", "Blue Christmas" e "Viva Las Vegas". Para descobrir mais sobre Elvis, vá em `www.elvis.com` ou confira *Elvis For Dummies*, de Susan Doll (Wiley).

Anthony Warlow

O australiano Anthony Warlow tem o tom rico e pleno de um líder e a capacidade de criar enormes variações de sonoridade para retratar seu texto. Seus papéis e gravações exibem sua ampla extensão e versatilidade. Em suas gravações você pode ouvi-lo passar de falsete para mix e ir mais além para a voz de peito. Entre seus papéis notáveis estão o Fantasma em *O Fantasma da Ópera*, Papageno em *A Flauta Mágica* e KoKo, em *The Mikado*. Use sua ferramenta de busca preferida para descobrir mais sobre ele ou assista seus vídeos online.

Stevie Wonder

Stevie Wonder fez seu próprio nome e sua tessitura devido à sua presença de palco e capacidade de pôr sua alma em suas músicas. Ele exibiu seu belt através de canções notáveis como "Isn't She Lovely" e "I Wish" e mostrou seu falsete e seu mix em "As" e "You Are the Sunshine of My Life". Alguns de seus grandes sucessos incluem "My Cherie Amour", "Signed, Sealed, Delivered, I'm Yours" e "I Just Called to Say I Love You". Descubra mais sobre este músico maravilhoso em www.steviewonder.net.

Capítulo 22

Dez Perguntas Frequentes sobre Canto

Neste Capítulo

▶ Usando belt mesmo que você seja soprano

▶ Comendo e bebendo antes de cantar

Se você não sabe a resposta, então a pergunta não é idiota. A maioria dos novos cantores faz as mesmas perguntas, por isso reuni respostas às dez perguntas mais frequentes sobre o canto. Leia as perguntas a seguir e suas respostas para ajudá-lo com seu canto. Elas podem inspirá-lo a fazer outras perguntas, que não estão aqui, ao seu professor.

Fazer Belting É Ruim?

O belting não será ruim para você se você o fizer direito, e as sopranos certamente podem fazê-lo. De fato, as sopranos normalmente têm mais facilidade com belting do que as mezzos. O belting *é* ruim, se você utilizar uma voz de peito pesada para criar seu som. Confira o Capítulo 13 para mais informações sobre como trabalhar com sua voz falada e criar um som de belting saudável. Você também pode ouvir uma cantora demonstrá-lo no CD.

O que Eu Devo Fazer Se Minha Voz Falhar?

Vários fatores podem fazer com que sua voz não soe tão bem quanto pode. Considere estas três possibilidades:

✔ Pensar muito sobre como está soando ao cantar pode deixá-lo nervoso e deste modo você não conseguirá o máximo de sua voz. Confira o Capítulo 19 para mais ajuda com relação à ansiedade pela apresentação ou o Capítulo 18 sobre representar e cantar.

- Não dormir o suficiente pode deixar sua voz fraca e não responder tão facilmente quando normalmente faz. Cantar demais um dia antes ou no mesmo dia do seu teste pode fazer com que sua voz fique cansada. Veja o Capítulo 23 para mais informações sobre como manter a saúde vocal.

  Seus músculos responsáveis pelo canto são como quaisquer outros. Tudo bem exercitá-los, mas depois disso eles precisam de descanso.

- As emoções afetam sua voz. Chorar pode fazer suas cordas vocais incharem e ficarem fracas também. Espere para ver aquele filme triste depois de sua apresentação.

Se sua voz estiver rouca, ruidosa, estridente, abafada, esganiçada ou *falhando* de qualquer outra forma, primeiro leia sobre *entonação* no Capítulo 6. Se, depois de trabalhar em sua entonação, ela ainda não estiver clara, dedique algum tempo para ler sobre hábitos saudáveis de fala no Capítulo 13. Caso você esteja abusando de sua voz falada, também pode estar fazendo sua voz de canto trabalhar excessivamente para produzir belos sons. A rouquidão é normalmente resultado de algum tipo de abuso com a voz de canto ou de fala. Medicamentos podem ressecar sua garganta e dar pigarro. Você pode ler o Capítulo 23 para mais informações sobre medicamentos e seus efeitos sobre sua voz de canto. Sons ruidosos normalmente indicam que as cordas vocais não estão totalmente fechadas, permitindo que escape ar demais. Sons estridentes geralmente resultam de muita pressão física ou falta de equilíbrio de som nos ressonadores. Experimente os exercícios nos Capítulos 4 e 6 sobre como abrir a garganta e sentir a liberação de pressão física desnecessária. Sons abafados ou esganiçados normalmente vêm de não produzir as vogais específicas ou deixar a ressonância muito presa na garganta. Leia o Capítulo 8, sobre vogais e suas formas, e depois os Capítulos 5 e 6 para encontrar ajuda com a entonação.

Qual É a Diferença entre um Acompanhante, um Treinador e um Professor de Canto?

Três especialistas podem auxiliá-lo a preparar sua música ou ajudar com sua técnica de canto. Eles têm diferentes habilidades e pontos fortes. Continue lendo para descobrir qual é o certo para você:

- Um *pianista* ou *acompanhante* é alguém que toca o instrumento para que você cante, mas não dá conselhos sobre técnica de canto. Ele normalmente cobra menos do que um treinador porque sua função não exige muito. Seu ponto forte é a habilidade com o instrumento.

Capítulo 22: Dez Perguntas Frequentes sobre Canto **285**

✒ Um *treinador* é alguém que toca bem o piano e pode lhe dar dicas sobre seu canto. Durante uma sessão de trabalho com um treinador, você pode treinar ouvir as deixas do piano para sua entrada na música, trabalhar em sua pronúncia, ter dicas de como cantar no estilo correto e encontrar bons lugares para respirar dentro do texto. Um treinador ajuda com algumas dicas básicas de técnica e apoia o trabalho de seu professor de canto.

✒ Um *professor de canto* é um especialista em técnica. Embora o treinador possa ter conhecimentos sobre técnica, o professor é um expert. Ele pode não tocar o piano tão bem, mas compensa isso com seu conhecimento e conselhos sobre sua técnica. Em sua sessão de canto, você pode esperar trabalhar pelo menos metade do tempo com técnica e a outra metade a aplicando ao seu repertório. Para mais informações sobre como encontrar um professor de canto e o que esperar das aulas, confira o Capítulo 15.

Se Eu Sentir a Garganta Arranhando, Estou com Calos?

Você tem que abusar muito da voz para ficar com *calos* (pequenas calosidades que se formam nas cordas vocais). Por exemplo, você não criará calos se gritar para seu time preferido por apenas um dia. Suas cordas vocais podem inchar e causar desconforto no dia seguinte, mas é preciso abusar da voz por um longo período para desenvolver calos (veja o Capítulo 23 para ter informações sobre o abuso da voz). Apenas se lembre de que, se você não utilizar suas cordas vocais da maneira errada, não terá este problema. Se o som arranhado persistir, tente fazer vocalizações agudas. Os calos normalmente afetam a região aguda da voz. Se houver rouquidão apenas na região média, você provavelmente está com outro tipo de problema. Confira o Capítulo 23 para mais informações sobre saúde vocal e o Capítulo 13 para obter ajuda com sua voz falada.

Tenho que Ser Grande para Ter uma Grande Voz?

O tamanho de sua voz não está relacionado ao tamanho de sua cintura. Se estivesse, todos os bons cantores seriam gordos e qualquer pessoa gorda seria um ótimo cantor. Na verdade, ter um peso extra na parte média de seu corpo dificulta a movimentação para respirar. Se você estiver acostumado a esse movimento, ele não será um problema. O tamanho de sua garganta e de sua cabeça fazem uma diferença muito maior em sua voz do que suas medidas. Um pescoço largo significa que você tem cordas vocais mais longas do que alguém com o pescoço fino. Um pescoço fino significa cordas vocais menores; cantores com pescoços assim normalmente têm vozes agudas. Uma cabeça maior significa mais espaço para o som reverberar. Um tamanho não é melhor que o outro, mas provoca boas diferenças entre vozes.

Qual É o Melhor Método de Canto?

O melhor método de canto é aquele que funciona melhor para você. Você pode encontrar cantores e professores que se apressam em recomendar seu método, dizendo que "é o melhor". Mas, desde que eles trabalhem com a respiração e seu controle, entonação e ressonância, além da articulação, que permita que você seja entendido sem causar tensão, por fim, os princípios gerais de um bom canto, então é um bom método. Meu método de ensino é uma combinação de todos os professores com quem eu estudei.

Você pode escutar cantores falando sobre o método *bel canto*. O *bel canto* significa literalmente "belo canto" em italiano e implica o uso de sonoridades suaves e abertas. Este método de canto e de ensino teve início no começo do século XVIII. Hoje *bel canto* implica um canto lindo em um estilo mais clássico.

Preciso Saber Italiano para Cantar Bem?

Falar italiano nunca feriu ninguém e pode somente aprimorar seu canto. Os italianos têm cantado lindamente por muitos anos, e esses cantores são modelos. Contudo, eles não são as únicas pessoas produzindo sons lindos em salas de concerto. Cantores de todas as nacionalidades podem cantar bem. Desfrute de sua língua materna, seja qual for, e cante com seu coração. Os professores frequentemente recomendam músicas italianas, porque eles têm uma longa história do ensino do canto se utilizando de músicas artísticas desse idioma, e esta língua contém menos sons vocálicos, tornando mais fácil aprender a produção precisa de vogais.

Posso Beber Antes de me Apresentar para me Acalmar?

Ingerir bebida alcoólica e cantar não é uma boa combinação. Você pode ler no Capítulo 23 que o álcool desidrata. Ele também desacelera as reações, e é preciso estar com a cabeça no lugar para cantar e se apresentar. Quando você mistura canto e bebida, os pequenos músculos em sua garganta podem relaxar demais, fazendo com que você perca coordenação ao tentar executar várias tarefas durante a apresentação. O Capítulo 19 tem algumas dicas para lidar com a ansiedade de apresentação. Você pode achar essas dicas tão úteis que passe a amar a adrenalina e querer ir se apresentar.

Por Que Não Posso Tomar Sorvete Antes de Cantar?

O sorvete induz à produção de muco e fleuma. O muco é denso e fará você querer limpar a garganta. A menos que produtos à base de leite não o incomodem, recomendo evitar sorvete ou qualquer desses derivados antes de cantar. Pode se empanturrar de sorvete depois de praticar.

O que você deveria comer ou beber? Água é a aposta segura. Alguns cantores dizem não gostar de água gelada antes de cantar. Você pode fazer um teste para ver se ela muda sua voz.

Outros podem dizê-lo para beber água com limão ou suco de frutas para limpar a garganta. Isso não vai causar nenhum mal se você tentar, mas não acho benéfico. Na verdade, o limão é diurético, então ele pode desidratar sua garganta.

Faça testes com comidas ou bebidas antes do dia da apresentação para saber exatamente como sua garganta fica depois. Comer algumas horas antes da apresentação também dá ao seu corpo a chance de fazer a digestão, dando a você energia. Algumas pessoas gostam de cantar com o estômago cheio, mas você deve testar cantar logo após comer para ver se isso o afeta. No dia da apresentação coma comidas com as quais você está acostumado. Você não vai querer ter uma surpresa digestiva durante o show.

Quanto Tempo Vou Levar para Aprender a Cantar?

Ótima pergunta — e não tenho nenhuma resposta pronta para lhe dar. Se você não souber nada de canto e toda a informação neste livro for nova para você, você começará a perceber uma melhora após algumas semanas de prática consistente. Você pode não ficar pronto para sua estreia no Grammy, mas notará uma melhora em sua sonoridade e em sua habilidade de mudar entre os registros de sua voz (veja o Capítulo 11 para mais informações sobre os registros vocais).

Passar de um nível básico para um intermediário de canto leva em torno de seis meses a um ano de prática contínua. Assim como em outros esportes, o treino consistente desenvolve memória muscular. Os jogadores de basquete praticam exercícios em cada treino. Eles dão voltas para ganhar energia e praticam todos os tipos de coordenação de movimentos. Suas sessões de prática de canto precisam incluir treinamentos e exercícios (aqueles que você encontra neste livro) para desenvolver sua habilidade e sua coordenação. A maioria dos iniciantes pode esperar que aproximadamente 50% de sua técnica utilizada sob pressão vai se estabelecer. Você deve praticá-la até que esteja sólida, de forma que essa porcentagem aumente. Cantores intermediários podem chegar a 75% de seu potencial durante uma apresentação.

Cantores avançados precisam de anos para se desenvolver — mas isso não deve desencorajá-lo. Os grandes atletas continuam a praticar e desenvolver suas habilidades no decorrer de suas carreiras. Quanto mais você praticar, mais exercícios de nível mais avançado pode acrescentar à sua rotina.

Capítulo 23

Dez Dicas para Manter a Saúde Vocal

Neste Capítulo

▶ Falando de uma maneira saudável
▶ Descobrindo como alimentar sua voz
▶ Conhecendo os fatos sobre problemas vocais

*O*s *abusos vocais* de longo prazo — qualquer atividade que o faça forçar a voz — pode alterar a qualidade de seu canto. E pode acontecer de nem sempre sua voz conseguir se recuperar. Embora a maioria dos cantores consiga minimizar problemas de longo prazo com descanso, é preciso evitar os abusos contínuos. Torne sua saúde vocal prioridade agora.

Independente de se você canta no coro da igreja ou em uma tour interminável, manter hábitos saudáveis é essencial para manter sua saúde vocal.

Identificando Abusos Cotidianos

A lista a seguir não é de forma nenhuma completa. Você pode encontrar outros fatores que afetam enormemente sua saúde vocal em um período de tempo. Não deixe de reconhecer os problemas e os controles antes de uma grande apresentação. Mantenha, particularmente, esses fatores do dia a dia em mente:

✔ **Álcool:** O álcool dilata os vasos sanguíneos do seu corpo, o que não é bom para suas cordas vocais se você planeja cantar. Quando os vasos dilatam, o sangue fica menos denso e sobe à superfície, o que o deixa mais suscetível a hemorragia nas cordas vocais. Limite a quantidade de álcool e o evite quando tiver que praticar ou se apresentar. Beba bastante água nos dias em que você resolver tomar bebidas alcoólicas, porque o álcool desidrata e fica em seu organismo por até três dias.

✔ **Fumo:** O fumo geralmente causa inflamação dos tecidos da garganta, o que faz com que cantar seja mais difícil. Evite o fumo, ativo e passivo, o tempo todo, porque o uso prolongado ou o contato com ele pode danificar suas cordas vocais permanentemente. Você deve evitar o fumo especialmente alguns dias antes de sua aula ou apresentação.

- **Alimentação:** Alguns alimentos podem irritar sua garganta. Derivados de leite normalmente causam a produção de muco, o que o leva a limpar a garganta frequentemente. Preste atenção a como seu corpo reage a certos alimentos para saber o que evitar no dia antes ou no mesmo dia do seu grande show ou apresentação.

- **Medicamentos:** Muitos medicamentos ressecam a garganta. Se você precisar tomá-los, compense bebendo mais água para não ficar ressecado quando cantar. Fale com seu médico para saber se pode evitar os remédios (ou mudar os horários das dosagens) nos dias em que tiver que cantar muito. Veja mais informações sobre medicamentos na seção "Tratando a Garganta Irritada", posteriormente neste capítulo.

- **Pólen ou poeira:** Sensibilidade a alergênicos, como pólen ou poeira, podem fazer com que as cordas vocais fiquem engelhadas ou inchadas. Peça ao seu médico sugestões de ajuda com alergias. Enquanto isso, tome algumas providências: limpe sua casa regularmente para evitar que a poeira se acumule e o incomode, opte por materiais não alergênicos para sua roupa de cama, use aspirador de pó para remover pelos de animais e evite locais com muita poeira. Veja a previsão do tempo para saber sobre a quantidade de pólen. A maioria das áreas tem mais pólen no começo da manhã ou da noite. Se você limitar atividades em áreas abertas ao meio do dia, terá menos possibilidade de ter contato com níveis mais altos de pólen.

- **Pigarro:** Se você é um pigarreador contumaz, agora é a hora de acabar com esse hábito e chegar à raiz do problema. Talvez você pigarreie muito por causa do excesso de muco nas vias nasais ou por conta de refluxo gástrico. Em vez de pigarrear, engula, e fale com seu médico a respeito da causa. Para muitos cantores, o pigarro é um hábito inconsciente resultante da tentativa de limpar as cordas vocais para cantar. Cantar com um pouquinho de muco não vai feri-lo.

Incorporando a Fala Saudável ao Canto

Sua voz falada afeta diretamente seu canto. Cuidando bem de sua voz ao falar, você garante uma saúde melhor para sua voz de canto (caso você não tenha visto, o Capítulo 13 fala sobre sua voz falada). Tente tornar seus hábitos de fala mais saudáveis com estas dicas:

- Aplique o conhecimento sobre respiração ao falar — inclusive ao falar ao telefone. Use seu corpo como se estivesse cantando. Preste atenção à sua postura e ao seu tom de voz.

- Use pleno volume quando precisar ser ouvido (normalmente em eventos esportivos, festas ou clubes), mas não grite. Você pode também aumentar levemente seu tom para ajudar a voz a se sobrepor ao barulho e usar seus conhecimentos sobre projeção de som.
- Fale em um volume razoável, não fale alto o tempo todo.
- Observe sua articulação ao falar — evite falar com tensão, seja do maxilar, da língua ou da glote.
- Encontre seu tom de fala ideal para não falar em um que seja muito grave para você (falar com a voz muito grave normalmente provoca um som forçado).
- Pratique os exercícios de fala do Capítulo 13 para trabalhar seus hábitos de fala.

O abuso vocal prolongado — incluindo o abuso na fala — pode resultar em *calos* (pequenas calosidades nas cordas vocais). Se você detectar os calos logo no começo, descanso vocal e eliminação do abuso normalmente resolvem a situação. É claro que a raiz do problema é tão importante quanto o sintoma. Identifique que comportamento o causou para prevenir qualquer recorrência.

Sabendo Quando Procurar Ajuda

Ficar cansado após o ensaio ou uma série de ensaios é normal. Mas pode ser que um problema esteja surgindo em sua voz se ela não estiver voltando ao normal e você estiver com problema para cantar. Se você sentir sua voz cansada, notas que costumavam ser claras e agora estão difusas, perda de extensão ou se a voz não parecer normal mesmo depois de um bom aquecimento, você deve procurar resolver o problema por pelo menos duas semanas antes de ir ao médico.

Primeiro, volte ao básico. Mesmo cantores eventuais precisam checar os fundamentos da técnica:

- Revise seus exercícios respiratórios.
- Pratique os exercícios de fala para revisar a coordenação respiratória ao falar.
- Confira sua postura.
- Pratique em frente a um espelho para ver o que você está fazendo fisicamente.
- Revise os exercícios que trabalham com os diferentes registros de sua voz.
- Pratique cantar suavemente.

Voltar ao básico pode ajudá-lo a perceber que você estava fazendo pressão, não respirando apropriadamente, cantando com tensão ou abusando de sua voz falada.

Você também deve pensar em quaisquer mudanças que tenha feito em sua rotina. Mudar de sabão em pó pode fazer com que alergias surjam; dormir com as janelas abertas pode ressecar sua voz e deixá-la irritada de manhã; ingerir muita bebida alcoólica, fumar, mudar sua dieta ou mesmo medicamentos podem ter efeitos adversos em sua voz. Quaisquer desses tipos de mudanças podem causar problemas temporários em sua voz.

Se revisar o básico por algumas semanas não o ajudar e se não tiver mudado nada em sua rotina, procure um médico. Visite um laringologista ou um otorrinolaringologista que costuma trabalhar com cantores. Esses médicos podem checar sua garganta com uma pequena câmera e ver suas cordas vocais em movimento. Eles podem lhe dizer a raiz do problema e como resolvê-lo. Eles também podem lhe dar conselhos sobre se você deveria cancelar sua apresentação ou pegar leve durante ela. Você deve cancelá-la se sentir dor ao cantar, você ficará progressivamente mais rouco, à medida que cantar, ou chegará ao ponto de mal conseguir produzir um som.

Mantendo-se Hidratado

Seu corpo é composto de 50 a 65% de água, e dois componentes importantes para sua capacidade de cantar — seus pulmões e seus músculos — precisam de água para realizar seu trabalho. Seus pulmões precisam de água para manter os tecidos se movimentando com facilidade e o tecido muscular é composto de até 75% de água. Então, manter seu corpo bem hidratado o ajuda a cantar melhor.

Você pode equilibrar sua hidratação com outros líquidos além de água. Antes de beber aquela lata de refrigerante ou xícara de café, porém, lembre-se de que o açúcar contido na maioria das bebidas ameaça suas medidas e a cafeína desidrata. A cafeína também é um diurético, o que significa que faz seu corpo perder água. Você não pode contar com aquela xícara de café da manhã para manter sua voz em ordem. A apresentação demanda energia física, e um corpo bem hidratado mantém seu funcionamento em sua melhor forma.

Dormindo o Suficiente

Não dormir o suficiente faz com que os tecidos de seu corpo — de sua garganta — não tenham tempo para se recuperar. Privar-se de sono apenas enfraquece sua voz. Se você não dorme bem, sua voz e seu cérebro reagem mais lentamente, tornando mais difícil cantar da melhor forma que você consegue. Cantar frases mais longas exige mais esforço, sua voz fica pesada, em vez de ágil, ao cantar notas mais rápidas a probabilidade de esquecer a próxima palavra é maior. Você pode sobreviver tendo apenas algumas horas de sono à noite, mas sua voz está sobrevivendo também? Sua voz tem que *viver*, não apenas sobreviver. Tente dormir mais por algumas noites e veja se faz diferença em seu canto. Mesmo uma hora a mais pode fazer uma grande diferença para seus tecidos. Você deve se recuperar e se regenerar durante a noite.

Garantindo uma Boa Nutrição

Você precisa manter uma dieta balanceada. Seguir orientações sobre nutrição básica significa ter uma quantidade equilibrada de grãos integrais, frutas, legumes, verduras e proteína. Nesta dieta balanceada você encontra quantidades certas de proteínas, carboidratos e gorduras. Você pode achar que cantar exige mais energia, o que significa acrescentar proteína à sua dieta para melhorar a capacidade de seu corpo de sustentá-lo durante longos ensaios.

Embora isso não possa ser um problema seu, um corpo muito leve ou muito pesado pode ter dificuldade de encontrar energia para cantar e sustentar tons mais agudos. Não deixe de nutrir seu corpo regularmente para obter energia. Muitos cantores deixam para comer tarde, mas seu corpo precisa de algo para começar o dia. Tente encontrar uma rotina que lhe permita se alimentar cedo para não ficar fazendo lanches só à noite quando finalmente sentir fome. Tome café da manhã para nutrir seu corpo logo e não coma muito no jantar após sua apresentação noturna. Faça uma pequena refeição antes e um lanche — não uma refeição grande — depois. Comer muito à noite pode causar problemas de refluxo gástrico.

Prevenindo Irritação ou Infecção na Garganta

Uma ótima forma de manter todos os germes fora de seu corpo é lavando as mãos e as deixando longe de seu rosto. Sua mãe lhe falava para lavar as mãos — escute o conselho dela. Se os germes começarem a atacar e você começar a sentir aquela coceirinha na garganta, tente uma destas opções:

- **Faça gargarejo com água salgada.** Acrescentar meia colher de chá de sal a um copo de água morna e então fazer um gargarejo com essa mistura ajuda a matar qualquer germe que possa estar alojado em sua boca. Se você tiver infecções frequentes nas amídalas, pode descobrir que a água salgada é uma de suas melhores amigas. Além do mais, fazer um bochecho com essa água evitará aquelas dores logo no começo.

- **Use um nasalpote.** Um nasalpote lava as passagens nasais com água salgada morna. Você pode encontrar esse utensílio em farmácias, na seção de produtos para resfriado. Leia as instruções na caixa para remover os germes que persistem, esperando seu sistema imunológico vacilar para atacá-lo. Você pode até sentir aquela coceirinha quando a infecção começar. Lavando suas vias nasais você evita que o muco fique muito denso e com esperança, livra-se dos germes.

Medicando a Garganta Irritada

Isso vai acontecer em algum momento, então é melhor você conhecer suas opções: você *vai* pegar um resfriado ou ficar com a garganta inflamada e deve saber como lidar com isso. Use estes conselhos para quando sua garganta começar a arranhar:

- **Evite a maioria dos sprays nasais.** O seu corpo pode se acostumar com sprays nasais que contém anti-histamínicos ou descongestionantes e isto pode fazer com que os sintomas piorem se você parar de utilizá-los. Use esses tipos de sprays apenas em emergências.

- **Beba bastante água com seus medicamentos.** A maioria dos medicamentos que não precisa de receita médica pode causar ressecamento. Desde que você esteja preparado para esse efeito colateral e compense com mais líquido, você não terá problema. Leia esses fatos sobre remédios para resfriado:

  - **Anti-histamínicos:** Esses medicamentos evitam a coriza, quando seu nariz começa a escorrer. O anti-histamínico resseca seu trato respiratório superior e provavelmente provocará muito sono. Use o anti-histamínico para impedir o corrimento nasal, mas saiba que o ressecamento decorrente afeta seu canto. Mantenha-se hidratado para contrabalanceá-lo e escolha a dosagem certa.

  - **Remédios para tosse:** A maioria dos remédios para tosse resseca a garganta. Sua melhor aposta é encontrar dextrometorfano com guaifenesina. A guaifenesina é mucolítica, que expectora o muco e o mantém fluindo. Tome o remédio para tosse, mas continue ingerindo líquidos.

  - **Descongestionantes:** Esses medicamentos desentopem seu nariz, mas ressecam a garganta. Quando seu nariz estiver entupido, procure um descongestionante, que desbloqueia as vias nasais. Continue ingerindo líquidos, mesmo com descongestionantes.

Não faça experiências com quaisquer medicamentos antes de uma apresentação ou concerto. Experimente os remédios com antecedência para saber como seu corpo reage.

- **Tenha um spray nasal salino por perto.** Enquanto seu corpo tenta se livrar dos germes (com o corrimento nasal), você pode usar uma solução salina para ajudá-lo a combater a infecção, se não tiver seu nasalpote por perto (veja a seção anterior para mais informações sobre o nasalpote). Usar o spray quando você estiver doente significa que você tem que ter uma boa higiene: coloque o bico do frasco bem perto de seu nariz para aplicar uma boa dose, mas não tão perto que os germes do resfriado voltem na próxima vez que você usar o spray. Essa técnica pode fazer com que um pouco de spray espirre em seu rosto, mas você só vai ter a sensação de que molhou seu rosto em um pequeno oceano.

✔ **Use um umidificador de ambientes.** O aquecedor — ou o clima quente — pode deixar sua casa seca, então mantenha um umidificador ligado, especialmente à noite. Limpe-o diariamente para não acabar criando uma fazenda de mofo na água que sobrar. A condensação da água nas janelas vai secar, mas se sinta à vontade para desligar o umidificador se parecer que está chovendo dentro de sua casa. Você pode preferir um umidificador de ar frio. Se for o caso, não deixe de usar água destilada, como orientado pelo fabricante, e lave a máquina regularmente para mantê-la limpa.

✔ **Diminua a densidade do muco.** Se você sofre de gotejamento nasal posterior, provavelmente seu muco é muito espesso. Você pode experimentar medicamentos isentos de receita médica, como guaifenesina (princípio ativo de alguns remédios para tosse) para ajudar a se livrar do muco. Use uma solução nasal salina ou outros medicamentos indicados por um médico para ajudá-lo a deixar o muco menos espesso sem ressecar a garganta.

✔ **Use paracetamol (princípio ativo do Tylenol) ao invés de ibuprofeno (princípio ativo do Advil).** O paracetamol é o único analgésico que cantores podem tomar e ainda se sentir seguro para cantar. O ibuprofeno e a aspirina dilatam os vasos sanguíneos, deixando-o mais suscetível a pequenas hemorragias desses vasos. Lembre-se de que suas pregas vocais abrem-se e fecham-se 440 vezes por segundo, se você estiver cantando um lá acima do dó central. O movimento é mais rápido ainda, se você subir de tom. Pesquise os analgésicos que toma atualmente e fale com seu médico sobre suas opções.

Protegendo a Garganta Irritada

Aqui está uma pequena lista do que fazer para proteger sua garganta inflamada de forma que ela sare rápido: pare de falar. Você pode ser sociável e amar falar, mesmo com a garganta inflamada. Mas sossegar e permitir que a garganta sare significa não falar, sussurrar ou balbuciar palavras. Mesmo quando você sussurra suas pregas vocais ainda se movimentam. Pegue um bloco de notas e escreva o que você precisa dizer ou apenas mande e-mails até que esteja curado.

Cuidando de Sua Saúde Emocional

Caso você esteja se perguntando, chorar não é a melhor coisa para sua voz. A tensão e a pressão da liberação emocional não vão deixar suas cordas vocais felizes. Mesmo que sua vida seja estressante e agitada, encontre formas de liberar a agressividade ou de expressar suas emoções para não ficar as remoendo. Muitos cantores já chegaram para suas aulas e não conseguiram cantar por conta de traumas emocionais pairando sobre suas cabeças. Amigos confiáveis ou confidentes são bons escapes para essas emoções. Você também pode usar o canto como uma forma de expressão. Se você se pegar muito retraído ou frustrado para cantar, procure um terapeuta para ajudá-lo a se manter cantando seja em tempos bons ou ruins.

Capítulo 24

Dez Dicas para se Apresentar como um Profissional

Neste Capítulo

▶ Escolhendo o acompanhamento, as roupas e o microfone certos

▶ Olhando nos olhos: presença de palco

É importante saber como se comportar quando estiver cantando para um público. Quer você esteja cantando no Carnegie Hall, em um show de talentos em Tallahassee, Flórida; com outros artistas em um revival de *West Side Story*; num festival Renaissance ou em um casamento, você deve causar o impacto correto com sua apresentação. Leia essas dicas para saber alguns porquês e como se apresentar. Eu parto do começo e vou até sua despedida do palco.

Ensaiando para Dominar a Banda

Se você for um profissional de temporadas e vier praticando sozinho, pode não precisar cantar com um acompanhante. Todavia, recomendo pelo menos um ensaio geral e vários outros ensaios normais antes da apresentação. Nos primeiros, você pode cantar lendo a música. Nos últimos ensaios e no ensaio geral, cante de memória. Sob pressão, é chocante quão rapidamente as palavras podem fugir da sua memória de curto prazo. Ensaiando a música de memória você tem ainda mais oportunidades de testar sua maravilhosa técnica enquanto usa suas habilidades de encenação. No ensaio geral, você deve também praticar caminhar pelo palco antes de começar a música, para saber se está cansado por subir a escada na sua entrada, atravessar o palco ou um grande corredor.

Você pode ensaiar sozinho ou com um acompanhante, treinador ou professor de canto (veja o Capítulo 15 para saber as diferenças entre esses profissionais). Em seu ensaio, grave sua voz. Ouça a gravação algumas vezes para acostumar-se com o som de sua voz em um ambiente diferente. Se você colocar seu gravador na plateia enquanto canta no palco, sua gravação vai ficar distante — este será o som que o público ouvirá. Você também pode usar uma câmera de vídeo. Se você resolver filmar o ensaio, precisa assistir a filmagem várias vezes para acostumar-se a ver a si próprio. Você pode ter que fazer experiências em casa em vez de tentá-lo pela primeira vez no ensaio geral. A noite anterior é tarde demais para fazer mudança. É melhor gravar mais cedo durante o processo para que possa fazer os ajustes. Quando assistir o vídeo, confira o seu alinhamento (Capítulo 3), seus gestos (Capítulo 18) e sua entrada (que será descrita neste capítulo). Você também pode checar o Capítulo 10 para saber por que gravar a si próprio é útil.

Usando a Roupa Certa

Você pode não ter muita escolha do que vestir se estiver se apresentando em, digamos, uma produção teatral. Normalmente é o diretor que faz a escolha, e as roupas devem adequar-se. Mas se você for um solista em um casamento ou conseguiu um show como cantor principal em uma banda de jazz, o traje que você usa para a apresentação pode fazer você ganhar ou perder a noite. Pense se sua roupa pode distrair o público. Joias que fazem barulho podem combinar bem com suas vestimentas, mas se elas puderem ser ouvidas, quando você se movimenta, deixe-as em casa. Da mesma forma, sapatos plataforma podem ser *bonitos*, mas talvez você não consiga sentir sua energia fluindo ao usá-los. Sapatos com salto agulha também são complicados, porque você pode ter que caminhar muito para chegar até a área do coral.

Quando você praticar, use a roupa e os sapatos que pretende usar na apresentação. Se você não conseguir mexer os braços ou respirar bem enquanto usa certo item, escolha outra coisa. Lembre-se de que respirar bem é importante para cantar. Alguns itens que podem dificultar a respiração são vestidos de gala, meias-calças, espartilhos e gravatas-borboleta. Caso o figurino para a apresentação seja formal, o comprimento das rendas ou cauda do smoking podem exigir que você pratique cantar sentado usando a roupa. Movimentar caudas graciosamente ou ajustar seu tafetá requerem alguma prática.

Saias curtas podem ser sensuais, mas se o palco estiver muito acima da plateia, o público poderá ver sua calcinha. A menos que você queira que alguém dê uma olhada embaixo de sua saia, guarde essa peça para a festa depois do show. O mesmo vale para roupas muito justas que podem mostrar cada detalhe sob luzes fortes e cada gota de suor quando chegar a hora.

Retire objetos barulhentos ou volumosos de seus bolsos antes da apresentação, tire também relógios e óculos. Não é comum usar óculos de leitura em solos de concertos. Fale com o diretor sobre suas opções — uma delas é uma impressão com letras maiores de sua música.

Se você estiver se apresentando em um evento ou produção musical que envolva outras pessoas, como um coral, um drama musical, o coro da igreja ou uma banda local, não use perfume, colônia ou produtos com cheiro. Alguns cantores podem ter reações alérgicas ao odor de perfumes, como espirros, lacrimejamento ou coceira na garganta. A menos que você esteja tentando sabotar os outros cantores, vá sem nenhum cheiro para o evento.

Encontrando Seu Lugar

Quando você souber onde deve ficar, pratique caminhar até o local. Pode parecer bobo, mas saber como cruzar o palco e parar no lugar não é tão fácil quanto se pensa. Parecer um profissional exige pensamento e prática. Mesmo que você não possa praticar no palco, escolha um ponto onde deve parar e pratique cruzar a sala até chegar à sua posição. Você deve parar lá e também ajustar a postura ao fazê-lo. Encontre seu alinhamento (veja o Capítulo 3), atravesse a sala e mantenha a postura. Parar no lugar significa chegar ao seu ponto olhando na direção em que irá cantar com seus pés paralelos e diretamente sob seus quadris. Com uma banda, você pode ficar em posições mais casuais para que seus pés estejam flexíveis e prontos para dançar. Observe outros cantores de temporadas e veja como eles entram no palco e param em seu ponto prontos para cantar.

Cantando com um Piano, Órgão ou Banda

Cantar com um órgão é diferente de cantar com um piano. Os tubos que criam o som normalmente não ficam próximos ao instrumento, enquanto o som do piano vem de trás dele. Pode ser mais difícil ouvir um órgão, dependendo das paradas que o organista esteja usando. Após cantar com esse instrumento algumas vezes, você se acostuma com a diferença do som. Apenas ouça com mais cautela e você não será surpreendido.

Cantar com uma banda também pode ser um pouco confuso na primeira vez. Se os alto-falantes estiverem direcionados para longe de você — e normalmente estão —, você pode ter dificuldades para se ouvir. Pergunte se você pode ter um alto-falante de retorno. Lembre-se de que as bandas geralmente tocam muito alto, e direcionar o alto-falante para você vai diminuir o eco enorme do som voltando para você. Retornos ajudam muito se o volume estiver correto. Fale com o engenheiro de som, caso não esteja conseguindo se ouvir. Se um instrumento específico tocar sua melodia, você pode ter que se acostumar a distinguir seu som entre os outros instrumentos.

Cantar com amplificação eletrônica é bem diferente de cantar com piano ou qualquer instrumento unicamente. Você pode se sentir tentado a forçar sons fortes quando sua voz é amplificada. Confie na sensação que tem normalmente ao praticar. Você pode usar o ouvido, mas também precisa utilizar suas sensações para saber se está forçando. Você pode ficar muito cansado, se fizer isso e só perceber quando for tarde. O engenheiro de som ajusta os sons no local — seu trabalho é cantar da melhor forma possível baseado na sensação e deixar que ele adeque o som para a plateia.

Alguns instrumentistas acrescentam solos enquanto tocam. Pergunte ao líder da banda como saber que é a sua hora de voltar. Você também pode perguntar a um dos membros da banda para fazer um sinal com a cabeça quando é o momento de voltar, se o músico começar a inserir mais compassos. É uma boa ideia levar seu gravador para o ensaio e gravá-lo. Se você só tiver uma oportunidade de ensaiar com a banda, é sempre bom ouvir a gravação novamente para acostumar-se com o tempo.

Fazendo Sua Entrada

Ao entrar no palco vindo de uma porta ou de um anexo, olhe para a plateia e sorria. Você parecerá bem mais seguro, se olhar direto para o público ao cruzar o palco. Praticar isso é importante. Seu sorriso precisa parecer genuíno mesmo que você esteja nervoso e não queira estar no palco. Quando chegar à sua posição, pare e faça uma reverência. Outros locais de eventos podem exigir que você seja um pouco mais contido. Cantar para um serviço de uma igreja, por exemplo, requer uma abordagem diferente de cantar em um show de pop. Na igreja, você pode não receber aplausos, quando parar para cantar. Não quer dizer que o público não gosta de você: eles estão focados na *mensagem* de sua apresentação ao invés de sua performance propriamente dita.

Antes de fazer sua entrada, esteja mentalmente preparado. Seu nível de energia deve estar alto para que você dê o ritmo certo à sua entrada. Se sua entrada for desconfortável, você pode entrar lentamente e parecer petrificado para cantar. Mesmo que esteja nervoso, faça sua entrada com segurança. Você não precisa correr, mas andar em um ritmo que mostre que está ávido para cantar.

Prendendo Seu Público

Quando cantar em um concerto, saber se deve interagir com o público ou ater-se ao seu mundinho é difícil. Você nem sempre consegue cantar músicas intimistas em um local com esta característica, mas pode imaginar estar em um lugar assim criando quatro paredes em sua mente: finja estar sozinho no quarto, com uma parede entre você e o público. Se sua música se destina a um grupo, torne a plateia parte da história durante ela.

Para ter uma ideia de se deve incluir o público como parte de sua música, observe os profissionais de temporada. A atmosfera casual em um show de pop é diferente do ambiente mais formal de apresentações clássicas. Conheça seu público e comporte-se de acordo. Quando estiver em dúvida, observe os cantores que se apresentarem antes de você. Acenar para sua irmã pode ser aceitável em um show infantil no parque, mas não se estiver

Capítulo 24: Dez Dicas para se Apresentar como um Profissional **301**

cantando com uma sinfônica em uma grande sala de concerto. Quando em Roma... faça como os romanos!

Apresentações televisionadas podem ter ou não plateia. Se você estiver em um teste, pode interagir com ela e deixar que as câmeras se ajustem a você. De outra forma, deve fingir que a câmera é seu público. O diretor dirá qual delas está filmando e quando ajustar o seu foco. É difícil cantar bem, contar sua história, interagir com seu público imaginário e pegar a deixa para a próxima câmera.

Ignorando Aquele Mosquito

Em um show normal, as pessoas tossem, entram atrasadas ou saem bem no meio de sua música. Elas não pensam em como isso distrai o artista. Quando praticar em casa, pode colocar algumas distrações de propósito. Peça para um amigo derrubar um livro ou entrar na sala quando estiver cantando, para treinar a concentração mesmo quando estejam tumultuando. O que pode distraí-lo em uma apresentação?

- ✔ **Luzes:** As luzes devem estar em seu rosto para que a plateia possa vê-lo. Isso pode dificultar sua visão, mas também o impede de ver o público, o que é bom. Se você estiver nervoso, finja que não há ninguém lá. Ou imagine todos os rostos felizes, encantados por vê-lo. Quando vir o palco, marque o ponto onde a luz ficará melhor sobre você. Afinal de contas, você se vestiu bem para a apresentação — quer que o público o veja. Se você estiver muito à frente ou muito recuado, a luz pode não atingi-lo e o público não verá seu rosto no meio das sombras. Também pode praticar entrar na luz para fazer parecer que de repente ficou brilhantemente iluminado. De outra forma, pode procurar a melhor luz enquanto a plateia espera você começar a cantar. Peça a um amigo para ir ao ensaio e checar a iluminação para você.

- ✔ **Flash de câmeras:** Você pode pedir para sua família e amigos não distraí-lo tirando fotos, mas pode não conseguir controlar todo o público. Se alguém começar a tirar fotos no meio da música, tente focar em um objeto à sua frente para não olhar diretamente para os flashes. Luzes piscantes de câmeras também podem ser distrativas ou enlouquecedoras. As câmeras de televisão têm uma luz vermelha para indicar que estão gravando e podem se movimentar bastante para pegar diferentes ângulos.

- ✔ **Outros artistas:** Nos anexos, você pode ver várias pessoas transitando enquanto esperam por sua entrada. Foque em sua tarefa e as ignore. Em um elenco menor, você pode pedir para que elas não fiquem andando em volta enquanto canta, mas talvez apenas tenha que descobrir como ignorá-las caso elas esqueçam ou se estiver em uma grande produção com muitos membros de equipe.

O que Fazer com as Mãos

Manter suas mãos junto ao corpo é o mais seguro. Pode não ser o lugar mais interessante para elas, mas você não errará muito se ficar calmo e parado. Se decidir gesticular, faça um gesto completo e não deixe de afastar seus cotovelos do corpo. Pode parecer que está fritando hambúrgueres, se mexer só suas mãos e não seus braços. É claro que se você estiver segurando um microfone de mão, seus gestos precisam se adequar (veja a seção "Usando o Microfone", a seguir neste capítulo).

Outra opção para as mãos é deixá-las unidas à sua frente. Colocá-las na cintura é legal, todavia, contorcê-las não. É aceitável ficar nervoso em uma apresentação, mas tente não transparecer. Não deixe o público vê-lo suar, como dizem. Finja que apresentar-se é a coisa mais fácil do mundo. Você também pode pôr as mãos sobre o piano se ele estiver perto o suficiente e a tampa estiver fechada. Se for um piano de cauda e a tampa estiver aberta, não coloque a mão nela nem dentro do piano: isso deixará seu público receoso com a possibilidade da tampa cair sobre seus dedos. Você também pode conferir o Capítulo 18 para algumas sugestões sobre gesticulação.

Você não deve colocar as mãos para trás, cruzar os dedos à sua frente ou ficar mexendo-os na frente do seu zíper. Criancinhas normalmente põe suas mãos na frente do zíper quando precisam ir ao banheiro, então, não vai querer que o público pense isso de você. Criancinhas também colocam as mãos para trás para pegar um lugar para sentar.

Usando o Microfone

Os microfones podem ficar em um pedestal, em sua mão, no chão ou presos ao seu corpo. Saber como lidar com essa parafernália eletrônica exige prática. Pergunte se você pode praticar com o microfone antes dos instrumentos começarem a tocar. Dessa forma, você pode ouvir as diferenças quando ele estiver perto ou longe demais. Considere a seguinte lista de microfones e como você irá trabalhar com o tipo que estiver usando:

- **Microfone de corpo:** Você já deve ter visto esses na TV — um fio passa por sua roupa e você fica com uma caixinha presa sob ela ou no cinto. Se você não tiver a chance de utilizar um antes do show, apenas imagine a sensação de ter uma caixa presa a você para não ficar chocado ao sentir algo pendurado em suas costas.
- **De chão:** Se os microfones estiverem no chão, o público ouvirá seus passos quando você cruzar o palco. Você deve praticar caminhar com os sapatos que irá usar para saber quanto barulho irá fazer. Você pode

Capítulo 24: Dez Dicas para se Apresentar como um Profissional *303*

se sentir tentado a contrair as pernas ou dedos dos pés para não fazer muito ruído. Em vez disso, tente caminhar sem fazer muita pressão contra o chão; pise nele, mas não enfie seus pés no chão. Isso lhe permitirá caminhar com facilidade e sem muito barulho.

✔ **De mão:** Se estiver usando um microfone de mão, segure-o longe o suficiente de sua boca para que não toque seus lábios, mas perto o suficiente para que sua voz o alcance. Leve em conta estas regras:

- Não sopre no microfone ou bata nele para saber se está ligado. Em vez disso, fale nele. Soprar ou bater pode danificar seus componentes internos.

- Coloque sua mão no microfone, mas longe do captador dele. Alguns artistas gostam de fazer uma concha em volta. Colocar sua mão em volta do captador muda a forma como sua voz é amplificada. Observe o som de sua voz quando você coloca a mão sobre o captador cobrindo parte dele e então compare o som quando você não o faz. Pode falar com o engenheiro de som sobre as diferenças no som e do que você precisa para cantar. Você pode dizer a ele que quer fazer concha no microfone e precisa de ajuda para conseguir amplificar o som para a plateia.

✔ **Pedestal:** Se seu microfone estiver em um pedestal, você pode se movimentar para ajustar o som. Confira o pedestal antes do show. A altura da maioria deles é ajustável. Olhe na metade do pedestal e provavelmente verá uma borboleta que pode girar para ajustar a altura. Se você tiver que ligar o microfone, pratique caminhar até o equipamento e encontrar o botão para ficar seguro de que consegue fazê-lo com as mãos trêmulas. Não há problema se suas mãos tremerem. Você só precisa saber que vai acontecer e ajustar seus movimentos para sentir-se seguro.

Se você não cantar com um microfone, use seus conhecimentos de ressonância do Capítulo 7 para ajudar sua voz a se sobressair entre os instrumentos.

Fazendo uma Reverência e Deixando o Palco

A forma como você vai reverenciar o público depende do tipo de show. Se você for uma diva famosa, pode fazer uma reverência cortês, mas acho melhor você esperar até chegar aos grandes salões de ópera. Até lá, use o cumprimento testado e aprovado: curve-se na linha da cintura inclinando sua cabeça em direção ao público.

304 **Parte V: A Parte dos Dez**

✔ Após encontrar seu ponto no palco, pare lá (com seus pés juntos) e incline-se para a frente. Sua cabeça deve baixar, olhando para o chão momentaneamente. Caso contrário, vai parecer que você está olhando para a plateia para ver se ela está aplaudindo. Lembre-se de que você tem que se inclinar usando seu traje de apresentação. Se for um vestido de gala ou um smoking, certifique-se de que não está muito apertado, impedindo-o de curvar-se ou revelando muito no decote ao inclinar-se.

✔ Suas mãos podem ficar juntas às pernas ou colocadas à sua frente. Deixe que elas deslizem por suas pernas quando inclinar-se. Lembre-se de não deixá-las diante de seu zíper se resolver cruzá-las na frente.

✔ Conte lentamente até dois e erga seu torso novamente. Após a reverência, apresente seu acompanhante. Se a peça tiver sido com um grande conjunto, você pode curvar-se com seu acompanhante. Você deve tomar essa decisão com antecedência e planejar quem irá reverenciar e em que ordem. Algumas pessoas gostam de virar-se e abrir os braços para apresentar o acompanhante. Se o pianista não for deixar o palco com você, isso é apropriado. Mas se estiverem juntos, planeje fazer o cumprimento juntos e depois separados.

Deixar o palco também é uma arte. Quando você terminar de cantar e fizer seu cumprimento, dirija-se à saída. Olhe para a plateia novamente e sorria enquanto deixa o palco. Se o público tiver adorado o que acabou de ouvir, vai continuar aplaudindo, sendo assim você pode fazer outra reverência. Espere o ápice dos aplausos e volte ao palco. Se você tinha um acompanhante com você, peça-lhe para fazer a reverência junto novamente até que as cortinas fechem-se.

Dependendo da situação, você pode ter que preparar um bis. Como você saberá quando cantar um bis? Termine seu último número, ouça o aplauso e deixe o palco; retorne para outro cumprimento e saia novamente; então, volte mais uma vez e cante o bis; ou, retorne ao palco, faça a reverência e cante novamente. O bis é apropriado para um recital onde você for a atração principal ou se a apresentação for com um conjunto, como uma banda ou sinfônica. Conforme fizer mais apresentações, você descobrirá quando o bis é apropriado e o que preparar para ele.

Parte VI
Apêndices

A 5ª Onda — Por Rich Tennant

Nesta parte...

Uma proveitosa lista reúne músicas de acordo com o tipo de voz. Eu também digo se a música é rápida ou lenta antes mesmo que você a escute. Cantar músicas por diversão pode não ser um desafio à sua técnica. Essa lista de músicas bem conhecidas não só é divertida de cantar como também ajuda a aprimorar sua técnica.

Você também poderá descobrir mais sobre como usar o super CD que acompanha este livro. Vários artistas gravaram os exercícios que você encontra junto ao ícone CD no decorrer deste livro. Você pode ouvi-los demonstrar os sons e depois pode cantar sozinho, acompanhando o CD. Alguns sons e ideias no livro podem ser novos para você, e ouvir alguém produzindo os sons corretamente é muito útil.

Apêndice A
Músicas Sugeridas para Aprimorar Suas Técnicas de Canto

Essa lista de músicas sugeridas destina-se a avançar sua técnica de canto. À medida que você praticar os exercícios e técnicas deste livro, pode usar a lista para aplicar suas novas habilidades.

Uma música para iniciante é aquela com ritmos fáceis, extensão curta e melodia que normalmente passa em tons, tendo o acompanhamento do piano em um andamento confortável.

Uma música intermediária tem ritmos mais difíceis, extensão maior e linhas melódicas que pulam em intervalos. É um pouco independente do piano e passa em um ritmo mais rápido.

Canções com belt normalmente são mais difíceis devido às exigências técnicas, grandes histórias para contar e música difícil. Trabalhe com os exercícios do Capítulo 13 até sentir-se seguro de que seu belting é saudável.

As músicas clássicas mostram a definição *lenta*, *média* ou *rápida*. As canções de musicais são marcadas como baladas ou aceleradas.

Clássico: Dez Músicas para Soprano

Cinco músicas iniciantes para soprano:

- "Evening Prayer", de *João e Maria*, por Engelbert Humperdinck (lenta)
- "Sandmännchen", de Johannes Brahms (lenta)
- "My Mother Bids Me Bind My Hair", de Joseph Haydn (média)
- "Clair de Lune", de Camille Saint-Saëns (média)
- "The Lass from the Low Countree", de John Jacob Niles (média)

308 Parte VI: Apêndices

Cinco músicas intermediárias para soprano:

- ✔ "Auf ein altes Bild", de Hugo Wolf (lenta)
- ✔ "A Kiss in the Dark", de Victor Herbert (média)
- ✔ "La Procession", de César Franck (lenta)
- ✔ "Nina", de Giovanni Pergolesi (média)
- ✔ "Con amores, la mi madre", de Juan de Anchieta e Fernando J. Obradors (média)

Clássico: Dez Músicas para Mezzo

Cinco músicas iniciantes para mezzo

- ✔ "The Ash Grove", música folclórica (média)
- ✔ "Heidenröslein", de Franz Schubert (média)
- ✔ "Spring Sorrow", de John Ireland (média)
- ✔ "Lied der Braut", de Robert Schumann (lenta)
- ✔ "Lasciatemi morire!", de Claudio Monteverdi (lenta)

Cinco músicas intermediárias para mezzo

- ✔ "Joshua Fit the Battle of Jericho", espiritual (média)
- ✔ "If Music Be the Food of Love", de Henry Purcell (média)
- ✔ "Aimons-nous", de Camille Saint-Saëns (média)
- ✔ "El tra la la y el punteado" (O Tra La La e o Punteado), de Enrique Granados (rápida)
- ✔ "Liebst du um Schönheit", de Gustav Mahler (lenta)

Clássico: Dez Músicas para Tenor

Cinco músicas iniciantes para tenor

- ✔ "Sehnsucht nach dem Frühling", de Wolfgang Mozart (lenta)
- ✔ "The Gypsy Rover", balada tradicional irlandesa (média)
- ✔ "Volkslied", de Felix Mendelssohn (lenta)
- ✔ "Gia il sole dal Gange", de Alessandro Scarlatti (rápida)
- ✔ "Amarilli, mia bella", de Guilio Caccini (lenta)

Apêndice A: Músicas Sugeridas para Aprimorar Suas Técnicas... **309**

Cinco músicas intermediárias para tenor

- ✔ "Psiquê", de Emile Paladilhe (média)
- ✔ "I'll Sail upon the Dog Star", de Henry Purcell (rápida)
- ✔ "Vittoria, mio core!", de Giacomo Carissimi (rápida)
- ✔ "Ich liebe dich", de Edvard Grieg (lenta)
- ✔ "Selve, voi, che le speranze", de Salvator Rosa (lenta)

Clássico: Dez Músicas para Barítono ou Baixo

Cinco músicas iniciantes para barítono ou baixo

- ✔ "Red River Valley", de Celius Dougherty (média)
- ✔ "Für music", de Robert Franz (média)
- ✔ "The Water Is Wide", canção folclórica inglesa (média)
- ✔ "Silent Noon", de Ralph Vaughn Williams (lenta)
- ✔ "Virgin, tutta amor", de Francesco Durante (lenta)

Cinco músicas intermediárias para barítono ou baixo

- ✔ "Now Sleeps the Crimson Petal", de Roger Quilter (média)
- ✔ "The Roadside Fire", de Ralph Vaughn Williams (média)
- ✔ "Kein Hälmlein wächst auf Erden", de W. F. Bach (lenta)
- ✔ "Madrigal", de Vincent D'Indy (média)
- ✔ "What Shall I Do", de Henry Purcell (média)

Musical: Dez Músicas para Soprano

Cinco músicas iniciantes para soprano

- ✔ "Goodnight My Someone" de *The Music Man*, por Meredith Willson (balada)
- ✔ "Getting to Know You", de *O Rei e Eu*, por Richard Rodgers e Oscar Hammerstein (balada)
- ✔ "Wouldn't It Be Loverly", de *My Fair Lady*, por Alan Jay Lerner e Frederick Loewe (acelerada)

Parte VI: Apêndices

> ✔ "So Many People", de *Saturday Night*, por Stephen Sondheim (balada)
>
> ✔ "Something Good", de *A Noviça Rebelde*, por Richard Rodgers (balada)

Cinco músicas intermediárias para soprano

> ✔ "Lovely", de *A Funny Thing Happened on the Way to the Forum*, por Stephen Sondheim (balada)
>
> ✔ "Never Never Land", de *Peter Pan*, por Betty Comden e Adolph Green (balada)
>
> ✔ "A Lovely Night", de *Cinderela*, por Richard Rodgers e Oscar Hammerstein (acelerada)
>
> ✔ "Home", de *Phantom*, por Maury Yeston (balada)
>
> ✔ "It Wonders Me", de *Plain and Fancy*, por Arnold Horwitt e Albert Hague (balada)

Musical: Dez Músicas para Mezzo

Cinco músicas iniciantes para mezzo

> ✔ "I'm Old Fashioned", por Johnny Mercer e Jerome Kern (balada)
>
> ✔ "It's a Lovely Day Today", por Irving Berlin (acelerada)
>
> ✔ "Anywhere I Wander", por Frank Loesser (balada)
>
> ✔ "Feed the Birds", de *Mary Poppins*, por Robert Sherman (balada)
>
> ✔ "Give My Regards to Broadway", de George Cohan (acelerada)

Cinco músicas intermediárias para mezzo

> ✔ "The Party's Over", de *Bells Are Ringing*, por Betty Comden, Adolph Green e Jule Styne (balada)
>
> ✔ "If He Really Knew Me", de *They're Playing Our Song*, por Carole Bayer Sager e Marvin Hamlisch (balada)
>
> ✔ "I'd Be Surprisingly Good for You", de *Evita*, por Tim Rice e Andrew Lloyd Webber (acelerada)

Apêndice A: Músicas Sugeridas para Aprimorar Suas Técnicas... *311*

✓ "A Cockeyed Optimist", de *South Pacific*, por Richard Rodgers e Oscar Hammerstein (acelerada)

✓ "There's a Fine, Fine Line", de *Avenue Q*, por Robert Lopez e Jeff Marz (balada)

Musical: Dez Músicas com Belt para Mulheres

Cinco músicas com belt para soprano

✓ "Gimme Gimme", de *Thoroughly Modern Millie*, por Jeanine Tesori e Dick Scanlan (acelerada)

✓ "Wherever He Ain't", de *Mack and Mabel*, por Jerry Herman (acelerada)

✓ "There's No Man Left for Me", de *Will Rogers Follies*, por Cy Colman, Betty Comden e Adolph Green (acelerada)

✓ "Waiting for Life", de *Once On This Island*, por Lynn Ahrens e Stephen Flaherty (acelerada)

✓ "On the Other Side of the Tracks", de *Little Me*, por Cy Coleman e Carolyn Leigh (acelerada)

Cinco músicas com belt para mezzo

✓ "West End Avenue", de *The Magic Show*, por Stephen Schwartz (acelerada)

✓ "I'm Going Back", de *Bells Are Ringing*, por Betty Comden, Adolph Green e Jule Styne (balada)

✓ "Maybe This Time", de *Cabaret*, por Fred Ebb e John Kander (balada)

✓ "Honey Bun", de *South Pacific*, por Richard Rodgers e Oscar Hammerstein (acelerada)

✓ "I Resolve", de *She Loves Me*, por Jerry Bock e Sheldon Harnick (acelerada)

Musical: Dez Músicas para Tenor

Cinco músicas iniciantes para tenor

- ✔ "Anywhere I Wander", de *Hans Christian Anderson*, por Frank Loesser (balada)
- ✔ "I've Got My Eyes on You", de *Broadway Medley of 1940*, por Cole Porter (balada)
- ✔ "Long Ago", de *Cover Girl*, por Ira Gershwin e Jerome Kern (balada)
- ✔ "'Til Him", de *The Producers*, por Mel Brooks (balada)
- ✔ "Young and Foolish", de *Plain and Fancy*, por Arnold Horwitt e Albert Hogue (balada)

Cinco músicas intermediárias para tenor

- ✔ "Old Devil Moon", de *Finian's Rainbow*, por E. Y. Harburg e Burton Lane (acelerada)
- ✔ "Stranger in Paradise", de *Kismet*, por Robert Wright e George Forrest (balada)
- ✔ "A Wonderful Day Like Today", de *The Roar of the Greasepaint — The Smell of the Crowd*, por Leslie Bricusse e Anthony Newly (acelerada)
- ✔ "Geraniums in the Winder", de *Carousel*, por Richard Rodgers e Oscar Hammerstein (balada)
- ✔ "I Believe in You", de *How to Succeed*, por Frank Loesser (balada)

Musical: Dez Músicas para Baritenor

Cinco músicas iniciantes para baritenor

- ✔ "On the Street Where You Live", de *My Fair Lady*, por Alan Jay Lerner e Frederick Loewe (balada)
- ✔ "Waitin' for the Light to Shine", de *Big River*, por Roger Millel (balada)
- ✔ "Lonely Room", de *Oklahoma*, por Richard Rodgers e Oscar Hammerstein (balada)
- ✔ "Les Poisson", de *A Pequena Sereia*, por Howard Ashman e Alan Menken (acelerada)
- ✔ "There She Is", de *Titanic*, por Maury Yeston e Peter Stone (acelerada)

_____ **Apêndice A: Músicas Sugeridas para Aprimorar Suas Técnicas...** *313*

Cinco músicas intermediárias para baritenor

- ✔ "Soon It's Gonna Rain", de *The Fantasticks*, por Tom Jones e Harvey Schmidt (balada)

- ✔ "When I'm Not Near the Girl", por E. Y. Harburg e Burton Lane (acelerada)

- ✔ "Santa Fé", de *Newsies*, por Alan Menken e Jack Feldman (acelerada)

- ✔ "Steppin' Out with My Baby", do filme *Easter Parade*, por Irving Berlin (acelerada)

- ✔ "Lucky in Love", de *Good News*, por B.G. DeSylva, Lew Brown e Ray Henderson

Musical: Dez Músicas com Belt para Homens

Cinco músicas belt para tenor

- ✔ "Sit Down, You're Rockin' the Boat", de *Guys and Dolls*, por Frank Loesser (acelerada)

- ✔ "This is the Moment", de *Jekyll and Hyde*, por Leslie Bricusse e Frank Wildhorn (balada)

- ✔ "Moving Too Fast", de *The Last Five Years*, por Jason Robert Brown (up-tempo)

- ✔ "Mama Says", de *Footloose*, por Dean Pitchford e Tom Snow (acelerada)

- ✔ "One Song Glory", de *Rent*, por Jonathan Larson (acelerada)

Cinco músicas com belt para baritenor

- ✔ "This Is Not Over Yet", de *Parade*, por Jason Robert Brown (acelerada)

- ✔ "Stars", de *Les Misérables*, por Claude-Michel Schönberg, Herbert Krutmer e Alain Boublil (balada)

- ✔ "Private Conversation", de *Side Show*, por Bill Russell e Henry Kreiger (balada)

- ✔ "What Am I Doin'?", de *Closer Than Ever*, por Richard Maltby e David Shire (acelerada)

- ✔ "Justice Will Be Done", de *Martin Guerre*, por Claude-Michel Schönberg, Alain Boublil e Stephen Clark (balada)

Country: Dez Músicas para Mulheres

- "Walkin' After Midnight", por Alan Bock e Donn Hecht, versão de Patsy Cline
- "Redneck Woman", por John Rich e Gretchen Wilson
- "Sweet Dreams", por Don Gibson, versão de Patsy Cline
- "Ring of Fire", por June Carter Cash
- "Deep in the Heart of Texas", por June Hershey e Don Swander
- "This Kiss", por Beth Nielsen, versão de Faith Hill
- "How Do I Live", por Diane Warren
- "Blue", por Bill Mack, versão de LeAnn Rimes
- "Backwoods Barbie", versão de Dolly Parton
- "My Valentine", por Jim Brickman e Jack David Kugell, versão de Martina McBride

Country: Dez Músicas para Homens

- "Your Cheatin' Heart", por Hank Williams
- "I Walk the Line", por Johnny Cash
- "The Gambler", por Don Schlitz, versão de Kris Kristofferson
- "Friends in Low Places", por Dewayne Blackwell e Bud Lee, versão de Garth Brooks
- "For the Good Times", por Kris Kristofferson
- "Who's Your Daddy?", por Toby Keith
- "The Thunder Rolls", por Pat Alger e Garth Brooks
- "When Love Fades", por Chuck Cannon e Toby Keith
- "Gettin' You Home", por Cory Batten, Kent Blazy e Chris Young
- "It Did", por Brad Paisley

Apêndice A: Músicas Sugeridas para Aprimorar Suas Técnicas... 315

Pop rock: Dez Músicas para Mulheres

- "Downtown", por Tony Hatch, versão de Petula Clark
- "It's Too Late", por Toni Stern, versão de Carole King
- "Somewhere out There", por James Horner, Barry Mann e Cynthia Weil, versão de Linda Ronstad e James Ingram
- "Where the Boys Are", por Howard Greenfield e Neil Sedaka, versão de Connie Francis
- "My Heart Will Go On", por James Horner e Will Jennings, versão de Celine Dion
- "Do You Know Where You're Going To?" por Gerry Goffin e Mike Masser
- "When I Fall in Love", por Edward Heyman e Victor Young
- "Band of Gold", por Ronald Dunbar e Edith Wayne
- "Walk On By", por Hal David e Burt Bacharach, versão de Dionne Warwick
- "River Deep, Mountain High", por Ellie Greenwich, Jeff Barry e Phil Spector, versão de Ike e Tina Turner

Pop rock: Dez Músicas para Homens

- "Georgia on My Mind", por Stuart Gorrell e Hoagy Carmichael
- "My Cherie Amour", por Stevie Wonder, Sylvia Moy e Jenry Cosby
- "My Girl", por Smokey Robinson e Ronald White
- "Hurt So Good", por John Mellancamp e Georg Green
- "Good Night", por John Lennon e Paul McCartney
- "Wake Me Up Before You Go-Go", por George Michael
- "Shot Through the Heart", por Bon Jovi
- "Desperado", por Don Henley e Glen Frey, versão dos Eagles
- "She's Got a Way", por Billy Joel
- "Bridge over Troubled Water", por Simon and Garfunkel

Apêndice B
Sobre o CD

Neste Apêndice

▶ Determinando as exigências de sistema
▶ Encontrando a lista de faixas
▶ Solucionando quaisquer problemas

*T*odos os exemplos musicais incluídos em *Canto Para Leigos*, Tradução da 2ª Edição, estão gravados no CD que acompanha o livro. No CD, você pode encontrar 63 exercícios para aprimorar seu canto. Nos capítulos, ao lado do ícone "No CD", você encontra uma explicação e instruções úteis para cada faixa.

Não é necessária nenhuma experiência em canto para tirar proveito deste livro ou do CD. Apenas siga as sugestões nos capítulos para fazer um progresso consistente com sua técnica de canto.

Não deixe de manter seu CD junto do livro. As sugestões e instruções nos capítulos somam informações úteis para que você aprecie o som enquanto canta junto. O envelope plástico protege a superfície do CD para mantê-lo bem conservado. Encontrar o CD no livro também é mais fácil do que fazer uma busca no meio de sua coleção de CDs a cada vez que quiser ouvir os exercícios.

Exigências de Sistema

Observe que este é um CD apenas de áudio — apenas o insira em seu tocador de CD (ou qualquer aparelho que você use para ouvir CDs de música). Use-o como uma boa ferramenta para cantar em casa, no carro ou onde quer que você possa praticar.

Se você for ouvir o CD no computador, certifique-se de que ele responde às exigências mínimas de sistema mostradas na lista a seguir. Se seu computador não possuir a maioria dessas exigências, você pode ter problemas para utilizar o CD.

- PC com processador Pentium ou superior ou um Mac OS com processador 68040 ou superior.
- Microsoft Windows 95 ou versão posterior ou sistema Mac 7.6.1 ou posterior.
- Pelo menos 32MB de memória RAM instalada. Para uma melhor performance, sugiro pelo menos 64MB.
- Drive de CD.
- Placa de som para PCs. Os computadores Mac possuem suporte de som integrado.
- Media Player, como Windows Media Player ou Real Player.

Se você precisar de mais informações com o básico, confira os seguintes livros:

- *PCs Para Leigos* (Alta Books), de Dan Gookin
- *PCs All-in-One Desk Reference For Dummies*, por Mark L. Chambers (Wiley)
- *Macs For Dummies*, por David Pogue
- *The Flat-Screen iMac For Dummies*, por David Pogue
- *The iMac For Dummies Quick Reference*, por Jennifer Watson
- *Mac OS X Snow Leopard Para Leigos* (Alta Books), por Bob LeVitus
- *Windows 7 Para Leigos* (Alta Books), *Windows Vista Para Leigos* (Alta Books), *Windows 95 For Dummies, Windows 98 For Dummies, Windows 2000 Professional For Dummies, Windows XP For Dummies* ou *Microsoft Windows ME Millennium Edition For Dummies*, todos por Andy Rathbone
- *Windows XP All-in-One Desk Reference For Dummies*, por Woody Leonhard

Lista de Faixas

Cada faixa começa com o piano tocando a melodia ou o modelo musical que você vê no livro. Depois que o piano toca o modelo, você ouve um cantor demonstrando os sons dele. Na primeira vez, ouça o cantor; depois cante sozinho durante as repetições seguintes. Cada modelo é repetido várias vezes em diferentes tons, para que você pratique aumentar sua extensão. O CD inclui vozes masculinas e femininas. Sinta-se à vontade para cantar com qualquer uma das faixas. Se a demonstração for em voz masculina, olhe o texto no capítulo correspondente à faixa para dicas de como adequar o modelo à voz feminina.

Se alguns dos modelos forem muito agudos para você, leia o texto correspondente no capítulo para obter ajuda sobre como preparar a voz para notas mais altas ou as habilidades técnicas abordadas. Você também pode encontrar sugestões para cantar o modelo em um tom mais baixo até estar pronto para as notas mais altas.

Enquanto ouve o CD, você pode notar que os modelos ficam gradualmente mais difíceis. Você não precisa cantar todas as faixas hoje. Você pode trabalhar nas primeiras até sentir-se confortável aplicando todas as sugestões do texto. Quando estiver mandando bem, passe para o próximo grupo de exercícios. Você também pode conferir o Capítulo 10 para obter ajuda sobre como elaborar uma rotina de prática. Você pode pular as informações que já conhece. Se for um cantor avançado com alguma experiência, pode pular alguns modelos mais difíceis nos últimos capítulos. Vá lá! Caso se pegue com dificuldade em alguns dos últimos modelos, volte atrás e trabalhe em alguns dos exercícios anteriores por mais tempo. O CD foi elaborado de modo a mantê-lo cantando e praticando por um bom tempo.

Após inserir o CD, você pode usar o botão para trocar de faixas. A função de avançar ou retroceder permite que você vá a uma parte específica da repetição dos modelos. A tabela deste capítulo lhe dará a duração exata de cada faixa.

A seguir está uma lista das faixas no CD, acompanhadas de sua duração e número da figura no capítulo. O número da figura é composto de dois outros números; o primeiro refere-se ao capítulo, o que o ajuda a encontrá-lo no livro (o segundo número, caso você esteja curioso, indica a ordem das figuras dentro do capítulo). Algumas faixas não têm um exemplo musical no livro. Nestas, os cantores demonstram habilidades específicas que você pode trabalhar dentro do capítulo.

Faixa	(Duração)	Número da Figura	Descrição do Modelo
1	1:31	N/D	Introdução ao *Canto Para Leigos*, Tradução da 2ª Edição
2	1:13	4-1	Vibração labial e de língua
3	0:38	N/D	Passando por uma tonalidade (Capítulo 5)
4	1:34	5-1	Movimentando a língua e o maxilar
5	1:06	6-1	Criando uma linha de legato
6	1:02	6-2	Vibração com uma linha longa de legato
7	1:30	6-3	Controlando frases longas
8	0:41	N/D	Entonação natural e vibrato (Capítulo 6)
9	1:18	8-2	Alternando vogais para produzir a forma precisa dos lábios
10	1:06	8-4	Curvando a língua ao alternar vogais
11	1:43	9-1	Cantando consoantes alveolares
12	1:30	9-2	Cantando consoantes palatais
13	1:24	9-3	Cantando consoantes labiais

Faixa	(Duração)	Número da Figura	Descrição do Modelo
14	1:00	9-4	Combinando consoantes
15	1:09	11-3	Descendo
16	1:43	11-4	Descendo
17	1:16	11-5	Deslizando pelo meio
18	0:55	11-6	Passando por quatro notas na voz média
19	1:18	11-9	Cantando em quarta
20	1:10	11-10	Usando a voz de peito
21	1:17	11-13	Trabalhando com vogais fechadas
22	1:06	11-14	Prolongando a voz de cabeça
23	0:17	N/D	Demonstração de falsete (Capítulo 11)
24	0:50	11-15	Checando seu falsete
25	0:51	11-16	Saindo do falsete
26	1:02	11-17	Deslizando para sair do falsete
27	1:14	11-18	Subindo até o falsete
28	1:23	11-19	Suavizando a transição
29	1:28	11-20	Criando uma linha de legato para entrar e sair da voz de peito
30	1:22	11-21	Trabalhando a passagem de voz média para a de cabeça
31	0:56	11-22	Descendo
32	1:03	11-23	Entrando em um mix
33	1:29	11-24	Fazendo o mix
34	1:36	11-25	Alternando entre mix com a voz de peito predominante e com a voz de cabeça predominante
35	1:24	12-1	Saltando com staccato
36	1:18	12-2	Messa di voce
37	2:27	12-3	Descendo
38	1:15	12-4	Passando pelos registros
39	1:04	12-5	Movendo-se por cinco notas
40	1:16	12-6	Subindo a escala
41	0:56	12-7	Passeando por uma escala

Apêndice B: Sobre o CD 321

Faixa	(Duração)	Número da Figura	Descrição do Modelo
42	1:13	12-8	Apimentando o ritmo com notas pontuadas
43	1:46	12-9	Pulando terças
44	0:42	12-10	Conferindo riffs de pop
45	0:38	12-11	Riff descendente de pop
46	1:43	N/D	Improvisando com acorde do piano (Capítulo 12)
47	0:59	N/D	Improvisando com música pop (Capítulo 12)
48	0:49	N/D	Improvisando sozinho com música pop (Capítulo 12)
49	0:53	N/D	Subindo a escala falando (Capítulo 13)
50	0:21	N/D	Demonstração de voz de peito e belt (Capítulo 13)
51	0:15	N/D	Demonstração de belt masculino (Capítulo 13)
52	0:58	N/D	Falando com mix: I Wanna Know! (Capítulo 13)
53	0:26	N/D	Som de fala de alta energia (Capítulo 13)
54	0:29	N/D	Três tipos de ressonância: posterior, central e frontal (Capítulo 13)
55	0:39	N/D	Nia (Capítulo 13)
56	0:55	13-1	Música com belt: "That ain't it man"
57	0:35	13-2	Subindo a escala com belt: Not now
58	0:35	N/D	Música com belt: "Take shelter, I'm a belter" (Capítulo 13)
59	1:06	13-3	Sustentando sons de belt: "That's mine! That's mine!"
60	0:39	N/D	Música com belt: "Let's celebrate!" (Capítulo 13)
61	1:13	17-1	Falando no ritmo de "Simple Things" (Capítulo 17)
62	1:18	17-1	Cantando a melodia de "Simple Things" com ah
63	2:27	17-1	"Simple Things", de Martha Sullivan © 2003

A Solução de Problemas

Se você tiver problemas com o CD que acompanha este livro, por favor, entre em contato com a Alta Books através do site www.altabooks.com.br.

Índice

•A•

abuso vocal, 291
acidentes, 270
acompanhante
  Cumprimentando, 274
  Ensaiando com, 270
  piano, 271
  Teste, 272
  tomando liderança, 48
  versus treinador, 284
  violão, 270
adolescente, 193
Adolphe Adam, 218
adrenalina, 250
Advil, 295
agente, 276
Agilidade
  escala de nove tons, 159
  Pulando intervalos, 160
água salgada, 293
álcool, 242
alergênicos, 290
Alimentação
  abuso vocal, 291
  Nutrição, 293
Allen, 85
Allen Shamblin, 245
Alongando as laterais, 46
Alto, 23
alvéolos dentários, 105
Amazing Grace, 235
Amazon, 219
amplificação, 299

andamento
  Deixando a música com a sua cara, 229
Andy Rathbone, 318
Angela Gheorghiu, 21
Angela Lansbury, 23
Anne-Sophie von Otter, 21
Annie, 261
Ann Wilson, 191
ansiedade
  adrenalina, 249
  Aliviando, 250
  Assumindo o controle dos nervos, 253
  aula de canto, 208
  concentração, 253
  Construindo foco de apresentação, 253
  Controlando seus pensamentos, 252
  distrações, 253
  Encarando os sintomas, 249
  falha, 254
  pensamentos negativos, 252
  perfume, 298
  Preparando-se para, 259
  Superando, 15
Anthony Warlow, 282
anti-histamínicos, 294
appoggio, 54
aprendendo uma música
  Acompanhante, 237
  andamento, 235
  Cantando a melodia (sem a letra), 226
  controle respiratório, 230
  esquecendo a letra, 222
  frases, 229
  Juntando letra e música, 227

324 Canto Para Leigos

Lendo a notação, 223
letras, 221
marca o ritmo, 226
Mudando a entonação para
  cada seção, 232
pontuação, 231
Sabendo por quanto tempo segurar as
  notas, 226
Técnica Vocal, 228
Usando Elementos Musicais para Criar
  Seu Arranjo, 233
Variações de volume, 222
Velocidade, 222
apresentação
  ansiedade, 197
  bis, 304
  com piano, 299
  distrações, 301
  Ensaiando para, 297
  Entrada, 300
  Luzes, 301
  microfone, 302
  posição, 299
  Praticando bem, 251
  Projetando confiança, 37
  público, 300
  Reverência, 303
  segurança, 252
  traje, 304
Aquecendo sua voz, 121
aquecimento
  duração, 117
  importância, 42
  rotina de alongamento, 119
  voz, 121
Aretha Franklin, 234
ária, 244
Arranhando, 285
Arranjo
  Acompanhante, 237
  Articulação, 235

Comparando músicas, 234
Dinâmica, 235
Elementos Musicais para Criar, 233
Estilo, 236
variedade vocal, 236
Articulação, 235
Assobio, 75
Audra McDonald, 22
aula, 14
aula de canto
  ansiedade, 197
  imagens e
    outras ferramentas, 206
  prática, 207
  Sentindo-se bem, 205
aulas de dicção, 191

• B •

back phrasing, 188
Bailey, 23
Baixo
  cantores, 25
  clave de fá, 10
  Determinando seu tipo de voz, 10
  músicas iniciantes, 309
  músicas intermediárias, 309
  Papéis comuns, 26
banda, 234
Barbara Bonney, 21
Barbara Cook, 150
Barbra Streisand, 184
baritenor
  Subdivisões, 24
barítono
  músicas iniciantes, 309
  músicas intermediárias, 309
  Subdivisões, 25
barra de compasso, 268
Barry White, 26
Bea Arthur, 23

Índice **325**

bebida, 286
Belting
Combinando Ressonância e Registro, 178
definido, 18
descrito, 116
diferenças entre os sexos, 173
extensão, 179
homens, 173
iniciantes, 175
laringe, 62
Mezzo belter, 23
mix belt, 176
mulheres, 184
músicas, 179
Músicas com Belt para Homens, 313
Músicas com Belt para Mulheres, 311
Preparando-se para, 175
respiração e energia, 176
ressonância, 179
Soprano belter, 22
Sustentando sons de belt, 181
vogais, 182
voz de peito, 135
Bemóis, 11
Ben, 143
Betty Buckly, 22
Beverly Sills, 21
Beyoncé Knowles, 22
Big Girls Don't Cry, 143
Billie Jean, 143
Billy Currington, 26
Birgit Nilsson, 21
bis
apresentação, 297
Blake Neely, 118
Blue Christmas, 281
Blue Moon, 234
Bobby Lewis, 183
Bobby McFerrin, 189
Bob Dylan, 217

Bob LeVitus, 318
Breaking into Acting For Dummies, 276
Breathe, 280
Bridge over Troubled Water, 315
Bring Him Home, 143
Bryn Terfel, 191
Buddy's Blues, 143
Burnett, 23

• C•

cabeça
Forma e tamanho, 58
Liberando a Tensão, 34
posicionamento, 33
calos, 202
Caminhando, 36
Cantando com seus pontos fortes, 217
cantando vogais fechadas, 138
Cantarolando
Aquecendo sua voz, 121
Iniciando, 74
Canto, 290
cantor de folk, 81
cantores jovens, 193
cantor pop, 81
capela, 264
Carol Channing, 23
Carrie Underwood, 22
CD que acompanha este livro
belting, 173
Cantando as vogais posteriores, 97
combinação de consoantes, 103
consoantes alveolares, 107
consoantes labiais, 111
consoantes palatais, 109
controle respiratório, 78
Encontrando Sua Voz Média, 130
escala de nove tons, 159
exigências de sistema, 317
Extensão da voz de cabeça, 137

falsete, 140

Focando na extensão da sua voz de peito, 134

lista de faixas, 317

melodia, 226

messa di voce, 156

mix, 148

praticar os exercícios, 126

Registros, 160

ressonância, 178

riffs de pop, 163

Solução de Problemas, 322

sons vocálicos, 100

staccato, 156

suba e desça até encaixar a tonalidade, 66

tom de fala, 175

vibração labial, 78

cecear, 106

Cecilia Bartoli, 21

Celine Dion, 22

Chain of Love, 150

Chuck Berry, 183

ciclo glotal, 60

Ciclo menstrual, 195

clave de sol, 10

Clint Black, 188

clubes, 261

Christina Aguilera, 22

colônia, 298

Combinando Tonalidades, 64

Come Unto Him, 55

compasso, 223, 268

compilações, 220

concentração, 253

Confiança

Construindo, 253

Olhando os problemas na preparação e na apresentação, 257

Projetando confiança através da postura, 37

Connie Francis, 234

conselho, 259

consoantes

alveolares, 110

articulação, 58

combinação, 106

Interrompendo uma nota, 113

lábio, 110

Palatais, 108

sonoras, 104

Surdas, 104

consoantes alveolares

A ponta de sua língua, 105

Cantando, 107

Modelando, 105

Os lábios, 107

consoantes labiais

A ponta da língua, 112

Cantando, 111

definidas, 107

Consoantes Sonoras, 104

Consoantes surdas, 104

contato visual, 275

Contralto, 21

contratenor, 24

controle respiratório

Sustentando o Som, 78

coordenação do seu corpo, 58

Coral

benefícios de cantar com, 196

Cantar em coro versus cantar solo, 197

diretores, 202

Treinando com, 195

cordas vocais, 60

Corner of the Sky, 143

costas, 44

costelas

Expandindo, 43

inspiração, 47

Inspire e abra, 54

Cry, 280

Crying, 143, 218

currículo, 272

Curvando, 319

• D •

Dame Joan Sutherland, 21
Dan Gookin, 318
Danny Boy, 55
David Pogue, 318
Deborah Voigt, 21
Dedicando-se a um Plano de Prática, 115
Deixando a música com a sua cara, 229
Deixando o Palco, 303
Descendo do falsete, 141
descongestionante, 294
Desperado, 234
diafragma, 42
Diana Krall, 189
dieta, 292
Dimitry Hvorostovsky, 21
dinâmica, 161
Dionne Warwick, 150
direitos autorais, 220
diretor de elenco, 274
distrações
   ansiedade de apresentação, 255
   Evitando, 265
dó central, 11
Dolly Parton, 22
Dolora Zajick, 21
Doolittle, 243
Dormindo o Suficiente, 292
Dream Girls, 281
Dummies, 318
Dwight, 218

• E •

Eddie Murphy, 59
Edelweiss, 212
Eder, 184
Ella Fitzgerald, 189
Elton John, 25
Elvis For Dummies, 234, 281
Elvis Presley, 244

emoções
   Identificando fatores que afetam a
      entonação, 58
Encenando a Música
   Entrar no personagem, 241
   gesticulação, 246
   interlúdios, 241
   língua estrangeira, 247
   Mexendo-se e remexendo-se, 248
   Movimentos coreografados, 247
   narração da história, 215
   onde focar, 245
   Respostas musicais, 240
   testes, 276
   Usando a Parte Física, 244
encenar a música, 275
Encontros Consonantais
   A ponta da língua, 112
   Cantando, 113
   Seus lábios, 112
energia do corpo, 170
Enrico Caruso, 25
Ensaiando
   acompanhante, 270
   antes da apresentação, 297
entoação, 167
entonação
   apertada, 68
   Baixo, 25
   cantarolando, 74
   clareza, 76
   controle respiratório, 78
   Coordenando respiração, 175
   Determinar Seu Tipo de Voz, 17
   energia do corpo para encontrar clareza, 170
   entonação, 59
   espaço posterior, 75
   fatores que afetam, 58
   frases longas, 79
   importância, 42
   Liberando a Tensão para, 68

328 Canto Para Leigos

Mezzo, 23
palavras que descrevem, 18
posição da laringe, 62
reta, 91
ruidosa, 76
soprano, 21
Sustentando, 78
Tenor, 24
Trabalhando os Músculos, 59
entonação vocal, 12
Envelhecimento, 195
Equilibrando cabeça e ombros, 33
Equilíbrio Emocional, 296
escala de nove tons, 159
Escolhendo uma música
Combatendo a fadiga, 214
Considerando sua extensão, 213
Dando saltos, 214
Encontrando um estilo musical, 217
músicas avançadas, 213
músicas iniciantes, 211
Músicas intermediárias, 212
para Teste, 263
Pegando o ritmo, 216
Prestando atenção aos detalhes, 215
Seguindo seu acompanhante, 215
Subindo mais alto, 214
velocidade de uma música, 215
espaço anterior, 62
espaço posterior
definido, 18
espaço anterior, 62
Espelho, 118
esquecendo a letra, 222
Ethel Merman, 189
exercício
Expiração, 40
inspiração, 39

laringe, 64
memória muscular, 66
messa di voce, 156
Movimentando a língua e o maxilar, 69
palato mole, 87
respiração, 49
visualização, 126
exigências de sistema, 317
exigências de treinamentos
cantores de country, 188
cantores de jazz, 188
Cantores de ópera, 191
Cantores de R&B, 192
pop rock, 190
expiração
exercício, 50
exercício de sopro, 50
postura, 42
vibração labial, 50
Extensão
Agilidade, 158
Baixo, 25
belt, 179
cantores jovens, 193
dinâmica, 161
exercício de messa di voce, 156
mezzo, 23
soprano, 21
Tenor, 24
tipo de voz, 18
Trabalhando, 155
voz de cabeça, 138
voz de peito, 134
voz média, 130
extensão vocal, 65

Índice 329

• F •

fach, 260

fadiga
  após a prática, 254
  Combatendo, 214
  laringe, 63
  Quando Procurar Ajuda, 291
Faith Hill, 280
fake book, 211
falha, 254
falsete
  Descendo, 141
  Descobrindo, 141
  músicas, 149
  Subindo, 142
Fá sustenido, 11
Fazer com as Mãos, 302
Figurino
  apresentação, 298
  teste, 262
flashes, 301
foco, 245
Força da voz
  Baixo, 25
  Determinar Seu Tipo de Voz, 17
  mezzo, 23
  soprano, 21
  Tenor, 24
Formação, 202
frases, 229
frases longas, 79
Frederica von Stade, 21
Fritz Wunderlich, 21
Fumo, 289

• G •

garganta
  Forma e tamanho, 58
  Liberando, 77
  limpe, 290
garganta inflamada
  Medicando, 294
  Prevenindo, 293
  Protegendo a, 295
Gary LeVox, 25
George Shirley, 21
George Strait, 26
Gerente geral, 274
gesticulação, 244
Gesticulando apropriadamente, 246
Get Down Tonight, 234
Get Me Bodied, 281
Gino Quilico, 21
Gravando
  Gravador, 118
  no ensaio, 297
  sessão de prática, 173
  teste, 272
Great Balls of Fire, 218
Guitarra Para Leigos, 2ª Edição, 216
Gwen Verdon, 189

• H •

habilidades sociais, 196
halleonard, 219
Handel, 218
Happy Birthday, 77
Harolyn Blackwell, 21
Herman Prey, 21
hidratação, 292
Hildegard Behrens, 21

330 Canto Para Leigos

homens
  belting, 173
  canções de musicais, 307
  Country: Dez Músicas para Mulheres, 314
  Descendo da voz de cabeça para a voz média, 147
  Descendo da voz média para a voz de peito, 144
  Encontrando o seu tom de fala, 168
  Extensão da voz de cabeça, 137
  Extensão da voz de peito, 134
  extensão da voz média, 131
  mix para, 148
  pop rock, 279
  Subindo da voz de peito para a voz média, 145
  Subindo da voz média para a voz de cabeça, 146
Hound Dog, 233

• I •

ibuprofeno, 295
I Can't Make You Love Me, 245
Idade, 18
Idina Menzel, 189
Ídolos, 234
I Don't Know How to Love Him, 150
If I Were The King of the Forest, 244
I Just Called to Say I Love You, 282
I Just Can't Stop Loving You, 143
iluminação, 301
Improvisando, 161
iniciante
  belting, 173
  Clássico: Dez Músicas para Barítono ou Baixo, 309
  Músicas, 312
  Músicas para Mezzo, 310
  Músicas para Soprano, 307, 309
  Músicas para Tenor, 308

inspiração
  abrindo seu corpo para, 181
  Alongando as laterais, 46
  exercício, 40
  Expandindo o corpo, 43
  Flexionando as Costelas, 44
  Fundamentos, 39
  Inspirando para interromper o som, 77
  método de encolher, 41
  Respiração: lenta e regular, 47
  Soltando o abdômen, 46
interlúdio, 241
In the Heights, 84
introdução, 241
Irish Tenors, 24
Isn't She Lovely, 282
It Matters to Me, 280
It Might As Well Be Spring, 150
I Wish, 282

• J •

Jailhouse Rock, 281
James Earl Jones, 85
James King, 21
James Morris, 26
Jamey Johnson, 26
jazz
  mexendo, 87
Jekyll and Hyde, 313
Jennifer Hudson, 22
Jennifer Watson, 318
Jerome Kern, 218
Jerry Hadley, 21
Joel Grey, 189
Joe Melson, 218
John Cougar Mellencamp, 183
John Denver, 25
John Lennon, 233
Johnny Cash, 188

Índice 331

John Raitt, 26
John Wayne, 85
Jon Vickers, 21
jornal Backstage, 272
José Carreras, 25
José Van Dam, 26
Juan Diego Florez, 21
Julie Andrews, 22
junta de elenco, 261
Juntando letra e música, 227
Justin Timberlake, 25

• K •

Karen Carpenter, 191
Kate Perry, 191
Kathleen Battle, 21
Kathleen Ferrier, 21
Kathleen Turner, 85
Kaye Ballard, 23
K.C. & The Sunshine Band, 234
Kelly Clarkson, 267
Kesha, 191
Kristin Chenoweth, 189
Kurt Moll, 21

• L •

lábios
  Modelando as consoantes labiais, 110
  Modelando consoantes alveolares, 105
  Modelando encontros consonantais, 112
  vogais anteriores, 98
  Vogais Posteriores, 94
Lady Gaga, 57
laringe
  baixando, 60
  Encontrando sua, 62
  músculos do canto, 119
Larry Garrison, 276
Lauritz Melchior, 21

legato, 51
legítimo, 189
Lendo partitura, 223
Leontyne Price, 85
Leslie Uggams, 23
letra
  Conectando-se, 264
  Memorizando, 222
liberação de tensão
  Braços, 35
  cabeça, 35
  Cotovelos, 35
  língua, 69
  mandíbula, 68
  Mãos, 35
  no peito, 30
  olhos, 36
  Ombros, 35
  para uma Entonação Melhor, 68
  pescoço, 68
  tronco, 34
licks, 161
língua
  Consoantes Palatais, 108
  Coordenando o palato mole com, 88
  Modelando as consoantes labiais, 110
  Modelando consoantes alveolares, 105
  Modelando encontros consonantais, 112
  Movimentando a, 69
  Vogais Posteriores, 95
  Vogais Anteriores, 97
linhas suplementares, 10
Lipstick on Your Collar, 234
lista de faixas, 317
Lollipop, 234
Lorenz Hart, 234
Loreta Lynn, 85
Lorna Luft, 23
Lorrie Morgan, 23
Love Me Tender, 281

332 Canto Para Leigos

Love Story, 241
Luciano Pavarotti, 25
Luther Vandross, 281

• M •

Mac OS X, 318
Macs For Dummies, 318
mandíbula
  abrindo, 60
  Liberando a Tensão, 68
  mexendo, 87
Marcando a música, 269
Marc Cohn, 243
Mariah Carey, 151
Marian Anderson, 23
Marilyn Horne, 21
Marilyn Monroe, 77
Mark L. Chambers, 318
Mark Phillip, 216
Mary Martin, 150
Mary Poppins, 150
Maureen Forrester, 21
Maury Yeston, 84
Maxwell, 192
Media Player, 318
medicamentos
  abuso vocal, 291
  Advil, 295
  anti-histamínico, 294
  descongestionante, 294
  garganta inflamada, 295
  guaifenesina, 294
  ibuprofeno, 295
  paracetamol, 295
  remédio para tosse, 294
  spray nasal, 294
  Tylenol, 295
medo do palco, 253
melodia
  Cantando a melodia (sem a letra), 226

memória, 318
Memory, 150
Memphis, 84
Menopausa, 195
messa di voce, 156
Método de Canto, 286
métrica, 233
Metrônomo, 118
Mezzo
  cantoras, 23
  Determinando seu tipo de voz, 10
  músicas iniciantes, 310
  músicas intermediárias, 308
  Papéis comuns, 23
Michael Jackson, 280
Michael Pilhofer, 222
microfone
  De chão, 302
  de corpo, 302
  De mão, 303
  Pedestal, 303
  teste, 273
  Usando, 302
Microfone de corpo, 302
microfone de mão, 302
Microsoft Windows, 318
mix
  Entrando, 149
  Entrem no mix, garotas, 149
  Falando com, 175
  mix belt, 176
  para a voz masculina, 148
  voz de cabeça predominante, 151
  voz de peito predominante, 148, 151
motivação, 244
movimento, 246
movimento e música, 248
Movimentos coreografados, 247
mudança de peso, 56
mulheres
  belting, 173

Country, 314
Descendo da voz de cabeça para a voz média, 147
Descendo da voz média para a voz de peito, 144
Extensão da voz de cabeça, 137
Extensão da voz de peito, 134
extensão da voz média, 131
mix para, 148
músicas com belt, 311
Pop rock, 315
Subindo da voz de peito para a voz média, 145
Subindo da voz média para a voz de cabeça, 146
músculo
Abaixe-a e produza um som, 64
diafragma, 42
Exercitando Sua Voz, 122
memória muscular, 66
Soltando o abdômen, 46
músculo abdominal
Coordenando a respiração, 74
Soltando para inspiração, 46
música country
belting, 185
cantores, 188
Músicas, 314
Requisitos para o Treino, 187
ressonância, 84
twang, 84
vibrato, 81
musicais de Rodgers e Hammerstein, 84
musical
belting, 185
Músicas com Belt para Homens, 313
Músicas com Belt para Mulheres, 311
Músicas para Baritenor, 312
Músicas para Mezzo, 310

Músicas para Soprano, 307
Músicas para Tenor, 312
Ressonância, 83
teste, 261
Vibrato, 80
músicas
avançadas, 213
Baixo, 309
Baritenor, 312
Barítono, 309
belt, 184, 311
Clássico, 307
Comparando, 234
Country, 314
Deixando a música com a sua cara, 229
desgastada, 266
Escolhendo, 211
Estilo, 236
Estrófica, 233
falsete, 143
Iniciante, 212
intermediárias, 212
italianas, 286
Mexendo-se, 248
Mezzo, 308
Musical, 309
Pop rock, 315
Sem repetição, 233
Soprano, 307
Tenor, 308
tom, 118
transposta, 268
velocidade, 215
músicas avançadas, 213
Músicas Clássicas
músicas iniciantes para barítono ou baixo, 309
músicas iniciantes para mezzo, 308
músicas iniciantes para soprano, 307

músicas iniciantes para tenor, 308

músicas intermediárias para barítono ou baixo, 309

músicas intermediárias para mezzo, 310

músicas intermediárias para soprano, 308

músicas intermediárias para tenor, 309

ressonância, 84

subdivisão de mezzo, 23

Subdivisões, 24

vibrato, 81

Músicas intermediárias

Clássico: Dez Músicas para Mezzo, 308

Clássico: Dez Músicas para Soprano, 307

Musical: Dez Músicas para Mezzo, 310

Musical: Dez Músicas para Soprano, 309

músicas clássicas, 307

para Tenor, 312

músicas italianas, 286

música transposta, 275

Music of the Night, 143

My Cherie Amour, 315

My Fair Lady, 240

My Favorite Things, 212

• N •

narração de história, 261

Nasalidade, 87

nasalpote, 294

Natalie Dessay, 21

Newton John, 22

notação musical, 271

notas

central, 216

Interrompendo, 113

Localizando as notas na pauta, 10

Sabendo por quanto tempo segurar as notas, 226

notas agudas, 131

Nutrição, 293

• O •

O Fantasma da Ópera, 282

Oh, Holy Night, 218

oitava, 11

Oklahoma, 244

Old MacDonald, 235

Olga Borodina, 21

Ol' Man River, 218

onde focar, 245

Ópera

ária, 244

cantores, 25

exigências de treino, 187

fach, 260

Teste, 260

tipos de vozes, 17

Orbison, 218

Órgão

cantando com, 300

tubos, 299

os Três Tenores, 25

Over the Rainbow, 212

• P •

palato mole

consoantes, 109

Coordenando o palato mole com a língua, 88

palavras operativas, 222

palavras repetidas, 240

Parabéns para Você, 235

paracetamol, 295

para homens, 167

para uma banda, 261

Partitura

Baixando, 219

compilação, 220

direitos autorais, 220

Encontrando, 218
sites, 219
Patsy Cline, 23
Paul McCartney, 233
Paul Plishka, 21
PCs All-in-One Desk Reference For Dummies, 318
PCs Para Leigos, 318
Perguntas Frequentes, 283
personagem
 ações, 257
 Entrando, 146
 motivação, 243
Peter Pears, 21
Phantom, 84
piano
 acompanhantes, 270
 Cantando com, 299
 para a prática, 118
Piano Para Leigos, 118
Placa de som, 318
Placido Domingo, 21
poesia, 233
Pólen ou poeira, 290
pomo de Adão, 62
pontuação, 231
pop rock
 belting, 189
 Músicas, 307
 ressonância, 86
posição da perna, 31
posição de seu peito, 35
posição dos ombros, 35
poslúdio, 236
postura
 alinhamento, 27
 Ao expirar, 56
 ao respirar, 53
 Avaliando, 27
 Caminhando, 36

Criando a Postura Correta, 29
Equilibrando cabeça e ombros, 33
Ponha as pernas ao trabalho, 31
posição dos pés, 30
Projetando confiança através, 37
Soltando os quadris, 32
tensão na coluna, 33
prática
 Abrindo o maxilar, 93
 correta, 140
 diário, 122
 duração, 117
 Escolhendo, 122
 filmando, 301
 Gravando, 125
 lugar, 122
 O CD deste livro, 126
 período de aquecimento, 116
 planejando, 116
 sua confiança, 256
 tempo e duração, 117
prelúdio, 236
Preparando-se mentalmente, 276
problemas de saúde
 abuso vocal, 291
 Álcool, 289
 Dormindo o Suficiente, 292
 Emocional, 296
 hidratação, 292
 infecções, 293
 Nutrição, 293
 Quando Procurar Ajuda, 291
 vias nasais, 294
processador, 318
professor de canto
 Acompanhamento, 203
 Acompanhante, 284
 cancelamento, 204
 Custo, 204
 Entrevistando, 201

336 Canto Para Leigos

Estilos musicais, 203
Formação, 202
Identificando o que você quer, 200
local, 211
online, 204
recomendações, 200
Regras de pagamento, 204
sistema de ensino, 206
treinador, 285
Puberdade, 194
público, 240

• R •

RAM, 318
R&B
belting, 185
Cantores, 192
ressonância, 84
Treinando, 192
Real Player, 318
Reba McEntire, 188
Rebecca Luker, 150
registro de assobio, 151
registro de flauta, 151
registro de sino, 151
Rejoice, 218
remédio para tosse, 294
Renée Fleming, 280
René Pape, 191
resistência, 51
Respect, 234
respiração
arquejo, 48
Controlando o tempo da respiração, 232
Coordenando, 75
Fundamentos, 39
importância, 42
Jargão, 43
lenta e regular, 47

Liberando o abdômen e depois as
costelas, 54
mantendo a postura, 48
método de encolher, 41
método de expandir, 41
mudança de peso, 56
prendendo a respiração, 52
respiração, 49
som ruidoso, 74
Táticas para Encarar a Transição entre
Registros, 154
tempo, 232
Testando Seu Controle da Respiração, 53
ressonância
Combinando Ressonância e Registro, 178
Coordenando o palato mole com a língua,
88
Do choro ao crooning, 85
enganos sobre, 90
Jazz, 84
Música clássica, 84
Música country, 84
música de coral, 23
Musical, 84
nasal, 89
Pop rock, 84
R&B, 84
sentindo, 174
simpática, 90
vibrações da, 177
Ressonância nasal, 89
ressonância simpática, 90
Richard Rodgers, 218
riffs de pop, 163
Rihanna, 192
risada, 76
ritmo
Pegando, 216
River, 150
Robert Palmer, 234

Índice 337

rock
  belting, 185
  vibrato, 81
Rockwell Blake, 21
Rod Stewart, 183

• S •

Samuel Ramey, 21
Sarah Brightman, 22
Sherry Baby, 143
Should've Been a Cowboy, 281
show, 255
Signed, Sealed, Delivered, I'm Yours, 282
Símbolos direcionais, 269
Simple Things, 223
Simply Irresistible, 234
Sinatra, 85
site, 219
sol bemol, 11
solo, 197
Solução de Problemas, 322
som, 73
som do pop
  Improvisando Para, 161
  licks, 161
  padrões, 160
  riffs, 161
som perfeito, 85
sonoridade, 76
soprano
  belter, 23
  cantoras, 23
  Determinando seu tipo de voz, 10
  Mezzo, 22
  músicas iniciantes, 307
  músicas intermediárias, 308
  tipo de voz, 23
Sorvete, 287
South Pacific, 84

spray nasal, 294
Spring Awakening, 84
staccato, 155
Stairway to Heaven, 233
Steve Urkel, 85
Stevie Wonder, 25
subdivisão
  Baixo, 25
  mezzo, 22
  soprano, 22
  Tenor, 24
Subdivisões vocais, 19
Subindo até o falsete, 142
Sumi Jo, 21
suporte técnico, 322
Susan Doll, 234
Susan Graham, 21
Susanne Mentzer, 21
suspendendo a respiração, 52
Suspirando para alcançar a clareza, 76
sustenido, 11
Sutton Foster, 184
Sweet Dreams, 281

• T •

Take Me As I Am, 280
Take Me or Leave Me, 261
tamanho, 58
Táticas para Encarar a Transição entre
      Registros
  Para que espaço e respiração trabalhem
      juntos, 75
Teclado, 118
técnica de canto, 191
tempo comum, 223
Tennessee Ernie Ford, 26
Tenor
  canções de musicais, 307
  cantores, 25
  Determinando seu tipo de voz, 10

338 Canto Para Leigos

músicas iniciantes, 308
músicas intermediárias, 308
Papéis comuns, 24
tensão, 35
tensão às suas mãos, 35
tensão em seus braços, 34
tensão na coluna, 33
tensão no pescoço, 68
Teoria Musical Para Leigos, 222, 269
tessitura, 268
teste
Cantando com, 299
Conectando-se à letra, 264
confiança, 258
currículo, 272
De olho nos, 270
em clubes, 261
Escolhendo Músicas, 263
Escolhendo o tom, 267
Evitando a música errada, 265
fotografia de rosto, 273
fotos, 301
gravação, 271
Marcando a música, 269
microfone, 273
Mostrando versatilidade, 263
música de rádio, 242
musical, 261
ópera, 260
Passando no, 272
Preparando a Música, 266
Preparando-se mentalmente, 276
Prepare sua voz falada, 273
televisão, 262
visão geral, 9
teste para a TV, 262
That ain't it man, 179
The Closer I Get to You, 281
The Flat-Screen iMac For Dummies, 318
The iMac For Dummies Quick Reference, 318
The Light in the Piazza, 84

The Lonely Goatherd, 218
The Magic, 311
The Music Man, 241
The Old Red Hills of Home, 143
The Sound of Music, 150
The Way You Love Me, 280
The X Factor, 234
This Kiss, 280
Three Blind Mice, 167
Thriller, 281
Tina Turner, 191
Tipificação, 261
tipo de voz
categorias, 19
Determinando, 17
Na música clássica, 19
TIS, 219
Toby Keith, 281
To Make You Feel My Love, 217
tom em tom, 212
tom ideal, 169
Tom Wopat, 26
tonalidade
Desenvolvendo a memória muscular, 66
Diapasão, 118
encaixando, 65
ideal, 166
impostação, 90
perfeita, 46
sorrir para manter a afinação, 92
Subindo e descendo, 68
Trace Adkins, 26
tradução, 247
tradução literal, 247
transição de registros
Baixo, 25
Mezzo, 23
soprano, 21
Tenor, 24
Transitando entre registros, 157
Treinador, 284

Índice 339

treinando, 67
treino, 193
Trisha Yearwood, 188
twang, 84

• U •

umidificador, 295
Usher, 192

• V •

Variando, 156
Velocidade, 222
versatilidade, 263
viajar, 197
Vibração
  ciclo de vibração, 60
  ciclo glotal, 60
  da ressonância, 177
  simpáticas, 90
vibração labial
  Aquecendo sua voz, 121
  expiração, 50
  Sustentando o Som, 78
vibrato
  definido, 18
  estilos de, 80
  Imitando o vibrato de outro cantor, 81
  Passando de entonação, 80
  rápido ou lento, 80
  taxa normal, 80
  tremolo, 80
  wobble, 80
visualização do exercício, 126
Viva Las Vegas, 281
vogais
  abertas, 98
  anteriores, 101
  Articulação, 103
  belting, 183
  dialetos, 96

fechadas, 101
Isolando, 228
Posteriores, 94
pronúncia, 93
Sotaques, 102
Vogais abertas, 101
Vogais Anteriores
  Cantando as, 100
  falando as, 100
  posição da língua, 112
  Seus lábios, 98
vogais fechadas, 154
Vogais Posteriores, 94
volume, 291
voz
  Arranhando, 285
  de cabeça, 129
  de peito, 134
  emoções afetam, 284
  falhando, 284
  média, 129
  na ópera, 23
  rouquidão, 284
  tamanho, 285
  vozes mudam, 194
voz de cabeça
  Descendo da voz de cabeça para
    a voz média, 147
  Entrando e saindo, 146
  extensão, 137
  Fortalecer, 13
  foto de busto, 272
  mix com voz de cabeça predominante, 148
  para mulheres, 167
  Ponto fraco, 21
  Subindo da voz média para, 146
voz falada
  energia, 170
  explorando, 166
  Falando para si mesmo, 167

Idade, 18
problemas, 194
ressonante, 170
teste, 273
visão geral, 9
voz de peito
　Descendo da voz média para, 144
　Entrando e saindo da voz de peito, 144
　extensão, 134
　for homem, 169
　grave, 25
　para mulheres, 130
　Sentindo sua, 135
　Subindo da voz de peito para a voz média, 145
　Táticas para Encarar a Transição entre Registros, 154
　Tenor, 24
voz de peito predominante, 151
voz média
　Cantando, 131
　Descendo da voz de cabeça, 147
　Descendo da voz média para a voz de peito, 144
　extensão, 130
　para homens, 130
　para mulheres, 130
　Ponto fraco, 23

Subindo da voz de peito para, 145
Subindo da voz média para a voz de cabeça, 146

Walking in Memphis, 243
Walk on By, 150
Wallace Wang, 276
Waltraud Meier, 21
Wendy White, 21
When I look at you, 150
When Love Fades, 281
Whitney Houston, 22
Who's Your Daddy, 281
Why Shouldn't I, 150
Wicked, 279
Windows Media Player, 318
Windows XP All-in-One Desk Reference For Dummies, 318
With You, 143
Woody Leonhard, 318
Wouldn't It Be Loverly, 240

• Y •

Ya Got Trouble, 241
You're Good Man, Charlie Brown, 279
You Shouldn't Kiss Me Like This, 281

Conheça outros livros da série PARA LEIGOS

Todas as imagens são meramente ilustrativas

ALTA BOOKS
EDITORA

- Idiomas
- Culinária
- Informática
- Negócios
- Guias de Viagem
- Interesse Geral

Visite também nosso site para conhecer lançamentos e futuras publicações!

www.altabooks.com.br

 /alta_books   /altabooks

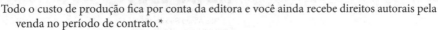

Seja autor da Alta Books

Todo o custo de produção fica por conta da editora e você ainda recebe direitos autorais pela venda no período de contrato.*

Envie a sua proposta para autoria@altabooks.com.br ou encaminhe o seu texto** para:
Rua Viúva Cláudio 291 - CEP: 20970-031 Rio de Janeiro

*Caso o projeto seja aprovado pelo Conselho Editorial.
**Qualquer material encaminhado à editora não será devolvido.

ROTAPLAN
GRÁFICA E EDITORA LTDA

Rua Álvaro Seixas, 165
Engenho Novo - Rio de Janeiro
Tels.: (21) 2201-2089 / 8898
E-mail: rotaplanrio@gmail.com